THE REGISTER OF EDMUND LACY

BISHOP OF EXETER, 1420—1455

Registrum Commune,

Volume I

THE CANTERBURY & YORK SOCIETY

(In conjunction with the Devon & Cornwall Record Society)

THE REGISTER OF
EDMUND LACY
BISHOP OF EXETER, 1420-1455

Registrum Commune,

Vol. I

Edited by

G. R. DUNSTAN, M.A., F.S.A.
Minor Canon of Westminster Abbey

Printed for the Society by
THE DEVONSHIRE PRESS LTD.
TORQUAY

1963

Reverendo admodum
in Christo patri et domino
domino
ROBERTO
Episcopo Exoniensi
iam anno quinto decimo sedenti
edita haec acta
precessoris
antistitis doctrina et cura pastorali insignis
dedicata sunt.

CONTENTS

EDITORIAL NOTE

A full Introduction to the Register will be printed when the edition is complete. Meanwhile, a short statement of editorial method is given for the guidance of readers.

1. *Place of the Register in the Series*

Bishop Lacy's Register of Institutions, edited by F. C. Hingeston-Randolph, was published in London and Exeter in 1909 as *The Register of Edmund Lacy Bishop of Exeter: Part I—The Register of Institutions.* This volume is referred to in the text following as *Lacy* i. A first volume of the Registrum Commune, transcribed and edited respectively by C. G. Browne and O. J. Reichel, was published as Part II by the Devon and Cornwall Record Society, in Exeter, in 1915; it is out of print and is superseded by the present edition. This began as a revision and continuation of the work of Browne and Reichel, but it has in time become assimilated in arrangement to that of registers published by the Canterbury and York Society. The result is a compromise between the traditions of the two societies. The volumes of the Registrum Commune will be referred to in Roman capitals, e.g., *Lacy* I, II, etc.. The two parts of the Register will then be comprehended in a single set of indices.

2. *Place Names*

i. In the italicized English summaries which precede untranslated documents, all place names have been modernized.

ii. In the transcription of Latin and French texts, and in the calendaring, the spelling of the MS has been retained. In the calendaring, however, there are these exceptions:

   (a) *Exon', Totton', Barn'* and *Westm'* have been extended to Exeter, Totnes, Barnstaple and Westminster respectively.

   (b) the genitive endings -*i* and -*onis* have been dropped from e.g. *Sancti Mawgani* (St Mawgan), *Sancti Ladoci* (St Ladoc), *Sancti Ivonis* (St Ivo).

iii. The abbreviation most frequently employed in the MS for Barnstaple has been transliterated as *Barn'* and not as *Barum* as in the earlier edition. The contraction regularly used, two minims and a curl, is that for an *n* with letters following, as in *Exon', Totton'*, etc.: and this has been read as a reduction of *Barnastapolia*, which appears in full on ff. 26v., 27, 264, 567v. *et alibi.* The contraction which gives *Sarum* for Salisbury (and the genitive plurals -*arum* and -*orum*) is seldom employed for Barnstaple in this Register; instances which occur are transliterated as *Barum*.

iv. The index will bring ancient and modern spellings together.

v. In the Latin headings, reproduced in small capitals, the common phrases *Exon' diocesis* and *in Cornubia* have been omitted, except where they are necessary to the sense.

vi. Where in the note of date given in calendared entries the MS has, e.g., *ibidem* or *eodem loco*, the name of the place has been supplied, in square brackets, in its modern form.

3. *Some Abbreviations*

After the first examples, the normal abbreviations have been made in salutations, dating, etc., and are indicated by [etc.] in square brackets. The year of the bishop's translation is omitted except in the first entry after each change of year. *Dumtamen* and *proviso* clauses, which are attached almost always, usually in abbreviation and sometimes in full, to letters dimissory and to licences for oratories and for absence from duty, have been omitted in calendaring without [etc.]. In calendaring commissions "to the archdeacon or his official" (e.g. for inquiry into the vacancy and patronage of benefices), reference to the official has been omitted; only the exceptions are noted, *i.e.* when the archdeacon alone or the official alone is commissioned. Similarly such forms as " to publish or cause to be published " are calendared simply as " to publish ".

4. *Punctuation and Spelling*

The punctuation of the MS has not been reproduced. Capital initial letters have been limited to the Divine Names and proper names; they have not been given to titles and offices like *decanus, precentor, rector, ecclesia,* in all of which the MS is inconsistent. Long entries have been paragraphed for convenience.

Spelling has been followed closely in transcribing all texts, Latin, French and English. *Thorn* has been transcribed as *th*; *wt* and *yt* as *with* and *that.* In the few instances where Arabic numerals occur in the text, attention is drawn to them.

Square brackets enclose editorial interpolations into the text, including the modern equivalents of the more obscure or ambiguous place names; round brackets enclose normal parentheses.

5. *Citations*

The following editions have been used:

Corpus Iuris Canonici: ed. Friedberg, E. 2 vols., Leipzig, 1879.

Lyndwode, William, *Provinciale, sue Constitutiones Angliae*: ed. Oxford, 1697.

Wilkins, D., *Concilia Magnae Britanniae et Hiberniae etc.*: 4 vols., 1737 (the volume for the fifteenth century in the new edition not yet published).

G.R.D.

THE VICAR-GENERAL'S REGISTER

[*Master Thomas Hendeman, S.P.P., chancellor of Exeter Cathedral, was appointed by Bishop Edmund Lacy to be his vicar-general in spirituals on 8 November, 1420. His commission, entered in the Register of Institutions, is printed in the published text of that register,* The Register of Edmund Lacy, *ed. F. C. Hingeston-Randolph (London and Exeter, 1909), p. 3. The bishop's own register begins below at p. 60.*]

[*21 November 1420. Grant of letters dimissory to John Martyn*]

(*fo. 1*)   DIMISSORIE.

Thomas Hendyman sacre pagine professor cancellarius ecclesie cathedralis Exonien', reverendi in Christo patris et domini domini Edmundi permissione divina Exonien' episcopi, ipso venerabili patre in remotis agente, vicarius in spiritualibus generalis, dilecto nobis in Christo Johanni Martyn Exon' diocesis accolito salutem in omnium Salvatore. Ut a quocumque episcopo catholico sedis apostolice gratiam et executionem sui officii obtinente, tibique sacras manus imponere volente, ad omnes sacros ordines quos nondum es assecutus, dumtamen[1] litteratura, moribus et etate inventus fueris ydoneus, eidemque titulum exhibueris sufficientem et aliud canonicum non obsistat licite valeas promoveri, eo non obstante quod in dicta Exonien' diocesi oriundus existis, liberam tibi recipiendi et cuicumque episcopo predicto memoratos ordines conferendi tenore presencium concedimus facultatem. In cuius rei testimonium sigillum officii nostri presentibus apposuimus. Datum Exon' vicesimo primo die mensis Novembris anno Domini millesimo quadringentesimo vicesimo.

[*Same day. The same to William Alyn*]

DIMISSORIE.

Item eisdem die et loco dictus vicarius in spiritualibus concessit litteras dimissorias Willelmo Alyn accolito Exonien' diocesis ad omnes sacros ordines a quocumque episcopo catholico sedis apostolice gratiam et executionem sui officii obtinente legittime percipiendi ut in forma.

[*Same day. The same to Michael Trenerth*]

DIMISSORIE.

Item eisdem die et loco dictus vicarius in spiritualibus concessit litteras dimissorias Michaeli Trenerth primam tonsuram habenti

---

[1] *This clause, usually shortened to* dumtamen etc., *accompanies almost every grant of letters dismissory in the Register.*

clericalem dicte E. diocesis ad omnes minores ordines ulteriores ac etiam sacros ordines quos nondum es (*sic*) assecutus a quocumque episcopo catholico sedis apostolice gratiam et executionem sui officii obtinente legittime percipiendi ut in forma.

[*Same day. Licence to John Boylond, chaplain, to celebrate divine service in a chapel or oratory at Wolston in the parish of St Ive, Cornwall*]

LICENCIA [PRO] CAPELLA [DE WOLSTON].

Thomas Hendyman [etc., *as above*] dilecto nobis in Christo domino Johanni Boylond capellano Exonien' diocesis salutem in omnium Salvatore. Ut in capella sive oratorio infra parochiam Sancti Ivonis in Cornubia Exonien' diocesis in manerio de Wolston infra dictam parochiam situato divina possis celebrare, dumtamen[1] ecclesie matrici loci huiusmodi nullum fiat preiudicium per hoc, licenciam tibi tenore presencium concedimus specialem, ad nostrum beneplacitum tantummodo duraturam. In cuius rei testimonium sigillum officii nostri presentibus apposuimus. Datum Exon' vicesimo primo die Novembris anno Domini supradicto.

[*Same day. Licence during pleasure to John Crokker esquire and Alice his wife for divine service in chapels, oratories and other suitable places in the diocese, without prejudice to the mother churches.*]

[LICENCIA CELEBRANDI].

Item eisdem die et loco supradictus Thomas vicarius in spiritualibus concessit licenciam specialem Johanni Crokker armigero et Alicie uxori eius Exonien' diocesis, ut divina possint et ut[erque eorum] possit per presbiteros ydoneos, in presencia sua et familiarium suorum, in capellis, orator[iis et] aliis locis honestis quibuscumque cultui divino dispositis infra diocesim Exonien' situatis [ad] que seu quam ipsos seu eorum alterum declinare contigerit, [dumtamen] ecclesiis matricibus locorum huiusmodi ad que ipsos ut prefertur contigerit declinare nullum [per] hoc fiat preiudicium, tam ipsis huiusmodi divina audiendi quam presbiteris memoratis ea cele[brantibus], ut in forma, omissa clausula *tamen*; ad ipsius vicarii beneplacitum tantummodo duraturam.

[DIMISSORIE].

24 Nov. 1420; to John Drake of the diocese of Exeter,[2] tonsured, for all minor and holy orders.

---

[1] *This proviso to safeguard the rights of the mother church, variously phrased, or abbreviated to* dumtamen etc., *accompanies most licences for oratories or chapels, or for celebration, in the Register. It is reproduced below only when it may appear important to record evidence of dependent status.*

[2] Exoniensis diocesis *is to be assumed henceforward in every such grant.*

[*Same day. Licence to John Tretherf and Joan his wife, of Ladock in Cornwall, for divine service on their manor of Tretherffe.*]

[LICENCIA CELEBRANDI].

Item eisdem die ac loco predictus vicarius in spiritualibus concessit licenciam Johanni Tretherf et Johanne uxori eius de parochia Sancti Ladoci in Cornubia Exonien' diocesis, ut divina possint et uterque eorum possit per presbiteros ydoneos in presencia sua et eorum utriusque ac familiarium suorum in capellis sive oratoriis in manerio suo de Tretherf infra dictam parochiam Sancti Ladoci situatis facere celebrari. Cum clausula Dumtamen per hoc ecclesie matrici ut in forma.

[DIMISSORIE].

26 Nov. 1420; to William Talbot rector of the parish church of St Martin by Loo, tonsured, for all minor orders (*fo. lv.*) and for the holy orders of the subdiaconate and diaconate.

21 (*sic*) *Nov. 1420*; to Robert Smert acolyte, for the subdiaconate and diaconate.

Also to Stephen Nycoll acolyte, for the subdiaconate and diaconate.

Also to Stephen Gegory (*sic*) tonsured, for all minor orders and for the subdiaconate and diaconate.

Also to William Dabernon tonsured, for all minor orders and for the subdiaconate.

4 December 1420; to Walter Toker tonsured, for all minor orders and for the subdiaconate and diaconate.

5 Dec. 1420; to Osbert Kyllyow acolyte, for the subdiaconate and diaconate.

[*5 Dec. 1420. Licence for divine service in chapel of St Mary at Well, parish of Dodbrooke.*]

[LICENCIA CELEBRAN]DI.

Universis sancte matris ecclesie filiis ad quorum noticiam presentes littere pervenerint Thomas Hendyman [etc.] salutem in omnium Salvatore. Cupientes ea que devotionis et cultus divini augmentum respiciunt sinceris affectibus promoveri, ut in capella beate Marie Atte Wylle [*Well*] in parochia de Dodebrok Exonien' diocesis situata divina per quoscumque presbiteros ydoneos absque preiudicio matricis ecclesie valeant celebrari, tenore presencium licenciam concedimus specialem, hinc ad nostrum beneplacitum tantummodo duraturam. No[lumus] tamen quod dicte ecclesie de Dodebrok rector premissorum intuitu artetur seu oneretur [ad] inveniendum ibidem necessario capellanum celebraturum set pro ipsius beneplacito volun[tatis] si

sibi hoc videatur faciendum. In cuius rei [etc.]. Datum Exon'
quinto die Decembris anno Domini predicto.

[*Same day. The same, during the vicar-general's pleasure, to the parishioners
of Salcombe, parish of West Alvington, for the chapel of St John Baptist there.
They are to attend their parish church on Sundays and festivals, and the vicar
is not to be burdened with finding the chaplain; but all is to be done with his
good will.*]

[LICENCIA CELEBRANDI].

Item eisdem die et loco et anno Domini supradictis predictus
vicarius in spiritualibus concessit universis Christi fidelibus inhabitanti-
bus villulam de Saltecombe infra parochiam de Alfyngton E. diocesis
ut divina possint iidem inhabitantes per presbiteros ydoneos in capella
sancti Johannis Baptiste de Saltecombe infra predictam parochiam
ut prefertur situata facere celebrari; dumtamen per hoc ecclesie
matrici loci huiusmodi nullum fiat preiudicium, et dicti inhabitantes
diebus dominicis et interim festivis contingentibus ad suam accedant
ecclesiam parochialem, et consensum vicarii ecclesie antedicte
obtineant ab eodem super premissis; hinc ad beneplacitum dicti
vicarii[1] tantummodo duraturam. Non vult idem vicarius in spiritualibus
quod vicarius ecclesie de Alfyngton curatus premissorum intuitu
artetur seu oneretur ad inveniendum ibidem necessario capellanum
celebraturum set pro ipsius beneplacito voluntatis si eidem hoc
videatur faciendum.

[*7 Dec. 1420. Mandate to the dean of Moreton Hampstead, to compel Roger
Hunt, priest, to serve the cure of the chapel of Buckland in the Moor, parish of
Ashburton, within eight days, on pain of suspension from office. The dean
and chapter of Exeter, impropriators, had already offered him the cure, with an
adequate stipend, and he had refused it.*]

[COMPULSORIUM PRO CAPELLA DE BOKELOND].

Thomas Hendyman [etc.] decano de Morton salutem (*fo. 2*) in
Auctore salutis. Ex parte venerabilium virorum dominorum decani
et capituli ecclesie cathedralis Exonien' proprietariorum ecclesie
parochialis de Ayschperton [*Ashburton*] et capelle curate de Bokelond
[*Buckland-in-the-Moor*] infra dictam parochiam situate dicte Exonien'
diocesis nobis nuper extitit intimatum quod cum capellani quicumque
non beneficiati presertim ydonei curis animarum et ecclesiis seu
capellis parochialibus, moderatis sibi constitutis salariis, postpositis
privatis seu peculiaribus obsequiis quorumcumque, ante omnia

[1] i.e. *of the vicar-general in spirituals.*

officiare et intendere teneantur, cum per ordinarium judicem in hac parte competentem fuerint requisiti sub pena suspensionis ab officio ut predicitur infra viginti dierum spacium, cessante impedimento legitimo, non paruerint cum effectu eo ipso se noverint incursuros, prout in constitutionibus provincialibus bone memorie domini Simonis quondam Cant' archiepiscopi in hac parte rite et legitime editis et publice promulgatis plenius dinoscitur esse cautum; sicque capella curata de Bokelond antedicta solacio capellani parochialis curati penitus est destituta, ac iidem decanus et capitulum proprietarii predictarum ecclesie et capelle curate de Bokelond cuidam domino Rogero Hunte presbitero provincie Cant' et diocesis Exonien' notorie subdito, nulli cure animarum intendenti, salarium competens ad serviendum cure capelle de Bokelond predicta per Johannem Strayte procuratorem eorumdem ibidem offerri fecerunt cum effectu, prefatus tamen dominus Rogerus hoc facere recusavit, prout super hiis ex parte dictorum decani et capituli per Johannem Strayte nomine eorumdem ad effectum subscriptorum coram nobis sufficiens extitit facta fides, super quibus de remedio ipsis per nos petierunt provideri. Nolentes eisdem venerabilibus viris decano et capitulo in peticione sua predicta et iusticia deesse sicuti nec debemus, vobis communiter et divisim committimus et sub pena maioris excommunicationis pena (*sic*) distincte precipiendo mandamus, quatinus dictum dominum Rogerum capellanum primo et secundo et tertio ac peremptorie moneatis, requiratis et effectualiter inducatis, quem eciam nos tenore presencium sic requirimus et monemus sub pena suspencionis superius annotate, quod infra octo dierum spacium a tempore monicionis vestre huiusmodi continue numerandum, seu quam cicius comode poterit, ad ecclesiam curatam de Bokeland predicta accedat cure eiusdem pro anno instanti ac pro competenti salario serviturus ut convenit, cuiuscumque privato seu peculiari obsequio non obstante; quod si idem dominus Rogerus vestris requisicionibus et monicionibus in premissis parere noluerit, set predicte cure deservire contumaciter distulerit, citetis eundem Rogerum peremptorie quod compareat coram nobis in eccesia cathedrali Exon' die Mercurii proximo ante festum sancti Thome apostoli proxime nunc futuro causam racionabilem si quam pro se habeat [quia] in huiusmodi suspencionis sentenciam incidisse et in ea sic ligatum fuisse et esse ipsius rebellione et contumacia precedentibus pronunciari non debeat in debita iuris forma pro termino peremptorio propositurus, facturusque ulterius et recepturus quod [justum] fuerit et consonum racioni. De diebus vero recepcionis presencium, necnon quid [feceritis] in premissis, nos dictis die et loco remissis presentibus debite certificetis authentico sub s[igillo]. Datum Exon' septimo die mensis Decembris anno Domini millesimo quadringentesimo vicesimo.

[DIMISSORIE].

7 Dec. 1420; to Nicholas Keryok subdeacon, for the diaconate.

[LICENCIE CELEBRANDI].

Same day and place; to William Nevyll and Patrick Exounte of the parish of St Mary, Truru, for divine service in the chapel of St George, *de novo constructa*, in that parish.

Also to Joan, widow of Thomas Raymond of the parish of Hallysworth; for divine service in the presence of herself and her household in the chapel or oratory in her house of Symyston (*Simpson*) in that parish.

11 Dec. 1420; to William Monke esquire, for divine service *in capella sive oratorio aut alio loco honesto cultui divino disposito infra* (fo. 2v) *manerium sive mansionem suum de Boteryg* [*Potheridge*], in the parish of Merton.

LICENCIA CELEBRANDI IN CAPELLIS SIVE ORATORIIS

Same day and place; to Robert Hurdewyk and his wife of the parish of Marwynchurch (*Marhamchurch*), for divine service in the presence of either or both of them in chapels, oratories (*sic*) or any other suitable place in their house at Bere in that parish; during pleasure.

DIMISSORIE.

13 Dec. 1420; to Thomas Talpythan deacon, for the priesthood.

LICENCIA FACIENDI DIVINA CELEBRARI IN QUOCUMQUE LOCO HONESTO.

13 Dec. 1420; to John Hankeford donzel[1] and Joan his wife, for divine service in the presence of either or both of them in any suitable place in their house at Loddeford in the parish of Schebbear, during pleasure. *Vult autem dictus vicarius quod iidem diebus dominicis et festivis ad suam ecclesiam accedant parochialem pro divinis audiendis.*

LICENCIA CELEBRANDI IN CAPELLA SIVE ORATORIO.

16 Dec. 1420; to Michael Petyte esquire and Juliana his wife, of the parish of St Austol in Cornwall, for divine service in the presence of either or both of them in the chapel or oratory in their house at Menynsy [*Molingey*] in that parish.

[*Same day. Mandate to the dean of Chulmleigh and William Lane rector of Chulmleigh, to compel Thomas Lucas, a chaplain there, to serve the cure of Bondleigh, on the petition of John Waryn the rector.*]

[1] domicellus; *a young gentleman, not yet knighted; a squire.*

[Litter]A COMPULSORIA AD [PROVID]ENDUM CAPELLANUM [SERV]IRE
CURE.

Item eisdem die, loco et anno domini supradictis, de mandato
dicti vicarii in spiritualibus, ad peticionem magistri Johannis Waryn
rectoris ecclesie parochialis de Bonelegh E. diocesis, emanavit una
littera compulsoria directa decano de Chulmelegh ac domino Willelmo
Lane rectori ibidem, ad compellendum dominum Thomam Lucas
capellanum ibidem servire cure ecclesie parochialis de Bonelegh
predicte[1] ad instanti inofficiate, juxta omnem vim, formam et effectum
littere compulsorie in isto folio contente.[2]

[Licenc]IE AD FACIENDUM [DIVINA] CELEBRARI [IN CAPELLIS SI]VE
ORATORIIS.

18 Dec. 1420; to Ralph Trenewyth and Matilda his wife, for divine
service in the presence of both or either of them in their houses in the
parishes of St Probus and Penkew [? *St Michael-Penkevil*].
Also to Thomas Berelryn and Margaret, widow of Thomas Tresawell,
of the parish of Wythyell in Cornwall, for the same in their manor or
house (*infra manerium sive mansum eorundem*) in the parish of Bryn
[*Brynn*].

[DIMISSORIE].

20 Dec. 1420; to John Exebryg tonsured, for all minor orders and the
subdiaconate and diaconate.
9 Jan. 1420-21; to William Felow deacon, for the priesthood.

[*Same day. Licence for divine service in St Bridget's chapel, parish of Wembworthy, annually on her feast. (1 February)*]
[LICENCIA CELEBRANDI IN CAPELLA].

Item eisdem die, loco et anno Domini supradictis prefatus vicarius
in spiritualibus concessit licenciam rectori ecclesie parochialis de
Wemworthy E. diocesis ut in capella sancte Brigide virginis infra
eandem parochiam situata semel in anno in festo eiusdem sancte
Brigide virginis divina possit celebrare, cum clausula Dumtamen etc.,
et ad beneplacitum tantummodo duraturam.

[LICENCIA CELEBRANDI IN CAPELLIS SIVE ORATORIIS].

10 Jan. 1420-21; to John Cole donzell and Margaret his wife, for
divine service in the presence of either in any chapels or oratories
within the diocese of Exeter.

---

[1] *MS—*predictam.
[2] i.e. *as in the entry for* Buckland, *p. 6 above.*

(*fo. 3*) Licencia celebrandi in capella sive oratorio.

Same day; to Robert, prior of Berlych, diocese of Bath and Wells, to celebrate divine service in a chapel, oratory or other suitable place in his house at Morebathe, diocese of Exeter.

Dimissorie.

13 Jan. 1420-21; to Gervase Gybbe rector of Newton Tracy, tonsured, for all minor orders and the subdiaconate and diaconate.

Licencia celebrandi in capella sive oratorio.

Same day and place; to Elinor Gotholhan, for divine service in her presence in a chapel or oratory in her house at Gotholhan in Cornwall in the parish of St Breace [*Godolphin*, in *Breage*].

[*13 Jan. 1420-21. Licence to John Lowyk rector of Witheridge for absence until Michaelmas.*]

Licencia absentandi ab ecclesia parochiali.

Thomas Hendyman [etc.] dilecto nobis in Christo domino Johanni Lowyk rectori ecclesie parochialis de Whetheryg E. diocesis salutem in omnium Salvatore. Ut a datis presencium usque festum sancti Michaelis proxime futuro continue numerandorum te ab ecclesia tua valeas absentare, ita quod ad residenciam interim in eadem faciendam minime tenearis, tibi tenore presencium licenciam concedimus specialem; proviso tamen quod dicta ecclesia tua debitis interim non defraudetur obsequiis, et animarum cura minime negligatur in eadem, quodque procuratorem ydoneum ibidem constituas et dimittas qui nobis ministrisque nostris ac ceteris ordinariis tuis debite respondeat vice tua, absencieque tue dampnum elemosinarum largicione recompenses nostro arbitrio moderanda. In cuius rei [etc.]. Datum Exon' xiij° die mensis Januarii anno Domini supradicto.

[*14 Jan. 1420-21. The same to Roger Blakehay rector of Nymet Rowland.*]

Licencia absentandi ab ecclesia

Item xiiij^{to} die mensis predicti ibidem prefatus vicarius in spiritualibus concessit licenciam domino Rogero Blakehay rectori ecclesie parochialis de Nymet Roland E. diocesis absentandi se a dicta ecclesia sua usque festum sancti Michaelis proxime nunc futurum, proviso tamen et cetera ut in forma communi.

[*Same day. The same to Robert Doget rector of Ashreigny, John Bowode rector of Buckland Filleigh, and John Dayell rector of Romansleigh.*]

Licencia absentandi ab ecclesia.

Item eisdem die et loco prefatus vicarius in spiritualibus concessit licenciam dominis Roberto Doget rectori ecclesie parochialis de Esseregni, Johanni Bowode rectori de Bokelond Fylly et Johanni Dayell rectori de Romondyslegh E. diocesis, absentandi se ab ecclesiis suis usque festum Michaelis proxime futurum, proviso etc.

[*Same day. The same to Thomas Abyngdon rector of Stoke Climsland.*]

LICENCIA [ABSENTANDI] AB [ECCLESIA].

Item xiiijᵗᵒ die mensis predicti anno domini supradicto dictus vicarius in spiritualibus concessit licenciam domino Thome Abyngdon rectori de Stoke Clymyslond in Cornubia E. diocesis absentandi se ab ecclesia sua usque festum sancti Michaelis proxime futurum, proviso etc.; et obtinuit litteras ut in forma.

[*Same day. Licence during pleasure to William Grene to preach, in Latin and the vulgar tongue, to clergy and people in churches and other suitable places, except when their rectors and vicars wish to preach.*]

LICENCIA PREDICANDI.

Thomas Hendyman etc. dilecto nobis in Christo magistro Willelmo Grene in artibus magistro salutem in omnium Salvatore. Ut in ecclesiis et locis honestis E. diocesis officium et exercitium predicationis et propositionis verbi in vos assumere, ac verbum Dei clero vel populo sermone latino vel vulgari publice proponere et predicare valeatis tociens quociens Christi fidelium animarum saluti expedire videatur, temporibus et horis illis in quibus ecclesiarum rectores [seu] vicarii ad quorum ecclesias ex causis premissis vos contigerit declinare predicare voluerint dumtaxat exceptis, vobis in hac parte licenciam concedimus specialem ad nostrum beneplacitum tantummodo duraturam. In cuius rei [etc.]. Datum Exon' xiiij° die Januarii anno Domini supradicto.

[*Same day. The same to Benedict Brenta.*]

LICENCIA [PREDICANDI].

Item eisdem die et anno ibidem prefatus vicarius in spiritualibus concessit licenciam predicandi magistro Benedicto Brenta in artibus magistro prout liquet in littera precedenti.

LICENCIE CELEBRANDI.

Same day and place; to John Lauerans and Joan his wife, for divine service in the presence of either in the chapel or oratory in their house at Aysch in the parish of Criditon.

15 Jan. 1420-21; to (*fo. 3v*) master William Raff vicar of St Wendron in Cornwall and John Raff, for the same *in capellis sanctorum Degamani* [Degibma] *et Uneni* [Merther Uni] *in parochia sancte Wendrone predicta situatis,* during pleasure.

LICENCIA CELEBRANDI.

14 Jan. 1420-21; to sir John Patry vicar of St Paul in Cornwall, and Henry Trewyff, for divine service in the presence of either *in capellis beate Marie et sancti Edmundi*[1] *in villula de Mousehole in parochia Pauli predicta.*

LICENCIA ABSENTANDI AB ECCLESIA.

14 Jan. 1420-21; to sir Walter Gay rector of Nymet St George, to be absent from his church until Michaelmas next; *proviso tamen quod dicta ecclesia debitis interim non defraudetur obsequiis.*[2]

LICENCIA ABSENTANDI AB ECCLESIA.

16 Jan. 1420-21; to sir Robert Crewys rector of Rakerneford, to be absent from his church until Michaelmas.

[*Same day.   Licence for divine service in the chapel of St Mary Magdalen, Tavistock.*]

LICENCIA CELEBRANDI IN CAPELLA.

Item eisdem die et anno dictus vicarius in spiritualibus concessit licenciam universis capellanis ydoneis divina celebrare volentibus ut in capella beate Marie Magdalene in villa de Tavystok situata E. diocesis divina possint celebrare, cum clausula Dumtamen etc.

[*Same day.   The same for the parish church of Monkleigh, until St John Baptist's Day.*][3]

LICENCIA CELEBRANDI [IN ECCLESIA PAROCH]IALI.

Item eisdem die et anno idem vicarius in spiritualibus concessit licenciam omnibus Christifidelibus ut in ecclesia parochiali de Monkelegh E. diocesis per quoscumque presbiteros ydoneos usque festum sancti Johannis Baptiste proxime futurum inclusive divina possint facere celebrari; dumtamen etc.

LICENCIA ABSENTANDI AB ECCLESIIS PAROCHIALIBUS.

22 Jan. 1420-21; to sir Robert Offecote rector of Cornewode, sir John Worthyn rector of Pawton in Cornwall, sir Richard Rychard

---

[1] *MS*: Edi; *which might mean* ' Edmundi ' *or* ' Edwardi '.   *But see the* Cornish Church Kalendar (*Shipston-on-Stour, 1933*) *p. 38.*

[2] *This proviso against neglect of the cure, variously phrased or abbreviated, accompanies most of such grants in the Register.*

[3] *pending the consecration of the newly-rebuilt church. See below, p. 34.*

rector of St Pancras Exeter and master Walter Boway rector of Sutte-
comb, to be absent from their churches until Michaelmas next.

[*24 Jan. 1420-21. Licence to John Cobethorn dean of Exeter cathedral,
for divine service celebrated by himself or by others in his presence anywhere in
the diocese.*]

LICENCIA CELEBRANDI.

Item prefatus dominus vicarius in spiritualibus concessit licenciam
magistro Johanni Cobethorn decano ecclesie cathedralis Exon' ut in
capellis sive oratoriis aut aliis locis honestis cultui divino dispositis
infra diocesim Exonien' situatis divina possit celebrare et per presbiteros ydoneos in eius presencia facere celebrari, dumtamen ecclesiis
matricibus locorum huiusmodi nullum fiat preiudicium ut in forma.

[*Same day. Licence to Nicholas Selman subprior, and Robert Symon canon,
both of Plympton, to preach.*]

[LICENCIA PREDICANDI].

Item eisdem die et anno ibidem dictus vicarius in spiritualibus
concessit licenciam predicandi magistris Nicholao Selman subprior
de Plympton' et Roberto Symon ibidem canonico, prout cavetur in
littera precedenti [i.e. *p. 11 above*].

[*30 Jan. 1420-21. Declaration that Bideford churchyard, alleged to have
been polluted by the burial of the body of Maud, widow of John Hoper, who had
hanged herself, was not so polluted because she was insane before and at the time
of her suicide; and so burial there may be resumed.*]

[DECLARACIO QUOD CIM]ITERIUM [ECCLESIE PAROCHIALIS DE] BYDEFORD
[NON] EST POLLUTUM.

Universis sancte matris ecclesie filiis ad quos presentes littere
pervenerint Thomas Hendyman [etc.] salutem in omnium Salvatore.
Ad universitatis vestre noticiam tenore presencium volumus pervenire
quod nuper ex relatione quorumdam auribus nostris fuerat intimatum
quod cimiterium ecclesie parochialis de Bydeford Exonien' diocesis
per humacionem corporis sive cadaveris cujusdam Matildis relicte
Johannis Hoper eiusdem parochie defuncte in cimiterio dicte ecclesie
sepulte, que voluntarie laqueo se extinxit ut dicebatur, fuerit pollutum,
unde rector eiusdem ecclesie et parochiani, fama precedente dictum
cimiterium pollutum reputantes, ab humacione corporum sive cad-
averum ea de causa iam per aliqua tempora cessarunt.   Verum quia
per inquisicionem in ea parte nostra auctoritate in forma iuris captam
invenimus quod dicta Matildis antequam laqueo se suspendebat et

eodem tempore continue detinebatur furore, nec ulla substantia seu
perseverantia discrecionis aliquo tempore in ipsa visa fuit vel reperta,
ideo dictum cimiterium occasione premissorum nullo modo pollutum
extitisse[1] nec esse tenore presencium declaramus, et omnibus et
singulis quorum interest intimamus quod prefatum cimiterium dicti
facti occasione nullatenus est suspensum, quodque in eodem cimiterio
cadavera mortuorum licite sepelire facto predicto non obstante poterunt
et debebunt. In cuius rei [etc.]. Datum Exon' penultimo die mensis
(*fo. 4*) Januarii anno Domini millesimo quadringentesimo vicesimo.

[*1 Feb. 1420-21. Dispensation, by authority of the papal penitentiary,
for John Bole, despite his illegitimate birth, to receive holy orders and to hold
a benefice even with cure of souls; provided that he shall proceed at the canonical
times to such orders as the obligations of the benefice require, and that he shall
reside upon it.*]

DISPENSACIO SUPER DEFECTU NATALIUM.

Thomas Hendyman [etc.] Johanni Bole clerico E. diocesis salutem
in omnium Salvatore. Litteras venerabilis patris domini Jordani
miseracione divina episcopi Albanen' sanas et integras, non abolitas,
non cancellatas, nec in aliqua sui parte suspectas, set omni prorsus
vicio et suspicione sinistra ut nobis prima facie apparuit carentes,
sigillo dicti venerabilis patris in cera rubia pendente signatas, per te
nobis presentatas et exhibitas reverenter recepimus tenorem qui
sequitur continentes. Venerabili in Christo patri Dei gratia episcopi
Exon' vel eius vicario in spiritualibus Jordanus miseracione divina
episcopus Albanen' salutem et sinceram in Domino caritatem. Ex
parte Johannis Bole clerici vestre diocesis nobis fuit humiliter supplicatum, ut cum eo super defectu natalium, quem patitur de soluto
genitus et soluta, quod huiusmodi non obstante defectu ad omnes
possit ordines promoveri et beneficium ecclesiasticum obtinere, eciam
si curam habeat animarum, sedes apostolica dispensare misericorditer
dignaremur (*sic*); nos igitur, auctoritate domini pape, cuius penitenciarie curam gerimus, et de eius speciali mandato super hoc vive
vocis oraculo nobis facto, circumspectioni vestre committimus quatinus,
si ita est, consideratis diligenter circumstanciis universis, que circa
ydoneitatem persone fuerint attendende, si paterne non est incontinencie imitator set bone conversacionis et vite, sufficientisque litterature,
super quibus vestram conscienciam oneramus, aliasque sibi merita
suffragantur ad huiusmodi dispensacionis gratiam obtinendam, super
petitis dispensetis misericorditer cum eodem, ita tamen quod idem

---

[1] *MS:* extitiste.

clericus prout requiret onus beneficii quod cum post dispensacionem huiusmodi obtinere contigerit se faciat statutis a iure temporibus ad ordines promoveri et personaliter resideat in eodem, alioquin huiusmodi dispensacionis gracia quoad beneficium ipsum nullius penitus sit momenti. Datum Florencie VII Id. Julii pontificatus domini Martini pape v^{ti} anno tercio.

Quibus quidem litteris per nos inspectis, et consideratis diligenter circumstanciis universis que circa ydoneitatem persone tue fuerint attendende, quia per et post inquisicionem diligentem de et super premissis per nos factam invenimus te paterne incontinencie imitatorem non fuisse nec esse, set bone conversacionis et vite laudabilis, sufficientisque litterature aliasque tibi merita suffragari ad huiusmodi dispensacionis graciam obtinendam, tecum ut, non obstante defectu natalium quem pateris de soluto genitus et soluta, ad omnes ordines promoveri et beneficium ecclesiasticum, eciam si curam habeat animarum, licite [obtinere] valeas auctoritate litterarum predictarum tenore presencium dispensamus. Ita tamen, prout requiret onus beneficii quod te post dispensacionem presentem obtinere contigerit, te facias statutis a iure temporibus ad ordines promoveri et personaliter resideas in eodem; alioquin dispensacio huiusmodi quoad ipsum beneficium omni careat robore firmitatis. In cuius rei testimonium presentes litteras nostras seu hoc presens publicum instrumentum per magistrum Ricardum Chichestre clericum E. diocesis auctoritate apostolica notarium publicum subscribi et publicari mandavimus ac sigilli officii nostri fecimus appensione muniri. Data et acta sunt hec in hospicio nostro Exonie primo die mensis Februarii anno ab Incarnacione Domini secundum cursum et computacionem ecclesie Anglie (*sic*) millesimo quadringentesimo vicesimo, indiccione quartadecima, pontificatus sanctissimi in Christo patris et domini domini Martini divina providencia pape quinti anno tercio; presentibus tunc ibidem discretis viris dominis Roberto Trevyne et Johanne Kyng capellanis ac Rogero Goolde litterato testibus Exonien' diocesis ad premissa vocatis specialiter ac rogatis.

Et ego Ricardus Chichestre clericus E. diocesis publicus auctoritate apostolica notarius, premissis omnibus et singulis dum sic ut premittitur sub anno, indiccione, pontificatu, mense, die et loco predictis per reverendum virum magistrum Thomam Hendyman antedictum agerentur et fierent, una cum prenominatis testibus, presens personaliter interfui, eaque sic fieri vidi et audivi, scripsi et publicavi, meque litteris presentibus subscripsi et signum meum consuetum una cum appensione sigilli dicti reverendi viri de mandato euisdem hic apposui in fidem et testimonium omnium et singulorum premissorum.

B

[*No date. Licence to William Tredeway to hear confessions, to enjoin penance and to grant absolution, even in cases reserved to the vicar-general, with certain specified exceptions.*]

CONFESSIONES.

Thomas Hendyman etc. (*fo. 4v*) dilecto [etc.] domino Willelmo Tredeway capellano salutem in omnium Salvatore. Ad audiendum in foro anime confessiones subditorum nostrorum quorumcumque tibi confiteri volencium, ac ipsis pro commissis penitencias salutares iniungendum, necnon absolvendum eosdem de peccatis suis veraciter tibi confessis, etiam in casibus a iure, consuetudine, constitucionibus synodalibus et provincialibus et alias qualitercumque nobis reservatis, tociens quociens fuerit oportunum, parcorum domini Exonien' episcopi quorumcumque fraccionibus, ac periuriis in assisis et alibi ubi sequitur mors vel exheredacio seu gravis depauperacio alicuius, corruptionibus monialium Deo dedicatarum et homicidio notorio dumtaxat exceptis, tibi de cuius fidelitate et industria plurimum confid mus committimus potestatem. Datum Exon' etc.

[*Same day. The same to Walter Collys, official of the bishop's peculiar jurisdiction in Devon.*]

LICENCIA AUDIENDI CONFESSIONES.

Item eodem die prefatus vicarius in spiritualibus concessit licenciam magistro Waltero Collys officiali peculiaris iurisdiccionis domini Exonien' episcopi in Devonia audiendi confessiones quorumcumque subditorum dicti domini Exonien' episcopi eciam in casibus eidem domino reservatis etc.

DIMISSORIE.

Same day; to John Park acolyte, for all holy orders.

LICENCIA CELEBRANDI.

Same day; to sir John Borgoun *supervisor domini Exonien' episcopi,* for divine service celebrated by himself or by others in his presence in chapels or oratories and other suitable places within the diocese.

LICENCIA CELEBRANDI.

17 Feb. 1420-21; to William Buttokkyssyde and Joan his wife, for divine service in the presence of either in a chapel or oratory or other suitable place in their house at Buttokkyssyde (*Budshead,* in *St Budeaux*).

[*17 Feb. 1420-21. Grant of letters dimissory to John Rodya deacon, canon of St German's priory, in the form of a licence to his prior to present him to any Catholic bishop for ordination to the priesthood.*]

DIMISSORIE CONCESSE RELIGIOSO.

Thomas Hendeman [etc.] dilecto [etc.] priori prioratus sancti Germani in Cornubia E. diocesis ordinis sancti Augustini salutem in omnium Salvatore. Ut episcopo cuicumque graciam sedis apostolice et execucionem sui officii obtinenti dilectum[1] nobis in Christo fratrem Johannem[1] Rodya diaconum prioratus vestri canonicum ut sacrum presbiteratus ordinem recipere valeat ab eodem licite valeatis presentare, licenciam vobis ac fratri huiusmodi memoratum ordinem ab episcopo huiusmodi recipiendi ac eidem episcopo ordinem predictum conferendi, eo non obstante quod dictus prioratus infra diocesim Exonien' situatus existit, dumtamen aliud dicto fratri non obsistat canonicum in hac parte, tenore presencium concedimus spec alem et liberam facultatem. In cuius rei [etc.]. Datum Exon' decimo septimo die mensis Februarii anno Domini millesimo quadringentesimo vicesimo etc.

DIMISSORIE

17 Feb. 1420-21; to Thomas Fursdon acolyte, for the subdiaconate and diaconate.

LICENCIA CELEBRANDI.

18 Feb. 1420-21; to all the faithful [as for Monkleigh, p. 12] for divine service in the chapel of St Mary Magdalen at Boswythgy [*Bosworgy*] in the parish of St Eranus [*St Erth*] in Cornwall *absque preiudicio ecclesie matricis,* during pleasure.

[LI]CENCIA ABSENTANDI [AB ECC]LESIA.

21 Feb. 1420-21; to sir Thomas Watkyn rector of St Gerende in Cornwall, to be absent from his church until Michaelmas.

[*22 Feb. 1420-21. Licence to John Wyndover rector of Bradninch, to hear the confessions of his parishioners in reserved cases.*]

[LICENC]IA AUDIENDI [CONFESS]IONES.

Item xxij° die mensis pretacti prelibatus vicarius in spiritualibus concessit licenciam magistro Johanni Wyndover rectori ecclesie parochialis de Bradenynch E. diocesis audiendi confessiones parochianorum suorum quorumcumque sibi confiteri volencium in casibus reservatis et cetera.

[*24 Feb. 1420-21. Licence to John Trevelyan to preach in the archdeaconry of Cornwall.*]

[LICENCIA] PREDICANDI.

Item xxiiij° die mensis huiusmodi prefatus vicarius in spiritualibus

---

[1] *MS.* dilecto . . . Fratri Johanni.

concessit licenciam magistro Johanni Trevelyan in artibus magistro ut in ecclesiis, capellis ac locis honestis infra (*fo. 5*) archidiaconatum Cornubie situatis officium predicacionis et proposicionis verbi Dei in se assumere etc.

LICENCIA CELEBRANDI.

Same day; to John Petyt and Margaret his wife, for divine service in the presence of either in their chapel at Ardeverow [*Ardevera*] in Cornwall.

DIMISSORIE.

26 Feb. 1420-21; to William Howsyng acolyte, for the subdiaconate, and to Robert Carlyngton deacon, for the priesthood.

LICENCIA CELEBRANDI.

4 March 1420-21, Plympton; to William Carslake and Joan his wife, for divine service in their chapel at Harston in the parish of Bryxton.

DIMISSORIE.

5 March 1420-21, Okampton; to William Lawys and Richard Bowton subdeacons, for the diaconate; and to William Dabernon deacon, for the priesthood.
Also to John Watty subdeacon, for the diaconate; and to Walter Toker deacon, for the priesthood.

LICENCIA CELEBRANDI.

6 March 1420-21; to William Bykebyry, for divine service in a chapel or oratory or other suitable place within the diocese of Exeter.

LICENCIA CELEBRANDI.

Same day; to John Corke the bishop's steward in Cornwall, and to Katherine his wife, for divine service in the presence of either and of their household in any suitable place in the diocese.

LICENCIA CELEBRANDI.

10 March 1420-21; to Isabella widow of John Heligan esquire, for divine service in her presence in a chapel or oratory or other suitable place within her manor of Trencruke [*Trencreek*] in the parish of Mahynyet [*Menheniot.*]

[*11 March 1420-21. Licence to William Chepman to hear the confessions of Mary Beaucham abbess of Canonsleigh and her nuns, to enjoin penances and to absolve, even in cases reserved to the bishop; during pleasure.*]

CONFESSIONALE.

Thomas Hendyman [etc.] dilecto [etc.] domino Willelmo Chepman E. diocesis capellano, salutem in omnium Salvatore. Ad audiendum

in foro anime confessiones dilectarum filiarum Marie Beaucham
abbatisse de Canonlegh alias Monchenleya E. diocesis et commonialium
suarum quarumcumque tibi confiteri volencium, ac ipsis pro commissis penitencias salutares iniungendum, necnon absolvendum
easdem de peccatis suis tibi veraciter confessis eciam in casibus a iure,
consuetudine, constitucionibus synodalibus vel provincialibus et
alias qualitercumque domino Exon' episcopo reservatis, tociens
quotiens fuerit oportunum, vobis de cuius fidelitate et industria
plurimum confidimus committimus vices nostras et plenariam in
Domino potestatem, hinc ad nostrum beneplacitum tantummodo
duraturam. In cuius rei [etc.]. Datum Exon' xj die Marcii anno
predicto.

LICENCIA CELEBRANDI.

10 (sic) March 1420-21; to sir John Bekebyry rector of Bykebyry,
for divine service celebrated by himself or others in the chapel of St
Milburga in his parish.

[*Same day. Licence to Walter Stalworth to preach in the diocese.*]

LICENCIA PREDICANDI.

Item eodem die Exonie prefatus vicarius in spiritualibus concessit
licenciam domino Waltero Stalworth capellano ut in ecclesiis, capellis
ac locis honestis infra diocesim Exon' situatis officium predicacionis
et proposicionis verbi Dei ac clero et populo predicare valeat etc.

LICENCIA CELEBRANDI.

13 March 1420-21; to sir John Mathew rector of Dumderton
(*Dunterton*), for divine service in the chapel of St Constantine in his
parish.

LICENCIA ABSENTANDI.

14 March 1420-21; to master John Gentylman rector of Torrebrian,
to be absent from his church until Michaelmas.

[*Same day. Licence to Peter Mede chaplain of Moreton Hampstead,
to hear the confessions of his parishioners even in reserved cases, with the
customary exceptions.*]

(*fo. 5v*) LICENCIA AUDIENDI CONFESSIONES

Item eodem die ibidem prefatus vicarius in spiritualibus concessit
licenciam domino Petro Mede capellano de Morton E. diocesis
audiendi confessiones quorumcumque sibi confiteri volencium ecclesie
parochalis de Morton, eciam in casibus reservatis, certis casibus
consuetis dumtaxat exceptis.

[*Same day. The same to John [Compton] vicar of Lanteglos by Fowey, within the deanery of West.*]

LICENCIA AUDIENDI CONFESSIONES.

Item eodem die ibidem prefatus vicarius in spiritualibus concessit licenciam domino Johanni vicario ecclesie parochialis de Lanteglos in Cornubia E. diocesis audiendi confessiones quorumcumque subditorum domini sibi confiteri volencium infra decanatum de West moram trachencium, casibus reservatis ut supra.

DIMISSORIE.

15 March 1420-21; to Ralph Drenek acolyte, for the subdiaconate.

LICENCIA ABSENTANDI.

18 March 1420-21; to sir William Moris rector of Estwolryngton, to be absent from his church until Michaelmas.

LICENCIA ABSENTANDI.

27 March 1421; to sir John [Holcot] rector of Levenestone (*Lympstone*), to be absent from his church until Michaelmas.

LICENCIA CELEBRANDI.

4 Feb. (*sic*) *1420-21;* to Henry Fortescu and Katherine his wife, for divine service in the presence of either in chapels or oratories or other suitable places (*sic*) in their house called le Wode in the parish of Wodelegh.

LICENCIA CELEBRANDI IN CAPELLIS SIVE ORATORIIS.

5 Feb. 1420-21; to Isabella widow of Richard Champernoun, for divine service in her presence in chapels or oratories or other suitable places within the diocese.

LICENCIA ABSENTANDI.

5 Feb. 1420-21; to sir John Bowden rector of Dertyngton, to be absent from his church until Michaelmas.

[*Same day. Licence to John Abell chaplain of Brixham, to hear the confessions of his parishioners, etc., with the customary exceptions.*]

LICENCIA AUDIENDI CONFESSIONES.

Item eisdem die et loco prefatus vicarius in spiritualibus concessit licenciam domino Johanni Abell capellano de Bryxham E. diocesis audiendi confessiones quorumcumque parochianorum dicte ecclesie, certis casibus consuetis et in littera precedenti insertis eidem domino vicario specialiter reservatis etc.

LICENCIA ABSENTANDI.

6 Feb. 1420-21; to master Lewis Busshebury rector of Cheriton Episcopi, to be absent from his church until Michaelmas.

[*8 Feb. 1420-21. Appointment of penitencers in each deanery in the archdeaconry of Exeter, to hear the confessions of the beneficed and unbeneficed clergy, and of the laity of either sex, to enjoin penances and to absolve even in reserved cases, with certain specified exceptions; the appointments to run until Trinity, without revocation of or derogation from the authority of other confessors and penitencers already licenced. The archdeacon is to publish the list in the next deanery chapters; to charge those named to undertake the task; to warn them not to go beyond the limits either of their deanery or of the cases allowed to them; and to give to each a copy of this mandate under his own seal.*]

DEPUTACIO PENITENCIARIORUM IN ARCHIDIACONATU EXONIE.

Thomas Hendyman, [etc.] dilecto [etc.] archidiacono Exonie seu eius officiali salutem in omnium Salvatore. Quia nos in singulis decanatibus archidiaconatus predicti ad audiendum confessiones rectorum, vicariorum, ceterorumque beneficiatorum et aliorum sacredotum, necnon clericorum et laicorum omnium et singulorum utriusque sexus in eadem archidiaconatu commorancium, et ipsis pro commissis salutares penitencias iniungendum, necnon absolvendum eosdem de peccatis suis quibuscumque veraciter confessis seu confitendis in casibus tantummodo nobis a iure, constitucionibus synodalibus, provincialibus et legatinis vel consuetudine reservatis, violacionibus iurium et libertatum ecclesie cathedralis Exon' ac parcorum quorumcunque fraccionibus domini Exon' episcopi, violacionibus eciam seu corruptionibus monialium Deo dedicatarum, et inieccionibus manuum violentarum in clericos in sacris ordinibus constitutos in casibus a iure non permissis, simonia ac adulteriis et incestibus notoriis et manifestis, solempnizacionibus insuper matrimoniorum clandestinorum, necnon violacionibus ecclesiarum et cimiteriorum per quas indigeant (*fo. 6*) reconciliari, periuriis eciam in assisis et in causis matrimonialibus aut aliis ubi sequitur mors vel exheredacio aut gravis depauperacio alicuius dumtaxat exceptis, providos et discretos viros, videlicet:

In decanatu de Ken dominum Edwardum archipresbiterum de Haccomb et magistrum Thomam vicarium perpetuum ecclesie parochialis de Kenton. In decanatu de Dunsford dominos Robertum rectorem ecclesie parochialis de Teyngton Drew et Thomam vicarium de Dunsford. In decanatu de Cadbury, magistrum Johannem Sawnder curatum ecclesie collegiate sancte Crucis Criditonie. In decanatu de Tuverton dominos Johannem de Wydelond [*Willand*] et Thomam de Cleyhanger ecclesiarum parochialium rectores et dominum Nicholaum Walrond capellanum de Tuverton. In decanatu de Plymptre dominos Johannem Bone rectorem ecclesie parochialis de Fynaton et Edwardum vicarium ecclesie parochialis de Colmpton. In decanatu de Dunk' [*Dunkeswell*] dominos Petrum rectorem de Hidon [*Clayhidon*] et Johannem vicarium de Yartecombe. In decanatu de Honyton magistrum Johannem Mathew de Musbury et Henricum de Gydysham [*Gittisham*] ecclesiarum rectores ac dominum Johannem vicarium perpetuum ecclesie parochialis de Seton. In decanatu de Ayll' [*Aylesbeare*] magistrum Johannem Sarger custodem ecclesie collegiate de Otery Sancte Marie, dominos Willelmum Broun vicarium de Sydebury et Thomam rectorem ecclesie parochialis de Clystfomson [*Sowton*],

in partem nostre solicitudinis supportandum deputavimus prout tenore presencium deputamus, singulis eorum in singulis predictis decanatibus ut premittitur vices nostras committimus per presentes usque festum sancte Trinitatis proxime futurum inclusive duraturas absque tamen revocacione aliorum confessorum et penitenciariorum quorumcumque antea per nos constitutorum quorum potestatibus non intendimus derogare per presentes: vobis igitur committimus et mandamus firmiter iniungentes quatinus hec in proximis capitulis vestris post recepcionem presencium celebrandis publicetis et faciatis solempniter publicari, iniungentes eisdem quod dictum officium sic humiliter subeant et debite prosequantur quod in districti iudicii examine pro labore percipere valeant requiem sempiternam; proviso quod nullus ad personam alterius decanatus vel ad casus superius exceptos suam presumat extendere potestatem. Copiam presentis mandati sub sigillo vestro cuilibet de dictis penitenciariis nostris fieri faciatis. Datum Exon' sub sigillo officii nostri viij° die mensi Februarii anno domini supradicto.

[*Same day. The same for the archdeaconry of Totnes.*]

Deputacio penitenciariorum in archidiaconatu Tottonie.

Item eisdem die et loco prefatus vicarius in spiritualibus deputavit confessores in archidiaconatibus Tottonie, Cornubie et Barn' prout inferius continetur et super hoc archidiaconis archidiaconatuum predictorum seu eorum officialibus emanarunt mandata ut supra in forma. In archidiaconatu videlicet Tottonie: in decanatu de Morton dominos Johannem rectorem ecclesie parochialis de Lustelegh et Willelmum vicarium perpetuum ecclesie parochialis de Ayshperton [*Ashburton*]. In decanatu de Ipplepen dominos Nicolaum vicarium de Peyngton, Willelmum rectorem de Hempston Parva et Willelmum Toker capellanum. In decanatu Tottonie magistrum Johannem de Brynta [*South Brent*] fratrem Johannem de Tounstall et dominum Petrum Duke de Hurberton ecclesiarum parochialium perpetuos vicarios. In decanatu de Wodelegh magistrum Johannem rectorem ecclesie collegiate de Slapton, dominum Johannem rectorem ecclesie parochialis de Portelamouth et magistrum Benedictum Brente capellanum. In decanatu de Plympton magistros Nicholaum Selman subpriorem prioratus Plympton', Johannem vicarium perpetuum de Holboghton [*Holbeton*] et Willelmum Grene capellanum. In decanatu de Tamerton dominos Robertum de Stokedamarell et Johannem de Tavy Sancti Petri ecclesiarum parochialium rectores. In decanatu de Tavystok magistrum Laurencium rectorem ecclesie parochialis de Lyfton et dominum Johannem vicarium perpetuum ecclesie parochialis de Tavystok. In decanatu de Hallysworth [*Holsworthy*] magistrum Johannem de Hallysworthy et dominum Stephanum de Putteford ecclesiarum parochialium rectores. In decanatu de Okhampton dominos Robertum vicarium perpetuum ecclesie parochialis de Hatherlegh et Galfridum curatum ecclesie parochialis de Okhampton, etc. et cum clausula Proviso quod nullus ad personam alterius etc. ut in forma.

[*The same for the archdeaconry of Cornwall.*]

Deputacio penitenciariorum in archidiaconatu Cornubie.

In archidiaconatu Cornubie: In decantu de Penwyth, magistrum Willelmum Talkarn Sancti Ercii [*St Erth*], dominum Johannem Patry Sancti Pauli, ecclesiarum parochialium (*fo. 6v*) perpetuos vicarios et magistrum Johannem Trethelyan capellanum. In decanatu de Kerier, magistros Willelmum Pensans Sancte Breace, Thomam Sancti Gluviati de Penryn, Willelmum Sancte Wendrone, ecclesiarum parochialium perpetuos vicarios. In decanatu de Pyder, magistrum Laurencium de Padystaw et dominum Benedictum Sancte Wenne, ecclesiarum parochialium perpetuos vicarios. In decanatu de Powder, magistrum Johannem Sutton officialem peculiaris iurisdiccionis domini Exonien' episcopi in Cornubia, dominos Nicholaum rectorem de Trewrew et Johannem vicarium perpetuum ecclesie parochialis de Tregony. In decanatu Minoris Tryg, magistros Johannem Sancte Minefride [*St Minver*] et Nicholaum de Lannow [*St Kew*], ecclesiarum parochialium perpetuos vicarios. In decanatu Maioris Tryg, magistrum Willelmum Knyght rectorem ecclesie parochialis de Kylkampton et dominum Simonem subpriorem prioratus Launcistonie. In decanatu de Est, magistros Johannem Waryn rectorem ecclesie parochialis de Mahyneet, David Noy de Morvall et dominum Johannem Yong Sancti Stephani de Saltaysch, ecclesiarum parochialium perpetuos vicarios. In decanatu de West, dominos Thomam rectorem de Dulo et Johannem vicarium perpetuum ecclesie parochialis de Wynnow in Cornubia.

[*The same for the archdeaconry of Barnstaple.*]

DEPUTACIO PENITENCIARIORUM IN ARCHIDIACONATU BARN'.

In archidiaconatu Barn'. In decanatu Barn', dominos Ricardum rectorem de Heampton [*Heanton Punchardon*] et Ricardum Hare capellanum de Barn'. In decanatu de Chulmelegh, magistrum Willelmum Bremelcomb de Nymet Tracy et dominum Willelmum Lane de Chulmelegh, ecclesiarum parochialium rectores. In decanatu de Molton, dominos Nicholaum de Nymet Episcopi et Rogerum de Estansty, ecclesiarum parochialium perpetuos vicarios. In decanatu de Toryton, magistrum Thomam rectorem ecclesie parochialis de Toryton Parva et dominum Willelmum reclusum de Toryton. In decanatu de Hertylond, dominos Johannem rectorem de Were [*Weare Giffard*] et Johannem vicarium perpetuum ecclesie parochialis de Bokelond [*Buckland Filleigh*]. In decanatu de Schyrwyll, dominos Johannem de Byry [*Berry Narbor*] et Thomam de Merewode, ecclesiarum parochialium rectores et cetera.

LICENCIA CELEBRANDI IN CAPELLA.

12 Feb. 1420-21; to sir Richard Tryby rector of Newton Ferrers, for divine service celebrated by himself or other fit priests in the chapel at Poselyng [*Puslinch*] in his parish.

LICENCIA PREDICANDI.

13 Feb. 1420-21; to master William Pensans vicar of St Breace in Cornwall, to preach to the clergy and people in churches, chapels and other suitable places in the deaneries of Penwyth and Keryer.

LICENCIA CELEBRANDI IN CAPELLA.

Same day and place; to all the faithful, for divine service in the chapel of St James the Apostle at Botryauxcastell [*Boscastle*] in the parish of Mynstr in Cornwall.

LICENCIA ABSENTANDI AB ECCLESIA.

Same day and place; to sir John Kykke rector of Uffewyll, to be absent from his church until Michaelmas.

DIMISSORIE.

16 Feb. 1420-21; to Richard Michell acolyte, for the subdiaconate and diaconate.

MUTACIO ANNI DOMINI

LICENCIA CELEBRANDI.

1 April 1421; to Thomas Norys and Agnes his wife, for divine service in the presence of either in chapels or oratories or other suitable places in the diocese.

DIMISSORIE.

1 Apr. 1421; to Stephen Bokeram acolyte, for all holy orders.

[LICENCIA] ABSENTANDI [AB ECCLESIA] PAROCHIALI.

Same day; to sir John Moddeslegh rector of Cherystaunton [*Church-stanton*], to be absent from his church until Michaelmas.

[LICEN]CIA CELEBRANDI.

9 Apr. 1421; to sir Simon Pawle vicar of Alvyngton, for divine service in chapels or oratories (*fo. 7v*) or other suitable places in his parish.

LICENCIA CELEBRANDI.

Same day; to master Hugh Mansell vicar of Yartecomb, for divine service celebrated by himself or others in the chapel of St John in his parish.

DIMISSORIE.

11 Apr. 1421; to Thomas Neler tonsured, for all further minor and holy orders.

LICENCIA CELEBRANDI.

Same day; to Thomas Tappelegh, for divine service in his presence in any suitable place in the diocese.

LICENCIA CELEBRANDI.

Same day; the same to Thomas Pyllond.

[*Same day.   Licence to John Waryn rector of Menheniot, to preach within the diocese.*]

LICENCIA PREDICANDI.

Item eodem die predictus vicarius in spiritualibus concessit licenciam magistro Johanni Waryn rectori ecclesie parochialis de Mahynyet in Cornubia E. diocesis, ut in ecclesiis, capellis aut aliis locis honestis infra diocesim Exon' situatis divina et verbum Dei sermone latino vel vulgari clero[1] posset predicare temporibus et horis illis in quibus locorum rectores vel vicarii predicare noluerint.

LICENCIA CELEBRANDI.

Same day; to the vicar of St Just in Penwyth in Cornwall, to celebrate divine service in any suitable place in his parish.

LICENCIA CELEBRANDI.

18 Apr. 1421; to sir John Halhop rector of Bydeford, for divine

[1] *The usual* ac populo *is omitted.*

service celebrated by himself or others in the chapel of St Margaret in his parish.

LICENCI[E] CELEBRANDI.

Same day; to John Arundell and Margaret his wife, for divine service in the presence of either in any suitable place in the diocese.

20 Apr. 1421; to sir John Vorst vicar of Tawton Episcopi, for divine service celebrated by himself or others in the chapel of St John at Newport in his parish.

22 Apr. 1421; to John Denclyve and Alice his wife, for divine service in the presence of either in any suitable place in the diocese.

[*25 April 1421. To the bishop of Exeter, acknowledging receipt on 12 April of his letters, dated at Faringdon 7 April 1421, reciting archbishop Chichele's mandate, dated at Otford 14 March 1420-21, for a Convocation to be held at St Paul's, London, on 5 May 1421. (The bishop of London's rescript of the mandate is dated at London 20 March.) The bishop had bidden his vicar-general to cite the dean of Exeter cathedral, the four archdeacons and all abbots and priors each to appear in person, the cathedral chapter and all others holding ecclesiastical jurisdiction to appear by one proxy, and the clergy of the diocese by two; and to certify the bishop by 29 April, with the names of those cited. He replies that he has done so, and appends the list of names in a schedule.*]

CERTIFICATORIUM PRO CONVOCATIONE CLERI.

Reverendo in Christo patri ac domino domino Edmundo Dei gracia Exonien' episcopo vester humilis et devotus in Christo filius Thomas Hendeman ecclesie vestre cathedralis Exon' cancellarius ac vobis in remotis agentibus vicarius in spiritualibus vester generalis, obedienciam et reverenciam tanto patri debitas cum omni humilitate et honore. Litteras vestras reverendas noviter michi directas duodecimo die mensis Aprilis instantis cum ea qua decet reverencia noveritis me recepisse sub eo qui sequitur tenore verborum. Edmundus miseracione divina Exonien' episcopus dilecto in Christo filio magistro Thome Hendeman sacre pagine professori cancellario ecclesie nostre cathedralis Exonien' nostroque in spiritualibus vicario generali salutem, gratiam et benediccionem. Litteras venerabilis fratris nostri Ricardi Dei gracia London' episcopi vj^{to} die Aprilis iam instantis, mandatum reverendissimi in Christo patris et domini domini Henrici Dei gratia Cant' archiepiscopi tocius Anglie primatis et apostolice sedis legati in se continentes, recipimus infrascriptas. Reverendo in Christo patri ac domino domino Edmundo Dei gracia Exonien' episcopo Ricardus permissione divina London' episcopus salutem et sincere dileccionis continuum incrementum. Litteras reverendissimi in

Christo patris et domini domini Henrici Dei gracia Cant' archiepiscopi tocius Anglie primatis et apostolice sedis (*fo. 7v*) legati quintodecimo die mensis et anni Domini infrascriptorum reverenter recepimus in hec verba: Henricus [etc.] Cant' archiepiscopus [etc.] venerabili [etc.] Ricardo [etc.] London' episcopo salutem [etc.] Magna et ardua [etc., *as in* The Register of Henry Chichele, *vol. iii, pp. 64f, with exceptions that are not significant*].

(*fo. 8*) Quarum auctoritate litterarum, vos reverendum patrem cum ea qua decet reverencia tenore presencium peremptorie citamus quantinus vos coram reverendissimo patre supradicto, aut eius in hac parte locumtenentibus seu commissariis, predicto quinto die mensis Maii et loco in supradictis litteris expressatis cum continuacione et prorogacione dierum tunc sequencium et locorum, ad negocium huiusmodi secundum vim, formam et effectum litterarum predictarum personaliter compareatis, ipsasque litteras quatenus civitatem et diocesim vestra concernunt iuxta formam et tenorem earumdem debite exequamini et exequi per omnia faciatis. Omniaque et singula vobis et per vos quibuscumque personis vestrarum civitatis et diocesis in hac parte denuncianda harum serie denunciamus. Vobis insuper auctoritate qua supra iniungimus et mandamus quatenus dictum reverendissimum patrem seu eius locumtenentes vel commissarios de facto vestro in hac parte debite certificetis prout littere exigunt memorate. Datum sub sigillo nostro in palacio London' xx° die dicti mensis Marcii anno Domini supradicto, et nostre translacionis anno xiiij°.

Quocirca vobis committimus et mandamus quantinus citetis seu citari faciatis peremptorie ecclesie nostre Exonien' decanum et capitulum, et nostros inibi Exon', Totton', Barn' et Cornubie archidiaconos, abbates et priores conventus sub se habentes, et alios ecclesiarum prelatos exemptos et non exemptos, et clerum nostrarum civitatis et diocesis antedictarum, ac omnes alios et singulos iurisdiccionem ecclesiasticam inibi obtinentes cuiuscumque status, condicionis aut gradus fuerint ut prefertur, quod iidem, videlicet decanus et archidiaconi, abbatesque et priores prenotati personaliter, capitulum vero ecclesie nostre cathedralis Exon' et ceteri qui iurisdiccionem obtinent ecclesiasticam infra nostras civitatem et diocesim supradictas per unum, clerus per duos huiusmodi ut prefertur sufficientes procuratores, coram ipso reverendissimo patre aut suis in hac parte commissariis dictis die et loco licite compareant, facturi et per omnia recepturi ut superius est expressum; cetera eciam omnia et singula nostris huiusmodi subditis quorum interest per nos eisdem superius denunciari commissa harum serie denunciantes. Et quid in premissis feceritis nos citra instantis mensis Aprilis diem penultimum per litteras vestras patentes, abbatuum, priorum necnon et illorum iurisdiccionem huiusmodi ecclesiasticam ut predicitur obtinencium ac aliorum citatorum nomina continentes, sigillo officii vestri consignatas distincte et aperte certificetis. Datum sub sigillo nostro in manerio nostro de Faryngdon septimo die mensis Aprilis anno Domini millesimo CCCC^{mo}xx^{mo} primo, et nostre translacionis anno primo incipiente.

Quarum litterarum reverendarum auctoritate, decanum et capitulum ecclesie vestre cathedralis Exon', archidiaconosque in eadem ecclesia, ac eciam abbates et priores conventus sub se habentes ac alios ecclesiarum prelatos exemptos et non exemptos, clerumque vestrarum civitatis et diocesis ceterasque personas in huiusmodi mandato vestro superius descriptas, quarum nomina in cedula presentibus annexa continentur, peremptorie citari feci quatenus ipsorum singuli coram reverendissimo in Christo patre et domino domino Henrico Dei gracia Cant' archiepiscopo tocius Anglie primate et apostolice sedis legato, ipsiusve commissariis seu locumtenentibus quibuscumque licite ad hoc deputatis seu deputandis, in convocacione prelatorum et cleri provincie Cantuarien' die et loco in litteris supradictis plenius expressatis cum continuacione et prorogacione dierum tunc sequencium et locorum compareant ut prefertur, tractaturi, impensuri, (*fo. 8v*) consensuri, facturi et recepturi in omnibus et per omnia quod tenor dictarum litterarum vestrarum reverendarum in se exigit et requirit, denunciantes eisdem subditis vestris omnia que in dicto mandato vestro reverendo michi denunciari demandantur. Et sic litteras vestras reverendas diligenter et fideliter iuxta posse sum executus. In cuius rei testimonium sigillum officii nostri presentibus apposuimus. Datum Exon' xxv^{to} die mensis predicti anno Domini supradicto.

Magister Johannes Cobethorn decanus ecclesie cathedralis Exonie.
Magister Johannes Schute Exonie
Magister Willelmus Barton Tottonie   archidiaconi.
Magister Johannes Barn'
Magister Willelmus Fylham Cornubie

Frater Johannes Tavystocie
Frater Philippus de Hertylond
Frater Willelmus de Torre
Frater Walterus de Forde   Abbates.
Frater Nicholaus de Newenham
Frater Ricardus de Dunkyswyll
Frater Johannes de Bokelond

Frater Johannes de Plympton
Frater Johannes de Launciston
Frater Johannes Sancti Germani
Frater Alanus Bodminie   } Priores.
Frater Thomas de Frethelstock
Frater Simon de Barn'
Frater Johannes Tottonie

LICENCIA CELEBRANDI.

2 May 1421; to Thomas Cutmore of Dertemouth and Elinor his wife, John Fortescu, Robert Hille, and Elinor widow of Stephen Denclyve, for divine service in the presence of any of them in chapels or oratories or other suitable places in the diocese.

LICENCIA ABSENTANDI AB ECCLESIA.

Same day; to sir Galfrid Hought rector of Comeyntynhed, to be absent from his church until Michaelmas.

DIMISSORIE.

5 May 1421; to Ralph Drenek subdeacon, for the diaconate, and to John Watty deacon, for the priesthood.

LICENCIA CELEBRANDI.

8 May 1421; to sir William Bonevyle knight and Margaret his wife for divine service in the chapel of St Ann at Uphay in the parish of Axemynster.

DIMISSORIE.

Same day; to Osbert Kyllyow deacon, for the priesthood; to John Loveryng junior, William Schipstell, John Resworhorn and William Udy acolytes, for the subdiaconate.

LICENCIA CELEBRANDI.

Same day; to Simon Kyllegrew and Margaret his wife, for divine service in their presence in any suitable place in their manors of Kyllegrew [*Killigrew*] and Arwennok [*Arwennick*] in the parishes of St Erme and St Bedoc [*St Budock*] in Cornwall.

DIMISSORIE.

Same day; to John Resworhorn acolyte, for all holy orders.

[*9 May 1421. A declaration that Sampford Courtenay churchyard, said to have been polluted by bloodshed in violence between John Strepe and Thomas Aller on the Wednesday in Easter week, was not so polluted, and that burial should be resumed.*]

[DECLARATIO] SUPER CIMITERIO ECCLESIE PAROCHIALIS DE SAMPFORD
COURTENAY QUOD NON EST POLLUTUM.

Universis sancte matris ecclesie filiis ad quos presentes littere
pervenerint Thomas Hendeman [etc.] (*fo. 9*) salutem [etc.].　Ad
universitatis vestre noticiam tenore presencium volumus pervenire
quod nuper ex relacione quarumdam auribus nostris fuerat intimatum
quod cimiterium ecclesie parochialis de Sampford Courtenay Exonien'
diocesis per violenciam inter Johannem Strepe et Thomam Aller
adinvicem contendentes die Mercurii in ebdomada Pasche proxime
preterita anno Domini infrascripto per sanguinis effusionem fuerat
pollutum, unde rector ipsius ecclesie et parochiani, fama [publica][1]
precedente, dictum cimiterium pollutum reputantes, a sepelicione
mortuorum ea de causa iam per aliqua tempora cessarunt in eodem;
verum quia per inquisicionem in ea parte in forma iuris per nos
captam invenimus inter dictos Johannem et Thomam sanguinis
effusionem in cimiterio predicto nec violenciam extitisse propter
quam dictum cimiterium pollutum deberet reputari, ideo dictum
cimiterium occasione premissorum nullo modo pollutum extitisse
nec esse tenore presencium declaramus, ac omnibus et singulis quorum
interest intimamus quod prefatum cimiterium dicti facti occasione
nullatinus est suspensum, quodque in eodem cimiterio cadavera
mortuorum licite sepelire facto predicto non obstante poterunt et
debebunt.　In cuius rei testimonium sigillum officii nostri presentibus
apposuimus.　Datum Exon' nono die mensis Maii anno Domini
millesimo CCCC^{mo} vicesimo primo.

DIMISSORIE.

10 May 1421; to Stephen Nycoll, Stephen Gregory, Richard Bowdon
and William Lawys deacons, for the priesthood.

14 May 1421; to Thomas Plyn subdeacon, for the diaconate.

18 May 1421; to William Forda deacon, for the priesthood.

LICENCIA CELEBRANDI.

28 May 1421; to William Fortescu, for divine service in his presence
in any suitable place in the diocese.

Same day; to John Jaicok and Margaret his wife, for divine service
in the presence of either in any suitable place in their house at Northdon
in the parish of Alvyngton.

[*28 May 1421.　To the bishop of Exeter, acknowledging receipt on 25 April
of the bishop's letters, dated at Faringdon 18 April 1421, requiring execution*

[1] *added from fo. 55v.*

of a mandate from Simon de Teramo, papal nuncio and collector in England, for the citation of certain persons named to appear before him in London by 15 June to answer for their debts to the papal camera and to him, representing first fruits and procurations for various periods of years. The bishop was also commanded to enquire into and to certify the names of benefices appropriated or confirmed by papal authority during the pontificates of Alexander V (1409-1410), John XXIII (1410-1415) and the present pope (Martin V); to state whether they took effect; and to admonish their occupiers to pay their first fruits and to appear before the collector as above.

The vicar general replies that he has cited the persons named in a schedule; that Loddiswell had been appropriated to the rector and priests of St Mary's chapel, Slapton tempore *John XXIII, and North Molton to the abbot and convent of Lilleshall (Salop)* tempore *Martin V; and that their occupiers (i.e. the impropriators) have also been cited.]*

CERTIFICATORIUM PRO COLLECTORE DOMINI PAPE.

Reverendo in Christo patri et domino domino Edmundo Dei gracia Exonien' episcopo vester humilis et devotus in Christo filius Thomas Hendeman [etc.] obedienter et reverenter cum omni humilitate et honore tanto patri debitis. Litteras vestras reverendas, mandatum venerabilis viri magistri Simonis de Teramo legum doctoris apostolice sedis nuncii et collectoris in Anglia in se continentes, vicesimo quinto die mensis Aprilis proxime preterito cum ea qua decet reverencia me noveritis recepisse sub eo qui sequitur tenore verborum: Edmundus [etc.] dilecto in Christo filio magistro Thome Hendeman [etc.] salutem, [etc.]. Litteras venerabilis viri magistri Simonis de Teramo legum doctoris sedis apostolice nuncii et collectoris in Anglia nuper recepimus in hec verba: Reverendo in Christo patri et domino domino Edmundo Dei gracia Exonien' episcopo Simon de Teramo legum doctor sedis eiusdem nuncius in Anglia et collector seipsum cum reverencia et honore debitis tanto patri. Vobis reverende pater auctoritate apostolica qua fungimur in hac parte tenore presencium committimus, et in virtute sancte obedience ac sub pena iuramenti prestiti, quibus dicte apostolice sedi tenemini, cum ea qua decet reverencia firmiter iniungendo mandamus, quatenus contra personas et beneficia *(fo. 9v)* vestre diocesis subscripta presens nostrum ymmo verius apostolicum mandatum iuxta omnem vim, formam et effectum eiusdem execucioni debite faciatis diligenter demandari, moneri insuper et citari faciatis primo, secundo et tercio ac peremptorie omnes et singulos subscriptos personaliter si reperiantur, alioquin per edictum publice in beneficiis seu domiciliis eorumdem, quod compareant et eorum quilibet compareat coram nobis in hospicio nostro in parochia Sancti Nicholai de Acon London' situato citra quintumdecimum diem mensis Junii

c

proxime futurum sub pena excommunicacionis maioris, de pecuniarum summis apostolice camere et nobis debitis per eosdem plenarie satisfacturi, aut causas racionabiles si quas habeant quare ad id minime teneantur coram nobis in forma iuris ostensuri, ulteriusque facturi et recepturi quod iusticia suadebit. Et quid in premissis feceritis nos citra diem predictum clare certificetis per litteras vestras patentes, harum seriem et execucionis vestre modum et formam, nominaque citandorum huiusmodi plenius continentes, sigillo vestro consignatas. Datum in hospicio nostro London' sub sigillo nostro quo utimur in officio vicesimo die mensis Marcii anno Domini millesimo quadringentesimo vicesimo.

Professor,[1] occupator sive firmarius archidiaconatus ecclesie Exonien', pro primis fructibus eiusdem camere apostolice debitis racione collacionis facte auctoritate apostolica de eodem; professor, occupator sive firmarius decanatus Exonie, pro primis fructibus eiusdem camere apostolice debitis racione collacionis facte pro (*sic*) felicis recordacionis dominum Johannem papam xxiij de eodem. Decanus et capitulum Exonien' debent procuraciones de vj annis. Collegium beati Thome de Glasenay debet procuraciones de annis Domini millesimo quadringentesimo xiiij° et xx°. Abbas de Forde debet procuraciones de annis CCCC^{mo} xix° et vicesimo. Prior de Cowyk debet procuraciones de annis CCCC^{mo} xix° et xx°. Prior de Oterton debet procuraciones de xvj annis. Prior de Trewardrayth debet procuraciones de vj annis. Prior de Bodmin debet procuraciones de annis CCCCxiij°, xiiij^{to}, xviij°, et xx°. Prior Sancti Michaelis in Cornubia debet procuraciones de ix annis. Prior de Frethelstok et prior de Kerswell debent procuraciones de annis CCCC^{mo} xix° et xx°. Prior de Pylton debet procuraciones de annis CCCC^{mo} xv^{to}, xvj°, xviij°, xix° et xx°. Abbatissa de Legh debet procuraciones de sex annis. Abbas de Dunkyswyll, abbas de Newenham, abbas de Torre, abbas de Tavystok, abbas de Hertlond, prior de Launciston, prior Sancti Germani, precentor et canonici de Criditona, prior de Modbury, prior de Barn' debent procuraciones de annis (*sic*) CCCC^{mo}xx°. Moneantur omnes prescripti ad solvendum summas per eos debitas sub pena prenotata. Citenturque, etc. Item inquiratur et certificetur de nominibus quarumcumque ecclesiarum vestre diocesis appropriatarum et confirmatarum apostolica auctoritate monasteriis, prioratibus seu aliis locis vel personis ecclesiasticis de temporibus felicis recordationis dominorum Alexandri pape quinti et Johannis pape xxiij ac domini nostri pape moderni. Et an appropriaciones huiusmodi sortite sint effectum. Et si tales reperiantur vel quarum possessiones premissis temporibus fuerint obtente vigore appropriacionum seu confirmacionum quandocumque apostolica auctoritate factarum, moneantur earum

[1] *sic; ff. 27, 27v. have* possessor.

occupatores ad solvendum primos fructus pro eisdem. Citentur ut supra. Datum loco, die et anno predictis. Quocirca vobis communiter seu divisim committimus et mandamus quatinus omnia et singula in ipsis litteris contenta quatinus personas suprascriptas concernit iuxta ipsarum litterarum exigenciam et tenorem execucioni debite demandetis. Et quid in premissis feceritis nobis citra ultimum diem mensis Maii proxime futurum per litteras vestras patentes harum seriem continentes una cum nominibus citandorum sigillo officii vestri consignatas ac modum et formam execucionis vestre debite certificetis. Datum sub sigillo nostro in manerio nostro de (*fo. 10*) Faryngdon xviij° die mensis Aprilis anno Domini millesimo quadringentesimo vicesimo primo, et nostre translacionis anno primo.

Quarum auctoritate litterarum vestrarum reverendarum, personas omnes et singulas quarum nomina in cedula hiis annexa plenius describuntur moneri et citari peremptorie ad diem et locum in eisdem litteris descriptis, ceteraque omnia et singula in eisdem litteris contenta, iuxta omnem vim, formam et effectum earumdem contra easdem personas execucioni debite demandari feci. Insuper vestre reverende paternitati certifico per presentes quod ecclesia parochialis de Lodyswill vestre diocesis tempore Johannis pape xxiij extiterat appropriata rectori et presbiteris capelle beate Marie de Slapton, ac ecclesia parochialis de Northmolton euisdem vestre diocesis tempore pape moderni religiosis viris abbati et conventui de Lyllyshil [*Lilleshall, Salop*] ut dicitur est appropriata, ac possessio per easdem est adepta. Ideo dictarum ecclesiarum bonorum occupatores ut mandatur moneri feci et citari. In cuius rei testimonium sigillum officii mei presentibus apposui. Datum Exon' xxviij die mensis Maii anno Domini millesimo quadringentesimo vicesimo primo.

Talis est tenor cedule.

Decanus et capitulum ecclesie Exon'	Abbatissa de Legh
	Abbas de Dunkyswyll
Collegium Sancti Thome de Glasenay	Abbas de Newenham
	Abbas de Torre
Abbas de Forda	Abbas de Tavystok
Prior de Cowyk	Abbas de Hertylond
Prior de Oterton	Prior de Launciston
Prior de Tywardrayth	Prior Sancti Germani
Prior de Bodmyne	Precentor et canonici Criditon'
Prior Sancti Michaelis in Cornubia	Prior de Modbury
	Prior de Barnestaple
Prior de Frethelstoke	
Prior de Kerswyll	
Prior de Pylton	

LICENCIA CELEBRANDI.

2 June 1421; to all the faithful for divine service in the chapel of blessed Thomas at Camelford in the parish of Lanteglos.

LICENCIA CELEBRANDI.

6 June 1421; to sir William Lane rector of Chulmelegh, for divine service celebrated by himself or others in the chapels of blessed Mary atte Wylle and St Nectan within his parish, on the festivals of those saints and throughout their octaves, and on the three Rogation days.

DISPENSACIO SUPER DEFECTU NATALIUM.

6 June 1421; a dispensation to John Russel scholar, of the diocese of Exeter (*fo. 10v*), reciting letters of the papal penitentiary [as above, p. 14] dated at Florence, Kal. April 2 Martin V (1419), permitting him, notwithstanding his defective birth of a single man and woman, to be advanced to all holy orders and to hold an ecclesiastical benefice even with cure of souls; provided that he comply with such conditions of orders and residence as the benefice requires. The instrument, drawn and attested by Richard Chichester, clerk, notary public, is dated at the vicar-general's lodging (*in hospicio nostro*) at Exeter, 6 June 1421, and witnessed by master John Newcomb vicar of Okhampton and sir Simon Paule vicar of [West] Alvyngton.

LICENCIA CELEBRANDI IN CAPELLA SANCTI JOHANNIS BAPTISTE SITUATA INFRA PAROCHIAM DE WYTCHURCHE.

8 June 1421; to Richard Mewy and Matilda his wife, for divine service in the chapel of St John Baptist at Walredyn (*Wallredon*) in the parish of Whytchurche; *dumtamen [etc.] et quod ipsi simul diebus dominicis et festivis ad dictam ecclesiam parochialem pro divinis audiendis personaliter accedant.*

(*fo. 11*) LICENCIA CELEBRANDI IN CAPELLA.

24 June 1421; to sir William Comb vicar of Stokynhamme, for divine service celebrated by himself or others in the chapel of St Brendan at Southpralle in his parish on the festivals of that saint.

[*28 June 1421. Continuance of the licence for divine service in Monkleigh parish church, not yet dedicated, until Michaelmas.*]

LICENCIA CELEBRANDI IN ECCLESIA.

Item vicesimo octavo die mensis Junii anno Domini supradicto prefatus vicarius in spiritualibus concessit domino Johanni Loman capellano vicario ecclesie parochialis de Monkelegh Exonien' diocesis ut in ecclesia sua parochiali predicta non dum dedicata usque festum sancti Michaelis proxime futurum divina possit celebrare et celebrari facere etc . .

DIMISSORIE.

1 July 1421; to Richard Gummaylek acolyte, for all holy orders.

LICENCIA CELEBRANDI IN CAPELLIS.

18 July 1421; to sir John Tryvet vicar of Boddelegh (*East Budleigh*) for divine service celebrated by himself or others in the chapels of St Michael, St James and St Margaret in his parish upon the festivals of those saints.

LICENCIA CELEBRANDI IN CAPELLIS.

19 July 1421; to master Martin Lercedekne rector of St Maugan [*-in-Kerrier*], for divine service celebrated by himself or others in the chapels of blessed Mary Magdalen and Margaret in his parish on the festivals of those saints.

LICENCI[E] CELEBRANDI IN CAPELLIS.

22 July 1421; to master John Park rector of Southmolton, *ut in duabus capellis que infra parochiam dicte ecclesie sue situantur diebus sanctorum in quorum honore eedem capelle construuntur divina possit facere celebrari.*

23 July 1421; to John Fortescu and Elinor his wife, for divine service in the presence of either in any suitable places within the diocese.

DIMISSORIE.

2 Aug. 1421; to John Metyne acolyte, for the subdiaconate and diaconate.

7 Aug. 1421; to master William Alyn LL.B. rector of Toryton Magna, deacon, for the priesthood; *ad titulum beneficii etc* . .

[LICENCIA CELEBRANDI].

13 Aug. 1421; to Joan widow of Thomas Sage and to Edward Sage, for divine service in the presence of either in the chapel of blessed Mary at Grampound in the parish of St Crede in Cornwall.

LICEN[CIA CELEBRANDI IN CAPELLIS SIVE] ORAT[ORIIS].

19 Aug. 1421; to Stephen Durneford and Radegund his wife, for divine service in the presence of either in any suitable places in their dwellings or houses at Eststonhous in the parish of Plympmouth, Restraddock in the parish of St Clare, and Langonet in the parish of St Vepus in Cornwall.

DIMISSORIE.

20 Aug. 1421; to master John Brenta alias Jenne M.A., tonsured, for all minor and holy orders.

LICENCIA CELEBRANDI.

Same day; to John Wybbury and Lena his wife and to John Gambon for divine service in the presence of any of them in any suitable places in the diocese.

[*22 Aug. 1421. To the bishop of Exeter, acknowledging receipt on 9 August of letters dated at Faringdon 3 August, 1421, in which the bishop required execution of the King's writ of* cerciorari *for the record of presentations, admissions, institutions and inductions in the parish of Parkham from the year 50 Edward III. The vicar general replies that he has searched the registers in the bishop's archives, and gives information from 10 January 1346-7 to 7 October 1407.*]

SCR[UTINIUM SUPER] IURE [PATRONATUS] ECCL[ESIE PAROCHIALIS DE] PA[RKHAM].

Reverendo [etc.] Edmundo [etc.] vester humilis [etc.] Thomas Hendeman [etc.] obedienciam [etc.]. Commissionis vestre litteras reverendas decimo nono die instantis mensis Augusti me noveritis recepisse sub eo qui sequitur tenore verborum: Edmundus miseracione divina Exonien' episcopus dilecto in Christo filio magistro Thome Hendeman [etc.] salutem, [etc.]. Breve regium nuper recepimus tenorem continens infrascriptum: Henricus Dei gracia rex Anglie heres et regens regni Francie et dominus Hibernie venerabili in Christo Edmundo eadem gracia Exon' episcopo salutem. Volentes certis (*fo. 11v*) de causis cerciorari que et quot persone presentate, admisse, inducte et institute fuerunt in ecclesia de Parkham vestre diocesis ab anno regni regis Edwardi tercii proavi nostri quinquagesimo et per quos vel per quem, quo tempore, qualiter et quomodo, vobis mandamus quod scrutatis registris vestris et predecessorum vestrorum que in custodia vestra existunt ut dicitur, de eo quod inde inveneritis nos in cancellaria nostra sub sigillo vestro distincte et aperte sine dilacione reddatis certiores, hoc breve nobis remittentes. Teste Johanne duce Bed[fordie] custode Anglie apud Westm[onasterium] xxvj^to die Julii anno regni nostri nono. Nos igitur mandatis regiis ut decet obedire volentes, vobis committimus et mandamus quatinus, scrutatis registris nostris penes vos residentibus a quinquagesimo anno Edwardi tercii supradicti ac omnibus aliis et singulis in brevi regio prenotato contentis, nos citra festum decollacionis sancti Johannis Baptiste proxime nunc futurum distincte et aperte reddatis cerciores litteris vestris clausis habentibus hunc tenorem sigillo vestri officii veraciter consignatis. Datum in manerio nostro de Faryndon tercio die mensis Augusti anno Domini millesimo quadringentesimo vicesimo primo, et nostre translacionis anno secundo incipiente.

Quarum auctoritate litterarum scrutatis per me registris vestris in archivis vestris bene et fideliter custoditis et penes me pro nunc residentibus, inter cetera in eisdem repperi evidenter et inveni quod decimo die mensis Januarii anno Domini millesimo CCC xlvj apud Chuddelegh magister Thomas de Bodrugan clericus admissus fuit per dominum Johannem de Grandissono quondam Exonien' episcopum ad ecclesiam parochialem de Parkham vacantem ad presentacionem Johannis Belston et in eadem canonice institutus. Item sexto die mensis Augusti anno Domini millesimo quinquagesimo secundo apud Chuddelegh Willelmus Cryor clericus admissus fuit per eundem reverendum patrem Johannem de Grandissono quondam Exonien' episcopum ad ecclesiam parochialem de Parkham predictam et in eadem canonice institutus ad presentacionem Johannis Belston. Item xiiij^{to} die mensis Septembris anno Domini millesimo CCC lx^{mo} ibidem Robertus Vaggescomb clericus admissus fuit ad ecclesiam de Parkham predictam et in eadem canonice institutus per eundem reverendum patrem Johannem quondam episcopum Exon' ad presentacionem Johannis de Belston. Item viij^{o} die mensis Novembris anno Domini millesimo CCC lxxvj^{to} apud Clyst dominus Thomas Stayndrop capellanus admissus fuit et institutus per dominum Thomam Brentyngham quondam Exonien' episcopum in ecclesia parochiali de Parkham per liberam resignacionem domini Roberti Vaggescomb ultimi et immediati rectoris eiusdem ex causa vere et licite permutacionis facte cum ecclesia parochiali de Chepyngtauton [*North Tawton*] et canonicatu et prebenda de Norton in ecclesia cathedrali Herforden' in manibus eiusdem factam et virtute commissionis domini Johannis Dei gracia Herforden' episcopi sibi facte admissam vacantem ad quam per dominum Johannem Beamond militem dicte ecclesie verum patronum eidem domino extitit presentatus. Item sexto die mensis Octobris anno Domini millesimo CCC° octogesimo primo ibidem dominus Johannes Fayreford capellanus admissus fuit et institutus in ecclesia parochiali de Parkham predicta vacante per liberam resignacionem domini Thome Stayndrop ultimi rectoris eiusdem licite ex causa permutacionis facte cum ecclesia parochiali de Pouton alias dicta Nansant [*St. Breoke*] in Cornubia Exonien' diocesis in manibus eiusdem domini factam et per ipsum admissam vacantem, ad quam per dominum Edwardum Courtenay comitem Devonie verum ipsius ecclesie de Parkham patronum illa vice racione minoris etatis filii et heredis domini Johannis Beaumond militis defuncti in sua custodia existentis ex causa permutacionis predicte eidem domino extitit presentatus. Item quinto die mensis Aprilis anno Domini millesimo CCC° nonagesimo octavo Exon' dominus Johannes Radeclyf presbiter admissus fuit et institutus in ecclesia parochiali de Parkham predicta per venerabilem virum magistrum Radulphum Tregrysiou legum doctorem decanum ecclesie cathedralis Exon' ac reverendi in Christo patris et domini domini Edmundi Stafford Exon' episcopi, ipso venerabili patre in remotis agente, vicarium in spiritualibus generalem, per mortem domini Johannis Fayreford ultimi et immediati eiusdem ecclesie rectoris vacantem, ad quam per reverendos viros dominum Johannem Wadham militem, Willelmum Hankeford, Thomam Beaumond, Johannem Bydewill et Henricum Crosse veros eiusdem ecclesie patronos illa vice racione feoffamenti manerii de Parkham cum advocacione ecclesie prenotate eisdem facte per Willelmum Beaumond filium et heredem Johannis Beaumond militis et veri patroni dum vixit manerii et ecclesie predictarum exstitit presentatus. Item xvij° die mensis Junii anno Domini millesimo CCC° nonagesimo nono Exon' Johannes Fouk clericus admissus fuit et institutus per magistrum Radulphum Tregrysiou vicarium in spiritualibus antedictum in ecclesia parochiali de Parkham prelibata per liberam resignacionem domini Johannis Radclyf ultimi et immediati eiusdem ecclesie rectoris in manibus (*fo. 12, quire ij*) eiusdem vicarii factam et per eumdem admissam vacantem, ad quam per dominos Rogerum Beaumond de Bydeford, Johannem Stoke de Heaunton [*Heanton Punchardon*] et Willelmum Schute de Tettebourne [*Tedburn St Mary*] ecclesiarum parochialium rectores, veros eiusdem ecclesie illa vice patronos racione feoffamenti et donacionis manerii de Parkham una cum advocacione ecclesie eiusdem per dominum Johannem Wadham militem, Thomam Beaumond, Willelmum Hankeford, Johannem Bydewill et Henricum Crosse eisdem dominis Rogero, Johanni et Willelmo pro tunc facte et concesse extitit presentatus. Item septimo die mensis Octobris anno Domini millesimo CCCC° sexto apud [?Clyst][1] magister Ricardus Graynvyll in legibus bacallarius admissus fuit et institutus per dominum Edmundum Stafford predecessorem vestrum in ecclesia parochiali de Parkham predicta per mortem domini Johannis Fouk ultimi ipsius ecclesie rectoris vacantem, ad quam per Willelmum Durneford et Aliciam uxorem eius eidem domino extitit presentatus. Que omnia et singula sic per me scrutata et inventa paternitati vestre reverende clausa transmitto. Quam diu conservet in prosperis et dirigat in agendis filius virginis gloriose. Datum Exonie vicesimo secundo die mensis Augusti anno Domini M° CCCC° xxj^mo.

[*24 Aug. 1421. To the bishop of Exeter, acknowledging receipt on 18 August of letters dated at Faringdon 1 August 1421, in which the bishop required publication of the archbishop's mandate, dated at his lodging near Westminster 13 July 1421, for processions (litanies) on Wednesdays and*

[1] *word omitted.*

Fridays and special collects and prayers in the mass for the success of the King's expedition to France; with the offer of an indulgence. (The bishop of London's rescript of the mandate is dated at Fulham 17 July 1421.) The vicar general was to enjoin compliance on the dean and chapter of the cathedral, the heads of religious houses, secular colleges and mendicant orders, the parochial clergy and all the bishop's subjects throughout the diocese, to publish an indulgence, and to certify by 30 August. He replies that he has done so.]

CERTIFICATORIUM SUPER [MANDATO] PRO PROCESSIONIBUS [FACIENDIS].

Reverendo in Christo patri et domino domino Edmundo Dei gracia Exonien' episcopo vester humilis [etc.] Thomas Hendeman [etc.] obedienciam [etc.]. Litteras vestras reverendas decimo octavo die instantis mensis Augusti cum ea que decet reverencia recepi sub eo qui sequitur tenore verborum. Edmundus [etc.] dilecto in Christo filio magistro Thome Hendeman [etc.] nostroque in remotis extra nostras civitatem et diocesim presencialiter agentibus vicario in spiritualibus generali salutem, [etc.]. Litteras reverendi in Christo patris et domini domini Ricardi Dei gracia London' episcopi reverendissimi in Christo patris et domini domini Henrici Dei gracia Cantuar' archiepiscopi tocius Anglie primatis et apostolice sedis legati mandatum continentes mensis Julii die ultimo sub hac recepimus serie verborum: Reverendo in Christo patri et domino domino Edmundo Dei gracia Exon' episcopo Ricardus permissione divina London' episcopus salutem et sincere dileccionis continuum incrementum. Litteras reverendissimi in Christo patris et domini Henrici Dei gracia Cantuar' archiepiscopi tocius Anglie primatis et apostolice sedis legati sexto decimo die mensis et anni Domini infrascriptorum recepimus in hec verba:

Henricus permissione divina [etc.] venerabili fratri nostro domino Ricardo Dei [gracia] London' episcopo salutem et fraternam in Domino caritatem. Quociens nostre mentis aciem ad dubios bellorum eventus deliberate revolvimus, tociens interioris hominis nostri spiritus multipliciter est turbatus et ad Dominum exercituum in cuius manu corda sunt principum per devotissimas precium instancias pro defensione populi censemus specialius recurrendum. Sane cum christianissimus princeps et dominus noster rex,[1] firmata iam pace inter duo regna, ad obviandum quorundam maliciis qui ipsam pacem divinitus[2] ut speratur introductam ausu sacrilego infringere nituntur ad partes exteras cum eius exercitu noviter sit profectus, nos ad ipsum Deum omnipotentem, qui quos vult subici subicit et quibus vult victoriam inpartitur, et qui de immensa sue benignitatis misericordia causam et iusticiam eiusdem domini nostri regis est hactenus prosecutus, pro

[1] *fo. 29 omits* rex. [2] *fo. 29 has* diutinus.

ipsius et suorum statu salubri et expedicione felici[1] devotis oracionum
suffragiis speciali devocione consurgere commovemur.   Fraternitati
igitur vestre[2] committimus et mandamus quatinus omnibus et
singulis confratribus et coepiscopis nostris provincie nostre suffraganeis
vice et auctoritate nostris, cum omni celeritate qua poteritis, vestris
litteris patentibus harum seriem continentibus iniungatis, quod
ipsorum singuli processiones solempnes more solito singulis quartis et
sextis feriis continuantes, et per eorum civitatem et diocesim[3] continuari
similiter facientes, prefatum dominum nostrum regem et regni proceres
et magnates ceterosque quoscumque cum ipso in suo exercitu ut
premittitur transeuntes, necnon prosperam eorum salutem et felicem
sue perfeccionis expedicionem altissimo de[4] Regi regum omnium de
cuius subsidio, et [non][5] de humano brachio, omnis provenit trihum-
phus ex devotissimis precordiarum intimis recommendent, et a
quibuscumque dictorum suffraganeorum nostrorum subditis inter
oracionum suarum suffragia sic faciant ipsi suffragari et[6] specialiter
commendari; quodque singuli capellani religiosi et alii in eorum
missis pro rege et regina coniunctim oracionem *Deus in cuius manu
corda sunt principum* cum secretis et postcommunione sequentibus
habeant et dicant specialem.   Vosque (*fo. 12v*) confrater carissime
consimiliter in omnibus[7] per vestras civitatem et diocesim fieri faciatis.
Et ut pro premissis mentes fidelium devocius exorare propensius
excitentur, de Dei omnipotentis immensa misericordia et beatissime
Marie virginis matris eiusdem ac beatorum Petri et Pauli apostolorum
eius necnon sanctorum Alphegi et Thome martirum patronorum
nostrorum omniumque sanctorum meritis et precibus confidentes,
cun[c]tis Christi fidelibus de peccatis suis vere penitentibus, contritis
et confessis ut premittitur pro premissis facientibus et exorantibus
quadraginta dies indulgencie concedimus per presentes.   Vosque
confratres nostros coepiscopos in Domino exhortamur ut de thesauro
ecclesie vobis et ipsis credito premissa facientibus concedatis indulgencias
consimiles et concedant.   De die vero recepcionis presencium modoque
et forma execucionis vestre nos citra festum nativitatis beate Marie
proxime nunc futurum debite certificetis per litteras vestras patentes
harum seriem continentes, dictisque confratribus nostris specialiter
iniungatis ut et ipsi modo consimili citra dictum festum de facto suo
in hac parte nos curent reddere cerciores.   Datum in hospicio nostro
iuxta Westm' xiij° die mensis Julii anno Domini millesimo CCCC^mo
vicesimo primo et nostre translacionis anno octavo.

Quarum auctoritate litterarum vobis reverende pater cum ea que

---

[1] *fo. 29v has* filici.   [2] *fo. 29v adds* tenore presencium.
[3] *fo. 29v has* civitates et dioceses.   [4] *fo. 29v has* Deo.
[5] *fo. 29v.*   [6] *fo. 29v has* suffraganei *and no* et.   [7] *fo. 29v omits* omnibus,

convenit iniungimus potestate[1] honestate (*sic*) quatinus, processiones
solempnes more solito singulis quartis et sextis feriis continuantes,
per vestras civitatem et diocesim continuari similiter facientes, prefatum dominum nostrum regem et ceteros supradictos necnon
prosperam eorum salutem et felicem sue profeccionis expedicionem
in vestris oracionibus et missis recommendetis et modo supradicto
faciatis specialiter commendari, ipsasque litteras una cum indulgencia
per vos concedenda debite exequamini ac quatenus civitatem et
diocesim vestras huiusmodi concernunt exequi per omnia faciatis,
certificantes eundem reverendissimum patrem de facto vestro in hac
parte citra festum supradictum prout demandatur. Datum sub
sigillo nostro in manerio nostro de Fulham xvij°[2] die predicti mensis
Julii anno Domini supradicto, et nostre translacionis anno xiiij°.

Nos igitur quia premissorum continuacionem in nostris fieri cupimus
civitate et diocesi specialius ut tenemur, vobis tenore presencium
committimus et mandamus cum idem strenuissimus et Christianissimus in Christo princeps metuendissimus rex noster, devote
precogitans quod non in multitudine exercitus victoria belli set semper
de celo fortitudo est, pro hujusmodi regnorum per ipsum introducta
pace ac prospero fine[3] sui laudabilis propositi in continuacione
precum devotarum cleri sui et maxime eorum indies prosit con[tinuo]
incremento quatinus decano et capitulo ecclesie Exon', abbatibus,
abbatissis, prioribus, priorissis, collegiorum decanis, prepositis,
rectoribus, vicariis et capellanis curatis et non curatis, ceterisque
ordinum mendicancium et non mendicancium prioribus, gardianis
et ministris ac aliis quibuscumque, exemptis et non exemptis, per
nostras civitatem et diocesim ubilibet constitutis, quacumque gaudeant
immunitate, ac ceteris subditis nostris quibuscumque, cum celeritace
qua poteritis vestris litteris patentibus harum seriem continentibus
auctoritate nostra iniungatis, quod ipsorum singuli processiones
solempnes more solito singulis hujusmodi quartis et sextis feriis per
nostras civitatem et diocesim predictas usquequaque continuari
facientes, prefatum dominum nostrum regem ceterosque quoslibet
ut prefertur eidem assistentes devotissimis precordiarum intimis
recommendent; quodque singuli eciam nostrarum huiusmodi civitatis
et diocesis capellani religiosi et alii in eorum missis et orationibus
secreta et postcommunionem ut superius expressitur pro rege et
regina coniunctim consimiliter habeant et dicant specialem, ut Deus
et Dominus noster Jhesus Christus pro sua ineffabili misericordia
ipsum dominum nostrum regem cum toto exercitu suo antefato,
conculcatis undeque terretibus et obstaculis emulorum suorum,
felicitet et preservet ut cum prosperitate votiva gloriosoque trihumpho

---

[1] *fo. 29v omits* potestate.   [2] *fo. 29v has* xvj^{to}.   [3] *MS*—sine.

feliciter redire poterit unde venit. Et ut mentes eorumdem ad devociones huiusmodi propensius excitentur, de Dei omnipotentis immensa misericordia ac beatissime virginis Marie matris sue necnon beatorum apostolorum Petri et Pauli patronorum nostrorum omniumque sanctorum meritis et precibus confidentes, ipsis omnibus et singulis de peccatis suis vere contritis, penitentibus et confessis pro premissis quocienscumque facientibus et orantibus ut prefertur quadraginta dies indulgencie concedimus, quam in vestris eciam litteris eisdem nostris subditis in hac parte dirigendis expressari volumus prout per easdem litteras vestras quibuslibet sic facientibus concedi volumus presencium per tenorem. Et quid in premissis feceritis nos citra instantis mensis Augusti diem (*fo. 13*) penultimam reddatis debite cerciores. Datum sub sigillo nostro in manerio nostro de Farendon primo die Augusti anno Domini supradicto, et nostre translacionis anno secundo incipiente.

Quarum litterarum vestrarum reverendarum auctoritate et vigore, decano et capitulo ecclesie vestre cathedralis Exon', abbatibus, prioribus ac ceteris religiosis, secularibus et subditis vestris quibuscumque in litteris vestris supradictis expressatis auctoritate (*sic*) iniunxi quod ipsorum singuli processiones solempnes more solito singulis quartis et sextis feriis per vestras civitatem et diocesim predictas continuari faciant, ac prefatum dominum nostrum regem et alios eidem assistentes ex devotissimis precordiarum intimis recommendent, necon quod singuli eorundem vestrarum civitatis et diocesis capellani et alii religiosi in eorum missis oracionem specialem secretam et postcommunionem pro rege et regina coniunctim similiter habeant et dicant. Ceteraque omnia et singula in ipsis litteris vestris contenta quam cicius potui execucioni debite feci demandari. Paternitatem vestram reverendam diu conservet in prosperis et dirigat in agendis Trinitas increata. Datum Exon' sub sigillo officii mei xxiiij^to die mensis Augusti anno Domini supradicto.

[*30 Aug. 1421. To the bishop of Exeter, acknowledging receipt on 22 August of letters dated at Faringdon 7 August 1421, reciting the archbishop's mandate, dated near Westminster 21 July 1421, for the re-publishing by Michaelmas, on the authority of the Convocation held at St Paul's on 5 May, of archbishop Simon of Sudbury's provincial constitution[1] limiting the emolument of stipendiary priests: those serving chantries were to receive no more than seven marks a year, or three marks with victuals; and those serving parochial cures, no more than eight marks a year, or four with victuals; and the penalty of excommunication to be enforced for the payment as well as the receiving of more.*]

[1] Effraenata humani generis cupiditas, *A.D. 1378, restating one* of *Simon Islip's of the same name, A.D. 1362. Lyndwode*, Provinciale, *III. tit. 24, pp. 238, 240.*

(*The bishop of London's rescript of the mandate was dated at Fulham 22 July 1421.*)

The vicar general was required to have this constitution published and enforced by the four archdeacons and their officials, and to certify the bishop by St Matthew's day, 21 September; and this he now does.]

CERTIFICATORIUM EIUSDEM [PRO STIPENDIIS CURATORUM].

Reverendo [etc.] Edmundo [etc.] vester humilis [etc.] Thomas Hendeman [etc.] obedienciam [etc.]. Litteras vestras reverendas vicesimo secundo die mensis Augusti cum ea qua decet reverencia recepi tenorem qui sequitur continentes. Edmundus [etc.] dilecto [etc.] magistro Thome Hendeman [etc.] salutem [etc.]. Litteras reverendi in Christo patris et domini domini Ricardi Dei gracia London' episcopi, reverendissimi in Christo patris et domini domini Henrici Dei gracia Cantuar' archiespiscopi tocius Anglie primatis et apostolice sedis legati mandatum continentes, mensis Augusti die sexto sub hac recepimus serie verborum: Reverendo in Christo patri et domino domino Edmundo Dei gracia Exonien' episcopo Ricardus permissione divina London' episcopus salutem et sincere dileccionis continuum incrementum. Litteras reverendissimi in Christo patris et domini domini Henrici Dei gracia Cant' archiepiscopi [etc.] decimo octavo die mensis et anni Domini infrascriptorum recepimus in hec verba:

Henricus [etc.] venerabili fratri nostro domino Ricardo [etc.] salutem et fraternam in Domino caritatem. Nuper in consilio nostro provinciali in ecclesia cathedrali Sancti Pauli London' quinto die mensis Maii proxime preterito celebrato[1] coram nobis, vobis, ceterisque confratribus et coepiscopis nostris exhibita fuit per clerum nostre provincie antedicte constitucio provincialis per bone memorie dominum Symonem Sudbury dudum Cantuar' archiepiscopum predecessorem nostrum de consilio confratrum coepiscoporum et suffraganeorum suorum contra excessiva stipendia capellanorum tam parochialium quam aliorum annualia per provinciam nostram Cantuar' ubilibet celebrancium edita tenorem in omnibus continens subsequentem: In Dei nomine Amen. Nos Simon [etc.] de consilio fratrum et suffraganeorum nostrorum statuimus, ut quilibet capellanus in nostris civitate et diocesi seu provincia Cantuar' pro animabus defunctorum annualia[2] celebraturorum septem marcis vel tribus marcis cum cibariis, alii autem qui cure animarum deservient octo marcis sterlingorum aut quatuor marcis cum cibariis, annuatim contententur, nullatenus ex pacto ultra id percepturi nisi aliter loci diocesanus cum hiis qui

---

[1] *The Register of Henry Chichele*, vol. III, pp. 63, 70.
[2] *MS*—de solucionis annualis. *The correct form is inserted from fo. 28v.*

cure animarum deservient primitus decreverit fore faciendum; si
quis autem clericus contra hanc nostram constitucionem danda (*sic*)
seu percipiendo venire presumpserit excommunicacionis sentenciam
incurrat ipso facto, a qua nisi per diocesanum loci in quo deliquerit
non poterit absolvi; qua quidem constitucione sic ut premittitur
coram nobis exhibita et publice perlecta, fuimus per partem cleri
provincie nostre antedicte inibi congregati cum instancia non modica
requisiti quatinus constitucionem huiusmodi iuxta omnem vim,
formam et effectum eiusdem auctoritate dicti consilii de novo publicari
et execucioni debite demandari decernere dignaremur. Nos idcirco,
peticionibus dicti cleri tanquam iustis et racioni consonis inclinati,
constitucionem ipsam de consensu vestro et aliorum confratrum
coepiscoporum et suffraganeorum nostrorum adtunc inibi congre-
gatorum citra festum sancti Michaelis proxime futurum auctoritate
consilii predicti per nostras civitatem, diocesim et provinciam predictas
publicandam fore et debite promulgandam. Necnon lapso (*fo. 130*)
dicto festo sancti Michaelis publicacioneque constitucionis predicte
facta debite ut prefertur, censuras in eadem constitucione latas
quoscumque subditos nostros et suffraganeorum nostrorum si eidem
ut prefertur contravenire presumpserint sub modo et forma in eadem
constitucione contentis iuxta omnem vim, formam et effectum eiusdem
artare decrevimus prout per presentes decernimus et ligare. Vestre
igitur fraternitati tenore presencium committimus et mandamus,
in virtute sancte obediencie nichilominus iniungentes, quatinus has
litteras nostras constitucionem antefatam in se continentes, ipsamque
constitucionem, per vestram civitatem et diocesim auctoritate nostra
debite publicantes sue publicari facientes, ipsam quantum ad vos
pertinet juxta dicti decreti nostri formam observetis et a quibuscumque
subditis vestris faciatis inviolabiliter observari. Auctoritate insuper
nostra singulis coepiscopis et suffraganeis nostris per litteras vestras
harum seriem continentes cum omni celeritate possibili transmittere
studeatis, firmiter iniungentes quatinus, ipsam constitucionem predictam per ipsorum civitates et dioceses debite publicantes, ipsam
quatinus eorum subditos concernit observent et faciant ut premittitur
inviolabiliter observari; mandantes eisdem quod eorum singuli nos
de publicacione sua huiusmodi constitucionis citra dictum festum
sancti Michaelis ad ultimum debite certificent per suas vosque pari
forma per litteras vestras patentes harum seriem continentes curetis
reddere cerciores. Datum in hospicio nostro iuxta Westm' xvj^{to} die
mensis Julii anno Domini millesimo CCCC^{mo} xxj^{mo} et nostre
translacionis anno octavo.

Quarum auctoritate litterarum, vobis reverendo patri cum ea qua
decet reverencia firmiter iniungimus per presentes quatinus litteras

predictas constitucionem antedictam in se continentes, ipsamque constitucionem antedictam, per vestras civitatem et diocesim debite publicantes, ipsam quatenus vos et subditos vestros concernit iuxta exigenciam et tenorem litterarum huiusmodi observetis et faciatis ut premittitur inviolabiliter observari. Et de publicacione vestra huiusmodi constitucionis eundem reverendissimum patrem citra dictum festum sancti Michaelis debite certificetis litteris vestris patentibus habentibus hunc tenorem. Datum sub sigillo nostro in manerio nostro de Fulham xxij^do die predicti mensis Julii anno Domini supradicto et nostre translacionis anno xiiij^to.

Quocirca vobis committimus et mandamus quatinus litteras supradictas constitucionem huiusmodi in se continentes ipsamque constitucionem, per nostras civitatem et diocesim auctoritate dicti reverendissimi patris domini nostri Cantuarien' suprascripta debite publicantes, ac eciam per nostros inibi archidiaconos seu eorum officiales debite publicari demandantes, ipsam constitucionem quantum ad nos attinet observari studeatis et a quibuscumque subditis nostris faciatis et faciant inibi archidiaconi nostri seu eorum officiales inviolabiliter observari iuxta litterarum huiusmodi exigenciam et tenorem. Certificantes nos citra festum sancti Mathei apostoli et evangeliste proxime futurum de vestra et sua quid feceritis et fecerint publicacione prenotata litteris vestris patentibus habentibus hunc tenorem sigillo vestri officii consignatis. Datum in manerio nostro de Faryngdon sub sigillo nostro septimo die mensis Augusti anno Domini supradicto et nostre translacionis anno secundo. Quarum siquidem litterarum vestrarum auctoritate, litteras supradictas constitucionem premissam in se continentes ac ipsam constitucionem per vestras civitatem et diocesim debite publicavi et per vestros archidiaconos seu eorum officiales prout michi demandabatur denunciari feci et publicari, ipsamque quatenus me concernit observabo et faciam per subditos et subiectos vestros pro posse me[o] inviolabiliter observari. In cuius rei testimonium sigillum officii mei presentibus apposui. Datum Exon' penultimo die mensis Augusti anno Domini supradicto.

[DIMISSORIE].

6 Sept. 1421; to William Howsyng deacon, for the priesthood.

LICENCIA CELEBRANDI.

7 Sept. 1421; to sir John Frensch chaplain, vicar of Brodehembury, to celebrate divine service in the chapel of St Andrew in his parish.

DIMISSORIE.

Same day; to Thomas Penros deacon, for the priesthood, and to

Thomas Holond acolyte, for all holy orders.

DIMISSORIE.

10 *Sept. 1421;* to John Penford tonsured, for all minor and holy orders.

(*fo. 14*) DIMISSORIE.

11 *Sept. 1421*; to Ralph Drenek deacon, for the priesthood, and to William Schipstal subdeacon, for the diaconate.

15 *Sept. 1421;* to James Richard, John George and John Jule acolytes, for the subdiaconate and diaconate; and to Richard Michell deacon, for the priesthood.

16 *Sept. 1421;* to Robert Smert deacon, for the priesthood.

[*16 Sept, 1421. A declaration, on the authority of letters from the papal penitenciary, that Richard Warmyscombe, having confessed to the sin of simony, had been absolved, after satisfaction made and penance performed, and might now hold a benefice. When obtaining the vicarage of Holcombe Burnell on the resignation of John Semer, he had, by agreement, paid the said John three marks, and then held the vicarage for about twenty-five years. On John's death he had confessed to the bishop and sought from the apostolic see the remedy which he had now obtained.*]

DISPENSACIO SUPER CRIMINE SYMONIE AUCTORITATE APOSTOLICA.

Universis sancte matris ecclesie filiis presentes litteras sive presens publicum instrumentum inspecturis Thomas Hendeman [etc.] salutem in Domino sempiternam. Litteras apostolicas reverendissimi in Christo patris et domini domini Jordani permissione divina episcopi Albanensis penitenciarie domini nostri pape curam [gerentis], eius vero sigillo de cera rubea in quadam manicula cere albe[1] ut prima facie apparebat impendente sigillatas, non viciatas, non cancellatas, non abolitas nec in aliqua sui parte suspectas, nobis per discretum virum dominum Ricardum Warmyscombe presbyterum infrascriptum Exonien' diocesis presentatas nos noveritis recepisse sub eo qui sequitur tenore verborum. Venerabili in Christo patri Dei gracia episcopo Exon' vel eius vicario in spiritualibus Jordanus miseracione divina episcopus Albanen' salutem et sinceram in Domino caritatem. Ex parte Ricardi Warmyscombe presbiteri vestre diocesis nobis oblata peticio continebat, quod ipse olim vicariam parochialis ecclesie de Holcomb Burnell dicte diocesis, per resignacionem cuiusdam Johannis Semer tunc in humanis agentis factam vacantem, assecutus fuit,[2] hac tamen pactione inter eos interveniente quod dictus exponens

---

[1] *Corrected from* rubie.　　　[2] *The Register of Thomas de Brantyngham*, i. p. 132.

tres marcas sterlingorum predicto Johanni semel tantum solvere deberet, cuius peticionis pretextu dictas tres marcas idem exponens predicto olim Johanni persolvit, et sic dictam vicariam per xxv annos vel circa pacifice possedit, fructus percipiendo ab eadem, propter que symonie labem inhabilitatisque maculam[1] noscitur contraxisse. Cum autem dictus Johannes viam fuerit universe carnis ingressus, dictusque exponens consciencia ductus iam dictam vicariam in manibus ordinarii eiusdem libere resignaverit et dimiserit, supplicavit sibi super hiis per sedem apostolicam de oportuno remedio misericorditer provideri. Nos igitur auctoritate domini pape, cuius penitenciarie curam gerimus, circumspeccioni vestre committimus quatinus, si ita est, postquam de fructibus ex dicta vicaria perceptis in evidentem utilitatem eiusdem vicarie iuxta vestri arbitrium fideliter convertendis satisfecerit, iniuncta inde sibi ab excessibus huiusmodi absolucione previa pro modo culpe penitencia salutari super inhabilitate ex premissis contracta, quodque aliud beneficium ecclesiasticum preter dictam vicariam licite retinere valeat, alio sibi non obstante canonico, misericorditer cum eodem dispensetis. Datum Florencie xij Kalendas Maii pontificatus domini Martini pape quinto anno secundo. Post quarum quidem litterarum presentacionem et ipsarum recepcionem, idem Ricardus nobis humiliter supplicavit ut ad execucionem earum et contentorum in eisdem procedere dignaremur iuxta traditam in dictis litteris nobis formam. Nos igitur Thomas cancellarius et vicarius in spiritualibus prelibatus, quia tam ex fidedignorum testimonio quam per confessionem dicti Ricardi coram nobis factam reperimus premissa in dictis litteris apostolicis per partem eiusdem Ricardi suggesta et narrata veritati fore subnixa, et quia idem Ricardus de fructibus ex dicta vicaria perceptis in evidentem utilitatem eiusdem vicarie iuxta nostrum arbitrium conversis fideliter satisfecit, iniuncta insuper eidem Ricardo per nos previa pro modo culpe penitencia salutari et per eundem admissa prout exposcunt littere apostolice supradicte; nos idcirco eidem Ricardo ab excessibus huiusmodi absolucionem debitam impendentes super inhabilitate ex premissis contracta, ac quod aliud beneficium ecclesiasticum preter dictam vicariam licite retinere valeat, alio prefato Ricardo de quo scitur non obstante canonico, auctoritate dictarum litterarum apostolicarum cum eodem Ricardo misericorditer dispensamus. In cuius rei testimonium presentes litteras nostras seu hoc presens publicum instrumentum per Ricardum Chichestre clericum Exon' diocesis auctoritate apostolica notarium publicum subscribi et publicari mandavimus ac sigilli officii nostri fecimus appensione muniri. Data et acta sunt hec in hospicio nostro Exon' sextodecimo die mensis

---

[1] *Corrected from* labem.

D

Septembris anno ab incarnacione Domini secundum cursum et
computacionem ecclesie Anglicane (*fo. 14v*) millesimo quadringentesimo vicesimo primo indiccione quartadecima pontificatus sanctissimi
in Christo patris et domini domini Martini divina providencia pape
quinti anno quarto; presentibus tunc ibidem discretis viris magistris
Jacobo Carslegh in legibus et Johanne Newcomb in decretis bacallariis
ac domino Symone Paule Exonien' diocesis, testibus ad premissa vocatis
specialiter et rogatis.   Et ego Ricardus Chichestre [etc., *as on p.15*].

[LICENCIA CELEBRANDI]

16 Sept. 1421; to Margaret, widow of Robert Saberton, and Katherine
her daughter, for divine service in the presence of either in the chapel
at Polslaw within the parish of Stow sancti Jacobi.

[COMPULSORIUM].

25 Sept. 1421; to the dean of Ippelpenne and the curates of all
churches in the deanery, on the petition of master William Browning
vicar of Modbury, to require sir William Husky, an annueller[1] at
Bryxham serving no cure of souls, to undertake the cure of Modbury
as its parochial chaplain within twenty days for a sufficient salary,
which he has hitherto refused to do, or to appear before the vicar-
general in St Mary's chapel within the episcopal palace at Exeter on
Thursday next after St Luke's day to show cause why he should not
be suspended from office in accordance with the provincial constitution
of archbishop Simon; and to certify by the same date.   In form as on
p. 6 above.

[*30 Sept. 1421.   The same to the dean of Woodleigh etc., to admonish
John Reynell to serve the cure of Sherford chapel in the parish of Stokenham,
on the petition of its vicar, William Comb.*]

(*fo. 15*) [COMPULSORIUM].

Item ultimo die mensis predicti emanavit littera consimilis decano
de Woddelegh et singulis ecclesiarum curatis eiusdem decanatus,
ad monendum dominum Johannem Reynell capellanum ad deserviendum cure capelle curate de Schirford in parochia de Stokynham
Exonien' diocesis situate et ecclesie de Stokynham antedicte annexe,
cui quidem domino Johanni salarium competens ad deserviendum
cure antedicte fuerat oblatum prout ex parte domini Willelmi Comb
vicarii de Stokynham predicta coram domino vicario in spiritualibus
extitit facta fides, et cetera, ut supra, et ad certificandum ut supra.

---

[1] annuellarius *or* annivellarius: " *a priest who celebrates annuals* "—O.E.D.; *a chantry
priest.*

Provisio pro scolaribus Oxon' et Cantabrigie promovendis.

[*12 Oct., 1421; to the bishop of Exeter to certify publication in the diocese of the ordinance for the promotion of graduates decreed in the Convocation of Canterbury at St Paul's on 5 May, 1421.* The text of the ordinance is as in The Register of Henry Chichele, *iii. pp. 72-75, except that for* Deo duce (Chichele, *p. 73, line 17*) Lacy (fo. 15) *reads* Deo dante. *The archbishop's mandate to the bishop of London was dated at Westminster, 16 July, and received by him on 18 July; the bishop of London's rescript to the bishop of Exeter was dated at Fulham, 22 July, and received by him on 6 August. The bishop of Exeter's letter and rescript to his vicar-general was dated at Faringdon, 7 August; after reciting the ordinance and the bishop of London's mandate, it continues as follows:*]

(*fo. 16*) Nos igitur dictarum Universitatum exaltacionem et incrementum ac relevacionem et promocionem personarum predictarum que ante hec tempora in variis huiusmodi facultatibus profecerunt et Deo dante imposterum proficient in eisdem effectualiter fieri cupimus possetenus qui in convocacione predicta una cum nonnullis confratribus nostris coepiscopis ac prelatis et ceteris de clero prenotatis personaliter interessentes, nostrum cum ipsis ad premissa consensum prebentes pariter et assensum, vobis committimus quatinus premissa omnia et singula per nostras civitatem et diocesim publicantes, et per nostros inibi archidiaconos seu eorum officiales omni celeritate publicari demandantes, ac omnibus et singulis nostrarum civitatis et diocesis patronis ecclesiasticis tam masculis quam feminis, auctoritate dicti consilii et nostra, in virtute sancte obediencie firmiter iniungendo mandantes, seu per ipsos nostros archidiaconos eorumve officiales mandari et publicari debite facientes, quatinus eorum singuli premissa omnia et singula quatenus eorum singulas concernunt personas usque ad terminum superius expressatum fideliter observent ut prefertur, et vestri faciatis cura vigili et exacta auctoritate nostra inviolabiliter observari, graduatorum nomina huiusmodi promovendorum in nostro registro actualiter inserendo. De diebus vero recepcionis presencium ac publicacionis ordinacionis huiusmodi, necnon execucionis presencium litterarum nostraram, citra festum sancti Luce evangeliste proxime futurum ad ultimum autentice curetis nos reddere cerciores litteris vestris. Datum sub sigillo nostro in manerio nostro de Farendon septimo die mensis Augusti anno Domini ut supra, et nostre translacionis anno secundo.

[*The Vicar-General's certificate*]

Quarum litterarum reverendarum auctoritate et vigore, premissa omnia et singula in vestris civitate et diocesi publicavi, ac eciam per vestros inibi archidiaconos et eorum officiales publicari feci, ac patronis ecclesiasticis quibuscumque tam masculis quam feminis vestrarum civitatis et diocesis per eosdem archidiaconos vestros et eorum officiales iuxta omnem vim, formam et effectum litterarum prenotatarum publicari feci ut mandatur et mandavi. Ceteraque omnia et singula in eisdem litteris vestris contenta a quibuscumque patronis ecclesiasticis supradictis pro posse meo faciam inviolabiliter observari. In cuius rei testimonium sigillum officii mei presentibus apposui. Datum Exon' xij° die mensis Octobris anno Domini supradicto.

DIMISSORIE.

13 Oct. 1421; to Peter Beauchamp acolyte, for the subdiaconate and diaconate.

[*17 Oct. 1421. To the dean of Honiton and Edward Skynner, benet (aquebajulus, holy water clerk) of Musbury, to require Gilbert Spernen to serve the cure of Membury chapel, in the parish of Axminster, of which the vicar, John Hill, had offered him a sufficient stipend.*]

[COMPULSORIUM].

Emanavit mandatum decano de Honyton (*fo. 16v*) et Edwardo Skynner clerico aquebaiulo de Musbury E. diocesis, ad monendum et requirendum dominum Gilbertum Spernen capellanum cure capelle curate de Membury eiusdem diocesis ab ecclesia matrice de Axemystre dicte Exonien' diocesis dependentis, cui salarium competens ad deserviendum cure antedicte ex parte domino Johannis Hille vicarii perpetui ecclesie parochialis de Axemystre predicte extiterat oblatum, etc.

[*Same day. The same to the dean of East and others, to require Nicholas Keryet to serve Callington chapel in the parish of Southill, as required by John Hiller the rector.*]

[COMPULSORIUM].

Item eodem die emanavit consimile mandatum decano de Est, domino Rogero Sutter capellano, Ricardo Chiket, Rogero Slye, ad monendum et requirendum ut supra dominum Nicholaum Keryet capellanum cure capelle curate de Kelyngton ab ecclesia parochiali de Southill in Cornubia dependentis, cui salarium competens ad deserviendum cure predicte per dominum Johannem Hiller rectorem ecclesie parochialis de Southhille predicte extiterat ministratum, et cetera ut in forma communi etc.

[*24 Sept. 1421.   Licence for divine service in St Francis's chapel, Mitchell, for pilgrims and other travellers.*]

[LICENCIA CELEBRANDI].

Dominus vicarius in spiritualibus concessit licenciam incolis et inhabitatoribus ville de Metshole [*Mitchell*] in Cornubia Exon' diocesis ut in capella apud dictam villam situata et in honore sancti Francisci constructa divina pro ipsis, peregrinis ac aliis itinerantibus per presbyteros ydoneos suis sumptibus possint facere celebrari, dumtamen oblaciones et cetera emolumenta curato loci integre et fideliter conserventur et cetera ut in forma communi etc.

[LICENCIA CELEBRANDI].

9 Nov. 1421; to Robert Haye and Isabella his wife, for divine service in the presence of either in any suitable places within their manors of Haye [?in *Callington*], Trenage [? *Trevague*, in *Altarnun*] and Tresulgan [in *St German's*] in Cornwall.

[DIMISSORIE].

10 Nov. 1421; to brother Thomas Rede subdeacon, canon regular of Frythelestok priory, for the diaconate and priesthood.

[*12 Nov. 1421.   Licence for divine service in the infirmary of Cornworthy priory for those nuns too infirm to attend choir.*]

[LICENCIA CELEBRANDI].

Dominus vicarius concessit licenciam priorisse et monialibus de Corneworthy Exon' diocesis, ut in infirmario infra prioratum antedictum situato divina possint in cuiuslibet eorum presencia, cum fuerint tali infirmitate detente quod chorum sequi non poterint comode, per presbiteros ydoneos facere celebrari; presentibus ad beneplacitum etc . .

[*20 Nov. 1421.   To the bishop of Exeter, acknowledging receipt of his letters, dated at Faringdon 12 Sept. 1421, requiring execution of a mandate from Simon de Teramo, papal nuncio and collector in England, for the citation of two persons (one of whom was the vicar-general himself) to appear in London before 22 December to answer for their debts to the papal camera and to the collector, and for the sequestration of their revenues meanwhile; and for the excommunication of certain others named on account of their long-standing arrears.   Further, the bishop was to certify the names of benefices appropriated etc., as on p. 31.*

The vicar general replies that he has published the citation and excommunications; that he promises obedience for himself; that the priories of Otterton and St Michael's Mount have been appropriated to Syon abbey during the present pontificate, and the parish churches of Loddiswell and North Molton as on p. 31 above.]

[Mandatum pro collectore domini pape].

Reverendo [etc.] Edmundo [etc.] vester humilis [etc.] Thomas Hendeman [etc.] obedienciam [etc.]. Litteras vestras reverendas cum ea qua decet reverencia noviter recepi tenorem continentes infrascriptum: Edmundus [etc.] dilecto [etc.] magistro Thome Hendeman [etc.] salutem, graciam et benediccionem. Litteras honorabilis viri Simonis de Teramo legum doctoris sedis apostolice nuncii in Anglia et collectoris decimo die mensis Septembris anno Domini infrascripto recepimus sub eo qui sequitur tenore verborum: Reverendo in Christo patri ac domino domino Edmundo Dei et apostolice sedis gracia episcopo Exonie [*sic*] Simon de Teramo legum doctor sedis eiusdem nuncius in Anglia et collector seipsum [*sic*] cum reverencia et honore debitis tanto patri. Vobis reverende pater auctoritate apostolica qua fungimur in hac parte tenore presencium committimus, et in virtute sancte obediencie ac sub pena iuramenti prestiti quibus dicte apostolice sedi tenemini cum ea qua decet reverencia firmiter iniungendo mandamus, quatinus religiosos viros et alios inferius nominatos ex causis infrascriptis secundum omnem vim, formam et effectum citacionum et rubicellarum infrascriptarum procedatis ex exequamini, procedive et exequi (*fo. 17*) faciatis debite cum effectu. Citari insuper peremptorie faciatis quod compareant et eorum quilibet compareat coram nobis seu nostro locumtenente seu commissario in hospicio nostro in parochia sancti Nicholai Acon London' situato citra xxij diem mensis Decembris proxime futurum, sub pena aggravacionis sive maioris excommunicacionis in singulares personas ac interdicti in ecclesias et loca eorundem, de pecuniarum summis apostolice camere et nobis debitis per eosdem plenarie satisfacturi, ulteriusque facturi et recepturi quod iusticia suadebit. Et nichilominus fructus, redditus et proventus eorumdem quos nos in hiis scriptis sequestramus vos eciam auctoritate apostolica prefata sequestretis seu sequestrari et sub tuta sequestri custodia servari faciatis donec aliud a nobis inde emanaverit in mandatis. Et quid feceritis in premissis seu fieri feceritis nos citra diem predictum clare certificetis per litteras vestras patentes harum seriem ac execucionis vestre modum et formam nominaque citandorum huiusmodi plenius continentes sigillo vestro consignatas. Datum in hospicio nostro London' sub sigillo nostro quo utimur in officio decimo octavo die mensis Julii anno Domini millesimo CCCC^{mo} xxj^{mo}.

Magister Thomas Hendeman nuper archidiaconus Exon' moneatur ad solvendum primos fructus dicti archidiaconatus ad quod ex certa causa apostolice camere tenetur, et hoc sub pena excommunicacionis, vel citetur sub eadem pena ad comparendum et allegandum causam quare ad hoc minime teneatur. Simili quoque forma magister Michael Lercedekne tesaurarius ecclesie [cathedralis] Exon' moneatur ad solvendum certa iura in quibus apostolice camere tenetur vel citetur sub eadem pena ad comparendum et allegandum causam quare ad hoc minime teneatur. Prior de Otriton, prior de Tywardrayth, prior de Bodmyne, prior Sancti Michaelis in Cornubia, prior de Frythele-stok, prior de Kerswell, prior de Pilton et abbatissa de Legh debent procuraciones de pluribus annis. Unde eorum contumaciis exigentibus denuncientur publice et solempniter excommunicati. Citenturque et sequestrentur fructus, redditus et proventus eorundem de eorum que nominibus et cognominibus certificetur. Abbas de Torre, collegium beati Thome de Glasney et prior de Modbury debent procuraciones de diversis annis. Unde eorum contumaciis exigentibus denuncientur publice excommunicati citenturque ut supra. Inquiratur diligencius et certificetur de nominibus quorumcumque beneficiorum[1] vestre Exonien' diocesis appropriatorum seu confirmatorum apostolica auctoritate monasteriis, prioratibus seu aliis piis locis vel personis ecclesiasticis de temporibus felicis recordationis dominorum Alexandri pape quinti et Johannis pape xxiij ac domini nostri pape moderni, et an appropriaciones huiusmodi sortite sint effectum. Et si talia reperiantur vel quorum possessiones premissis temporibus fuerint obtente vigore appropriacionum seu confirmacionum quumcumque apostolica auctoritate factarum moneantur eorum occupatores ad solvendum primos fructus pro eisdem. Citenturque ut supra. Datum [etc.].

Nos igitur dicti venerabilis viri Simonis de Teramo ymmo verius apostolicis mandatis obedire volentes, vobis committimus et mandamus quatinus personas omnes et singulas quarum nomina superius descri-bunter moneri et citari peremptorie ad diem et locum in eisdem litteris descriptos, ceteraque omnia in eisdem litteris contenta iuxta omnem vim, formam et effectum earumdem contra easdem personas execucioni debite demandetis seu demandari faciatis prout littere exigunt memorate. Et quid in premissis feceritis nos citra ultimum diem mensis Novembris proxime futurum distincte certificetis litteris vestris patentibus habentibus hunc tenorem sigillo vestri officii consignatis. Datum sub sigillo nostro in manerio nostro de Farendon xij° die mensis Septembris anno Domini supradicto, et nostre translacionis anno secundo.

Quarum litterarum reverendarum auctoritate, prefatos magistrum Michaelem Lercedekne thesaurarium ecclesie vestre antedicte ad

[1] *MS:* beneficiatorum

solvendum certa iura camere apostolice (*fo.17v*) vel ad comparendum coram prefato venerabili viro magistro Simone de Teramo collectore antedicto die et loco superius expressatis, causam racionabilem allegaturum coram eodem quare ad hoc minime teneatur legitime monivi [*sic*] et citavi. Egoque Thomas Hendeman antedictus monicionibus dicti venerabilis viri et vestris quatenus personam meam attinet in omnibus et per omnia pareo, parui et cum effectu Deo dante parebo. Prefatos insuper abbates et priores videlicet fratrem Johannem de Tywardrayth, Alanum de Bodmyne, Thomam de Frythelestok, Johannem de Kerswill, Johannem de Pilton, Johannem de Modbury priores, fratrem Willelmum abbatem de Torre, Mariam abbatissam de Legh ac magistrum Willelmum Culling prepositum collegii beati Thome de Glasneye sic excommunicatos fuisse et esse publice et solempniter denunciavi, eosdemque sic excommunicatos per vestros archidiaconos et eorum officiales publice denunciari feci ut mandatur peremptorie et citari ad diem et locum suprascriptos, fructus, redditus et proventus eorundem sequestravi et sub tuta custodia sequestri feci servari. De nominibus eciam beneficiorum[1] vestre diocesis appropriatorum seu auctoritate apostolica monasteriis, prioratibus et aliis piis locis vel personis ecclesiasticis temporibus supradictis confirmatorum secundum formam michi demandatam diligenter et fideliter inquisivi, per quam quidem inquisicionem prioratus de Oterton in Devonia et Sancti Michaelis in Cornubia vestre diocesis domui de Schune [*Syon*] tempore pape moderni, ecclesiam parochialem de Lodeswill eiusdem vestre diocesis tempore Johannis pape xxiij appropriatam rectori et presbiteris beate Marie de Slapton, ac ecclesiam parochialem de Northmolton eiusdem vestre diocesis tempore pape moderni abbati et conventui de Lylleshill appropriatam ac possessionem per eosdem adeptam inveni, quorum bonorum occupatores ad solvendum primos fructus pro eisdem ut mandatur moneri feci peremptorie et citari. In cuius rei testimonium sigillum officii mei presentibus apposui. Datum Exon' xx^{mo} die mensis Novembris anno Domini supradicto.

DIMISSORIE.

20 Nov. 1421; to John Penros tonsured, for the subdiaconate and diaconate.

2 Dec. 1421; to John Stoter tonsured, for the subdiaconate and diaconate.

5 Dec. 1421; to Richard Brode tonsured, for all minor orders and for the subdiaconate and diaconate; and to John Loveryng and William Schipstall deacons, for the priesthood.

[1]*MS;* beneficiatorum

8 Dec. 1421; to Thomas Hendre acolyte, for the subdiaconate and diaconate.

LICENCIA CELEBRANDI.

9 Dec. 1421; to Richard Pyperell and Christine his wife, for divine service in the presence of either in the chapel of St John Baptist, an oratory or other suitable place, in their house in the parish of Aysshpryngton.

DIMISSORIE.

Same day; to brother John Holman acolyte, canon regular of Frythelestok priory, for the subdiaconate.

11 Dec. 1421; to John Willyam acolyte, for the subdiaconate and diaconate; and to William Udy subdeacon, for the diaconate.

[*18 Dec. 1421. To the dean of Plympton and Henry Godeman curate of Plymstock, to compel Henry Mongwill to serve the cure of Revelstoke chapel, in Yealmpton parish, of which the vicar, Hugh Maunsell, had offered him a sufficient stipend.*]

[MANDATU]M COMPULSORIUM.

Item decimo octavo die mensis predicti emanavit mandatum compulsorium decano (*fo. 18*) de Plympton et domino Henrico Godeman curato capelle curate de Plymstoke E. diocesis, ad monendum et compellendum dominum Willelmum Mongwill capellanum nulle cure intendentem cure capelle curate de Rowlestok[1] ab ecclesia matrice de Yalmpton eiusdem diocesis dependente et infra eandem parochiam situate deservire, cui salarium competens ad deserviendum cure antedicte per partem domini Hugonis Maunsell vicarii perpetui ecclesie parochialis de Yalmpton predicte prout per partem eiusdem domini Hugonis coram prefato domino vicario in spiritualibus extiterat facta fides sufficienter fuerat oblatum.

DIMISSORIE.

26 Dec. 1421; to Walter Pernell acolyte, for the subdiaconate.

15 Jan. 1421-2; to Robert Kyng acolyte, for all holy orders.

29 Jan. 1421-2; to Robert Vicary, for all further minor orders and for the subdiaconate and diaconate.

12 Feb. 1421-2; to Thomas Coper tonsured, and to Robert Aysch tonsured, for all further minor orders and for holy orders; and to Michael Petit tonsured, for the subdiaconate; also to James Kerow and Robert Amys subdeacons, for the diaconate.

(*The rest of fo. 18 is blank*)

[1] *Corrected from* Rollest[ok].

[*24 July 1421.* *The bishop, having been appointed by papal bull to be one of the conservators of the rights and privileges of the English Province of the Order of Preachers, appoints Thomas Bobbewyth, archdeacon of Wells, as his delegate.*]

(*fo. 18v*) Subdelegatio Exon' episcopi conservatorum fratrum Predicatorum facta archidiacono Wellen'.

Edmundus miseracione divina Exonien' episcopus iurium et privilegiorum religiosis viris priori et fratribus ordinis Predicatorum a sede apostolica indultorum conservator una cum aliis certis collegis nostris cum illa clausula, ' quatinus vos vel duo aut unus vestrum per vos vel alium seu alios ', a dicta sede sufficienter et licite deputati, venerabili viro magistro Thome Bobbewyth archidiacono Wellen' salutem in Domino. Litteras felicis recordacionis domini Johannis pape vicesimi secundi,[1] eius vera bulla plumbea more romane curie bullatas, sanas et integras ac omni vicio et suspicione sinistra carentes, nobis per partem prioris provincialis et fratrum dicti ordinis Predicatorum provincie Anglicane presentatas, nos cum ea qua decuit reverencia noveritis recepisse tenorem qui sequitur continentes:

Johannes episcopus servus servorum Dei venerabilibus fratribus archiepiscopo Cant', Winton' ac Exon' episcopis, salutem et apostolicam benediccionem. Dilectos filios magistrum et fratres ordinis Predicatorum qui in decorem sancte religionis virtutum Domino militantes et crucifigentes cum viciis et concupiscenciis carnem suam ad divine maiestatis obsequia trahunt, alios per exemplum infra pietatis apostolice ubera complectentes dignum esse conspicimus eos congruis presidiis communiri ut eo devocius quo quiecius pacis famulentur Auctori. Cum itaque, sicut ex parte dictorum magistri et fratrum fuit propositum coram nobis, ipsis a nonnullis qui nomen Domini in vacuum recipere non formidant diversis et gravibus iacturis, iniuriis, violenciis et molestiis in diversis mundi partibus extra regnum Francie affligantur; nos eorundem magistri et fratrum provideri quieti et malignorum conatibus obviare volentes, fraternitati vestre per apostolica scripta mandamus quatinus extra dictum regnum vos, vel duo aut unus vestrum per vos vel per alium seu alios, eciam si fuerit extra loca in quibus deputati estis, conservatores et iudices, eisdem magistro et fratribus efficaciter defensionis presidio assistentes, non permittatis ipsos a predictis vel quibuscumque aliis indebite molestari vel eisdem dampna, violencias, iniurias vel molestias errogari, facturi eisdem magistro et fratribus cum ab eis vel procuratoribus aut procuratoribus eorum fueritis requisiti de predictis et aliis personis quibuslibet de quibuscumque molestiis, violenciis, iniuriis atque

---

[1] *sic; John xxiii is intended.*

dampnaciis presentibus et futuris in illis videlicet que iudicialem
requirunt indaginem summarie et de plano sine strepitu et figura
iudicii, in aliis vero prout qualitas ipsorum exegerit iusticie complementum molestatores, presumptores et iniuriatores huiusmodi necnon
contradictores quoslibet et rebelles, cuiuscumque dignitatis, status,
ordinis vel condicionis extiterint, eciamsi pontificali prefulgeant
dignitate, quandocumque et quocienscumque expedierit per censuram
ecclesiasticam appellacione postposita compescendo, invocato ad
hoc si opus fuerit auxilio brachii secularis, non obstantibus felicis
recordacionis Boneficii [*sic*] pape viij[1] predecessoris nostri, in quibus
cavetur ne aliquis extra suam civitatem et diocesim nisi in certis
exceptis casibus et illis ultra unam dietam a fine sui diocesis ad
iudicium evocetur, seu ne iudices et conservatores a sede deputati
predicta extra civitatem et diocesim in quibus deputati fuerint contra
quoscumque procedere aut alii vel aliis vices suas committere sue
aliquos ultra unam dietam a fine diocesis eorundem trahere presumant,
seu quod de aliis quam manifestis iniuriis et violenciis et aliis que
iudicialem indaginem exigunt penis in eos si secus egerint et in id
procurantes adiectis conservatores se nullatenus intromittant, et tam
de duabus dietis in consilio generali dummodo ultra terciam vel quartam
dietam aliquis extra suam civitatem et diocesim auctoritate presencium
ad iudicium non trahatur, quam aliis quibuscumque constitucionibus
a predecessoribus nostris Romanis pontificibus tam de iud[ic]ibus,
delegatis et conservatoribus quam personis ultra certum numerum
ad iudicium non vocandis aut aliis editis, que nostre possint in hac
parte iurisdiccioni aut potestati eiusque libero exercicio quomodolibet
obviare, seu si aliquibus communiter et divisim a sede apostolica sit
indultum quod excommunicari, suspendi vel interdici seu extra vel
ultra certa loca ad iudicium evocari non possunt per litteras apostolicas
non facientes plenam et expressam ac de verbo ad verbum de indulto
huiusmodi et eorum personis, locis, ordinibus et nominibus propriis
mencionem, vel quacumque alia (*fo. 19*) indulgencia dicte sedis
generali vel speciali cuiuscumque tenoris existat per quam presentibus
non expressam vel totaliter non insertam nostre iurisdiccionis explicacio
in hac parte valeat quodmodolibet impediri, et de qua cuiusque toto
tenore de verbo ad verbum in nostris litteris habenda sit mencio
specialis. Ceterum volumus et apostolica auctoritate decrevimus
quod quilibet vestrum prosequi valeat articulum eciam per alium
inchoatum quominus idem inchoans nullo fuerit impedimento
canonico impeditus, quodque a data presencium sit vobis et unicuique
vestrum in premissis omnibus et eorum singulis, ceptis et non inceptis,
presentibus et futuris, perpetua potestas et iurisdiccio attributa, ut

[1] *Sexti Decretalium* Lib. I, tit. III, c.11. (ed. Friedberg, ii. p. 942).

in eo vigore eaque firmitate possitis in premissis omnibus, ceptis et non ceptis, presentibus et futuris, et pro predictis procedere, ac si predicta omnia et singula coram vobis cepta fuissent et iurisdiccio nostra et cuiuslibet vestrum in predictis omnibus et singulis per citacionem vel modum alium perpetua legitimum extitisset, constitucione predicta super conservatoribus et qualibet alia in contrarium edita non obstante. Datum Avinion' vj^{to} Kalendas Maii pontificatus nostri anno tercio.

Post quarum quidem litterarum apostolicarum presentacionem et recepcionem fuimus ex parte dictorum religiosorum virorum prioris et fratrum cum instancia requisiti ut ad execucionem earundem procedere dignaremur. Nos vero variis et arduis negociis ecclesiam nostram Exon' tangentibus licite prepediti quominus in causis et negociis dictos fratres et eorum personas concernentibus iuxta formam et tenorem earumdem litterarum apostolicarum et privilegiorum eis a prefata sede indultorum procedere valeamus, idcirco de vestris circumspeccione, fidelitate et industria in Domino in hac parte fiduciam obtinentes specialem, ad cognoscendum et procedendum in quibuscumque causis et negociis dictos fratres ipsorumque loca, status et personas communiter vel divisim quomodolibet contingentibus, contra adversarios suos quoscumque ipsis fratribus aut alicui eorum in ipsorum personis seu locis iniuriam aut gravamen contra tenorem, vim, formam et effectum privilegiorum suorum inferentes seu inferri procurantes inchoatis et inchoandis, motis vel movendis, easque vel ea cum omnibus et singulis incidentibus, emergentibus, dependentibus et connexis quibuscumque audiendum, discuciendum et fine debito terminandum, omniaque alia et singula faciendum, exercendum et expediendum que nos vigore et auctoritate dictarum litterarum apostolicarum facere, exercere et expedire possemus si personaliter in premissis interessemus, vobis iuxta omnem vim, formam et effectum dictarum litterarum apostolicarum et privilegiorum prefatis fratribus dictorum ordinis Predicatorum a dicta [sede] apostolica indultorum committimus vices nostras cum cuiuslibet cohercionis canonice potestate, donec eas ad nos duxerimus revocandas. In cuius rei testimonium sigillum nostrum presentibus est appensum. Datum in manerio nostro de Faryngdon xxiiij^{to} die mensis Julii anno Domini millesimo CCCC^{mo} vicesimo primo et nostre translacionis anno secundo incipiente.

[*16 April 1432 (sic). Manumission, with the consent of the dean and chapter of Exeter, of Simon Camelet a villein on the bishop's manor of Bishop's Tawton.*]

MANUMISSIO NATIVI CUM CONSENSU CAPITULI.

Noverint universi per presentes quod nos Edmundus Lacy Exon'
episcopus, de consensu dilectorum filiorum decani et capituli ecclesie
nostre cathedralis Exon', manumisimus et relaxavimus Simonem
Camelet nativum nostrum de manerio nostro de Tauton [*Bishop's
Tawton*], ipsumque cum tota sequela sua a iugo et onere quibuscumque
nativitatis, villenagii, bondagii et servitutis cum omnibus bonis
et catallis suis habitis et habendis liberavimus, liberamus et
exoneramus per presentes; ita quod nec nos episcopus prefatus
neque successores nostri aliquod ius, clameum aut accionem in
predicto Simone et sequela sua vel in bonis aut catallis earundem
racione nativitatis, villenagii, bondagii seu servitutis huiusmodi
habere poterimus in futurum, sed inde omnino simus exclusi inper-
petuum et exuti. In cuius rei restimonium sigillum nostrum fecimus
hiis apponi. Datum in palacio nostro Exon' sexdecimo die mensis
Aprilis anno Domini millesimo CCCC^{mo} xxxij° [*sic*] et nostre
translacionis anno duodecimo.

Et nos decanus et capitulum antedicti manumissioni, relaxacioni
et liberacioni Simonis Camelet et sequele sue predicte cum eorumdem
bonis et catallis in forma predicta factis nostros consensum et assensum
plene in omnibus et singulis adhibemus, et nostrum commune sigillum
presentibus duximus apponendum in fidem et testimonium omnium
premissorum. Datum quoad apposicionem sigilli nostri predicti
in domo nostra capitulari Exon', xxij die mensis Aprilis predicti
anno Domino supradicto.

(*Folio 19v is blank.*)

(*fo. 20; quire iij*) REGISTRUM COMMUNE VENERABILIS
IN CHRISTO PATRIS ET DOMINI DOMINI EDMUNDI
LACY DEI GRACIA EXONIENSIS EPISCOPI QUI QUINTO
NONAS JULII ANNO AB INCARNACIONE DOMINI
SECUNDUM CURSUM ET COMPUTACIONEM ECCLESIE
ANGLICANE M° CCCC^mo VICESIMO PONTIFICATUS SANCT-
ISSIMI IN CHRISTO PATRIS DOMINI MARTINI DIVINA
PROVIDENCIA PAPE QUINTI ANNO TERCIO AB ECCLESIA
HEREFORD' AD ECCLESIAM EXON' EXTITIT TRANSLATUS

[*Walter Trengoff, Chancellor of Oxford University and a former fellow
of Exeter College (Stapledon Hall), acknowledges receipt of the bishop's
commission, dated at Windsor Castle 12 Nov. 1420, to visit the college, to
inquire, correct, punish and reform in accordance with the statutes and to audit
the accounts. He began his visitation in the college chapel on 20 Nov. 1420:
the bishop's citation, addressed to Ralph Morewill the rector and dated at
Windsor Castle, 11 Nov. 1420, was read; the rector and members of the
college (named) appeared and professed canonical obedience; the accounts were
inspected; and members of the college were examined singly upon its state and
governance. On 23 Nov. particular enquiry was made into a matter specified
in the citation, namely the election of members of a diocese other than Exeter
to the exclusion of eligible Exeter men, and one scholar was suspended. On
2 Dec. other members of the college were suspended for offences against the
statutes, and penances were enjoined; and so the visitation was concluded.
Dated at Oxford, 15 Dec. 1420.*]

COMMISSIO EXON' EPISCOPI CANCELLARIO OXON' AD VISITANDUM
COLLEGIUM SEU AULAM DE STAPELDON HALL.

Reverendo in Christo patri ac domino domino Edmundo Dei
gracia Exon' episcopo Walterus Trengof Universitatis Oxon' Cancellarius omnimodas reverencias tanto patri debitas cum omni humilitate
et honore. Litteras commissionis vestre reverende noviter nobis
directas recepimus in hec verba: Edmundus permissione divina
Exonien' episcopus venerande discrecionis viro magistro Waltero
Trengof sacre pagine professori Universitatis Oxon' matris nostre
Cancellario salutem, graciam et benediccionem. Cum collegium
nostrum Oxon' sive aula vulgariter nuncupata Stapeldon Halle
supervisione et reformacione necessariis ut intelleximus indigeat de
presenti, nosque huiusmodi supervisioni et reformacioni faciendis
personaliter intendere nequeamus, diversis et arduis negociis prepediti,
ad collegium sive aulam predictam ac scolares eiusdem statumque
eorundem ut convenit supervidendum, ac de et super defectibus
ipsorum collegii et scolarium inquirendum, eosque quatenus eorum

correccio et reformacio ad nos per statuta in ea parte iuratos iuxta fundacionem eiusdem collegii sive aule pertinere dinoscuntur corrigendum, puniendum et reformandum, necnon calculum et raciocinium super administracione bonorum eiusdem collegii a Rectoribus sive administratoribus ipsius preteritis et modernis petendum, audiendum et recipiendum, omniaque alia et singula nobisque in hac parte incumbencia faciendum et expendiendum, vobis de cuius fidelitate et circumspeccionis industria plenam in Domino fiduciam obtinemus tenore presencium committimus vices nostras cum cuiuslibet cohercionis canonice potestate. In cuius rei testimonium, quia sigillum nostrum presencialiter ad manus non habemus, sigillum quo in ecclesia Herforden' cui nuper prefuimus utebamur presentibus duximus apponendum. Datum in castro de Wyndesore duodecimo die Novembris anno Domini millesimo CCCC^{mo}xx^{mo}, et nostre translacionis anno primo.

Post quarum litterarum recepcionem, dicto xx^{mo} die Novembris anno Domini supradicto, in capella sancti Thome in eodem collegio situata coram nobis ibidem pro tribunali in hac parte sedentibus exhibitum fuit tunc ibidem per magistrum Radulphum Morewill eiusdem collegii rectorem quoddam mandatum citatorium cuius tenor sequitur et est talis:

In Christo predilecto salutacione cum nostra benediccione premissa. Licet enim iure statutorum que consuetudine laudabili in nostro collegio Oxon' hactenus licite usitata, que vestrum singuli firmiter observare juramento corporali in vestri primeva ad idem nostrum collegium sive aulam admissione firmiter astringimini, caveatur expresse quod scolares in facultate artium ad minus sophiste vel ad maius bacallarii in eadem facultate de diocesi nostra Exon' racione originis seu in eorum defectu per moram facti incole fuerint et sint ad idem nostrum collegium eligibiles; quidam tamen vestrum ut relacione fidedigna concepimus, novitatum introductores pocius quam huiusmodi veterum tradicionum zelatores effecti, periurium incurrere non verentes, in duorum collegarum abhinc noviter ammotorum locis quemdam de diocesi Sarum incolam nostre diocesis non probatum in loco primi de Devon', non obstante quod plurimi in nostra diocesi Exon' predicta oriundi fuerint presencialiter in universitate Oxon' sufficientes scolares et scioli; in loco eciam secundi de Cornubia eligendi magistrum in artibus actualiter regentem, quod nusquam inibi nostro tempore fieri meminimus, preter et contra statuta et consuetudines supradictas eligere (*fo. 20v*) et subrogare nituntur minus iuste, prefatos diocesinos [*sic*] nostros ab eorum consueta et debita libertate expellendo ymmo verius spoliando ut dicitur pudorose, quod nostris utique temporibus induci nolumus sicuti nec debemus ne laudabilium statutorum et consuetudinum huiusmodi qui pro posse facere conabimur inviolabiliter conservari violacione quod absit pocius quam conservacione predicemur. Premissa igitur in huius saltem commissi nobis regiminis inchoacione nolentes oculis conniventibus incorrecta pertransire, potissime cum prenotati nostri diocesani non habeant ut concepimus in quovis alio dicte universitatis collegio preterquam in nostro antefato relevamen huiusmodi certum seu succursum, vobis igitur rectori ac ceteris inibi collegis omnibus et singulis, in virtute sancte obediencie qua nobis tenemini et sub pena amocionis perpetue a dicto collegio nostro firmiter iniungentes, mandamus quatinus ab omni novitate huiusmodi temer[ar]ia introduccione et illicitorum huiusmodi aliorum verisimilium quorumcumque supersedentes et penitus desistentes vosmet de cetero iuxta vestras consuetudines et statuta debite gubernari disponatis prout decet. Preterea, quia verisimile nobis videtur quod idem nostrum collegium huiusmodi ex pretactis supervisione et reformacione necessariis indigeat de presenti, vos igitur omnes et singulos rectorem et collegas prenotatos tenore presencium citamus quod compareatis, et quilibet vestrum personaliter compareat, coram viro venerando nobis utique dilecto magistro Waltero Trengof sacre pagine professore quem nostrum ad infrascripta commissarium deputavimus, eo quod idem qui nuper dicti collegii socius fuerat et collega de huiusmodi consuetudinibus vestris et statutis plenius informatus pretacte novitatis et aliorum inquirendorum in huiusmodi visitacione sciverit et poterit honestius indigare, in capella dicti nostri collegii seu alia quavis domo in eodem consueto seu alias aptiori, cum continuacione et prorogacione dierum tunc sequencium et locorum, huius mensis Novembris die xx^{mo} proxime futuro in domo huiusmodi more solito congregati, huiusmodi visitacionem nostram canonice subituri, necnon veritatem omnem quem noveritis super hiis a vobis singulis inquirendam visitacionem nostram huiusmodi concernentem deposituri, vosque rector inibi et ceteri predecessores vestri qui pro tempore extiteritis compotum, calculum sive racioncinium super vestrorum singulorum administracione bonorum dicti nostri collegii de annis et temporibus vestris elapsis fideliter reddituri, ulteriusque facturi et recepturi quod huiusmodi visitacionis nostri officium de sui natura exigit et requirit ac sanctorum patrum in ea parte canonicis convenit institutis, hunc autem terminum peremptorium pre animarum periculis natura negocii pietatum causis et aliis superius expressatis debite pensatis duximus moderandum. De die vero recepcionis presencium et quid in premissis duxeritis faciendum dictum nostrum commissarium dictis die et loco reddatis debite cerciorem et ipsum in omnibus prout decet canonicis pareatis monitis, sentenciis et decretis. Et quia per premissorum actorum nostrorum publicacionem indebitam presumptam in vestris singularibus personis prudenciam poterat forsan quis improviso quod nollemus exterorum oblocutionibus facere denigrari hos nostros apices quibus vestras probatas prudencias prenotatas speramus ad concordem facilius reducere quietem privata forma duximus consignandos. In cuius pacis quietudine tec[t]um vestrum filicitet (*sic*) semper et augmentet ad sue laudis honorem unitas ipsa indivisa. Datum in castro de Wyndesore xi^{mo} die mensis Novembris sepedicti sub sigillo nostro quo in ecclesia Hereforden' cui nuper prefuimus utebamur ad causas, cum aliud ad manus presencialiter non habemus, anno Domini millesimo CCCC^{mo}xx^{mo}, et nostre translacionis anno primo incipiente.

Quo quidem mandato perlecto coram nobis tunc ibidem magister Radulphus Morewill rector, Willelmus Andrew, Johannes Brent, Waterus Davy, Johannes Beaucomb, Willelmus Certyn in artibus magistri, Edmundus Fychet, Willelmus Collys, Johannes Colyford, Willelmus Palmer in artibus bacallarii, dominus Robertus Stonard capellanus eiusdem collegii, Walterus Lyard et Johannes Arundell sophiste et scolares eiusdem collegii, in capella eiusdem collegii personaliter comparentes, canonicam obedienciam et iuratoriam vobis et successoribus vestris licite intrantibus vestrisque ministris in forma (*fo. 21*) iuris debita omnes et singuli ibidem prestiterunt. Exhibitis insuper tunc ibidem per dictum magistrum Radulphum prefati collegii rectorem nonnullis compotis et raciociniis super eorum singulorum administracione bonorum dicti collegii de annis et temporibus suis elapsis, quibus per nos examinatis et discussis, iidem rector et scolares omnes et singuli prenotati examinacionem iuxta canonicas sanctiones in huiusmodi visitacione fieri consuetam et necessariam super statu et gubernacione ac defectibus si qui fuerint ipsorum collegii et scolarium secrete, singillatim et successive subierunt, et presertim super articulis prenominatis prout in quadam scripta cedula presenti certificatorio inclusa illucescit plenius deposuerunt. Quibus sic per nos peractis huiusmodi visitacionem nostram ymmo verius vestram usque diem sabbati proxime ex tunc sequentem in loco prenotato continuavimus. Quo die adveniente videlicet xxiij^{cio} die mensis Novembris, antedicti Johannes Burwyk et Thomas Gourde in huiusmodi collegium et rectorem et scolares eiusdem interim de novo electi coram nobis personaliter presentes loco quo supra canonicam obedienciam et iuratoriam modo quo supra prestiterunt. Nosque tunc ibidem predictis rectori et sociis collegii huiusmodi omnibus et singulis coram nobis in eodem loco personaliter existentibus iniunximus quatinus ab omni novitatum huiusmodi introduccione illicitarum personarum subsisterent, et incolam sive magistrum in artibus contra statuta et consuetudinem

E

dicti collegii hactenus usitata sub pena amocionis perpetue a dicto collegio de cetero non nominarent nec aliquis eorum presumeret nominare, ac Walterum Lyard eiusdem scolarem, propter ipsius manifestam offensam et rebellionem in non parendo vestris huiusmodi mandatis prout per suam propriam et sociorum suorum predictorum deposicionem manifeste liquet, a communia dicti collegii suspendimus, huiusmodi nostram visitacionem usque diem huic proxime extunc sequentem debite continuando. Quo die adveniente videlicet xxx^mo die mensis predicti visitacionem predictam usque diem huic proxime extunc sequentem continuavimus; quo die adveniente videlicet secundo die mensis Decembris, rectore una cum omnibus et singulis eiusdem collegii scolaribus coram nobis loco quo supra personaliter comparentibus, magistros Willelmum Andrew, Johannem Brent, Johannem Beaucomb in artibus magistros, Johannem Colyford in artibus bacallarium, dominum Robertum Stonard capellanum, et Walterum Hard sophistam, contra statuta dicti collegii delinquentes prout eciam per suas proprias ac sociorum suorum predictorum deposiciones, magistrum Thomam Bovy in artibus magistrum et Simonem Rew incolam pretensum in eleccione sociorum eiusdem collegii indebite nominando, et sic ipsam eleccionem impediendo, prout in dicta cedula clarius describitur, a communis collegii prenotati per quinque ebdomodas (*sic*) proxime extunc sequentes suspendimus tunc ibidem; ceteras penitencias eisdem pro suis ceteris delictis merito infligendas vestre paternitati reservando. Quam quidem visitacionem sic per nos finitam sigillo officii nostri cancellariatus Oxon' sigillatam vestre reverende paternitati transmittimus inclusam. Datum Oxon' quoad consignacionem presencium xv^to die mensis Decembris anno Domini supradicto.

[*26 Oct. 1420. Writ of summons for a Parliament at Westminster on 2 Dec. 1420, sent to the dean of Exeter cathedral and the four archdeacons.*]

Pro Parliamento.

Edmundus miseracione divina Exonien' episcopus dilectis in Christo filiis decano ecclesie nostre cathedralis Exon' ac nostris Exonie, Totton', Barn' et Cornubie archidiaconis salutem, graciam et benediccionem. Breve regium die dati presencium recepimus tenorem continens infrascriptum: Henricus Dei gracia Rex Anglie heres et regens regni Francie et dominus Hibernie venerabili in Christo patri E. eadem gracia episcopo Exon' salutem. Quia de avisamento consilii nostri pro quibusdam arduis et urgentibus negociis nos, statum et defensionem regni nostri Anglie ac ecclesie Anglicane contingentibus quoddam parliamentum nostrum apud Westm[onasterium] die lune proxime post festum sancti Andree apostoli proxime futurum teneri ordinavimus, et ibidem vobiscum ac cum ceteris prelatis magnatibusque et proceribus dicti regni nostri colloquium habere et tractatum, vobis in fide et dileccione quibus nobis tenemini firmiter iniungendo mandamus quod, consideratis dictorum negociorum arduitate et periculis imminentibus, cessante quacumque excusacione, dictis die et loco personaliter intersitis, nobiscum ac cum prelatis, magnatibus et proceribus predictis super dictis negociis tractaturi, vestrumque consilium impensuri. Et hoc sicut nos et honorem nostrum ac salvacionem et defensionem regni et ecclesie predictorum expedicionemque dictorum negociorum nostrorum diligitis nullatenus omittatis; (*fo. 21v*) Premunientes decanum et capitulum dicte ecclesie Exon' ac archidiaconos totumque clerum Exonien' diocesis, quod iidem decanus et archidiaconi in propriis personis suis, ac dictum capitulum per unum, idemque clerus per duos procuratores ydoneos, plenam et sufficientem potestatem ab ipsis clero et capitulo divisim habentes, dictis die et loco personaliter intersint, ad consenciendum hiis que tunc ibidem de communi consilio dicti regni nostri divina favente clemencia contigerit ordinari. Teste Humfrido duce Glouc[estrie] custode Anglie apud Westm' xxj^{mo} die Octobris anno regni nostri octavo. [cf. *C.C.R. 1419-1422, p. 124*]. Cuius vigore brevis vos decanum et archidiaconos supradictos premunimus quod vos et vestrum singuli personaliter, ipsumque capitulum nostrum Exon' per vos decanum, clerumque nostrarum civitatis et diocesis per vos archidiaconos memoratos premuniri volumus, quod dictis die et loco in huiusmodi parliamento intersitis debite et intersint iuxta ipsius brevis exigenciam et tenorem ad consenciendum hiis que in eodem superius expressantur. Quis vero vestrum has litteras nostras primo receperit exequendas, retenta inde pro libito copia, eas alteri transmittat ut est moris celeriter exequendas. Datum sub sigillo nostro in hospicio nostro London' xxvj^{to} die Octobris anno Domini millesimo CCCC° xx^{mo} et nostre translacionis anno primo. [1]

[*4 Jan. 1420-1. Grant of letters dimissory to John Mark and, 5 Jan., to William Thomas.*]

[DIMISSORIE].

Edmundus [etc.] dilecto in Christo filio Johanni Marke subdiacono salutem, graciam et benediccionem. Ut a quocumque episcopo catholico infra regnum Anglie intitulato, sedis apostolice graciam et execucionem sui officii obtinente, tibique sacras manus imponere volente, ad omnes sacros ordines quos nondum es assecutus licite valeas promoveri, eo non obstante quod in nostra diocesi oriundus

---

[1] *The year of the bishop's translation is normally given thus, and is represented by* [etc.] *after the year date throughout this register.*

existis, liberam tibi recipiendi et cuicumque episcopo huiusmodi
memoratos ordines conferendi, dummodo ordinatori tuo titulum
exhibueris sufficientem nullumque canonicum in hac parte obsistat
impedimentum, tenore presencium concedimus facultatem. In cuius
rei testimonium sigillum nostrum est appensum. Datum in castro
regio de Wyndesore quarto die Januarii anno domini ut supra.

Item quinto die mensis Januarii anno Domini supradicto dominus
concessit litteras dimissorias Willelmo Thomas primam tonsuram
clericalem habenti, ad omnes sacros ordines a quocumque episcopo
suscipiendi et cetera ut supra.

[*3 Feb. 1420-1. Notification of a grant to John Stopyngdon, clerk in the
royal chancery, of a pension of five marks per annum until he can be provided
with a benefice, as required by the King's writ by reason of the bishop's recent
translation.*]

BREVE REGIUM PRO PENSIONE ASSIGNANDA UNI EX CLERICIS REGIIS AB
EPISCOPO EXON' RACIONE NOVE TRANSLACIONIS SUE.

Universis presentes litteras nostras inspecturis Edmundus miseracione divina Exonien' episcopus salutem in Domino sempiternam.
Noverit universitas vestra quod nos breve regium nuper recepimus
in hec verba. Henricus Dei gracia Rex Anglie heres et regens regni
Francie et dominus Hibernie venerabili in Christo patri E. eadem
gracia episcopo Exon' salutem. Cum vos racione nove translacionis
vestre teneamini uni de clericis nostris quem vobis duxerimus
nominandum in quadam annua pensione de ecclesia vestra percipienda
quousque per vos sibi provisum sit de beneficio ecclesiastico competenti,
ac nos promotionem dilecti clerici nostri Johannis Stopyndon unius
clericorum cancellarie nostre suis exigentibus meritis affectantes,
ipsum ad huiusmodi pensionem a vobis percipiendum duximus
nominandum; vobis igitur mandamus quatinus eidem Johanni
talem pensionem de dicta ecclesia vestra in forma predicta percipi-
endam que dantes deceat percipientemque forcius obligatum reddere
debeat concedatis, litteras vestras patentes sigillo vestro signatas
eidem Johanni super hoc fieri facientes. Et quid inde duxeritis
faciendum nobis sine dilacione aliqua rescribatis. Teste Humfrido
de Glouc[estria] custode Anglie apud Westm' quinto die mensis
Novembris anno regni nostri octavo. Nos itaque regie voluntati in
hac parte obedire volentes, prefato Johanni Stopyngdon nobis sicut
premittitur nominato dedimus et concessimus quinque marcas annue
pensionis racione nove translacionis nostre in episcopum Exon'
percipiendas singulis annis de camera nostra Exon' quousque dicto
Johanni de beneficio ecclesiastico competenti fecerimus provideri.

Datum in hospicio nostro London' tercio die Februarii anno Domini millesimo CCCC^mo [xx^mo], [etc.]. [cf. *C.C.R. 1419-1422, p. 130*]

DISPENSACIO SUPER DEFECTU NATALIUM.

8 Feb. 1420-21; to Thomas Mareys clerk, as on p. 15 above, reciting letters of Jordan bishop of Albano the papal penitentiary (*fo. 22*), dated at Florence 2 kal. Apr. 2 Martin V (31 March 1419), permitting him, notwithstanding his defective birth of a single man and woman, to be advanced to all holy orders and to hold a benefice even with cure of souls, provided that he comply with such conditions of orders and residence as the benefice requires. The clerk having previously secured admission to minor orders without disclosing his illegitimacy, for which offence the bishop enjoyed him a suitable penance, the bishop's letters of dispensation include the following clauses absent from that on p. 14: A, in the *non obstante* clause, after *de soluto genitus et soluta,* read *quia tacito de ipso defectu te fecisti aliasque tamen rite clericali caractere insigniri, quod premissis ac ipso defectu non obstante possis illo caractere uti et ad omnes ordines promoveri* . . . B. after *obtinere valeas* read *iniuncta tibi per nos ab excessu huiusmodi absolucione prima pro modo culpe penitencia salutari auctoritate litterarum predictarum tenore presencium dispensamus.* The instrument, drawn and attested by master John Cokworthy clerk, notary public, *actorum nostrorum scribam et registrarium nostrum,* is dated at London, in the bishop's lodging, 8 February 1420-21, and witnessed by John Crodecote donzell, and William Barneby clerk, notary public, of the dioceses of Exeter and York respectively.

[*9 Dec. 1420. Licence to John Sneynton rector of Honiton for absence for two years for the service of the earl of Devon.*[1]]

LICENCIA NON RESIDENDI.

Edmundus etc. dilecto in Christo filio domino Johanni Sneynton rectori ecclesie parochialis de Honyton nostre Exonien' diocesis salutem etc. Ut per biennium a datis presencium continue numerandum te ab ecclesia tua predicta obsequiis nobilis domini comitis Devon' insistendo licite absentare valeas, ac fructus, redditus et proventus eiusdem ecclesie tue interim percipere ac si personaliter in eadem resideres, et ad firmam si volueris ydoneis personis dimittere, proviso quod eadem ecclesia tua divinis interim non fraudetur obsequiis, et animarum cura nullatenus negligatur in eadem, quodque procuratorem ydoneum inibi dimittas qui onera eidem eidem (*sic*) ecclesie medio (*fo. 22v*) tempore incumbencia

[1] *Hugh, 4th earl, succeeded 5 Dec. 1419; died 16 June 1422.*

subeat ac nobis et aliis ordinariis tuis debite respondeat vice tua, absencieque tue dampnum elemosinarum largicione inter pauperes tuos parochianos nostro arbitrio moderanda debite recompenses. In cuius rei testimonium sigillum nostrum presentibus est appensum. Datum in hospicio nostro London' nono die mensis Decembris anno Domini millesimo CCCC xx° [etc.].

[*28 Jan. 1420-1. Certificate to the Exchequer, in reply to a writ of* Cerciorari, *of the time during which certain incumbents had held their benefices, and for which they were liable to pay clerical tenths; namely Thomas Upton vicar of Kenton, Elias Stoke parson of St Mary Steps, Exeter (and a prebendary of St Crantock), Thomas Gille parson of Poltimore, William Clyve parson of Whitestone, and John Ladde parson of Wembworthy (and formerly of Huxham).*

BREVE REGIUM EX SCACCARIO PRO DECIMIS CONCESSIS.

Venerabilibus et discretis viris thesaurario et baronibus de scaccario domini nostri regis Edmundus permissione divina Exonien' episcopus salutem cum omni promptitudine mandatis regiis obedire. Breve regium presentibus consutum cum ea nuper qua decuit reverencia recepimus: Henricus Dei gracia rex [etc.] venerabili in Christo patri E. eadem gracia episcopo Exon' salutem. Volentes certis de causis quod thesaurarius et barones nostri de scaccario nostro per vos cerciorentur si Thomas Upton vicarius ecclesie de Kenton, Elias Stoke persona ecclesie Sancte Marie de Gradibus, Thomas Gille persona ecclesie de Poltemore, Willelmus Clyve persona ecclesie de Whitston, Johannes Ladde persona ecclesie de Wemworthy, vestre diocesis, temporibus concessionum et solucionum decimarum nobis a clero Cantuarien' provincie annis regni nostri tercio, quarto et quinto, ac medietatis unius decime nobis a clero predicto anno regni nostri septimo concessarum, in diocesi vestra predicta alibi quam in beneficiis suis predictis beneficiati extiterint seu ad presens existant; vobis mandamus quod, scrutatis registris ac aliis evidenciis vestris penes vos residentibus premissa concernentibus, de eo quod inde inveneritis prefatis baronibus nostris apud Westm' a die Purificacionis beate Marie Virginis in xv dies distincte et aperte certificetis. Et habeatis ibidem tunc hoc breve. Teste W. Babyngton apud Westm' xij^mo die Decembris anno regni nostri octavo, per rotulam memorandorum de eodem anno viij^vo Michaelis Recordi. Cuius vigore brevis, scrutatis per nos registris nostris et aliis evidenciis in archivis nostris penes nos remanentibus, ac inquisicione super premissis per nos capta diligenti, reperimus evidenter quod prefatus Thomas Upton fuit vicarius ecclesie de Kenton et Willelmus Clyve persona ecclesie de Whitstone fuit temporibus concessionum et

solucionum decimarum a clero Cantuar' provincie domino nostro
regi annis regni sui tercio, quarto et quinto, ac medietatis unius decime
anno regni sui septimo concessarum. Et iidem Thomas vicarius et
Willelmus persona ecclesiarum predictarum ad presens existunt
et alibi in diocesi nostra predicta quam in beneficiis suis predictis
prefati Thomas et Willelmus annis supradictis beneficiati non
extiterunt nec ad presens existunt. Elias Stoke temporibus
concessionum et solucionum decimarum predictarum domino
nostro regi pro annis regni sui tercio, quarto et quinto, ac
medietatis unius decime anno regni sui septimo ut premittitur
concessarum, fuit persona dicte ecclesie sancte Marie de Gradibus
et ad presens persona in eadem ecclesia consistit. Est insuper
idem Elias Stoke alibi beneficiatus, videlicet in ecclesia collegiata
Sancti Karentoci in Cornubia in una prebenda, quam primo
et non ante obtinuit in eadem sexto die mensis Februarii anno
regni regis supradicti tercio, et citra eandem continue obtinuit
et obtinet in presenti, ac decimam pro eadem pro annis quarto et
quinto ac medietatem unius decime anno septimo a clero ut premittitur sibi concessas secundum taxacionem eiusdem prebende
collectoribus ad huiusmodi decimam levandam deputatis fideliter
persolvit; prefatusque Elias Stoke alibi in diocesi nostra beneficiatus
temporibus supradictis quam in locis prenominatis non extitit nec
ad presens existit. Supradictus vero Thomas Gylle, nunc persona
ecclesie de Poltemore, temporibus concessionum et solucionum
decimarum domino nostro regi pro annis regni sui tercio, quarto et
quinto concessarum in dicta ecclesia persona non extitit, set sextodecimo
die mensis Junii anno regni regis Henrici quinti septimo primo et
non ante eandem ecclesiam obtinuit, quam eciam obtinet in presenti;
nec est alibi beneficiatus in diocesi nostra, fuit tamen quondam persona
ecclesie de Hoxham, quam propter assecucionem ecclesie sue de
Poltemore predicte dimisit et resignavit. Prefatusque Johannes
Ladde persona pronunc ecclesie de Wemworthy predictis temporibus
concessionum et solucionum decimarum supradictarum ac medietatis
decime predicte domino nostro regi a clero Cantuar' provincie ut
premittitur concessarum persona dicte ecclesie non fuit, sed duodecimo
die mensis (*fo. 23*) Maii proxime preterito primo et non ante
eandem ecclesiam obtinuit, quam eciam in presenti obtinet, nec est
alibi[1] beneficiatus in diocesi nostra nullumque beneficium ecclesiasticum in diocesi nostra per (*sic*) prius quam ut premittitur obtinuit.
Que omnia et singula per nos scrutata, inquisita et inventa reverenciis
vestris transmittimus sigillo nostro consignata. Datum in hospicio
nostro London' xxviij^{vo} die Januarii anno ut supra.

[1] *MS*: inibi.

[DIMISSORIE].

15 Feb. 1420-1; to Michael Steven tonsured, for all minor and holy orders

[*10 Feb. 1420-1. Letters of authority on behalf of pardoners collecting alms for the hospital of St Anthony, London. The archdeacons, rural deans, rectors, vicars and parish priests are to publish their privileges and indulgences in all chapters, synods, congregations, churches and chapels, at mass, and at the preachings of friars minor; and they are to admit these to the exclusion of all other pardoners in their first chapters after Easter annually; with the offer of an indulgence.*]

LITTERA QUESTORIA CUM INDULGENCIA XL^{ta} DIERUM.

Edmundus [etc.] dilectis in Christo filiis archidiaconis nostris Exon', Totton', Barn' et Cornubie seu eorum officialibus, necnon decanis ruralibus ecclesiarumque rectoribus, perpetuis vicariis et presbiteris parochialibus tam nostre peculiaris quam eciam archidiaconalis iurisdiccionis nostrarum civitatis et diocesis, salutem, graciam et benediccionem. Quoniam ut ait apostolus omnes stabimus ante tribunal Christi recepturi prout in corpore gessimus, sive bonum fuerit sive malum, oportet nos diem messionis extreme misericordie operibus pervenire ac eternorum intuitu seminare in terris quod reddente Domino multiplicato fructu recolligere debeamus in celis, firmam spem fiduciamque tenentes quum qui parce seminat parce et metet, et qui seminat in benediccionibus de benediccionibus et metet vitam eternam. Cum igitur ad sustentacionem fratrum et pauperum infirmorum domus sancti Antonii London', a monasterio sancti Antonii ordinis sancti Augustini[1] Vienn' diocesis ad Romanam curiam nullo modo pertinentis dependentis, ac pauperum et infirmorum ad dictam domum confluencium proprie non suppetant facultates, universitatem vestram monemus et exhortamur in Domino, atque in vestrorum remissionem vobis iniungimus peccatorum, quatinus cum procuratores seu veri nuncii dicte domus presentes litteras nostras exhibentes ad vos seu ecclesias aut loca vestra accesserint fidelium elemosinas ad sustentacionem fratrum pauperum et infirmorum in dicta domo pie degencium petituri, ipsos ad hoc favorabiliter admittatis, privilegia et indulgencias eidem domui rite concessas per nos examinatas et in cedula presentibus annexa expressatas in capitulis, sinodis, congregacionibus, ecclesiis et capellis clero et populo vobis commissis vulgariter exponatis, et eosdem debite exponere permittatis, temporibus consuetis, missis, minoribus fratrumque predicacionibus ac omnibus aliis negociis interim cessantibus et suspensis donec eadem negocia fuerint exposita et plenarie eciam

[1] See David Knowles and R. Neville Hadcock, *Medieval Religious Houses*, 1953; p. 287.

expedita; mandantes insuper et in virtute obediencie firmiter iniungentes quatinus in proximis capitulis post festum Pasche singulis annis celebrandis ipsos procuratores seu veros nuncios dicte domus ceteris questoribus quibuscumque illa vice dumtaxat exclusis, precipue admittatis. Et quicquid pia devocio fidelium ipsis procuratoribus seu nunciis in hac parte duxerit conferendum seu legandum sine diminucione quacumque faciatis celeriter liberari. Et ut ad premissa vestra devocio propencius excitetur, de Dei omnipotentis misericordia [etc. *as on p. 42*] confidentes, omnibus parochianis nostris de peccatis suis vere contritis, penitentibus et confessis qui de bonis suis ad dictam domum contulerint, legaverint seu quovismodo assignaverint subsidia caritatis, xl dies de iniunctis eis penitenciis misericorditer in Domino relaxamus. Datum in hospicio nostro London' decimo die mensis Februarii anno Domino millesimo CCCC^{mo} vicesimo [etc.].

[*11 Feb. 1420-1. Mandate for the publication of an indulgence for Exeter cathedral in the consistory courts, the chapter in each archdeaconry and rural deanery, and in all congregations. The letters of indulgence are to be read to parochial congregations on every Sunday and holy day in Lent and the octave of Easter every year until the fabric and the cloister adjoining are completed, all other pardoners being suspended during this season; priests are to commemorate benefactors in the mass and the common prayers; the money collected is to be paid to the agents in the chapter next following the octave of Easter on pain of excommunication; parish priests especially are to counsel their parishioners to bestow liberally on the fabric and cloister because without their alms resources are insufficient for the work; and for their encouragement the indulgence is offered.*]

INDULGENTIARUM BREVE PRO FABRICA ECCLESIE EXON'.

Edmundus [etc.] dilectis [etc.] officiali nostro principali ac nostri consistorii Exon' presidenti, necnon achidiaconis nostris Exon', Totton', Barn' et Cornub' in ecclesia nostra Exon' eorumque officialibus, rectoribus, vicariis ecclesiarum parochialium, decanis ruralibus, presbiteris parochialibus ac eciam clericis et laicis per nostram diocesim ubilibet constitutis salutem etc. Decet universos Christi fideles domum Domini, sanctam videlicet ecclesiam matrem suam, talibus honore dignitatum insigniis ipsamque alias uberiorum premiorum retribucione prosequi per que decor ipsius et gloria dignis valeat succres[cent]ibus beneficiis ampliari, et impendentes ad hoc sue munificencie dona gratuita eterne felicitatis premium celerius consequi mereantur. Ad hoc itaque consideracionis intuitum intime dirigentes, et advertentes eciam quot et quanta indulgenciarum et aliorum beneficiorum munera graciosa tam a sanctis

(*fo. 23v*) Romanis pontificibus quam ab archiepiscopis, episcopis
Exon' et predecessoribus nostris omnibus Christi fidelibus qui
ecclesiam nostram cathedralem Exon', que vestra mater est et
magistra omnium ecclesiarum nostre diocesis, in subsidium fabrice
eiusdem ecclesie et ad decorem et gloriam ad laudem nominis Jhesu
Christi suis venerantur munificenciis graciosis aliquod de bonis sibi a
a Deo collatis notabile conferendo eidem hactenus sunt concessa;
quas quidem indulgencias et alia beneficia per veras cedulas a litteris
huiusmodi indulgenciarum et beneficiorum fideliter et summarie
extractas vobisque per nuncios seu procuratores fabrice dicte ecclesie
nostre cupimus exhiberi; ut huiusmodi indulgenciarum et beneficiorum participes effici mereamini et consortes, vos officialem
nostrum et presidentem memoratum ut in consistorio nostro, vos
archidiaconos vestrosque officiales ut in vestris capitulis et congregacionibus prefatis, indulgencias et beneficia sic ut premittitur data
et concessa cum per eosdem procuratores seu nuncios fueritis congrue
requisiti favorabilius quo poteritis publicetis tenore presencium
monemus, requirimus et hortamur in Domino Jhesu Christo. Volentes
eciam quod vos rectores, vicarii seu vestri presbiteri parochiales
copiam sive transumptum nostrarum presencium litterarum ad vos
capiatis et in ecclesiis in quibus preestis una cum cedulis que vobis
in ea parte prefatos procuratores et nuncios liberari contigerit dimittatis
ad memoriam futurorum et ad pleniorem informacionem subditorum
et parochianorum vestrorum, quam memoratis subditis vestris et
parochianis singulis diebus dominicis et festivis per quadragesimam
et usque ad octabas Pasche singulis annis usque ad consumpmacionem
(*sic*) dicte fabrice et claustri eidem annexi ac refectans (*sic*) eorumdem
melius et favorabilius quo poteritis per vos fieri precipimus et mandamus,
aliis questoribus quibuscumque pro eodem tempore cessantibus ab
officio per quascumque indulgencias in nostra diocesi questuandis.
Vos omnes et singulos qui in sacerdotali ordine fueritis constituti
requirimus et rogamus, quatinus in missis quas vos celebrare
contigerit et oracionibus vestris memoriam benefactorum fabrice
ecclesie nostre predicte et claustri predicti specialiter habeatis, et
singulis diebus dominicis inter preces communes usitatas prout
hactenus fieri consuevit pro benefactoribus huiusmodi similiter preces
fiant. In proximo vestro capitulo post memorates octabas colleccionis
(*sic*) in subsidium fabrice ecclesie nostre predicte et claustri dictis
nunciis seu procuratoribus ad hoc deputatis singulis annis integraliter
liberetur sub pena excommunicacionis maioris, quam in omnes et
singulos qui collata, data, legata aliqualiter vel collecta ad fabricam
ecclesie nostre et claustri predicti seu quicquam de eisdem diminuerint
aut penes se retinuerint, ad restitucionem eorundem licite requisitos

ac monitos, quos nos tenore presencium sic requirimus et monemus, culpa, mora et offensa eorundem seu eorum alicuius precedente dicta canonica monicione premissis ferimus in hiis scriptis. Ad hec vos rectores et vicarios ac capellanos parochiales et ceteros curatos quoscumque requirimus et hortamur in filio virginis gloriose quatinus parochianos et subditos vestros quoscumque ad hoc potentes per viam consilii inducatis ut aliquid de bonis sibi a Deo collatis ad fabricam ecclesie et claustri predicti caritative conferant et efficaciter largiantur, cum eandem ecclesiam matrem suam saltem semel in anno venerari actualiter teneantur, et absque Christifidelium elemosinarum largicione facultates[1] ad fabricam ecclesie et claustri prescripti, ut ex testimonio fidedignorum accepimus, non sufficiant deputate; et ut vos et alios ad largiendum aliquod caritativum subsidium fabrice dicte ecclesie et claustri salubrius excitemus, de omnipotentis Dei misericordia et beate Marie virginis genetricis eiusdem necnon beatorum Petri et Pauli apostolorum quorum in hac parte peculiare negocium agitur meritis et auctoritate confisi, omnibus parochianis nostris, et aliis quorum diocesani hanc nostram indulgenciam ratam habuerint et acceptam, de peccatis suis penitentibus veraciter et confessis qui ad predictam fabricam de bonis sibi a Deo collatis aliquid contulerint subsidium caritatis seu in testamento suo aliquod legaverint ad eandem, xl dies indulgencie concedimus per presentes, et confirmamus nichilominus in quantum rite possumus omnes indulgencias et beneficia in hac parte concessa et in posterum concedenda. In cuius rei testimonium sigillum nostrum presentibus est appensum. Datum in hospicio nostro London' xj^{mo} die Februarii anno Domini millesimo CCCC^{mo} xx^{mo} [etc].

[*12 Feb. 1420-1. Licence to Richard Greyneveyll canon of Exeter, for divine service in any suitable place in the city and diocese, during pleasure.*]

LICENCIA AD CELEBRANDUM IN QUOCUNQUE LOCO HONESTO.

Edmundus etc. dilecto [etc.] magistro Ricardo Greyneveyll confratri nostro ecclesie nostre cathedralis Exon' canonico salutem etc.. Ut in capellis et oratoriis ac aliis quibuscumque locis honestis cultui divino dispositis infra nostras civitatem et diocesim ubilibet constitutis divina possitis celebrare et in vestra presencia per capellanos ydoneos facere celebrari, dumtamen per hoc matricibus ecclesiis preiudicium minime generetur, vobis tenore presencium concedimus facultatem; presentibus pro nostro libito voluntatis duraturis. In cuius rei etc. Datum in hospicio nostro London' xij° Februarii anno Domini ut supra.

[1] *MS*—facultatis.

(*fo. 24*) LITTERE DIMISSORIE.

13 Feb. 1420-21; to Thomas Mareys tonsured, for all orders.

14 Feb. 1420-21, London; to Renald Tretherf deacon, rector of St Ladoc in Cornwall, for the priesthood.

LITTERE DIMISSORIE AD MINORES ORDINES.

16 Feb. 1420-21; to John Torner tonsured, for all minor orders.

[*17 Feb. 1420-21; Licence to the prior of Bodmin, for divine service at Pendavey (in Egloshayle).*]

LICENCIA DIVINA AUDIENDI IN CAPELLA.

Dominus concessit licenciam priori Bodmine sue diocesis, ut divina possit facere celebrari per capellanum ydoneum in capella sua de Pendeuy per annum tantum duraturam.

[*18 Feb. 1420-1. Licence to Walter Trengof rector of St Ive, for absence for one year.*]

LICENCIA ABSENTANDI AB ECCLESIA.

Dominus concessit licenciam de non residendo magistro Waltero Trengof sacre pagine professori rectori Sancti Ivonis in Cornubia, ad annum tantummodo duraturam.

[DIMISSORIE].

19 Feb. 1420-21; to John Hiller subdeacon, rector of Southill, for all holy orders.

20 Feb. 1420-21; in hospicio London; to William Trewyns acolyte, for all holy orders.

21 Feb. 1420-21, London; to William Oppy tonsured, for all minor and holy orders.

[*22 Feb. 1420-1. Licence to [Jocellin Perkyn] rector of Landewednack, for absence for one year.*]

[LICENCIA ABSENTANDI AB ECCLESIA].

Dominus concessit licenciam de non residendo Jeocio Pyken rectori ecclesie parochialis sancti Wonwolay [*Landewednack*] in Cornubia, contemplacione Roberti Hille justiciarii, ad annum tantummodo duraturam etc.

[*20 Jan. 1420-1. Royal summons to the coronation of the Queen at Westminster on 23 February next.*]

LETTRES DU ROY PUR LA CORONATION DE MADAME LA ROIGNE

Reuerent piere en dieu, Nous vous saluons souent. Et poesce que oue la grace de dieu nous proposons estre deme nostre Roiaume Dengleterre a toute bone haste amesnantes ouec nous nostre treschiere et tresamee compaigne la Roigne, la quelle serra dieu deuant coronee a Westmonstier la tierce dymenge de quaressme prochein venante, Si vous prions treschierement que saunz excusacion aucune vous vous dispousez destre alors a la solempnitee de la coronacion de nostre dite compaigne come nous vous fions parfitement de vous et come vous desirez auoir de nous tresespiciaument bon gres. Donne souz nostre priue seal a Westm' le xx iour de Januier.

BREVE PRO PARLIAMENTO.

A writ of summons, with the clause *Premunientes* (as on p. 64 above), to a parliament to be held at Westminster on 2 May next; attested at Westminster, 26 Feb. 8 Hen. V. [cf. *C.C.R. 1419-1422*, p. 135].

[DIMISSORIE].

1 Mar. 1420-21; to John Roscastell deacon, for the priesthood.

[LICENCIA ABSENTANDI AB ECCLESIA].

8 Mar. 1420-21; London, in hospicio suo; to sir Richard Knokye rector of St Pynnoc in Cornwall, to be absent for one year only.

(*fo. 24v*) DISPENSACIO SUPER DEFECTU NATALIUM.

29 March 1421, Oxford; to Reginald Bray clerk, as on pp. 14, 67 (additions A and B), reciting letters of Jordan bishop of Albano the papal penitentiary, dated at Florence 7 kal. May, 2 Martin V (25 Apr. 1419), permitting him, despite his defective birth of a single man and woman, and after a suitable penance enjoined for his having secured ordination without disclosing this defect, to be advanced to all orders and to hold a benefice even with cure of souls, provided that he comply with such conditions of orders as the benefice requires, and that he reside personally upon it. *Datum etc. xxix^{no} die Marcii in aula vulgariter nuncupata Universite Hall Lincoln' diocesis, Oxon', anno ab incarnacione Domini etc., presentibus honorabilibus viris magistris Johanne Gentill in legibus licenciato et Henrico Fouler in eisdem bacallario, Exon' et Wigorn' diocesium, testibus etc., et ego Johanne Cokeworthy etc.*

[*31 March 1421. Licence to William Talbot rector of St Martin-by-Looe, for absence to attend a university for two years.*]

Dispensacio iuxta capitulum *Cum ex eo.*

Edmundus [etc.] dilecto [etc.] Willelmo Talbot rectori Sancti Martini Iuxta Loo nostre diocesis salutem etc. Reputantes te fore habilem et animum ad studendum habere, ut per biennium a data presencium continue numerandum studio generali insistere valeas, fructusque redditus et proventus eiusdem ecclesie tue interim percipere et habere, tecum iuxta Capitulum *Cum ex eo*[1] tenore presencium misericorditer dispensamus. Proviso etc. In cuius rei testimonium etc. Datum apud Farendon ultimo die Marcii anno Domini ut supra, [etc.].

[Dimissorie].

20 Apr. 1421, Farendon; to James Raffe tonsured, for all minor and holy orders.

1 May 1421, London, in hospicio suo; to Nicholas Wythen and Henry Kayll acolytes, for all orders.

2 May 1421, London; to William Grose and John Colyn tonsured, for all minor and holy orders.

(*fo. 25*) [Licencie absentandi ab ecclesia].

9 May 1421, London; to master John Luk rector of Uffecolmp, for one year.

10 May 1421, London; to sir Robert Daldych rector of Roche, until Michaelmas.

[*11 May 1421. Letters of authority for Ralph Dollebeare and William Core, pardoners collecting alms for the Hospital of St Thomas of Acon, London;*[2] *with the offer of an indulgence.*]

Littera questoria cum XL^ta diebus indulgencie.

Edmundus [etc.] dilectis [etc.] archidiaconis nostris Exon', Totton', Barn' et Cornubie seu eorum officialibus, necnon decanis ruralibus, ecclesiarumque rectoribus, perpetuis vicariis et presbiteris parochialibus tam nostre peculiaris quam eciam archidiaconalis iurisdiccionis nostrarum civitatis et diocesis ubilibet constitutis salutem etc . . Singularis et specialis affectus quem erga gloriosum martirem Thomam quondam ecclesie Cantuarien' archiepiscopum, pro iuribus et tuicione

---

[1] *Sext. Decr.* I. vi. 34. (vol. II. p. 964). *Enables bishops to allow beneficed parochial incumbents by dispensation to postpone up to seven years their promotion to the priesthood in order to study, provided that they advance to the subdiaconate within a year and that they provide a deputy in the parish to be supported from its revenues. A fuller form of the dispensation is on p. 87 below.*

[2] *See* Knowles and Hadcock, *p. 286.*

ecclesie Anglicane iniquorum gladiis intrepide se exponentem, gerimus et habemus, necnon urgens et indissimulata necessitas magistri et confratrum domus sive ecclesie eiusdem gloriosi martiris Thome in civitate London' situate, in qua quidem ecclesia idem gloriosus martir de utero sue matris est egressus, que domus sive ecclesia in redditu et facultatibus ita insufficienter dotata existit quod eorum proventus ad sustentacionem dicti magistri et confratrum ac eorum servientium ibidem Deo famulancium, ac supportacionem aliorum omnium necessario incumbencium, nequaquam sufficiant, nisi a Christifidelibus caritative eisdem subveniatur, precipue nos compellunt et inducunt ut ad dicte ecclesie sustentacionem ac Deo ibidem serviencium, ob ipsius martiris gloriosi reverenciam et honorem, in eo quod possumus faciendum et operam pastoralis sollicitudinis impendamus. Volentes igitur omnes et singulos parochianos nostros fieri participes graciarum et indulgenciarum per sanctissimos ecclesie Romane pontifices benefactoribus ipsius ecclesie sancti Thome in civitate London' predicte concessarum, universitatem vestram attente requirimus et monemus eidemque nichilominus in remissionem peccatorum iniungentes et in virtute sancte obediencie precipimus et mandamus quatinus, cum Radulphus Dollebeare Exon' et Willelmus Core Totton' dicte domus sive ecclesie procuratores ad vos et loca vestra pro petendis et colligendis Christifidelium elemosinis, ipsos ad hoc faciendum inter vos benigne admittatis, ipsorum negocia, privilegia et causas in capitulis et ecclesiis vestris exponatis et exponere permittatis, subditos vestros ad erogandum eisdem grata caritatis subsidia favorabiliter inducentes verbo pariter et exemplo. Et quicquid collectum fuerit in hac parte sine diminucione et exaccione qualibet ipsis integre persolvatis. Et ut mentes fidelium ad huiusmodi pietatis exercicium allectivis indulgenciarum muneribus propencius excitemus, de Dei misericordia etc. ad libitum duraturas. Datum in hospicio nostro London xj^{mo} die Maii anno Domini millesimo CCCC^{mo}xxj^{mo} [etc.].

[LICENCIE CELEBRANDI].

12 May 1421; to John Chuderlegh and Margaret his wife, for divine service in all their houses within the diocese, during pleasure.

Also to Elizabeth Burleston, for divine service in her house at Yengeston [*Hingston*] during pleasure.

13 May 1421; to James Baucomb and Isabella his wife, for divine service in their manor at Baucomb, *ut supra*.

[LICENCIE ABSENTANDI AB ECCLESIA].

15 May 1421; to Ralph Hyckys rector of Kalstok, to be absent from his church for two years, *contemplacione honorabilis viri Johannis Cornwall militis.*

Same day, London; to sir Thomas Gambon rector of Aveton Gyffard, until Michaelmas.

[*16 May, 1421. Letters of authority for one year for a pardoner collecting alms for St Margaret's Hospital, Honiton.*[1]]

LITTERA QUESTORIA PRO HOSPITALI SANCTE MARGARETE DE HONYTON.

Edmundus [etc.] universis et singulis rectoribus, vicariis, capellanis parochialibus nostrarum civitatis et diocesis salutem etc. Vobis omnibus et singulis in virtute obediencie firmiter iniungendo mandamus et in Domino exhortamur, quatinus cum procurator seu verus nuncius hospitalis sancte Margarete de Honyton ad vos seu ecclesias vestras accesserit Christifidelium (*fo. 25v*) elemosinas petiturus et recepturus, ipsum procuratorem seu nuncium benigne et favorabiliter admittatis, negociis quibuscumque et aliis impedimentis interim cessantibus donec eius negocia coram clero et populo per vos seu per ipsum procuratorem seu nuncium exposita et plenarie fuerint expedita. Et quid in hac parte collectum fuerit eidem procuratori et nuncio liberetis seu liberari faciatis, presentibus post annum nullatenus valituris. Datum sub sigillo nostro in hospicio nostro London' xvj^{mo} die Maii anno Domini millesimo CCCC^{mo} xxj^{mo} [etc.].

[LICENCIA CELEBRANDI].

19 June (sic) 1421, Farendon; to Edward Burneby and his wife, for divine service in chapels, oratories or other suitable places in the diocese, during pleasure.

[*20 May 1421. Licence to John Coplestone the elder, donzell (see p. 8n), to choose his own confessor or confessors, and to receive absolution etc. from them, even in reserved cases.*]

LICENCIA AD ELIGENDUM CONFESSOREM.

Edmundus etc. dilecto [etc.] Johanni Coplestone seniori domicello nostre diocesis salutem etc. Ut liceat tibi presbiterum ydoneum unum vel plures tot et quot tociens et quociens tibi placuerit in confessorem et confessores eligere, qui in foro anime super peccatis et censuris ecclesiasticis que et quas illi et illis confiteberis, eciam in casibus nobis reservatis, tibi provideat et provideant de absolucionis debite beneficio et penitencia salutari tociens quociens fuerit oportunum quantum de iure possumus liberam tibi facultatem et presbitero ac presbiteris huiusmodi plenam potestatem concedimus per presentes,

[1] Knowles and Hadcock, *p. 278.*

pro nostre libito voluntatis tantummodo duraturam. Datum etc. in manerio nostro de Farendon xx^{mo} die Maii anno Domini supradicto.

MANUMISSIO.

21 May 1421, London, in hospicio nostro; a declaration, as on p. 59 above, that John Brendon alias Pechel, son of William Brendon, villein on the bishop's manor of Codynbek in Cornwall, is freed with all his family (*sequela*) from all the bonds of villeinage.

10 June, 1421; consent of the dean and chapter of Exeter cathedral.

[*30 April 1421. Sequestration, on the petition of John Waryn rector of Parkham, of the goods of Richard Greynevile his predecessor, now dead, for dilapidations.*]

SEQUESTRACIO FRUCTUUM CAUSA DILAPIDACIONIS.

Edmundus etc. dilectis [etc.] officiali archidiaconi nostri Barn' et Willelmo Squyer salutem etc . . Querelam dilecti in Christo filii magistri Iohannis Waryn in legibus licenciati rectoris ecclesie parochialis de Parkham nostre diocesis gravem recepimus, continentem quod nonnulli sunt defectus in cancello, libris et ornamentis, mansoque et clausuris dicte rectorie, ex incuria et negligencia magistri Ricardi Greynevile ultimi rectoris eiusdem, quorum reparacio dum vixit pertinuit ad eundem, notorie existunt incorrecte. Quocirca vobis [et] utrique vestrum committimus et mandamus, quatinus omnia et singula bona dicti magistri Ricardi ubicumque, eciam si in manibus debitorum existant, tum propter eorumdem bonorum dilapidacionem et aliarum causarum nos in hac parte et ex causa premissa movencium, auctoritate nostra ordinaria sequestretis, que tenore presencium actualiter sequestramus, sequestrarive mandetis, et sub arto et salvo custodietis sequestro donec aliud a nobis habueritis in mandatis, prout in eventu vestro volucritis respondere periculo; inhibentes publice et expresse et sub pena excommunicacionis maioris ne quis Christifidelium huiusmodi nostrum sequestrum sic per nos ut premittitur interpositum ausu temerario violare presumet. Datum ¹sub sigillo nostro in manerio nostro de¹ (*fo. 26*) Farendon ultimo die Aprilis anno Domino millesimo CCCC^{mo} xxj^{mo} [etc.].

[*1 May 1421. Acknowledgement of summons to a Convocation at St Paul's on 5 May 1421, as on p. 26, and certificate that those named in the schedule have been cited.*].

¹—¹ *This phrase is henceforth in the register normally denoted by* [etc.] *between* Datum *and the name of the manor.*

F

MANDATUM PRO PROVINCIALI SYNODO.

Reverendissimo [etc.] Henrico Dei gracia Cantuarien' archiepiscopo [etc.] Edmundus eadem gracia Exon' episcopus obedienciam et reverenciam tanto patri debitas cum honore. Litteras venerabilis fratris nostri Ricardi Dei gracia London' episcopi sexto die Aprilis iam instantis mandatum vestrum reverendissimum in se continentes recepimus infrascriptum. Reverendo [etc.] Edmundo [etc.] Ricardus [etc.] salutem et sincere dileccionis continuum incrementum. Litteras reverendissimi [etc.] Henrici Dei gracia Cantuar' archiepiscopi [etc., *as on pp. 26ff above as far as*] (*fo. 26v*) Datum sub sigillo nostro in palacio nostro London' xx^{mo} die mensis Marcii anno Domini supradicto et nostre translacionis anno xiiij°.

Quarum litterarum vestrarum reverendissimarum auctoritate, ecclesie nostre cathedralis Exon' decanum et capitulum et archidiaconos, ac nostrarum civitatis et diocesis Exon' abbates et priores omnes et singulos conventus sub se habentes, et alios ecclesiarum prelatos exemptos et non exemptos, clerumque nostre diocesis antedicte ac ceteros omnes et singulos iurisdiccionem inibi ecclesiasticam obtinentes cuiuscumque condicionis, status aut gradus fuerint, quorum omnium nomina in cedula presentibus annexa conscribuntur, peremptorie citari fecimus, quod iidem videlicet ecclesie nostre predicte decanus et nostri inibi archidiaconi ac ceteri prelati singuli nostrarum civitatis et diocesis prenotatarum personaliter, capitulum vero nostrum Exon' et ipsi qui iurisdiccionem ecclesiasticam obtinent in nostris civitate et diocesi antedictis per unum ad minus fidedignum sufficienter litteratum, providum ut prefertur et discretum, clerus quoque nostre diocesis antefate per duos consimiles procuratores, coram vobis aut vestris in hac parte locumtenentibus seu commissariis compareant ut prefertur die et loco superius expressatis, cum continuacione et prorogacione dierum tunc sequencium et locorum, ad tractandum et per omnia faciendum prout eedem vestre requirunt littere supradicte. Cetera quoque omnia nobis superius demandata omnibus et singulis nostrarum civitatis et diocesis ut prefertur prenotatis iuxta formam et effectum venerabilium vestrarum litterarum prescriptarum debite denunciari fecimus. Et sic mandatum vestrum reverendissimum cum ea qua potuimus diligencia sumus in omnibus humiliter executi. Datum in hospicio nostro London' primo die Maii anno Domini millesimo CCCC^{mo} xxi^{mo} [etc.].

[CEDULA]

Decanus et capitulum Exon'; collegium beati Thome de Glasney; abbas de Ford; abbas de Dunkeswill; abbas de Newenham; abbas de Torre; abbas de Tavystok; abbas de Hertlond; prior de Cowyk; prior de Oterton; prior de Lanceston; prior Sancti Germani; prior de Tywardrayth; prior de Bodmyn; prior Sancti Michaelis in Cornubia; prior de Frythelestok; precentor et canonici de Criditon; prior de Kerwill; prior de Kerwill (*sic*); prior de Modbury; prior de Pilton; abbatissa de Legh; prior de Barnestaple.

[*20 May 1421. Commission, on the petition of Richard Horton rector of Shobrooke, for inquiry into dilapidations left by his predecessor Stephen Austyll, now dead, and for the sequestration of his goods up to the required sum.*]

(*fo. 27*)   COMMISSIO AD INQUIRENDUM SUPER DILAPIDACIONE.

Edmundus [etc.] dilecto [etc.] magistro Waltero Colle in legibus bacallario nostre peculiaris iurisdiccionis in Devon' officialis salutem etc.   Ex parte dilecti nobis in Christo domini Ricardi Horton rectoris ecclesie parochialis de Shokebrok, nostrarum collacionis et diocesis, nobis extitit intimatum, quod in cancello, libris et ornamentis ac aliis locis ad dictam ecclesiam pertinentibus quamplures iminent defectus notabilies et enormes, reparacione necessaria indigentes, quorum reparacio et construccio dum vixit de iure et consuetudine pertinuit ad dominum Stephanum Austyll nuper rectorem eiusdem, super quibus dictus Ricardus Horton nunc rector prefate ecclesie de Schokebrok sibi peciit per nos fieri iusticie complementum.   Nolentes itaque dicto Ricardo in sua deesse iusticia, qui sumus eidem et aliis iusticie debitores, vobis committimus et mandamus quatinus, defectus huiusmodi visui vestro supponentes, ipsos omnes et singulos per viros utique fidedignos et famosos, rectores, vicarios, capellanos et laicos nobis subditos et subiectos, in forma iuris iuratos, vocatis ad hoc executoribus dicti domini Stephani, si quos fecerit, et aliis[1] de iure aut consuetudine evocandis, eorundem defectuum noticiam pleniorem habentibus,[2] de summa notabili quibus [*sic*] defectus huiusmodi congrue valeant reparari taxari debite faciatis; sequestrantes insuper, quod exhabundanti tenore presencium sequestramus, omnia dicti defuncti bona que infra nostras civitatem et diocesim valeant reperiri usque ad estimacionem defectuum huiusmodi, et salvo custodiri faciatis sequestro quousque aliud a nobis habueritis in mandatis; certificantes nos de omni eo quod feceritis in premissis cum per partem procuratorium dicti Ricardi congrue fueritis requisiti, litteris vestris clausis habentibus hunc tenorem. Datum in hospicio nostro London' xx^mo die Maii anno Domini millesimo CCCC^mo xxj ^mo[etc.].

[*2 June 1421. Licence for James Frankcheyny rector of the second portion in Tiverton parish church, and of Pyworthy, to be absent for three years to*

---

[1] *MS.*—alios.   [2] *MS.*—habentes.

attend a university.]

[LICENCIA ABSENTANDI AB ECCLESIA].

Item secundo mensis Junii anno ut supra dominus concessit licenciam de absentando causa studium generale exercendi Jacobo Frankcheyny clerico, rectori sive porcionario secunde porcionis ecclesie parochialis de Tuverton et ecclesie parochialis de Pyworthy, per tres annos etc.

[*28 May 1421. Certificate to Simon de Teramo, papal nuncio and collector, as on p. 31, except that only the appropriation of Loddiswell to Slapton is returned as having been completed.*]

DE PECUNIA SEDI APOSTOLICE DEBITA.

Venerabili viro Simoni de Teramo legum doctori apostolice sedis nuncio et collectori in Anglia Edmundus [etc.] salutem et mandatis vestris quin verius apostolicis semper obedire paratus. Litteras vestras honorabiles nuper recepimus in hec verba. Reverendo in Christo patri ac domino Edmundo [etc., *as on pp. 31f. above, as far as* Datum die loco et anno predictis; *except that* possessor *appears twice for* professor; *that the years of Glasney's arrears are given as* millesimo CCCC^mo xiiij^mo, xix^no et xx^mo, *and that* Barnstaple *replaces* Barn'.] Quarum auctoritate litterarum personas omnes et singulas quarum nomina in cedula presentibus annexa plenius describuntur moneri et citari peremptorie ad diem et locum in eisdem litteris descripta, ceteraque omnia in eisdem litteris contenta iuxta omnem vim, formam et effectum earumdem contra easdem personas execucioni debite demandari fecimus. Insuper vos tenore presencium certificamus quod ecclesia parochialis de Lodeswill nostre diocesis tempore Iohannis pape xxiij extiterat appropriata rectori et presbiteris beate Marie de Slapton et possessio per eos est adepta. Alie ecclesie infra nostram diocesim predictam de temporibus felicis recordacionis dominorum Alexandri pape quinti et Iohannis pape xxiij ac domini nostri pape moderni domibus religiosis appropriate seu confirmate minime existunt. Et sic mandatum vestrum ymmo verius apostolicum sumus cum omni diligencia executi. Datum in hospicio nostro London' xxviij° die mensis Maii anno Domini millesimo CCCC^mo xxj° [etc.].

[*24 July 1421. Confirmation by the bishop of the acts of his vicar-general, namely of his ratification of the resignation by Robert Palmer of the vicarage of Perran-Zabulo, made to the archbishop of Canterbury during the vacancy of the see; and of his admission, on 23 April 1421, and institution to the benefice, of John Trevylian, on the presentation of the dean and chapter of Exeter. [See Lacy i. p. 6.]*]

Sᴀɴᴄᴛɪ Pɪᴇʀᴀɴɪ ʀᴇsɪɢɴᴀᴄɪᴏ ᴇᴛ ɪɴsᴛɪᴛᴜᴄɪᴏ.

Universis sancte matris ecclesie filiis ad quos presentes littere pervenerint Edmundus [etc.] salutem in Domino et fidem indubiam presentibus adhibere. Litteras dilecti [etc.] magistri Thome Hendeman sacre pagine professoris cancellarii ecclesie cathedralis Exon', vicarii nostri nobis extra nostram diocesim in remotis agentibus in spiritualibus generalis, sub officii sui vicariatus sigillo sigillatas porrectas conspeximus tenorem qui sequitur continentes: Universis [etc.] Thomas Hendeman [etc.] salutem in Domino sempiternam. Cum dominus Robertus Palmer nuper vicarius ecclesie parochialis Sancti Pierani in Cornubia Exon' diocesis dictam vicariam suam cum suis iuribus et pertinenciis universis in sacras manus reverendissimi [etc.] Henrici permissione divina Cantuar' archiepiscopi seu alicuius potestatem in hac parte admittendi habentes [*sic*], prout tam per quoddam instrumentum publicum signo et subscripcione᠂ magistri Nicholai Lewys auctoritate apostolica notarii publici consignatum quam per alia legitima documenta coram nobis ministrata fuimus et sumus in presenti cerciorati, pure, sponte, simpliciter et absolute absque omni vi, metu, dolo et fraude et circumvencione resignavit, ipsamque vicariam cum suis iuribus et pertinenciis universis re et verbo dimisit, (*fo. 28; quire iij*) ipsam resignacionem tempore vacacionis episcopatus Exon' in hac parte factam et nobis, postquam spiritualia dicti episcopatus Exon' reverendo [etc.] Edmundo Dei gracia episcopo prenotato, cui de ipso episcopatu per sedem apostolicam graciose fuerat provisum, tradita erant et liberata, presentatam admisimus ac ipsam ratificavimus, ipsumque dominum Robertum ab onere, cura et regimine dicte vicarie penitus absolvimus; ac postea, videlicet xxiij° die mensis Aprilis anno Domini M° CCCC^{mo} xxj^{mo}, magistrum Johannem Trevylian capellanum ad eandem vicariam sancti Pierani per venerabiles viros decanum et capitulum ecclesie cathedralis Exon' veros ipsius perpetue vicarie patronos nobis canonice presentatum admisimus, ac ipsum magistrum Iohannem vicarium perpetuum dicte vicarie iuriumque et pertinenciarum [*sic*] universorum eiusdem instituimus canonice in eadem. Que omnia et singula coram nobis ut premittitur gesta et exercita universitati vestre significamus per presentes. In quorum omnium et singulorum testimonium atque fidem sigillum officii nostri presentibus apposuimus. Datum Exon' xx^{mo} die mensis Julii anno Domini supradicto.

Nos igitur Edmundus episcopus antedictus premissorum veritatem plenius intimari volentes, universitati vestre significamus per presentes quod a diu et per dies et tempora episcopatus nostri Exon', de quo per sedem apostolicam nobis quinto nonas Julii ad annum ultimo

elapsum fuerat et est graciose provisum, spiritualia et temporalia
deinde nobis fuerant liberata, idem magister Thomas vicarius noster
in spiritualibus generalis licite deputatus resignacionem dicti domini[1]
Roberti Palmer prenotati de ipsa vicaria sancti Pierani nostre diocesis
sibi super huiusmodi manu et signo publice traditam ut prefertur
admisit, ac ipsum Robertum a cura et regimine eiusdem penitus
absolvit; ac deinde dicto xxiij° die Aprilis ultimi elapsi prefatum
magistrum Iohannem Trevylian per decanum et capitulum ecclesie
nostre cathedralis Exon' veros ipsius vicarie patronos ad eandem ut
predicitur presentatum admisit, et ipsum in eadem instituit, vice et
auctoritate nostris canonice ut prefertur, super quibus singulis nobis
sufficiens extitit facta fides. Que omnia et singula sicut premittitur
coram dicto vicario nostro generali et per eum gesta et exercita
testificamus et quantum ad nos attinet in hac parte approbamus et
ratificamus presencium per tenorem. Datum [etc.] Farendon xxiiij[to]
die mensis Julii anno Domini supradicto et translacionis nostre anno
secundo incipiente.

[*The King's writ, dated 17 July 1421, for the collection of a clerical tenth*].

MANDATUM PRO LEVANDA DECIMA DOMINO REGI CONCESSA.

Henricus Dei gracia rex Anglie heres et regens regni Francie et
dominus Hibernie, venerabili in Christo patri domino E. eadem
gracia episcopo Exon' salutem. Cum vos ceterique prelati et clerus
Cantuar' provincie in ultima convocacione prelatorum et cleri
huiusmodi [etc., *as in* Chichele, *iii. pp. 78f.*, *as far as* ante terminos
superius expressatos; *reciting the grant by the clergy in convocation, held from
5 to 27 May 1421, of a tenth, one half payable at Martinmas 1421, and the
other half at the same feast, 1422, subject to certain exceptions and stipulations.*
(See also *Cal. Fine Rolls, 1413-1422*, pp. 401f.)].

(*fo. 28v*) Vobis mandamus quod aliquos viros fidedignos de clero
vestre diocesis, pro quibus respondere volueritis, ad dictam decimam
in eadem diocesi vestra iuxta formam concessionis predicte levandos
et colligendos prout moris est assignari et deputari faciatis, ita quod
nobis de decima predicta ad festa predicta in forma predicta respondeatur, thesaurarium et barones de scaccario nostro de nominibus illorum
quos ad hoc deputaveritis citra octabas sancti Michaelis proxime
futuras ad ultimum distincte et aperte certificantes. Et hoc sicud
nos et honorem nostrum diligitis nullatenus omittatis. Teste Iohanne
duce Bed[fordie] custode Anglie apud Westm' xvij die mensis Iulii
anno regni nostri nono.

[1] *Corrected from* magistri.

[*6 Sept. 1421. Certificate of the execution of the archbishop's mandate on the emolument of stipendiary priests. See p. 42.*]

PRO STIPENDIIS CURATORUM.

The bishop's copy of the mandate from the archbishop (fo. 29), *dated near Westminster 16 July 1421, which he sent for execution to his vicar-general, as above pp. 43f. and note. In this copy the important word* ultra *is omitted from* nullatenus ex pacto ultra id recepturi. *The entry ends as follows*: Super qua quidem constitucionis promulgacione facta per diocesim Exon', iuxta litterarum supradictarum exigenciam et tenorem, dominus certificavit domino Cantuar' sexto die mensis Septembris anno Domini supradicto, et cetera ut in forma.

AD ORANDUM PRO REGE.

5 Sept. 1421. The bishop certifies the archbishop of the reception of his mandate, (fo. 29v.) *dated near Westminster 13 July 1421, as registered by the vicar-general, pp. 38f. and notes above. The entry ends as follows*: Quarum auctoritate litterarum decano et capitulo ecclesie nostre cathedralis Exon', abbatibus, prioribus ac ceteris religiosis, secularibus et subditis nostris quibuscumque in litteris superius expressatis per litteras nostras patentes, premissa omnia et singula in se veraciter continentes, iniungimus, quod ipsorum singuli processiones solempnes more solito singulis quartis et sextis feriis per nostras civitatem et diocesim predictas continuari faciant, ac prefatum dominum nostrum regem et alios eidem assistentes ex devotissimis precordiarum intimis recommendent, necnon quod singuli earundem sue [*sic*] civitatis et diocesis capellani ac alii religiosi in eorum missis oracionem specialem, secretas et post communionem pro rege et regina continue similiter habeant et dicant. Ceteraque omnia et singula in supradictis litteris contenta quamcicius potuimus exe(*fo. 30*)cucioni debite demandari fecimus. Paternitatem vestram reverendissimam diu conservet in prosperis et dirigat in agendis Trinitas increata. Datum [etc.] Farendon quinto die mensis Septembris anno Domini supradicto [etc.].

[*12 Oct. 1421. Certificate of the execution of the archbishop's mandate for the promotion of graduates. See p. 49.*]

PROVISIO PRO SCOLARIBUS OXON' ET CANTABRIG' DE HABENDIS BENEFICIIS.

Reverendo [etc.] Henrico Dei gracia Cantuarien' archiepiscopo *et cetera ut in proxima littera precedente usque hic.*[1] Cum nos in convocacione prelatorum et cleri [etc. *as in the vicar general's register on pp. 49ff. above, with notes, as far as the dating of the bishop of London's rescript*]. (fo. 30v). Quarum litterarum reverendarum auctoritate et vigore premissa

[1] *Underlined, MS.*

omnia et singula per litteras nostras in nostris civitate et diocesi publicari fecimus, ac patronis ecclesiasticis quibuscumque tam masculis quam feminis dictarum nostrarum civitatis et diocesis iuxta formam et effectum litterarum prenotarum publicari demandavimus ut mandatur et mandari. Ceteraque omnia et singula in eisdem litteris vestris reverendis contenta a quibuscumque patronis ecclesiasticis pro posse nostro faciemus inviolabiliter observari. In cuius rei [etc.]. Datum [etc.] Farendon duodecimo die mensis Octobris anno Domini supradicto [etc.].

[*16 Oct. 1421. Certificate to the Exchequer of the appointment of collectors of the clerical tenth, viz. the abbot of Forde for Devon and the prior of St Germans for Cornwall. Exemption is claimed for the benefices held by the nuns of Canonsleigh, Polsoe and Cornworthy and by the hospital of St John, Exeter.*]

CERTIFICACIO BARONIBUS SCACCARII DE LEVANDA DECIMA DOMINO REGI CONCESSA.

Venerabilibus et discretis viris thesaurario et baronibus de scaccario domini nostri regis Edmundus [etc.] salutem in Domino sempiternam. Breve regium nobis directum septimo die mensis Augusti nos noveritis recepisse cuius quidem brevis verus tenor *in tercio folio precedente plene continetur*.[1] Cuius vigore brevis vobis significamus quod ad levandum et colligendum utrasque medietates unius decime in eodem brevi descriptas in diocesi nostra Exon' de quibuscumque bonis et beneficiis ecclesiasticis taxatis et ad decimam solvere consuetis in festo sancti Martini in yeme proxime futuro, et aliam medietatem dicte decime in festo sancti Martini in yeme extunc proxime sequenti solvendam, beneficiis pauperum monialium de Canonlegh alias Monchenleya, Polslo et Corneworthy ac pauperis hospitalis sancti Iohannis iuxta portam orientalem nostre civitatis Exon' dumtaxat exceptis, videlicet pro utrisque medietatibus unius decime prenotate tam pro medietate in festo sancti Martini proxime futuro quam pro alia eiusdem decime medietate in festo sancti Martini extunc proxime sequenti, solucionum terminis in eodem (*fo. 31*) brevi contentis domino nostro regi integre tunc solvendis, in comitatu Devon' abbatem de Ford, et in comitatu Cornubie priorem Sancti Germani, nostre diocesis, collectores prout moris est assignavimus et plenarie deputavimus vices nostras, eisdem committendo cum cuiuslibet cohercionis canonice potestate prout de dicta integra medietate decime in festis predictis sancti Martini proxime futuro et extunc sequente quatenus eos et dictos comitatus divisim concernit domino nostro regi suo voluerint periculo respondere. In cuius rei testimonium sigillum

[1] *Underlined, MS.; p. 84 above.*

nostrum presentibus est appensum. Datum [etc.] Farendon xvj^{to} die mensis Octobris anno Domini millesimo CCCC^{mo}xxj^{mo} [etc.].

[*17 Oct. 1421. Licence to John Batyn subdeacon, rector of Denbury, for absence for one year to study at Oxford, and to delay his promotion to higher orders; and grant of letters dimissory.*]

[DISPENSACIO IUXTA CAPITULUM *Cum ex eo*.].

Edmundus [etc.] dilecto [etc.] Johanni Batyn subdiacono, rectori ecclesie parochialis de Devenebury nostre diocesis, salutem etc.. Attendentes te habilem fore et animum ad studendum habere, ut per unum annum a data presencium continue numerandum in universitate Oxon' insistere valeas studio litterarum, fructusque, redditus et proventus ecclesie tue antedicte interim percipere et habere ac si in eadem personaliter resideres, quodque ad ulteriores ordines interim recipiendos minime tenearis, tecum iuxta formam constitucionis capituli *Cum ex eo*[1] in hac parte edite tenore presencium misericorditer dispensamus; proviso quod eidem ecclesie tue medio tempore deserviatur laudabiliter in divinis et animarum cura diligenter exerceatur in eadem, quodque procuratorem ydoneum ibidem constituas et dimittas qui nobis ac ministris nostris ac ceteris ordinariis tuis nomine tuo valeat licite respondere, absencieque tue dampnum elemosinarum largicione inter pauperes tuos parochiales debite recompenses. Datum [etc.] Farendon xvij° die mensis Octobris anno Domini supradicto.

Item eisdem die et loco dominus concessit Johanni Batyn rectori ecclesie parochialis de Devenebury Exonien' diocesis subdiacono litteras dimissorias ad omnes sacros ordines a quocumque episcopo catholico suscipiendos ut in forma communi.

[*6 Nov. 1421. Licence to Richard Mileton and Emmota his wife, for divine service in a chapel, oratory or other suitable place in their house at Westweek in Lifton parish, for one year.*]

LICENCIA CELEBRANDI.

Edmundus [etc.] dilectis [etc.] Ricardo Mileton et Emmote uxori eius, salutem etc. Ut in capella sive oratorio aut alio loco honesto cultui divino disposito infra mansionem vestram de Westwyke in parochia de Lyfton nostre diocesis situatam divina possitis et vestrum possit uterque per presbiteros ydoneos in vestra et ulterius vestrum presencia facere celebrari, dumtamen per hoc ecclesie matrici loci predicti nullum fiat preiudicium, tam vobis huiusmodi divina audiendi quam

[1] *See p. 76 n. above.*

presbiteris prefatis eadem ut premittitur celebrandi, tenore presencium licenciam concedimus specialem per annum duraturam.　Datum [etc.] Farendon sexto die mensis Novembris anno Domini supradicto.

[LICENCIA DE NON RESIDENDO].

7 *Nov. 1421*; to master William Trebell LL.B., rector of Lanteglos [-*by-Camelford*] in Cornwall, for non-residence for one year.

[8 *Nov. 1421.　Licence to William Fortescu and his wife for divine service in their manor at Whympston, in Modbury parish.*]

CELEBRANDI LICENCIA

Item octavo die dicti mensis Novembris anno Domini supradicto dominus concessit licenciam celebrandi ydoneo capellano infra manerium de Wymondeston in parochia de Modbury situatum Willelmo Fortescu [et] uxori sue huiusmodi divina audiendi per annum duraturam etc . .

BREVE REGIUM PRO PARLIAMENTO.

A writ of summons to a parliament to be held at Westminster on 1 December next, with the clause *Premunientes* (*fo. 31v*), attested by John duke of Bedford, guardian of the realm, at Westminster 20 Oct 9 Hen. V.　As on p. 64 above, except that the words *ac dictum capitulum per unum* are omitted from the *premunientes* clause by an oversight; the phrase *ab ipsis capitulo et clero* is intact.　Cf. *C.C.R.*, *1419-1422*, p. 209.

[9 *Dec. 1421.　Licence to dom John Somaystr, rector of Thurlestone, for absence for one year to attend a university.*]

LICENCIA.

Dominus concessit licenciam studio generali insistere dompno Johanni Somaystr capellano, ordinis Premonstratensis, rectori ecclesie parochialis de Throlleston Exonien' diocesis ad annum duraturam.

[9 *Dec. 1421.　Indulgence on behalf of Jews Bridge, in Bovey Tracey parish.*]

INDULGENCIA.

Item eisdem die et loco dominus concessit xl dies indulgencie omnibus bona contribuentibus ponti nuncupato Jewysbrugge in parochia de Bovytracy Exon' diocesis situato ad libitum durature etc.

LICENCIA.

10 Dec. 1421; to Robert Cornu and Isabella his wife, for divine service in their presence in chapels, oratories or other suitable places, for one year.

DIMISSORIE.

11 Dec. 1421; *in hospicio suo London*; to John Hender tonsured, for all further orders.

LICENCIA.

18 Dec. 1421, London ibidem in hospicio suo; to master John Jerhard rector of Aysshwater, to attend a university for one year.

LICENCIA.

20 Dec. 1421, London; to master Edmund Kene I.U.B.[1], rector of Clovely, for non-residence for one year.

DIMISSORIE.

Same day and place; to John de la Hay tonsured, for all minor and holy orders.

[*22 Dec. 1421. Manumission of three villeins of the manor of St Germans.*]

MANUMISSIO THOME RICHE, ROBERTI RYCHE, JOHANNIS RICHE NATIVORUM MANERII DOMINI SANCTI GERMANI.

Item xxij^{do} die eiusdem mensis apud Farendon, ex consensu decani et capituli etc., dominus manumisit Thomam Ryche filium Willelmi Ryche alias Cokke, et Robertum Ryche filium Willelmi Ryche alias Cokke, ac Johannem Thom alias Robert filium Ricardi Thom Toker, nativos suos de manerio suo Sancti Germani in Cornub', ipsos cum suis sequelis a iuge servitutis cum eorum catellis liberavit etc., ut in forma.

[*2 Jan. 1421-2. Licence to William Certeyn, to preach throughout the diocese, for one year.*]

[LICENCIA PREDICANDI].

Edmundus etc. archidiaconis nostris Exon', Totton', Barn' et Cornubie, rectoribus, vicariis et capellanis parochialibus etc. salutem etc.. Contemplantes siquidem tam sciencie habilitatem dilecti filii magistri Willelmi Certeyn presbiteri in artibus magistri et in sacra theologia scolaris qua ipsum concepimus multipliciter insigniri

[1] *iuris utriusque baccalarius.*

quam devocionis zelum quod nititur ut asseruit in seminando verbum Dei solerter insudare, ipsum ad ministerium huiusmodi inibi duximus acceptandum. Vestram igitur universitatem monemus et in Domino exhortamur quatinus eundem ad predicandum verbi Dei veritatem tenore presencium admittatis ad annum post datum presencium duraturum. Datum apud Farendon secundo die Januarii anno Domini millesimo CCCC vicesimo primo et nostre translacionis anno secundo.

Manumissio Walter Moris de manerio domini de Aysheperton.

16 Apr. 1422, at the palace Exeter; manumission of Walter Moris a villein of the manor of Asshberton, as on p. 59 above.

The consent of the dean and chapter is dated at Exeter, in the chapter house, 22 April 1422.

Licencia celebrandi in capella.

(*fo. 32, quire v*) *16 June, 1423 (sic), Chuddelegh*; to sir Richard rector of Brydeford, for divine service celebrated by himself or others in the chapel of St Katherine in his parish.

Dimissorie.

18 June 1423, [Chudleigh]; to master Andrew Lanvyan rector of Lanyvet in Cornwall, for all minor and holy orders.

MUTACIO ANNI TRANSLACIONIS DOMINI

Licencia celebrandi.

19 July 1423; for divine service in the chapel of St James in the parish of Hunsham [*Huntsham*], celebrated by suitable priests, *absque preiudicio matricis ecclesie, dumtamen parochiani ad ecclesiam parochialem diebus festivis etc.*

Licencia celebrandi.

20 July 1423; to Walter Reynell and Walter his son, for divine service in the presence of either in the chapel at Manston in the parish of Stokynham.

Licencia absentandi.

22 July 1423; to sir John Bowedon rector of Dertyngton, to be absent from his church for two years.

Dimissorie.

16 Aug. 1423; to William Gale tonsured, for all minor and holy orders.

17 Sept. 1423; to Robert Trevathlons tonsured, for all minor and holy orders.

[*18 Sept. 1423. Grant of letters dimissory to Robert Querle, with a dispensation from the defect of his illegitimate birth.*]

DISPENSACIO SUPER DEFECTU NATALIUM.

. . . apud Peyngton dominus concessit litteras dimissorias Roberto Querle accolito ad omnes sacros ordines, ut in forma communi. Et ibidem eodem die dominus dispensavit cum eodem super defectu natalium quam paciebatur de soluto genitus et soluta, auctoritate litterarum domini pape sibi directarum. Presentibus tunc [ibidem] magistro Henrico Swayn capellano et Thoma Toller etc.

LICENCIA CELEBRANDI.

19 Sept. 1423, [*Paignton*]*;* to John Prydeaux esquire and Elizabeth his wife, for divine service in any suitable place in their house at Orcherton [*Orcherton*] in the parish of Modbury.

DIMISSORIE.

21 Sept. 1423; to John Bacheler, John Powcok and Richard Lawe acolytes, for all holy orders.

24 Sept. 1423; to John Schune and John Baron tonsured, for all minor and holy orders.

3 Oct. 1423; to John Trewman tonsured, for all minor and holy orders.

LICENCIA CELEBRANDI.

7 Oct. 1423; to Richard Penvoun, for divine service celebrated by suitable priests in his (*sua*) chapel at Penvoun [*Penfound*] in the parish of Poundestok.

LICENCIA CELEBRANDI.

10 Oct. 1423, Woneford, in the parish of Hevytre; to John Bamfeld and his wife, for divine service in the presence of either in the chapel in their house in the parish of Poltemore.

DIMISSORIE.

4 Nov. 1423, London; to William Perres, John Alleth, William Uda and John Hamelin acolytes, for all holy orders; and to William Robyn, tonsured, for all minor (*fo. 32v*) and holy orders.

8 Nov. 1423, London; to Thomas Tregenran tonsured, for all minor and holy orders.

LICENCIA CELEBRANDI.

Same day and place; to Joan Whalesburgh *mulieri,* her sons and household, for divine service in any suitable place in her house at Whalesburgh [*Whalesborough,* in *Marhamchurch.*]

DIMISSORIE.

14 Nov. 1423 [*London*]*;* to Philip Jon and Nicholas Wyche acolytes, for all holy orders.

24 Nov. 1423 [*London*]*;* to Nicholas Serle tonsured, for all minor and holy orders.

11 Dec. 1423, Chuddelegh; to Thomas Deyman acolyte, for all holy orders.

[*12 Dec. 1423. Dispensation to Thomas Petyt from the defect of illegitimate birth.*]

[DISPENSACIO SUPER DEFECTU NATALIUM].

. . . apud Chuddelegh dominus dispensavit cum Thoma Petyt scolari super defectu natalium quem patitur de soluto genitus et soluta, auctoritate litterarum venerabilis patris domini Jordani miseracione divina Albanen' episcopi et penitenciarii domini pape sub data Rome apud sanctum Petrum ij Non Marcii pontificatus domini Martini pape V anno quinto. Presentibus magistro Henrico Swayn capellano, Thoma Toller, Willelmo Derby et aliis testibus ad premissa vocatis specialiter et rogatis.

[*15 July 1423. Ratification of settlement between the dean and chapter of Exeter, as impropriators of Sancreed, and Richard Talvargh the vicar, concerning liability for the fabric of the chancel and for the service books; the impropriators having claimed that, in the terms of an ordinance of Bishop Thomas de Bytton, this was included in the " ordinary liabilities " resting on the vicar, and the vicar that it was among the " extraordinary liabilities for which the parishioners were not responsible " resting on the impropriators. The settlement was in favour of the dean and chapter, and this the bishop confirmed.*]

DECLARACIO ORDINACIONIS FACTE INTER DECANUM ET CAPITULUM ECCLESIE CATHEDRALIS EXONIE ET VICARIUM SANCTI SANCREDI IN CORNUBIA.

Universis sancte matris ecclesie filiis presentes litteras inspecturis ad rei geste perpetuam memoriam, Edmundus [etc.] salutem [etc.]. Ad universitatis vestre noticiam tenore presencium volumus pervenire quod cum nuper inter dilectos in Christo filios decanum et capitulum ecclesie nostre cathedralis Exonie, ecclesie parochialis sancti Sancredi in Cornubia nostre Exonien' diocesis proprietarios, ex parte una, et quemdam dominum Ricardum Talvargh eiusdem ecclesie parochialis sancti Sancredi vicarium ex parte altera, de et super construccione, emendacione, reparacione, refeccione et sustentacione cancelli eiusdem ecclesie sancte Sancredi ac invencione librorum matutinalium predicte ecclesie sancti Sancredi, emendacione et reparacione eorumdem, gravis dissencionis et litis materia suborta fuisset, prefatique decanus et capitulum proprietarii antedicti per Iohannem Lane eorum pro-curatorem in hac parte sub eorum sigillo communi, ac prefatus dominus Ricardus Talvargh vicarius antedictus per magistrum Iohannem Carnell suum in hac parte procuratorem sub sigillo presi-dentis consistorii nostri Exon', litteratorie specialiter constitutos, quorum procuratoriorum veri tenores inferius continentur, in manerio nostro de Chuddelegh xv° die mensis Iulii anno Domini millesimo CCCC^{mo} xxiij° coram nobis comparentes et discordie materiam antedictam hinc inde recitantes, allegassetque pars videlicet decani et capituli huiusmodi onera construccionis, reparacionis, refeccionis et emendacionis cancelli predicti ac invencionis librorum matutin-alium predictorum, emendacionisque et reparacionis eorumdem, ex ordinacione canonica bone memorie domini Thome quondam Exon' episcopi, [cuius] tenor inferius describitur, ad prefatum dominum Ricardum vicarium antedictum et suos quoscumque successores futuros in eadem, pretextu et ex vi verborum cuiusdam clausule in fine dicte composicionis inserte, in qua quidem clausula et sub quibus verbis cautum esse non ambigitur '' omnia onera ordinaria eiusdem ecclesie sancti Sancredi ad vicarium, extraordinaria vero que ad parochianos non pertinent ad dictos decanum et capitulum proprietarios antedictos, pertinere debere '',[1] asserentes et dicentes dicta onera nove con-struccionis, [etc. *as before*] (*fo. 33*) ex consequenti sub oneribus ordinariis in iure et sub vocabulo ordinariorum onerum contineri; pars vero dicti vicarii econverso huiusmodi onera predicta sub oneribus extra-ordinariis affirmans veraciter comprehendi, eapropter ad ipsos decanum et capitulum proprietarios antedictos ex ordinacione predicta et precipue ex vi verborum clausule antedicte huiusmodi onera solum et in solidum asseruit pertinere. Tandem vero partes predicte, altercaciones et iurgia metuentes ac licium dispendia formidantes, pacem et quietem corditer affectantes, ipsarum amicis et iurisperitis hinc et huic intervenientibus ac onera predicta iuxta et secundum verum iuris intellectum diligenter pensantibus, atque ea huiusmodi onera construccionis, [etc.], post plures suasiones et allegancias pro et contra in hac parte habitas, sub vocabulo et numero

---

[1]cf. *The Register of Thomas de Bytton*, p. 431.

ordinariorum onerum in iure contineri reperientibus, nobis causa
dictarum discordie et dissencionis materiam perpetuo cedandi unanimi
earumdem consensu supplicarunt quantinus nos huiusmodi onera
nove construccionis, [etc.], fuisse et esse in hac parte ordinaria et
sub oneribus ordinariis ad omnem iuris effectum qui ex ordinacione
sive composicione prelibata sequi poterit in futurum debere intelligi,
ac idcirco prefatum dominum Ricardum vicarium antedictum et
suos futuros in eadem vicaria successores post ipsum ad huiusmodi
onera subeunda vigore dicte composicionis sive ordinacionis futuris
temporibus imperpetuum teneri, nostra in hac parte auctoritate
ordinaria declarare, interpretari et decernere dignaremur. Nos
igitur Edmundus episcopus antedictus earum parcium in hac parte
precibus inclinati, eas equas, iustas ac iuri et racioni consonas reputantes, inspecta per nos primitus dicta ordinacione et plenius intellecta,
aliisque circumstanciis in hac parte necessariis per nos eciam
consideratis, ad declaracionem, interpretacionem, pronunciacionem
et ordinacionem de et super omnibus et singulis premissis, supradictis
die et loco processimus et nostrum in hac parte decretum interposuimus
et tulimus in hunc modum.

[*The Confirmation*]

In Dei nomine, Amen. Cum nuper materia dissencionis et litis
de et super nova construccione, reparacione, sustentacione, refeccione
et emendacione cancelli ecclesie parochialis sancti Sancredi in
Cornubia, ac invencione librorum matutinalium eiusdem ecclesie,
reparacioneque et emendacione eorundem, inter dilectos [etc.]
decanum et capitulum ecclesie nostre cathedralis Exon' proprietariorum eiusdem ecclesie sancti Sancredi ex parte una per Iohannem
Lane, et dominum Ricardum Talvargh vicarium perpetuum eiusdem
ecclesie sancti Sancredi ex altera per Iohannem Carnel clericum,
eorum in hac parte procuratores literatorie sufficienter et specialiter
constitutos, coram nobis legitime comparentes, pretextu quorundam
verborum cuiusdam clausule in fine composicionis sive ordinacionis
domini Thome quondam Exon' episcopi predecessoris nostri in hac
parte dudum facte, sub quibus verbis cautum reperitur " omnia
onera ordinaria eiusdem ecclesie ad vicarium, extraordinaria vero
que ad parochianos non pertinent ad dictos decanum et capitulum
proprietarios antedictos pertinere debere " suborta fuisset, partesque
predicte super huiusmodi dissencionis et discordie materia hincinde
diucius altercantes an sub ordinariis vel extraordinariis oneribus
huiusmodi onera construccionis, [etc.] (*fo. 33v*) in hac parte contineri,
et ad quem seu quos huiusmodi onera ex vi verborum predictorum
pertinere deberent in dubium revocantes, nostrum tandem eorum in

hac parte diocesani ex eorumdem unanimi consensu in hac parte declaracioni et interpretacioni se sponte et voluntarie submiserunt. Nos igitur Edmundus miseracione divina Exonien' episcopus, licium strepitus et eorum voragines amputare prout ex debito officii nostri pastoralis tenemur pro viribus affectantes, atque nostros subditos et subiectos paterna solicitudine ad concordiam et pacem reducere cupientes, attendentes quod sicut fuit predecessoris nostri predicti in ea parte statuere et ordinare sic est nostrum, si quod in huiusmodi ordinacione ambiguum et obscurum sit vel fuerit, congrue interpretari, [1]*predicta onera nove construccionis cancelli ecclesie sancti Sancredi predicti, reparacionis, refeccionis et sustentacionis eiusdem in omni sui parte, ac onus invencionis librorum matutinalium, emendacionis et reparacionis eorum quocienscumque et quandocumque accidere contigerint inter cetera onera ordinaria contineri eciam et comprehendi*[1] ac ipsum dominum Ricardum Talvargh vicarium antedictum et suos futuros in eadem vicaria successores omnes et singulos temporibus suis futuris ad huiusmodi onera nove construccionis [etc.] inter cetera alia onera ordinaria vigore dicte composicionis imperpetuum teneri pariter et astringi auctoritate nostra ordinaria pronunciamus, interpretamur et finaliter declaramus in hiis scriptis, hanc nostram huiusmodi declaracionem auctoritate nostra realem et perpetuam fieri et permanere insuper decernentes. Adicientes nichilominus et statuentes ex habundanti quod dictus dominus Ricardus Talvargh vicarius antedictus et sui successores omnes et singuli ad premissa et omnia alia onera ordinaria eiusdem ecclesie sancti Sancredi que ad parochianos non pertinent quocumque nomine censeantur tenebitur et tenebuntur imperpetuum, ordinacione infrascripta quoad alia in eadem contenta premissis non contraria in suo robore perpetuo duratura.

[*Letters of proxy: John Lane for the dean and chapter of Exeter.*]

Tenor vero procuratorii dictorum decani et capituli de quo supra fit mencio sequitur et est talis: Pateat omnibus per presentes quod nos decanus et capitulum ecclesie cathedralis Exonie, ecclesiam parochialem sancti Sancredi in Cornubia Exonien' diocesis in proprios usus obtinentes salva congrua porcione vicarii perpetui qui pro tempore fuerit in eadem, dilectum [etc.] magistrum Iohannem Lane nostrum verum et legittimum procuratorem, negociorum gestorem et nuncium specialem ordinamus, facimus et constituimus per presentes, dantes et concedentes eidem procuratori nostro potestatem generalem et mandatum speciale pro nobis et nomine nostro, ac ecclesie cathedralis predicte nomine, coram reverendo [etc.] Edmundo Dei gracia Exonien' episcopo comparendi, necnon de et super quibusdam terminis

[1]-[1] *Underlined, MS.*

G

dubiis, ambiguis et obscuris, videlicet " oneribus ordinariis et extra-ordinariis " in fine cuiusdam composicionis sive ordinacionis bone memorie domino Thome quondam Exonien' episcopi inter nos decanum et capitulum et quemdam dominum Hugonem de Forde adtunc vicarium perpetuum eiusdem ecclesie sancti Sancredi predicte et suos futuros successores in eadem edita plenius insertis, pretextu quorum terminorum et verborum materia dissencionis et litis occasione nove construccionis, reparacionis, emendacionis et refeccionis cancelli predicte ecclesie sancti Sancredi, ac invencionis librorum matutinalium prelibate ecclesie parochialis sancti Sancredi, reparacionisque et emendacionis eorumdem librorum, inter nos ex parte una et dominum Ricardum Talvargh vicarium perpetuum modernum in eadem ex altera nuper suborta fuit, ab eodem reverendo [etc.] Edmundo [etc.] loci diocesano declaracionem et interpretacionem composicionis sive ordinacionis predicte, ac sub quibus oneribus huiusmodi onera construccionis (*fo. 34*) [etc.] perpetuis futuris temporibus ad omnem iuris effectum qui ex composicione predicta sequi poterit in futurum contineri et designari, et ad quem seu quos ex vi verborum composicionis supradicte perpetuis futuris temporibus omni dubio propulso pertinere debebunt, per eundem venerabilem patrem pronunciari et declarari, nostro nomine ac ecclesie cathedralis predicte et ecclesie parochialis sancti Sancredi predicte, eidem ecclesie cathedrali ut prefertur unite et annexe, nomine, postulandi sive petendi, declar-acionique et interpretacioni ac pronunciacioni suis huiusmodi ac nove ordinacioni consenciendi, ipsas eciam huiusmodi interpret-acionem, declaracionem, interpretacionem [*sic*], pronunciacionem reales fore et perpetuas per eundem venerabilem patrem discerni petendi, atque huiusmodi interpretacionem, declaracionem, pro-nunciacionem et decreti in hac parte interposicionem nomine ac ecclesiarum predictarum nominibus obtinendi et recipiendi, ac iuramentum quodcunque licitum in hac parte necessarium pro nobis et nomine nostro prestandi, omniaque alia et singula faciendi, exercendi et expediendi que in premissis et circa ea necessaria fuerint seu quo-modolibet oportuna; pro eodem vero procuratore nostro rem ratam haberi iudicio sisti et iudicatum solvi sub ypotheca rerum nostrarum omnium promittimus et cauciones exponimus per presentes. In cuius rei testimonium sigillum nostrum commune presentibus est appensum. Datum in domo nostra capitulari decimo quarto die mensis Iulii anno Domini millesimo CCCC^{mo} vicesimo tercio.

[*Letters of proxy: John Carnel for Richard Talvargh vicar of Sancreed.*]

Tenor vero procuratorii domini Ricardi Talvargh vicarii sequitur in hec verba: Pateat universis per presentes quod ego Ricardus Talvargh vicarius perpetuus ecclesie parochialis sancti Sancredi in Cornubia Exonien' diocesis dilectum michi in Christo magistrum Iohannem Carnel consistorii Exonien' advocatum meum verum et legittimum procuratorem, negociorum gestorem et nuncium specialem ordino, facio et constituo per presentes, dans et concedens eidem procuratori meo potestatem generalem et mandatum speciale pro me et nomine meo ac vicarie mee predicte coram reverendo [etc.] Edmundo Dei gracia Exonien' episcopo comparendi, necnon de et super quibusdam terminis dubiis, ambiguis et obscuris, videlicet "oneribus ordinariis et extraordinariis" in fine cuiusdam composicionis sive ordinacionis bone memorie domini Thome quondam Exon' episcopi inter decanum et capitulum ecclesie cathedralis Exon', proprietarios dicte ecclesie sancti Sancredi, et quendam dominum Hugonem de Forde presbiterum protunc vicarium perpetuum eiusdem ecclesie sancti Sancredi predicte et suos futuros successores in eadem edite plenius insertis, pretextu quorum terminorum et verborum materia dissencionis et litis occasione nove construccionis [etc.] inter me Ricardum Talvargh vicarium predictum ex parte una et dominos decanum et capitulum ecclesie cathedralis predicte ex altera nuper suborta sint, ab eodem reverendo [etc.] Edmundo [etc.] loci diocesano in hac parte declaracionem et interpretacionem composicionis sive ordinacionis predicte, et sub quibus oneribus huiusmodi onera construccionis [etc.] perpetuis futuris temporibus ad omnem iuris effectum qui ex composicione predicta sequi poterit in futurum (*fo. 34v*) contineri et designari, et ad quem seu quos ex vi verborum composicionis supradicte perpetuis futuris temporibus omni dubio propulso pertinere debebunt, per eundem reverendum patrem pronunciari et declarari, nomine meo ac vicarie ecclesie parochialis sancti Sancredi predicte postulandi sive petendi, declaracionique et interpretacioni ac pronunciacioni necnon ordinacioni suis huiusmodi consenciendi, ipsas eciam huiusmodi interpretacionem, declaracionem, pronunciacionem et ordinacionem reales fore et perpetuas per eundem venerabilem patrem decerni petendi, atque huiusmodi interpretacionem, declaracionem, pronunciacionem, ordinacionem et decreti in hac parte interposicionem nomine meo et vicarie mee predicte obtinendi et recipiendi, ac iuramentum quodcumque licitum in hac parte necessarium pro me et nomine meo prestandi, omniaque alia et singula faciendi, exercendi et expediendi que in premissis vel circa ea necessaria fuerint seu quomodolibet oportuna. Pro eodem vero procuratore meo rem ratam haberi iudicio sisti et iudicatum solvi sub ypotheca rerum mearum omnium promitto et caucionem expono per presentes. In cuius rei testimonium sigillum discreti viri presidentis consistorii Exon' presentibus apponi procuravi. Et ego presidens antedictus ad personalem rogatum prefati domini Ricardi Talvargh vicarii antedicti

sigillum officii mei presentibus apposui.   Datum Exon' quoad
consignacionem presencium xiij° die mensis Iulii anno Domini
millesimo CCCC^mo vicesimo tercio.

[*Bishop Thomas de Bytton's composition or ordinance, addressed to Hugh de
Forde then vicar of Sancreed, dated 9 Nov. 1300, defining both the vicar's
portion in the benefice and the distribution of liabilities between him and the
impropriators, the dean and chapter of Exeter.*]

Tenor insuper composicionis sive ordinacionis domini Thome
quondam Exonien' episcopi de qua supra fit mencio sub tali sequitur
formula verborum: Thomas permissione divina Exonien' episcopus
dilecto in Christo filio Hugoni de Forde presbitero salutem, graciam
et benediccionem.   Ad vicariam ecclesie sancti Sancredi in Cornubia
ad quam nobis es per dilectos in Christo filios decanum et capitulum
nostrum Exonien', qui dictam ecclesiam obtinent in proprios usus,
licite presentatus taxandam te cum plenitudine iuris canonici admit-
timus intuitu caritatis et instituimus perpetuum vicarium canonice in
eadem; curam animarum et regimen ecclesie tibi in Domino
committentes; et assignantes tibi et successoribus tuis nomine vicarie
omnes oblaciones et decimas minores cum ceteris proventibus, tocius
altilagii ecclesie supradicte cum omnibus maioribus decimis de villis
de Treures, Manegon, Treglisie et Restawen, Bodyer parva et magna,
Boshuthout et Bosawyn parochie dicte ecclesie prevenientibus, una
cum toto dominico et domibus sanctuarii ad dictam ecclesiam spectantibus, exceptis una parva domo cum quadam crofta et uno clauso tres
acras anglicanas vel circiter continente, que omnia cum omnibus
aliis decimis maioribus tocius parochie ecclesie predicte per presentem
ordinacionem prefatis decano et capitulo integraliter reservamus,
omnibus oneribus ordinariis eiusdem ecclesie vicario prefato, extraordinaria vero dictis decano et capitulo que tamen ad parochianos
ecclesie non pertinent, totaliter incumbentibus.   In cuius rei testimonium has litteras nostras patentes fieri fecimus et sigilli nostri
munimine roborari: Datum apud Criditon v Idus Novembris anno
Domino millesimo CCC^mo.[1]

In quorum omnium et singulorum testimonium atque fidem
has litteras nostras per Ricardum Chichestre clericum auctoritate
apostolica notarium publicum, actorum nostrorum et nostrum in hac
parte scribam, subscribi et publicari mandavimus ac sigilli nostri
appensione fecimus communiri.   Datum in manerio nostro de Chud-

---

[1] cf. The Register of Thomas de Bytton, *ed. F. C. Hingeston-Randolph (1889), p. 431;*
and The Register of Thomas de Brantyngham, *ed. by the same (1901), p. 352—a*
licence for non-residence, A.D. 1374-5, until a suit about the same matter, in the Court of
Canterbury or elsewhere, had been settled.

delegh predicto quinto decimo die mensis Iulii anno Domini millesimo CCCC^mo vicesimo tercio [etc.].

Et ego Ricardus Chichestre clericus Exonien' diocesis publicus auctoritate apostolica notarius et prefati venerabilis patris domini Edmundi Dei gracia Exonien' episcopi scriba, quia premissis declaracioni, interpretacioni, pronunciacioni et decreti interposicioni ceterisque omnibus et singulis dum sic ut premittitur per prefatum reverendum (*fo. 35*) patrem Exonien' episcopum agerentur et fierent sub anno, mense, die et loco predictis, indiccione prima, pontificatus sanctissimi [etc.] Martini divina providencia pape quinti anno sexto, una cum discretis viris magistro Iacobo Carslegh consistorii Exon' presidente et Philippo Lacy armigero testibus ad premissa vocatis specialiter et rogatis presens personaliter interfui, eaque omnia et singula sic ut prefertur fieri vidi et audivi, idcirco presentes litteras sive presens publicum instrumentum aliunde occupatus per alium scribi feci, publicavi et in hanc publicam formam redegi, signoque ac subscripcione meis solitis una cum appensione sigilli prefati venerabilis patris et de ipsius speciali mandato signavi rogatus in fidem et testimonium omnium premissorum.

Licencia celebrandi.

31 Dec. 1423, Chuddelegh; to Gilbert Smyth and Issabella [*sic*] his wife, for divine service in the presence of either in any suitable place in their house in the parish[1] of Newton Busshell.

Dispensacio iuxta capitulum *Cum ex eo.*

4 Dec. 1423; to Thomas Toker tonsured, rector of Cottelegh, to study in the University of Oxford for three years, *iuxta capitulum Cum ex eo, cum clausula quod suscepto a prefato Thoma infra annum a sibi commissi regiminis tempore subdiaconatus ordine ad ulteriores ordines interim recipiendos minime promoveri teneatur: proviso eciam et cetera ut in forma communi.* [*See p. 87 above.*]

Licencia celebrandi in capella.

2 Jan. 1423-4; to Arthur Hamelegh and his wife, for divine service in the presence of either in the chapel in their house at Holewyn [*Halwyn*] in the parish of St. Cisie [*St Issy*] in Cornwall.

Licencia celebrandi in capella.

3 Jan. 1423-4; to Walter Reynell and his son, for divine service in the presence of either in the chapel in their house at Malston in the parish of Stokynham.

---

[1] sic; *the manor of Newton Bushel was in the parish of Highweek, now Newton Abbot.*

[*12 Jan. 1423-4, Chuddelegh. To Simon de Teramo papal nuncio and collector in England, certifying compliance with a mandate for the citation etc. of debtors, as on pp. 31f., 52f.*]

CERTIFICATORIUM PRO COLLECTORE DOMINI PAPE.

Honorabili viro magistro Simoni de Teramo legum doctori sedis apostolice in Anglia nuncio et collectori Edmundus [etc.] salutem in omnium Salvatore. Litteras vestras nuper nobis directas recepimus prout sequitur tenore verborum: Reverendo [etc.] Simon de Teramo [etc. *as on pp. 31f. above as far as* Datum in hospicio nostro London, *etc., except that: those cited are to appear at the collector's lodging in the parish of St John Zakari, London, by 20 January next; and that the collector's letter is dated at London, 10 November, 1423. The names of those to be cited follow:*]

Magister Thomas Hendeman nuper archidiaconus Exon' moneatur ad solvendum primos fructus de eodem archidiaconatu Exon' camere apostolice debitos sub pena excommunicacionis (*fo. 35v*) maioris suprascripta. Citenturque etc. decanus et capitulum Exon', collegium beati Thome de Glaseney, abbas de Forde, abbas de Dunkeswill, abbas, de Newenham, abbas de Bucfast, abbas de Buklond, abbas de Tavystok, prior de Otryton, prior de Totton', prior de Lanceston, prior Sancti Germani, prior de Tywardwrayth, prior de Bodmyne, prior Sancti Michaelis in Cornubia, prior de Frythelstok, precentor et canonici de Crydyton, prior Sancti Nicholai Exon', prior de Kerswill, prior de Modbury, et abbatissa de Legh; moneantur ad solvendum procuraciones de diversis annis per eos debitas sub pena suprascripta. Citenturque ad dicendum quare propter eorum contumaciam et dictarum procuracionum detencionem non debeant denunciari excommunicati et eorum fructus sequestrentur. De nominibus quoque priorum de Otriton, Sancti Michaelis in Cornubia et de Modbury certificetur, eorumque fructus, redditus et proventus sub arto sequestro custodiantur donec aliud a nobis super hoc emanaverit in mandatis. Abbas de Torre, abbas de Hertlond, prior de Cowyk, prior de Plympton, prior de Pilton et prior de Barnastaple moneantur ad solvendum procuraciones per eos debitas de anno Domini millesimo CCCC^{mo}xxiiij° sub pena suprascripta. Citenturque etc.. Datum loco, die et anno suprascriptis. Quarum litterarum auctoritate et vigore contra personas et beneficia nostre diocesis supradictas monendo, citando, sequestrando, ceteraque faciendo iuxta vim, formam et effectum litterarum vestrarum antedictarum in omnibus et per omnia fecimus executioni debite demandari. Prioratus de Otriton et Sancti Michaelis in Cornubia appropriantur domui de Schune [*Syon*]. Datum [etc.] Chuddelegh duodecimo die mensis Januarii anno Domini supradicto [etc.].

LICENCIA CELEBRANDI.

18 Jan. 1423-4; to Thomas Stowforde and Joan his wife, for divine service in the presence of either in a chapel, oratory or other suitable place in their houses at Stowford [*Stafford Barton*] in the parish of Duelton [*Dolton*] and Gatecomb in the parish of Coliton [*Colyton*].

LICENCIA CELEBRANDI.

18 Jan. 1423-4; to sir John Jakes vicar of Barn' [*Barnstaple*], for divine service celebrated by himself or by other suitable priests in his presence in his house there.

LICENCIA CELEBRANDI.

21 Jan. 1423-4; to the lady Ann, widow of the earl of Devon, for divine service in her presence in the chapel in the rectory [*sic*] of Tydecomb [*Tidecombe*] in the parish of Tuverton [*Tiverton*].

LICENCIA CELEBRANDI

22 Jan. 1423-4; to sir William Bodrygan knight, for divine service in any suitable place in Cornwall.

DIMISSORIE

13 March 1423-4; to John Hamelyn acolyte, for all holy orders.

MUTACIO ANNI DOMINI

[DIMISSORIE].

2 May 1424; to Robert Daunser tonsured, for all minor and holy orders.

LICENCIA CELEBRANDI.

9 May 1424; to sir Roger Bachelor rector of Churstowe [*Churchstow*], for divine service celebrated by himself or others in his presence in any suitable place in his house there.

DIMISSORIE.

9 May 1424; to John Story tonsured, for all minor and holy orders.

LICENCIA CELEBRANDI.

30 April 1424; to master John Cobbethorn dean of Exeter, for divine service celebrated by himself or others in his presence in any suitable place in the diocese of Exeter, during pleasure, *(fo. 36)* LICENCIA CELEBRANDI IN CAPELLA.

9 May 1424; to sir Thomas Horlock rector of Charles, for divine service celebrated by himself or others, during pleasure, in the chapel of St Petroc in his parish.

DIMISSORIE.

20 May 1424; to John Yalmer acolyte, for all holy orders.

[*20 May 1424. Licence for divine service in the chapel of St Winwaloe[1] in the parish of St Cleer.*]

LICENCIE CELEBRANDI IN CAPELLIS.

Universis [etc.] Edmundus [etc.] salutem [etc.]. Cupientes ea que devocionis et cultus divini respiciunt augmentum sinceris affectibus promovere: ut in capella Sancti Wynwoloci in parochia Sancti Clari nostre diocesis situata divina per quoscumque presbiteros ydoneos absque preiudicio matricis ecclesie valeant celebrari, dumtamen eorum quorum interest accedat assensus, tenore presencium licenciam concedimus specialem: presentibus ad nostrum beneplacitum tantummodo duraturis. Datum [etc.] Chuddelegh vicesimo die mensis Maii anno Domini millesimo CCCC^{mo} vicesimo quarto [etc.].

23 May 1424; to sir Thomas Fayreford vicar of Brodehembury, for divine service celebrated by himself and others in the chapel of St Andrew in his parish.

24 May 1424; sub forma suprascripta, viz. Universis [etc.] *ut supra,* for divine service in the chapel of St John the Baptist at Wodelond in the parish of Ippelpen; *absque preiudicio matricis ecclesie, dumtamen eorum quorum interest etc. ut supra in forma.*

DIMISSORIE.

24 May 1424; to John Janyn acolyte, for all holy orders.
Also to John Taylor deacon, for the priesthood.

LICENCIE CELEBRANDI.

25 May 1424; to sir John Frenssh vicar of Dowlyssh, for divine service celebrated by himself and others in the chapel of blessed Mary at Lydewill [*Lidwell*] in that parish.

2 June 1424; to Isabella Brownyng, for divine service in her presence in any suitable place in the parish of Uggeburgh.

5 June 1424; to sir Thomas Alkebarwe rector of Northywyssh [*North Huish*], for divine service celebrated by himself and others in the chapel of St Thomas at Boterforde [*Butterford*] in that parish.

[1] At Roscradock. (*The Cornish Church Kalendar*, 1933, p. 45.)

Also to sir Robert Gode rector of Ayschpryngton, for divine service celebrated by himself and others in the chapels of SS. David, James and John the Baptist in that parish.

11 June 1424; to John Marys and Elizabeth his wife, for divine service in the presence of themselves and their household in any suitable place in their house at Marys [*Marhays*] in the parish of Weke [*Week St Mary*].
Also to John Durneford alias Carundon, for divine service in the chapel of St John the Baptist at Carundon [*Caradon*] in the parish of Lankynhorn [*Linkinhorne*].

29 June 1424; to the lady Ann widow of the earl of Devon, her sons and household, for divine service in their presence in any suitable place within the diocese of Exeter [etc.].

MUTACIO ANNI TRANSLACIONIS DOMINI

Licencia celebrandi.

30 July 1424; to Walter Mychell and Mabel his wife and their household, for divine service in their presence in the chapel of blessed Mary in their house at Hurdelbrygge [*Hurlbridge*] in the parish of Hatherlegh.

(*fo. 36v*) Licencie celebrandi.

8 Sept. 1424; to John Falewell and Agnes his wife and their sons, for divine service in their presence in the chapel or oratory at Falewell [*Velwell*] in the parish of Rattre.
Also to sir John Toly chaplain, for divine service celebrated by himself or others in any suitable place in Cornwall.

9 Sept. 1424; to master Roger Toker vicar of Brodeclyst, for divine service during pleasure in the chapels of St James, St Leonard and St Katherine in that parish.

Dimissorie.

9 Sept. 1424; to John Trevyveo acolyte, for all holy orders.

[Licencia celebrandi].

17 Sept. 1424; to John Cokkeworthy and Margery his wife, for divine service in the presence of either, during pleasure, in their chapel or oratory at Ermyscomb.

Dispensacio iuxta capitulum *Cum ex eo*.

4 Mar. 1423-4, Chuddelegh; to William Derby acolyte, rector of Bradeston, dispensing him from residence and from advancing beyond the subdiaconate, to which he is to be ordained within one year of his institution, for five years, for study in the University of Oxford; substantially as on p. 87.

DISPENSACIO IUXTA CAPITULUM *Cum ex eo.*

17 Sept. 1424; to Richard Vyncent deacon, rector of the second portion in the parish church of Tuverton, dispensing him from residence and from advancing to the priesthood, for three years, for study in the University of Oxford.

DIMISSORIE.

17 Sept. 1424; to master John Hille, M.A., tonsured, for all minor and holy orders.

23 Sept. 1424; to John Chyngne acolyte, for all holy orders. Also to Edmund Fychet tonsured, for all minor and holy orders.

[*24 Sept. 1424. Receipt of the King's writ to admit attorneys for Hugh Courtenay knight for a suit in chancery between John Wele of co. Devon and the said Hugh, and to certify their names to the King in chancery.*]

BREVE REGIUM AD RECIPIENDUM ATTORNATUM.

Item vicesimo quarto die dicti mensis Septembris dominus recepit breve regium sub hac forma verborum: Henricus Dei gracia rex [etc.] venerabili [etc.] E. eadem gracia episcopo Exon'. Sciatis quod dedimus vobis potestatem recipiendi attornatos Hugonis Courtenay chivaler, quos coram vobis loco suo attornare voluerit, ad lucrandum vel perdendum in loquela que est coram nobis in cancellaria nostra inter Iohannem Wele de comitatu Devon' et prefatum Hugonem illata ut dicitur; et ideo vobis mandamus quod cum attornatos illos receperitis, de nominibus eorumdem attornatorum nobis in cancellaria nostra sub sigillo vestro distincte et aperte constare faciatis, remittentes nobis hoc breve. Teste meipso apud Westm' xxviij° die Augusti anno regni nostri secundo.

LICENCIA ABSENTANDI

25 Sept. 1424; to sir Gregory Forde rector of Dydesham for non-residence for one year from Michaelmas next.

LICENCIA CELEBRANDI.

26 Sept. 1424; to sir William rector of St Laurence in the city of Exeter, for divine service celebrated by himself and others in the chapel of St Bartholomew.

DIMISSORIE.

18 Oct. 1424, London; to James Martyn tonsured, for all minor and holy orders.

21 Oct. 1424; to Walter Cobbethorn tonsured, for all minor and holy orders.

28 Nov. 1424; to Thomas Galy tonsured, for all minor and holy orders.

LICENCIA ABSENTANDI.

20 Oct. 1424; to sir Thomas rector of Merton, for non-residence until Michaelmas.

(*fo. 37*) DIMISSORIE.

31 Oct. 1424; to John Trenerth acolyte, for all holy orders.

24 Nov. 1424; to James Wylcok tonsured, for all minor and holy orders.

LICENCIA CELEBRANDI.

25 Nov. 1424; to Thomas Beamont junior and Issabella his wife, for divine service in their presence in any suitable place in their house in the parish of Heghaunton [*Highampton*].

[DIMISSORIE].

7 Feb. 1424-5; to Ralph Laurens tonsured, for all minor and holy orders.

[*8 Feb. 1424-5. Licence to Thomas Hoper vicar of Coldridge, to hear the confessions of his own parishioners and to absolve them, etc., even in reserved cases with certain specified exceptions.*]

CONFESSIONALE.

8 Feb. 1424-5. Dominus concessit licenciam domino Thome Hoper vicario perpetuo ecclesie parochialis de Colrygg Exon' diocesis, ut possit audire confessiones parochianorum suorum prout sequitur tenore verborum: Edmundus [etc.] dilecto [etc.] domino Thome Hoper vicario perpetuo ecclesie parochialis de Colrygg nostre diocesis salutem [etc.]. Ad audiendum in foro anime confessiones parochianorum tuorum quorumcumque tibi confiteri volencium, ac ipsis pro commissis penitencias salutares iniungendum, necnon absolvendum eosdem de peccatis suis veraciter tibi confessis eciam in casibus a iure, consuetudine, constitucionibus synodalibus et provincialibus et aliis qualitercumque reservatis nobis tociens quociens fuerit oportunum, parcorum nostrorum quorumcumque fraccionibus, ac periuriis in assisis et alibi ubi sequitur mors vel exheredacio aut gravis depauperacio alicuius, corrupcionibus monialium Deo dedicatarum et homicidio notorio dumtaxat exceptis, tibi de cuius fidelitate et industria ad plenum confidentes (*sic*) committimus potestatem. Datum [etc.] London' octavo die mensis Februarii anno Domini millesimo CCCC^{mo} vicesimo quarto [etc.].

DIMISSORIE.

3 Mar. 1424-5, Chuddelegh; to Ralph Dawryn tonsured, for all holy orders.

LICENCIA CELEBRANDI.

3 Mar. 1424-5; to Thomas rector of Kentysbeare, for divine service celebrated by himself or others in the chapel(s)[1] of St Ann and St John Baptist upon their festivals.

[*20 Mar. 1424-5. Receipt of a writ of summons for a Parliament at Westminster on 30 April 1425.*]

BREVE REGIUM PRO PARLIAMENTO.

Henricus Dei gracia rex Anglie [etc.] venerabili [etc.] E. eadem gracia episcopo Exon' salutem. Quia nos iam dum in annis degimus teneris an pax et iusticia ubilibet inter ligeos nostros regni nostri Anglie, sine quarum observacione regni aliquod nequit prosperari, debite conserventur et exhibeantur necne, per avisiamentum (*sic*) consilii nostri decrevimus experiri, quoddam parliamentum nostrum apud Westm' ultimo die Aprilis proxime futuri teneri ordinavimus, et ibidem vobiscum ac cum ceteris prelatis, magnatibus et proceribus dicti regni nostri super premissis, ac quibusdam aliis arduis et urgentibus negociis nos et statum et defensionem dicti regni nostri ac ecclesie Anglicanc contigentibus, colloquium habcrc et tractatum. Vobis [etc. *as on p. 64*]. Teste meipso apud Westm' xxiiij^{to} die Februarii anno regni nostri tercio. [cf. *C.C.R. 1422-1429*, p. 198.]

LICENCIE CELEBRANDI.

31 Mar. 1425, Plymmouth; to Walter Whitlegh, for divine service in his presence in any suitable place within his house at Plymmouth [etc.].

1 Apr. 1425, Plympton; to Thomasia Venor widow of William Venor, for divine service in her presence in any suitable place in her house in the parish of Plymmouth.

Also to sir William Moggerygg rector of Rame, for divine service celebrated by himself or others in the chapel of St Michael in his

---

[1] *MS*—capell'.

parish every Monday and on festivals of that saint, *absque preiudicio matricis ecclesie et cetera.*

[*1 April 1425, Plympton. Indulgence for visitors, purposing devotion or pilgrimage, to St Katherine's chapel, Sutton, in the parish of Plymouth, with the customary stipulation that they be penitent and have confessed their sins.*]

(*fo. 37v*) INDULGENCIA PRO CAPELLA [1]SANCTE KATHERINE DE PLYMOUTH[1].

Universis [etc.] Edmundus [etc.] salutem in Eo per quem fit remissio peccatorum. Pietatis operibus tociens credimus inherere quociens mentes fidelium ad pie devocionis opera per allectiva indulgenciarum munera propensius excitamus. Cupientes ut capella sancte Katerine de Sutton in parochia de Plymmouth nostre diocesis situata dignis frequentetur honoribus et a Christifidelibus iugiter veneretur, de omnipotentis Dei immensa misericordia, et beatissime virginis Marie genetricis eiusdem ac beatorum apostolorum Petri et Pauli patronorum nostrorum omniumque sanctorum meritis et precibus confidentes, omnibus parochianis nostris, et aliis quorum diocesani hanc nostram indulgenciam ratam habuerint pariter et acceptam, de peccatis suis vere penitentibus et confessis, qui ad dictam capellam causa devocionis aut peregrinacionis tociens quociens visitaverint quadraginta dies indulgencie misericorditer in Domino concedimus per presentes. Datum [etc.] in prioratu de Plympton primo die mensis Aprilis anno Domini millesimo CCCC^mo xxv^to [etc.].

[MANDATUM PRO PROVINCIALE SYNODO].

[*2 Apr. 1425, Plympton. The bishop received from the bishop of London the archbishop's mandate (as received by him on 5 March) for a Convocation to meet at St Paul's, London, on Monday 23 April, 1425. The mandate, dated at Lambeth, 2 March 1424-5, is as in* Chichele, *iii. pp. 102f.. The bishop of London's letter ends as follows*:]

(*fo. 38*) Quarum auctoritate litterarum vos reverende pater cum ea que decet reverencia tenore presencium peremptorie citamus, quatinus xxiij° die dicti mensis Aprilis et loco in eisdem litteris expressatis cum continuacione et prorogacione dierum tunc sequencium et locorum ad negocium huiusmodi secundum vim, formam et effectum dictarum litterarum, coram eodem reverendissimo patre eiusve in hac parte locumtenentibus et commissariis personaliter compareatis, ipsasque litteras quatenus civitatem et diocesim vestras concernunt iuxta vim, formam et tenorem earumdem debite exequamini et exequi plenarie faciatis, ac eisdem pareatis in omnibus cum effectu. Vobis insuper reverende pater auctoritate qua supra iniungimus et mandamus,

---

[1]-[1] *Added in a late hand.*

quatinus prefatum reverendissimum patrem seu eius locumtenentes et commissarios tam de execucione earumdem litterarum quam de nominibus et cognominibus virorum graduatorum in vestris civitate et diocesi ut prefertur promotorum, et eciam de nominibus beneficiorum ad que promoti existunt, iuxta exigenciam litterarum huiusmodi, curetis in omnibus reddere cerciores. Datum sub sigillo nostro in manerio nostro de Wykham octavo die dicti mensis Marcii anno Domini supradicto et nostre translacionis anno tercio et cetera.

[*2 Apr. 1425, Plympton. Receipt of the bishop of London's rescript of the archbishop's mandate against the unknown authors and distributors, in and around London, of seditious books and papers defamatory of certain persons of degree both spiritual and temporal, to the disturbance of the King's peace, thereby incurring the sentence of excommunication* ipso facto. *They are to be denounced as excommunicate, with full solemnity, by parish priests throughout the province in their masses on Sundays and festivals when the major part of the population is there to hear and see.*]

[MANDATUM DOMINI CANTUAR' ARCHIEPISCOPI CONTRA LIBELLOS FAMOSOS ETC.].

Item eodem die dominus ibidem id est Plympton' recepit aliam litteram cuius tenor sequitur in hec verba: Reverendo [etc.] Edmundo [etc.] Iohannes permissione divina London' episcopus salutem et sincere dileccionis continuum incrementum. Litteras reverendissimi [etc.] Henrici Dei gracia Cant' archiepiscopi [etc.], nuper recepimus in hec verba: Henricus [etc.] venerabili fratri nostro domino Iohanni [etc.] salutem et fraternam in Domino caritatem. Non sine cordis amaritudine nuper concepimus quod nonnulli iniquitatis filii nostre Cantuarien' provincie cum suis complicibus, fautoribus et manutentoribus, quorum nomina, cognomina et persone penitus ignorantur, perverse temeritatis audacia contra pacem domini nostri regis et regnicolarum suorum tranquillitatem, rebellionis cervicem erigentes, affectantes divisionem in populo facere et pacem domini regis nequiter perturbare, sediciose ac clandestine per vicos et plateas nonnullos libellos famosos ac cedulas diffamatorias contra diversos regni status et gradus tam in spiritualibus quam in temporalibus scripserunt, dictarunt et conceperunt, ac in nonnullis locis infra civitatem London' et suburbiis eiusdem proiecerunt et affixerunt, et perlegenda a populo dimiserunt, ac sic scribi, dictari, concipi, proici et affigi procurarunt, pacem domini nostri regis in ea parte quantum in eis fuit perturbare et sedicionem in populo facere satagentes, sentenciam maioris excommunicacionis a sanctis patribus contra pacis perturbatores, manutentores et fautores eorumdem in ea parte proinde latam ipso facto dampnabiliter incurrentes in animarum suarum periculum et aliorum

Christifidelium perniciosum exemplum. Nos igitur, tantorum perfidorum audaciam et tam perversi facinoris crimen compescere et ut taliter delinquentes a suis excessibus retrahantur cupientes, vestre fraternitati committimus et mandamus quatinus omnibus et singulis confratribus nostris et coepiscopis nostre sancte Cantuarien' ecclesie suffraganeis, et absencium episcoporum si qui fuerint vicariis in spiritualibus generalibus, vice et auctoritate nostris iniungatis, quatinus omnes et singulos pacis perturbatores, manutentores et fautores huiusmodi per rectores, vicarios et capellanos parochiales in ecclesiis parochialibus per suas civitates et dioceses ubilibet constitutis, intra missarum solempnia diebus dominicis et festivis, cum maior in eisdem affuerit populi multitudo, cruce erecta, campanis pulsatis, candelis accensis et extinctis ac in terram proiectis, in dictam maioris excommunicacionis sentenciam incidisse, et ea fuisse et esse dampnabiliter involutos, denuncient denunciarive faciant cum effectu. Vobis insuper ut supra mandamus quatinus mandatum nostrum huiusmodi in ecclesiis parochialibus per vestras civitatem et diocesim ubilibet constitutis secundum modum superius expressatum quatenus vos, civitatem et diocesim vestram concernit execucioni debite demandetis. Et quid feceritis in premissis nos citra festum Pasche proxime futurum debite certificetis litteris vestris patentibus habentibus hunc tenorem. Datum in manerio nostro de Lamehith primo die mensis Marcii anno Domini millesimo CCCC^{mo} vicesimo quarto [etc.]. Quarum auctoritate litterarum (*fo. 38v*), vobis reverende pater cum ea qua decet reverencia tenore presencium firmiter iniungendo mandamus, quatinus dictas litteras in ecclesiis parochialibus per vestras civitatem et diocesim ubilibet constitutis, secundum modum superius expressatum, quatenus vos, civitatem et diocesim vestras concernunt execucioni debite demandetis, certificantes dictum reverendissimum patrem quid feceritis in premissis prout littere exigunt memorate. Datum sub sigillo nostro in manerio nostro de Wykham decimo die mensis Marcii anno Domini supradicto [etc.].

[*Same day and place. Receipt of the bishop of London's rescript of the archbishop's mandate for processions (litanies) on Wednesdays and Fridays on behalf of the foreign expeditions of John duke of Bedford and Humphrey duke of Gloucester to recover, the one the King's right*[1] *and the other his own*[2]*, and on behalf of the peace and tranquility of the Church of England; with the offer of an indulgence.*]

SUPPLICATIONES

Item secundo die Aprilis dominus ibidem recepit aliam litteram prout sequitur tenore verborum: Reverendo [etc.] Edmundo [etc.]

---

[1] *in Maine and Anjou.*
[2] *in Hainault; he was at home again before the end of this month.*

Iohannes [etc.] Londonien' episcopus salutem et sincere dileccionis continuum incrementum. Litteras reverendissimi [etc.] Henrici Dei gracia Cant' archiepiscopi, etc., nuper recepimus tenorem qui sequitur continentes: Henricus [etc.] venerabili fratri nostro domino Iohanni [etc.] salutem et fraternam in Domino caritatem. Tociens ut creditur rei publice augetur utilitas necessitasque relevatur, quociens ad Deum devote oracionis libamen a populo unanimiter fusum fuerit pro eadem. Sane cum serenissimi principes et domini Iohannes dux Bedfordie, pro iure domini nostri regis, ac Umfridus dux Gloucestrie pro suo proprio, per Dei graciam recuperando inter guerrarum discrimina in partibus exteris elaborent, tanto pro eisdem convenit et expedit exorare devocius quanto ex eorumdem utriusque prosperitate felici et laboribus antedictis commune bonum tocius regni Anglie peraugetur, paxque [et] tranquillitas ecclesie anglicane ab inimicorum iniuriis et emulorum iniuriis (*sic*): vestre igitur fraternitati committimus et mandamus quatinus omnibus et singulis confratribus nostris et coepiscopis nostre sancte Canturarien' ecclesie suffraganeis, et absencium episcoporum vicariis in spiritualibus generalibus, vice et auctoritate nostris iniungatis, quod ipsorum singuli in civitatibus et diocesibus suis pro felici statu domini nostri regis et regni processiones solitas quartis et sextis feriis continuari facientes, subditos suos quoscumque clericos et laicos ad devote et specialiter exorandum pro dictis principibus ac eorumdem et aliorum in eorum comitiva laborancium prosperitate et expedicione felici moneant et inducant seu moneri faciant et induci, vosque per civitatem et diocesim vestras consimiliter faciatis, ut Deus noster omnipotens fidelium precibus complacatus ipsos principes singulos dirigat in agendo et ab inimicorum suorum insidiis ipsos protegat et defendat. Et ut mentes fidelium ad huiusmodi oraciones devocius effundendas Altissimo propensius excitentur, de ipsius Dei immensa misericordia [etc. *as on p. 42*] concedimus per presentes, sicque per vos et confratres nostros concedi rogamus et in Domino suademus. De die vero recepcionis presencium et quid inde feceritis nos omni celeritate possibili et ad ultimum citra festum Pasche proxime futurum curetis reddere cerciores litteris vestris patentibus habentibus hunc tenorem. Et nostris confratribus et absencium episcoporum vicariis generalibus similiter iniungatis quod ipsorum singuli simili modo nos certificent quid fecerint in premissis. Datum in manerio nostro de Lamehith primo die mensis Marcii anno Domini millesimo CCCC^{mo} vicesimo quarto, [etc.].

Quarum auctoritate litterarum vobis reverende pater cum ea que decet reverencia iniungimus per presentes quod, pro felici statu dicti domini nostri regis et regni, processiones solitas quartis et sextis feriis continuari facientes, subditos vestros quoscumque clericos et laicos ad devote et specialiter exorandum pro dictis principibus ac eorumdem et aliorum in eorum comitiva laborancium prosperitate et expedicione felici moneatis et inducatis seu moneri faciatis et induci, mentes eorumdem ad premissa faciendum indulgencie vestre concessione ut prefertur excitantes; certificantes insuper prefatum reverendissimum patrem citra festum Pasche proxime futurum de eo quod feceritis in premissis prout littere exigunt supradicte. Datum [etc.] Wykham septimo die dicti mensis Marcii anno Domini supradicto [etc.].

[LICENCIA ABSENTANDI].

3 Apr. 1425, Tavystok; to master John Franke rector of Tavy sancti Petri, for non-residence until St George's day next (*proxime nunc futurum*).

[*6 Apr. 1425, Launceston. Commission to John Newecomb, LL.B. vicar of Okehampton, to enquire into an allegation that Broadwood Kelly church had been polluted by bloodshed; and, if it has been, to inhibit divine service there until it is reconciled.*]

COMMISSIO AD INQUIRENDUM SUPER POLLUCIONE ECCLESIE.

Edmundus [etc.] dilecto [etc.] magistro Johanni Newecomb in legibus bacallario vicario perpetuo ecclesie parochialis de Okampton salutem [etc.]. Ex fidedignorum relacione et fama publica referente ad aures nostras noviter est deductum quod ecclesia de Brodewodekelly nostre diocesis sanguinis effusione ut dicitur est polluta. Nos igitur de et super premissis informari volentes, vobis committimus et (*fo. 39*) mandamus firmiter iniungentes quatinus, vocatis in hac parte de iure vocandis, per viros fidedignos in dicto facto presentes et alios pleniorem noticiam in hac parte obtinentes in forma iuris iuratos, super premissis ac quomodo et per quos huiusmodi ecclesia fuerit polluta, inquiratis diligenter et fideliter plenius veritatem. Et si huiusmodi ecclesiam inveneritis esse pollutam, inhibeatis palam, publice et expresse sub pena iuris ne quis ante reconciliacionem eiusdem ecclesie in ipsa presumat divina quomodolibet celebrare. Ad que facienda vobis tenore presencium committimus vices nostras cum cuiuslibet cohercionis canonice potestate. Et quid in premissis feceritis nos huiusmodi inquisicionis negocio debite expedito certificetis per litteras vestras clausas harum et tocius huiusmodi facti seriem nominaque et cognomina [eorum] per quos huiusmodi inquisicio capta et facta fuerit dilucide continentes sigillo autentico consignatas. Datum [etc.] in prioratu de Lanceston' sexto die mensis Aprilis anno Domino millesimo CCCC^{mo} vicesimo quinto [etc.].

H

[*9 Apr. 1425, Lawhitton. Appointment of John Waryn canon of Exeter and Richard Betty canon of St Paul's as the bishop's proxies in Convocation at St Paul's on 23 April next.*]

PROCURATORIUM PRO CONVOCACIONE CLERI.

Pateat universis per presentes quod nos Edmundus [etc.] dilectos [etc.] magistros Iohannem Waryn in decretis licenciatum, ecclesie nostre cathedralis Exonie canonicum, et Ricardum Betty in legibus bacallarium ac in ecclesia sancti Pauli London' canonicum, coniunctim et divisim utrumque eorum in solidum, ita quod non sit melior condicio occupantis sed quod unus eorum inceperit alter eorum prosequi valeat mediare et finire, nostros veros et licitos procuratores, negociorum gestores et nuncios speciales ordinamus, facimus et constituimus per presentes; dantes et concedentes eisdem procuratoribus nostris et eorum utrique potestatem generalem et mandatum speciale nomine nostro et pro nobis in ecclesia sancti Pauli London' in presenti convocacione prelatorum et cleri, vicesimo tercio die instantis mensis Aprilis proxime futuro inchoanda cum continuacione et prorogacione dierum tunc sequencium si oporteat et locorum, coram reverendissimo [etc.] Henrico Dei gracia Cantuarien' archiepiscopo, tocius Anglie primate et apostolice sedis legato, eiusve locumtenentibus seu commissariis quibuscumque, comparendi, absenciamque nostram a personali comparicione excusandi, causasque absencie nostre allegandi et si necesse fuerit probandi, ac super omnibus et singulis negociis statum, comodum et honorem regni Anglie et ecclesie anglicane aceciam clerum eiusdem regni contingentibus tractandi, et hiis que ibidem ex deliberacione communi ad honorem Dei et ecclesie sue ac utilitatem regni contigerit concorditer ordinari consenciendi, omniaque alia et singula faciendi que in premissis et circa ea necessaria fuerint seu quomodolibet oportuna, et que per nos fieri possent si personaliter interessemus tunc ibidem; promittentes nos ratum et firmum habituros quicquid iidem procuratores nostri seu corum alter nomine nostro fecerint aut fecerit in premissis et quolibet premissorum. Datum [etc.] Lawhitton nono die mensis Aprilis anno Domini millesimo CCCC^{mo} vicesimo quinto [etc.].

[*Same day and place. Appointment of the bishops of St Davids (Benedict Nicoll) and Worcester (Philip Morgan) and Richard Betty canon of St Paul's as the bishop's proxies in Parliament at Westminster on 30 April next.*]

PROCURATORIUM PRO PARLIAMENTO DOMINI REGIS.

Universis pateat per presentes quod nos Edmundus [etc.] reverendos in Christo patres et dominos dominos Benedictum Meneven' et Philippum Wygornien' episcopos, ac magistrum Ricardum Betty

in legibus bacallarium, ecclesie cathedralis sancti Pauli London'
canonicum coniunctim et divisim et quemlibet ipsorum[1] in solidum,
nostros constituimus procuratores, ad comparendum et interessendum
pro nobis et nomine nostro una cum prelatis, magnatibus et proceribus
regni Anglie in parliamento excellentissimi in Christo principis et
domini nostri domini Henrici Dei gracia regis Anglie et Francie
illustris et domini Hibernie, apud Westm' ultimo die mensis Aprilis
proxime futuro salubriter tenendo, necnon de et super negociis in
ipso parliamento exponendis tractandum, omnibusque et singulis
que ibidem communi et unanimi assensu prelatorum, magnatum et
procerum predictorum ad honorem Dei et ecclesie ac domini nostri
regis, regni et populi sui utilitatem divina favente clemencia ordinari
contigerint consenciendum, ratum et gratum habituros quicquid
dicti procuratores nostri aut eorum aliquis fecerint aut fecerit, con-
senserint aut consenserit, quatenus ad nos attinet in premissis.   In
cuius rei [etc.].   Datum apud Lawhitton nono die mensis Aprilis
anno Domini millesimo CCCC^{mo} xxv^{to} [etc.].

[LICENCIE CELEBRANDI].

10 Apr. 1425 [*Lawhitton*]; to John Wyse and Constance his wife, for
divine service in their presence in any suitable place in their house in
the parish of Sydenham.
Also to Richard Pentere, Joan his wife and John his son, to hear divine
service in a chapel in their house at Hurdon.

[*11 Apr. 1425, St German's. Commission to the archdeacon of Cornwall
or his official to enquire in full chapter into the vacancy and patronage of the
parish church of St Tudy, and into the merits of Waren Delyowinere who has
been presented thereto by Thomas Werynge and Roger Prydeaux; and to certify.*]

[COMMISSIO AD INQUIRENDUM DE ET SUPER IURE PATRONATUS ETC.
    ECCLESIE PAROCHIALIS SANCTI TUDY.]

Edmundus [etc.] dilecto [etc.] archidiacono nostro Cornubie seu
eius officiali salutem [etc.].   Presentarunt nobis dominum Warenum
Delyowinere Thomas Werynge et Rogerus Prydeaux ad ecclesiam
parochialem sancti Tudy in Cornubia nostre diocesis ut dicitur
vacantem et ad suam ut dicunt presentacionem spectantem.   Quocirca
vobis committimus et mandamus quatinus, vocatis in hac parte
(*fo. 39v*) de iure vocandis, de vacacione huiusmodi, qualiter videlicet
et a quo tempore incepit vacare, quis sit verus patronus aut qui sint
veri patroni eiusdem, quis presentavit seu qui presentarunt ultimo
ad eandem, et ad quem seu quos ius et quo iure ad ipsam presentandi
pertineat ista vice, an sit litigiosa, pensionaria aut porcionaria, et

[1] *fo. 52v adds* per se et.

si sit cui vel quibus, qualiter et in quanto, quanteque sit taxe vel estimacionis, de meritis eciam presentati, an sit liber, legitimus, ydoneus et honestus, cuiusque ordinis et etatis, an sit alibi beneficiatus et an aliquid obsit presentanti aut presentato memoratis, necnon de ceteris articulis et circumstanciis universis tam presentantis quam presentati personas contingentibus inquiri in talibus consuetis, per rectores et vicarios decanatus illius in quo dicta ecclesia consistit in pleno loci capitulo coram vobis presentes et iuratos diligenter et fideliter inquiratis. Et quid reppereritis et feceritis in premissis, nos huiusmodi inquisicionis negocio debite expedito debite certificetis per vestras litteras clausas, sigillo vestri officii impresso et pendente et eorum per quos huiusmodi inquisicio capta fuerit sigillis pendentibus consignatas ipsorum nomina et cognomina et harum seriem continentes. Datum in prioratu sancti Germani xj° die mensis Aprilis anno Domini millesimo CCCC^{mo} vicesimo quinto [etc.].

[*Same day and place. Licence to Thomas Berwyk O.P. of Truro, to hear confessions in Cornwall, (in reserved cases),*[1] *until Easter next (i.e. 1426).*[2]]

[CONFESSIONALE].

Item eodem die ibidem dominus concessit licenciam fratri Thome Berwyk ordinis Predicatorum de Truru, ad audiendum confessiones parochianorum quorumcumque domini nostri Exon' episcopi infra comitatu Cornub' sibi confiteri volencium, usque ad festum Pasche proxime futurum duraturam[1] in casibus domino reservatis,[1] dumtamen ecclesiis matricibus locorum non fiat preiudicium etc., ut in forma communi.

[LICENCIE CELEBRANDI].

13 Apr. 1425, St Austol; to sir John Arundell Trerys knight, for divine service in his presence in any suitable place in Devon.

Also to sir Vivian, vicar of St Austol, for divine service celebrated by himself or others in any suitable place in his parish, during pleasure.

14 Apr. 1425, Grampond; to sir Walter Sage chaplain and sir Richard (*blank*) chaplain, of Grampond, for divine service celebrated by themselves or by others in their presence.

DISPENSACIO SUPER DEFECTU NATALIUM.

16 Apr. 1425, Penryn; a dispensation to Thomas Trescularth clerk, reciting letters of Jordan bishop of Albano the papal penitentiary, as on pp. 14,67 (additions A and B) above, dated at St Peter's Rome, 7 Kal. May 7 Martin V (25 Apr. 1424) (*fo. 40, quire vj*) permitting

---

[1-1] *This clause written in between the lines.*
[2] *In 1425 Easter Day fell on 8 April.*

him, despite his defective birth of a single man and woman, to advance
to all holy orders and to hold a benefice even with cure of souls;
provided that he be ordained within the stated times after receiving
his benefice, and that he reside personally upon it. Dated at Penryn
16 Apr. 1425, the letters of dispensation being written, subscribed and
published by Richard Chichestr' clerk, notary publick, and witnessed
by Philip Lacy esquire and master James Carslegh LL.B.

[LICENCIE CELEBRANDI].

16 Apr. 1425, Penryn; to sir Robert Treworge chaplain, for divine
service celebrated by himself or by others in his presence in any
suitable place in the archdeaconry of Cornwall.

17 Apr. 1425, Marghasyow [Marazion]; to sir John Patry vicar of St
Paul, for divine service celebrated by himself or others in two chapels
in his parish.

Also to sir Richard, vicar of St Sancrede, for divine service celebrated
by himself or others in two chapels in his parish.

[*17 Apr. 1425. Certificate to the archbishop of Canterbury of compliance
with the mandate of summons (p. 107 above) to the Convocation to be held on
23 April.*]

MANDATUM PRO CLERO VOCANDO.

Reverendissimo [etc.] Henrico Dei gracia Cantuarien' archiepiscopo
[etc.] vestrisve locumtenentibus seu commissariis quibuscumque
Edmundus [etc.] obedienciam et reverenciam tanto patri debitas
cum honore. Litteras venerabilis [etc.] Johannis Dei gracia Londonien'
episcopi secundo die Aprilis recepimus in hec verba: Reverendo in
Christo patri etc., ut in tercio folio precedente. Harum siquidem
litterarum quin verius mandati vestri reverendissimi predicti auctoritate,
decanum et capitulum ecclesie nostre cathedralis Exonie, archidiaconosque in eadem ecclesia ac eciam abbates et priores conventus
sub se habentes ac alios ecclesiarum prelatos exemptos et non exemptos,
clerumque nostrarum civitatis et diocesis fecimus et mandavimus
citari peremptorie ac premuniri, quatinus ipsorum singuli coram
vobis aut vestris in hac parte locumtenentibus vel commissariis, die
et loco in litteris supradictis plenius expressatis cum continuacione
et prorogacione dierum tunc sequencium et locorum, compareant ut
prefertur tractaturi, impensuri et consensuri, facturi et recepturi in
omnibus et per omnia quod tenor dictarum litterarum seu mandati
vestri reverendi supradicti exigit et requirit. Omnia insuper alia
in eisdem litteris contenta quatenus nos, civitatem et diocesim nostras
concernit aut personas in eisdem concernunt, iuxta vim, formam et
effectum earumdem execucioni debite reverenter prout decet fecimus

demandari. Nomina vero per nos seu auctoritate nostra citatorum in ea parte in cedula presentibus annexa plenarie continentur. Paternitatem vestram reverendissimam diu conservet in prosperis nostri clemencia Salvatoris. Datum [etc.] apud Montem Sancti Michaelis in Cornubia xvij° die mensis Aprilis anno Domini millesimo CCCC^mo xxv^to [etc.].

[16 Apr. 1425, Penryn. Certificate as before of compliance with the mandate (p. 108 above) against the authors of defamatory books etc.]

(*fo. 40v*) [CERTIFICATORIUM MANDATI CONTRA LIBELLOS FAMOSOS ETC.].

Reverendissimo [etc.] Henrico Cantuarien' archiepiscopo [etc. *as next above*]. Litteras venerabilis [etc.] Johannis [etc. *as before*] in hec verba: Reverendo etc., ut in secundo folio precedente. Cuius auctoritate mandati vestri reverendissimum (*sic*), omnes et singulos pacis perturbatores, manutentores et fautores eorumdem in ecclesia nostra cathedrali ecclesiisque parochialibus per nostras civitatem et diocesim ubilibet constitutis diebus dominicis et festivis intra missarum solempnia modo et forma in huiusmodi vestris litteris expressatis in huiusmodi maioris excommunicationis sentenciam incidisse et ea ligatos fuisse et esse, denunciari fecimus, ceteraque omnia et singula peregimus que vestre littere antedicte in se exigunt et requirunt. In cuius rei testimonium sigillum nostrum presentibus est appensum. Datum apud Penryn sexto decimo die mensis Aprilis anno Domini millesimo CCCC^mo vicesimo quinto [etc.].

[Same day and place. Certificate as before of compliance with the mandate (p. 109 above) for processions.]

[CERTIFICATORIUM MANDATI DE PROCESSIONIBUS FACIENDIS].

Reverendissimo [etc.] Henrico [etc.] Edmundus [etc. *as before*]. Litteras reverendi [etc.] Johannis [etc. *as before*] in hec verba: Reverendo etc., ut in secundo folio precendente. Cuius auctoritate mandati vestri reverendissimi, processiones solitas singulis quartis et sextis feriis per nostras civitatem et diocesim pro felici statu domini nostri regis et regni continuari facientes subditos nostros quoscumque clericos et laicos specialiter et devote ad exorandum pro dictis principibus ac eorumdem et aliorum in eorum comitiva laborancium prosperitate et expedicione felici monuimus et inducimus (*sic*) monerique fecimus et induci, mentes eorum ad premissa facienda indulgencie nostre concessione ut mandatur excitantes. In cuius rei testimonium sigillum nostrum presentibus est appensum. Datum apud Penryn xvj° die mensis Aprilis anno Domini millesimo CCCC^mo xxv^to [etc.].

[*18 Apr. 1425. Licence for divine service in the chapel at Mitchell, Cornwall.*]

[LICENCIA CELEBRANDI].

Item xviij° die Aprilis dominus concessit licenciam universis etc. ut in forma, ad celebrandum in capella in villa de Metschole [*or* Metsthole] situata divina possent celebrari, dumtamen etc..

[*19 Apr. 1425, Bodmin. To John Wynterborne rector of Charleton and John Carnell LL.B., on the petition of William Clyf rector of Stokenham, to enquire into dilapidations in chancel, books and ornaments and in the rectory house and property, left by his immediate predecessor Edward Prentys; and, in particular, how much Prentys received from his predecessors for this purpose, and how he spent it.*]

INQUISICIO SUPER DEFECTIBUS DOMORUM.

Edmundus [etc.] dilectis [etc.] domino Johanni Wynterborne rectori ecclesie parochialis de Charleton nostre diocesis et magistro Johanni Carnell in legibus bacallario, salutem, graciam et benediccionem. Ex parte dilecti [etc.] domini Willelmi Clyf rectoris ecclesie parochialis de Stokynham nostre diocesis nobis nuper extitit intimatum quod nonulli sunt defectus tam in cancello, libris et ornamentis, quam in domibus, muris et clausuris, rebusque aliis dicte rectorie notorie imminentes reparacione debita indigentes, quos magister Edwardus Prentys predecessor suus immediatus dimisit suis temporibus per ipsius incuriam et negligentiam incorrectos. Volentes igitur ad ipsius nunc rectoris supplicacionem de oportuno sibi super hoc provideri remedio ut tenemur, vobis coniunctim et divisim committimus et mandamus quatinus, vocatis hiis qui de iure fuerint vocandi, super defectibus huiusmodi, qui et quales sint et in quibus rebus consistant, et pro quanto singuli singillatim poterint debite reparari, cuius seu quorum temporibus acciderunt (*sic*) et ad quem seu quos huiusmodi defectuum reparacio pertinuit (*sic*) et debeat pertinere, ac quam summam idem predecessor immediatus a predecessoribus vel precessoribus suis in dicta ecclesia reparacionibus inibi faciendis receperat, et an eadem in usus huiusmodi converterat, per viros fidedignos clericos et laicos in forma iuris iuratos et neutri parti suspectos, pleniorem noticiam premissorum obtinentes, diligenter et fideliter inquiratis. Et quid per inquisicionem huiusmodi reppereritis et feceritis in premissis, nos huiusmodi inquisicionis negocio debite expedito distincte et aperte certificetis per litteras vestras clausas, sigillo autentico impresso et pendente et eorum per quos huiusmodi inquisicio capta fuerit sigillis pendentibus consignatas ipsorum nomina et cognomina et harum seriem continentes. Datum [etc.] in prioratu

Bodminine xix° die mensis Aprilis anno Domini millesimo CCCC^{mo} vicesimo quinto [etc.].

[LICENCIE CELEBRANDI].

19 Apr. 1425, [Bodmin]; to sir John vicar of St Neot, for divine service celebrated by himself and others in the chapel(s)[1] of St Neot and St Ann within his parish.

(fo. 41) 20 Apr. 1425; to John Pengelly and his wife, for divine service in their presence in any suitable place in the parish of St Tethe.

Also to the vicar of St Tethe, for divine service celebrated by himself and others in any suitable place.

22 Apr. 1425, Hertlond; to William Graynevyle and Thomasia his wife, for divine service in their presence in any suitable place in the diocese.

23 Apr. 1425, Toryton; to master William Alyn rector of Toryton, for divine service celebrated by himself and others in two chapels within his parish.

[*25 Apr. 1425, Bishop's Tawton. Grant of an indulgence to contributors to Bideford bridge.*]

INDULGENCIA PRO PONTE DE BYDEFORD.

Item . . . apud Tauton Episcopi, dominus concessit indulgenciam xl^a dierum omnibus Christifidelibus qui ad reparacionem, construccionem sive emendacionem pontis de Bydeford aliqua de bonis sibi a Deo collatis contulerint, donaverint, legaverint seu quovismodo assignaverint subsidia caritative. Et mandatum fuit archidiaconis Exonie, Tottonie, Barn' et Cornubie seu eorum officialibus ut in forma communi.

[*4 June 1425, Exeter. Receipt of the King's mandate for the admission of a suitable presentation to the parish church of Lanivet by Benedict Gyffard, who had recovered the advowson in a suit against Hugh Boscawen at Launceston assizes on 19 March last.*]

LANYVET ECCLESIA.

Item quarto die Junii Exonie dominus recepit breve regium sub hac forma verborum: Henricus Dei gracia rex Anglie et Francie et dominus Hibernie venerabili in Christo patri E. eadem gracia episcopo Exon' salutem. Sciatis quod Benedictus Gyffard in curia nostra coram Johanne Martyn et Johanne Cottesmore iusticiariis nostris ad assisias in comitatu Cornubie capiendas assignatis apud

---

[1] *MS*—capell'

Launceneton, die lune proximo ante festum annunciacionis beate
Marie virginis anno regni nostri tercio, virtute brevis nostri *Nisi prius*
recuperaverit versus Hugonem Boscawen presentacionem suam ad
ecclesiam Lannevet vestre diocesis vacantem et ad suam donacionem
spectantem, unde idem Benedictus breve nostrum de *quare impedit*
in curia nostra coram iusticiariis nostris apud Westm' alias tulerat
versus eum per defaltam ipsius Benedicti. Et ideo vobis mandamus
quod, non obstante reclamacione predicti Hugonis, ad presentacionem
predictam ydoneam personam ad ecclesiam predictam admittatis.
Teste J. Martyn apud Lanceneton die lune et anno supradictis etc..

[*11 June 1425, Clyst. Receipt of a writ of* Venire facias *requiring Robert
Kyng [vicar] of Duloe to appear before the King's justices at Westminster
within 15 days of St John Baptist's day, to answer a plea of John Arundell
knight for the return of a box of muniments, and chattels, valued at £100.*]

DULO.
Item undecimo die mensis Junii predicti apud Clyst dominus recepit
breve regium tenorem continens subsequentem. Henricus [etc.]
venerabili [etc.] E. episcopo Exonie salutem. Mandamus vobis quod
venire faciatis coram iusticiariis nostris apud Westm' a die sancti
Johannis Baptiste in XV dies Robertum Kyng de Dulo in comitatu
Cornubie clericum, clericum vestrum, ad respondendum Iohanni
Arundell militi de placito quod reddat ei quandam pixidem cum
cartis, scriptis et aliis munimentis in eadem pixide contentis et catalla
ad valenciam centum librarum que ei iniuste detinet ut dicit. Et
habeatis ibi hoc breve. Teste W. Babyngton apud Westm' xxj° die
Maii anno regni nostri tercio.

[*13 June 1425, Clyst. Mandate to the dean of West to cite the vicar of
Duloe accordingly, and, in default of other security for his compliance, to
sequestrate the benefice.*]

NOTA: CITACIONES SIVE PREMUNICIONES AD COMPARENDUM CORAM
IUSTICIARIIS DOMINI REGIS RACIONE BREVIS REGII DE VENIRE FACIATIS
UNA CUM SEQUESTRACIONE.
Item xiij° die mensis predicti emanavit mandatum sub hac forma.
Edmundus [etc.] decano originali decanatus de West salutem, graciam
et benediccionem. Breve regium noveritis [nos] recepisse in hec
verba: Henricus etc., ut supra in proximo. Cuius brevis et nostra
auctoritate, tibi committimus et mandamus quatinus premunias et
cites, premuniri et citari facias, prefatum Robertum Kyng vicarium
de Dulo, quod sit coram iusticiariis domini nostri regis die et loco in
huiusmodi brevi expressatis facturus et recepturus in omnibus et
per omnia quod tenor dicti brevis in se exigit et requirit. Insuper

nisi idem Robertus fecerit te securum quod premisse premonicioni
tue in omnibus parebit, et quod nos erga dominum nostrum regem
et eius ministros in ea parte salvabit indempnes, fructus, redditus et
proventus de Dulo sequestres ac sub arto et salvo custodias seu
custodiri facias sequestro, donec huiusmodi premunicioni fuerit
plenarie satisfactum sicut de eisdem tuo volueris periculo respondere.
Et quid in premissis feceris nos citra festum Nativitatis sancti Iohannis
Baptiste proxime nunc futurum debite certifices autentico sub sigillo.
Datum [etc.] Clyst xiij° die mensis Junii anno Domini millesimo
CCC[C]ᵐᵒ xxv° [etc.].

[*6 June 1425, Clyst. Commission to the bishop of Hereford, to present to
the bishop of London, on behalf of the bishop of Exeter as patron for this turn,
Richard Proctour, for institution to the parish church of St Clement Danes
by Temple Bar, London, vacant by the resignation, actual or proposed, of John
Castell.*]

(*fo. 41v*) [Presentatio ad ecclesiam sancti Clementis Dacorum,
London'.]

Reverendo [etc.] Thome Dei gracia Hereforden' episcopo Edmundus
miseracione divina Exonien' episcopus salutem et fraterne dileccionis
continuum incrementum.   Audivimus et fidedigna relacione percepimus quod quidam discretus vir magister Iohannes Castell, rector
ecclesie parochialis sancti Clementis Dacorum extra barram novi
templi London', in sacras manus venerabilis patris et domini domini
Londonien' episcopi, loci in ea parte diocesani, ex certis causis licitis
ipsum moventibus, ecclesiam suam predictam pure et sponte resignavit
seu saltem resignare proponit.   Nos igitur, attendentes quod prefatus
magister Iohannes agit in remotis et est canonicus residenciarius in
ecclesia vestra Herforden', et cum nos ipsius ecclesie sumus verus
patronus, metuentes probabiliter ne in presentacione ad eandem post
ipsius resignacionem nobis aliqua negligencia imputetur, ex certa
sciencia igitur super premissis precaventes ne ius patronatus ipsius
ecclesie nobis hac vice depereat seu saltem propter negligenciam
nostram collacio ipsius ecclesie hac vice ad superiorem devolvatur,
ad presentandum igitur iure et nomine nostris dicto venerabili patri
Londonien' episcopo, hac vice tantum, quendam dominum Ricardum
Proctour capellanum ad ecclesiam sancti Clementis, per liberam
resignacionem prefati magistri Iohannis Castell ut prefertur vacantem,
necnon ad petendum institucionem canonicam de eodem presentato
fieri cum omnibus in ea parte contingentibus et necessariis, vobis
de cuius circumspeccione ad plenum in Domino confidimus committimus vices nostras.   Proviso quod hec presentacio per liberam
resignacionem prefati magistri Iohannis et non alias nec alio modo

usque ad festum sancti Petri quod dicitur Ad Vincula proxime nunc futurum expediatur. Rogantes vos quatinus quicquid duxeritis faciendum, et quid factum fuerit per vos super dicta presentacione, nos citra festum sancti Bartholomei proxime nunc futurum certificare curetis litteris vestris patentibus vestro sigillo aut alio sigillo autentico veraciter consignatis. Datum [etc.] Clyst sexto die mensis Iunii anno Domini millesimo CCCC° xxv^to [etc.].

PRESENTACIO AD TORITON PARVAM.

21 June 1425, Clyst; to master John Herward LL.B. rector of Petrockystowe, to enquire into the vacancy etc. of the parish church of Toryton Parva, to which sir Richard Chichestr' chaplain has been presented by John Copleston senior, William Bykebury, William Monke and Isolda widow of Gilbert Wybbery, and to certify. The form is as on p. 113 above, except that *non expectato pleno loci capitulo* replaces *in pleno loci capitulo.*

[LICENCIA NON RESIDENDI].

2 July 1425, Clyst; to sir John Gentilman rector of Torrebryan, for non-residence for two years.

[6 July 1425, [Clyst]. Commission of enquiry into dilapidations at Stokenham].

[COMMISSIO AD INQUIRENDUM SUPER DEFECTIBUS IN VICARIA DE STOKYNHAM].

Emanavit commissio archidiacono Totton' seu eius officiali, necnon magistro Johanni Carnell in legibus bacallario et domino Johanni Carvarth rectori ecclesie parochialis de Pole [*South Pool*], ad inquirendum super defectibus iminentibus in vicaria de Stokynham per viros fidedignos, clericos et laicos, in forma iuris iuratos et neutri suspectos, pleniorem noticiam premissorum obtinentes; et ad certificandum negocio expedito quid etc..

(fo. 42) MUTACIO ANNI TRANSLACIONIS DOMINI

[LICENCIA CELEBRANDI].

11 July 1425, Clyst; to sir William Champyon vicar of Nymet Episcopi, for divine service celebrated by himself and others in the chapels of St Peter, St Nicholas, St Mary Magdalen and St Margaret in his parish.

[12 July 1425, Clyst. The bishop, having been appointed by papal bull to be one of the conservators of the rights and privileges of the Cluniac order,

*appoints John Symondsburgh archdeacon of Wiltshire (diocese of Salisbury)
and John Morton LL.B. as his delegates to inquire into and to determine
complaints made to the bishop by the prior and convent of Montacute (diocese
of Bath and Wells) of molestation in their tithes and other rights in the diocese
of Salisbury.]*

SUBDGELEGATIO EPISCOPI EXON' CONSERVATORUM ORDINIS CLUNIACENSIS
FACTA ARCHIDIACONO WILTES' IN ECCLESIA SARUM ET UNI ALTERI AD
INQUIRENDUM ET PROCEDENDUM ETC..

Edmundus [etc.] dilectis [etc.] magistris Iohanni Symondsburgh,
archidiacono Wiltes' in ecclesia cathedrali Sarum, et Iohanni Morton
in legibus bacallario salutem in Domino. Litteras sanctissimi in
Christo patris et domini nostri domini Clementis[1] divina providencia
pape non abolitas [etc., *as on p. 14*] more Romane curie bullatas, nos
noveritis recepisse in hec verba. Clemens episcopus servus servorum
Dei venerabilibus fratribus archiepiscopo Cant' et Exonien' ac
Norwicen' episcopis salutem et apostolicam benediccionem. Et si
quibuslibet religiosis personis et locis ex iniuncte nobis servitutis
officio assistere defencionis presidio teneamur illis tamen specialius
et efficacius adesse nos convenit qui sedi apostolice inmediate subiecti
non habent preter Romanum pontificem alium defensorem. Sane
dilectorum filiorum abbatis et conventus monasterii Clunicacensis
ad Romanam ecclesiam nullo medio pertinentis Matisconen' diocesis,
necnon abbatum, priorum et decanorum monasteriorum, prioratuum
et decanatuum Cluniacensis ordinis et conventuum eorumdem,
conquestione percepimus quod nonnulli archiepiscopi et episcopi,
abbates, priores et alii clerici et ecclesiastice persone tam religiose
quam eciam seculares, necnon duces, comites et barones, milites et uni-
versitates ac singulares persone civitatum et diocesium ac parcium vicina-
rum in quibus dictum monasterium ac cetera monasteria, prioratus,
decanatus, domus et alia loca et membra eidem monasterio Cluniacensi
subiecta consistere dinoscuntur, occuparunt et occupari fecerunt
domos, ecclesias, grangia, molendina, decimas, obediencias, casalia,
terras, vineas, possessiones, census, redditus et proventus, iurisdicciones
et iura, necnon nulla bona mobilia et immobilia ad dictam Cluni-
acensem et alia monasteria sibi subiecta, necnon prioratus, decanatus
et domos et alia prelibata eius membra spectanda, et ea detinent
indebite occupata seu eadem detinentibus prestant auxilium,
concilium et favorem, nonnulli eciam parcium diversarum, qui
nomen Domini in vacuum recipere non formidant, dictis abbatibus
et prioribus ac decanis et conventibus monasteriorum et prioratuum
eorumdem in ecclesiis, grangiis, molendinis, decimis, casalibus,

---

[1] *This word was written over an erasure; perhaps the clerk was unprepared for the name of the
antipope.*

castris, terris, iurisdiccionibus, iuribus, bonis et rebus aliis ad monasteria, prioratus et domos predictas spectantibus multiplices molestias
ac iniurias inferunt et iacturas. Quare pro parte dictorum abbatis
et conventus eiusdem monasterii Cluniacensis nobis extitit supplicatum humiliter, ut cum valde deficile reddatur eisdem et aliis
abbatibus, prioribus, decanis et eorum membris pro singulis querelis
ad apostolicam sedem habere recursum providere, super hoc paterna
diligencia curaremur. Nos igitur, consideracione carissimi in Christo
filii nostri Philippi regis Francie illustris super hiis nobis humiliter
supplicantis, illo volentes adversus occupatores, detentores, presumptores, molestatores et iniuriatores huiusmodi eis remedio subvenire
per quod ipsorum compescatur temeritas et aliis aditus committendi
similia precludatur, fraternitati vestre per apostolica scripta mandamus
quatenus vos vel duo aut unus vestrum, per vos aut alium vel alios,
eciam si sint extra loca in quibus deputati estis, conservatores et
iudices, abbatibus, prioribus, decanis, conventibus et domibus ac
membris predictis efficacis defensionis presidio assistentes, non permittatis eisdem super premissis et quibuslibet aliis bonis et iuribus ad
ipsos spectantibus ab eisdem et quibuscumque aliis ipsis gravamina
seu dampna vel iniurias irrogari facturi ipsis cum ab eis vel eorum
aliquo seu procuratore vel procuratoribus eorumdem vel alicuius
eorum fueritis requisiti de predictis aliis personis quibuslibet super
restitucione prioratuum, decanatuum, ecclesiarum, grangiarum,
castrorum, casalium, terrarum, possessionum, iurisdiccionum, iurium
et bonorum mobilium et immobilium, reddituum quoque et proventuum
et aliorum quorumcumque bonorum, necnon de quibuslibet iniuriis
et molestiis presentibus et futuris in personis et rebus ipsorum in illis
videlicet (*fo. 42v*) que iudicialem requirunt indaginem simpliciter
et de plano, sine strepitu et figura iudicii, in aliis vero prout qualitas
eorum exegerit iusticie complementum, occupatores seu detentores,
molestatores, presumptores et iniuriatores huiusmodi, necnon contradictores quoslibet et rebelles cuiuscumque status, ordinis vel condicionis,
eciam si archiepiscopalis vel episcopalis dignitas extiterit, quemcumque
et quocienscumque expedierit auctoritate nostra per censuram ecclesiasticam appellacione proposita compescendo, invocato ad hoc si
opus fuerit auxilio brachii secularis, non obstantibus felicis recordationis Bonifacii pape viij[1] predecessoris nostri in quibus cavetur ne
aliquis extra suas civitatem et diocesim, nisi in ceteris exceptis casibus
et in illis ultra unam dietam a fine sue diocesis, ad iudicium evocetur,
seu ne iudices et conservatores a sede deputati predicta extra civitatem
et diocesim in quibus deputati fuerint contra quoscumque procedere,
sive alii vices suas committere, aut aliquos ultra unam dietam a fine
diocesis eorumdem trahere presumant, seu quod aliis quam de mani-

---

[1] *See above, p. 57n.*

festis iniuriis aut molestiis ac aliis que iudicialem indaginem exigunt
penis in eos si secus egerint et in id procurantes adiectis, conservatores
se nullatenus intromittant, et tam de duabus dietis in concilio generali,
dummodo ultra terciam vel quartam dietas aliquis extra suam civitatem
et diocesim auctoritate presencium ad iudicium non trahatur, quam
aliis quibuscumque constitucionibis a predecessoribus nostris Romanis
pontificibus tam de iudicibus, delegatis et conservatoribus quam
personis ultra certum numerum ad iudicium non vocandis, et aliis,
editis, que nostre possent in hac parte iurisdiccioni aut potestati
eiusque libero exercicio quomodolibet obviari. Seu si aliquibus
communiter vel divisim a predicta sit sede indultum quod excommunicari, suspendi vel interdici, seu extra vel ultra certa loca ad
iudicium evocari non possint per litteras apostolicas non facientes
plenam et expressam ac de verbo ad verbum de indulto huiusmodi et
eorum personis, locis, ordinibus et nominibus propriis mencionem, et
qualibet alia dicte sedis indulgencia generali vel speciali cuiuscumque
tenoris existit per quam presentibus non expressam vel totaliter non
insertam nostre iurisdiccionis explicatio in hac parte valeat quomodolibet impediri, et de qua cuiusque toto tenore de verbo ad verbum in
nostris habenda sit litteris mencio specialis. Ceterum volumus et
apostolica auctoritate decernimus quod quilibet vestrum prosequi
valeat articulum eciam per alium inchoatum quominus idem inchoans
nullo fuerit impedimento canonico prepeditus quodque a dato
presencium sit vobis et unicuique vestrum in premissis omnibus et
eorum singulis ceptis et non ceptis, presentibus et futuris, perpetuata
potestas et iurisdiccio attributa ut eo vigore et ea firmitate possitis
in premissis omnibus ceptis et non ceptis, presentibus et futuris, et
pro predictis procedere, ac si predicta omnia et singula coram vobis
cepta fuissent et iurisdiccio vestra et cuiuslibet vestrum in predictis
omnibus et singulis per citacionem vel modum alium perpetuata
legittimum extitisset constitucione predicta super conservatoribus
et alio quolibet in contrarium edito non obstante. Datum Avinion'
Idibus Aprilis pontificatus nostri anno secundo.

Post quarum quidem litterarum recepcionem, ex parte prioris et
conventus Montis Acuti Bathoniensis et Well' diocesis ad nostrum
devenit auditum quod nonnulli in diocesi Sarum super decimis et
aliis iuribus eis competentibus iniurias manifestas et diversa gravamina
eisdem inferunt et cotidie inferre non desistunt. Supplicarunt igitur
nobis cum instancia prior et conventus predicti quatinus nos, auctoritate
litterarum predictarum, eas defendere et contra eosdem iniuriantes
iuxta formam litterarum predictarum procedere dignaremur. Nos
vero, arduis negociis in nostra diocesi multipliciter prepediti, super
premissis hac vice intendere non valemus, considerantesque quod
dicti iniuriantes in diocesi Sarum actualiter degunt et morantur, ut

parcium laboribus parcamus[1] et expensis, ad inquirendum, cognoscendum super premissis et ea fine canonico terminanda, cum omnibus suis incidentibus, emergentibus, dependentibus et connexis, vobis et utrique vestrum de quorum fidelitate et industria ad plenum in Domino confidimus tenore presencium committimus vices nostras cum cuiuslibet cohercionis canonice potestate. Datum [etc.] Clyst xij° die mensis Iulii anno Domini M°CCCC°xxv° et nostre translacionis anno sexto.

[LICENCIE CELEBRANDI].

14 July 1425, Clyst; to William Bykebury esquire, for divine service (*fo. 43*) in the chapel of St Milburga in the parish of Bykebury and in any suitable places in his house in that parish.

(*fo. 42v*) *15 July 1425;* to Thomas Werthe, for divine service in his presence during pleasure in the chapels at Werthe [*Worth*], Wasshfeld,[2] Palmerheys [*Palmers*] and Fayrby [*Fairby*] in the parish of Tiverton.

(*fo. 43.*) *16 July 1425, Clyst;* to Roger Wyke esquire, for divine service in chapels, oratories or other suitable places in his house in the parish of Axemouth.

21 July 1425; to Robert Estcote of the parish of Kewe in Cornwall, for divine service in his presence in the chapel of St Wenne in that parish and in an oratory or chapel in his house at Pengynve [*Pengenna*].

[*9 Aug. 1452, Clyst. Mandate to the dean and chapter of Exeter, on the petition of Richard Brownste, vicar choral to John Morton canon of Exeter, to transfer and admit the said Richard to the stall of John Cobethorn dean of Exeter, instead of his present one, the provision having lapsed to the bishop.*]

MANDATUM EPISCOPI DECANO AD PROVIDENDUM VICARIO STALLUM IURE DEVOLUTO.

Edmundus [etc.] dilectis [etc.] magistro Iohanni Cobethorn decano et capitulo ecclesie nostre cathedralis Exonie salutem [etc.]. Supplicavit nobis dilectus filius dominus Ricardus Brownste, domini Iohannis Morton canonici ecclesie nostre Exonien' in choro eiusdem ecclesie vicarius, quod cum secundum dicte ecclesie nostre Exonien' statuta quilibet canonicus eiusdem ecclesie cuius vicariam vacare contigerit, in regno degens, infra mensem a vacacione vicarie sue huiusmodi de ydoneo vicario effectualiter providere teneatur, alioquin decanus eiusdem ecclesie infra octo dies continuos sequentes ex officio suo de huiusmodi vicario debeat providere, et in eorum defectu ad nos huiusmodi provisio devolvatur; ac vicaria magistri Iohannis

---

[1] *MS:* pariter
[2] Washfield is the parish adjacent to Tiverton, and Worth stands in it. (*The Place-Names of Devon*, p. 421.)

Cobethorn decani antedicti et eiusdem ecclesie canonici, in regno degentis et ad presens inibi residentis, tanto tempore vacaverit quod ad nos provisio eiusdem sit notorie devoluta, quatinus eidem domino Ricardo Brownste de vicaria magistri Iohannis Cobethorn decani antedicti providere, ac ipsum de stallo domini Iohannis Morton ad stallum magistri Iohannis Cobethorn transferre dignaremur. Nos itaque, dicti domini Ricardi in hac parte supplicacionibus inclinati, vobis committimus et mandamus quatinus vicarie prefati magistri Iohannis de prefato domino Ricardo Brownste iure nobis devoluto provideatis, ipsumque dominum Ricardum ad eandem vicariam et ad officiandum in eadem nostra ecclesia vice et nomine eiusdem magistri Iohannis Cobethorn et pro stallo suo ut moris est auctoritate nostra admittatis et transferatis realiter cum effectu, certificantes nos negocio expedito quid feceritis in premissis. Datum [etc.] Clyst nono die mensis Augusti anno Domini millesimo CCCC^{mo} vicesimo quinto [etc.].

[*10 Aug. 1425, Clyst. Grant of an indulgence to contributors to the stone causeway which the men of Marazion have started to build in Mount's Bay for the protection of vessels from the storms which every year cause shipwreck and the drowning of mariners.*]

INDULGENTIA.

Universis sancte matris ecclesie filiis ad quos presentes littere pervenerint Edmundus [etc.] salutem in Eo per quem fit remissio peccatorum. Obsequium Deo gratum tociens impendere opinamur quociens mentes fidelium ad caritatis opera allectivis indulgenciarum muneribus propensius excitamus. Cum itaque in loco in Cornubia que vocatur Mowntys Bay nostre diocesis, per procellas et tempestates omni anno quamplures naves et navicule pro defectu causie periclitantur et, quod dolendum est, homines naufragio et morte ibidem in mediis fluctibus involvuntur et pereunt, prout ex fidedigna relacione informamur, unde homines et incole de Marghasyowe iuxta predictum montem Sancti Michaelis commorantes, zelo caritatis ac pietatis moti, iam noviter inceperunt unam causeam auxilio Dei ex lapidibus construere infra quam naves omni tempore ibidem applicantes possent tute recepi et salvari. Et quia eorum propositum bonum prout vellent causa paupertatis sine subsidio et relevamine christifidelium supplere non valeant, supplicarunt nobis caritatis intuitu quatinus super premissis litteram nostram testimonialem concedere dignaremur. De Dei igitur omnipotentis immensa misericordia [etc. *as on p. 107*] omnibus [etc.] de peccatis suis vere penitentibus, contritis et confessis, ad construccionem dicte causee aliqua de bonis sibi a Deo collatis contulerint, donaverint, legaverint seu quovismodo assignaverint subsidia caritatis, quadraginta (*fo. 43v*) dies indulgencie misericorditer in Domino concedimus per presentes. Datum [etc.] Clyst decimo die mensis Augusti anno Domini millesimo CCCC^{mo} vicesimo quinto [etc.].

[*11 Aug. 1425, Clyst. Receipt of a rescript of the archbishop's mandate for the publishing of the judicial condemnation, pronounced in Convocation, of the opinions of the Franciscan friar William Russell, and prohibiting all favour and maintenance alike for him and his heretical doctrines, on pain of excommunication. In a sermon at Paul's Cross he had taught that, since it was not by divine law that personal tithes are payable to the parish priest, they might be given as alms to the poor, except where custom to the contrary prevailed.*]

TESTIMONIALIS LITTERA SUPER SENTENCIA DIFFINITIVA LATA CONTRA FRATREM WILLELMUM ORDINIS SANCTI FRANCISCI ASSERENTEM ET PREDICANTEM CONTRA DECIMAS PERSONALES.[1]

Item undecimo die mensis Augusti anno Domini supradicto dominus in manerio suo de Clyst recepit litteram infrascriptam prout sequitur tenore verborum: Reverendo in Christo patri [etc.] Edmundo [etc.] David Price ecclesie London' canonicus, reverendi [etc.] Iohannis Dei gracia London' episcopi in remotis agentis vicarius in spiritualibus generalis, reverencias et honores tanto patri debitas. Litteras reverendissimi [etc.] Henrici Dei gracia Cantuar' archiepiscopi [etc.] nuper recepimus tenorem qui sequitur continentes: Henricus [etc.] venerabili fratri nostro domino Iohanni [etc.] salutem et fraternam in Domino caritatem. Cum nos in presenti consilio provinciali, assistentibus nobis venerabilibus confratribus nostris coepiscopis et suffraganeis nostris nobiscum congregatis, iudicialiter presidentes, ac de eorumdem confratrum nostrorum consilio et assensu contra quendam fratrem Willelmum Russell, ordinis sancti Francisci se dicentem et dicte provincie nostre, in quadam causa sive quodam negocio perverse doctrine et dogmatizacionis erronee et heretice quas idem frater Willelmus alias in quodam sermone publico apud altam crucem sancti Pauli London' predicavit, asseruit atque docuit, videlicet quod decime personales non cadunt sub precepto divino saltem ut solvantur parochie curato, quare licet vestrum unicuique nisi consuetudo in contrarium fuerit ipsas in pios usus pauperum dispensare, et iterum personales decime sub divino non cadunt precepto neque iure debentur ubi solucionis non est consuetudo. Cuius quidem doctrine perverse et dogmatizacionis erronee et heretice occasione legitime procedentes, concurrentibus omnibus et singulis que in hac parte de iure requiruntur, ac servato in omnibus processu

---

[1] *See* Chichele, *vol I, Introduction, and vol. III*, passim.

legitimo de iure requisito, habita matura deliberacione cum sacrorum canonum et theologie doctoribus ac universitate studii generalis Oxon', ad sentencie diffinitive prolacionem contra eundem fratrem Willelmum processimus in hunc modum:

In Dei nomine Amen. Nos Henricus [etc., *as in* Chichele *iii. pp. 133f., as far as* in hiis scriptis, *with these differences:* Chichele, *p. 133, 4th line from bottom: for* irrevocabili, Lacy *reads* irracionabili; *ibid, 3rd line from bottom; for* immune, Lacy *reads* minime; *p. 134, line 5:* Lacy *omits* adhesit et; *ibid, line 6: for* dimississe, Lacy *reads* divisisse.]

(*fo. 44*) Nolentes igitur quod qui nequam est sua culpa alios inficeret, vestre fraternitati committimus et mandamus quantinus omnibus et singulis confratribus nostris et coepiscopis nostre sancte Cant' ecclesie suffraganeis predictis, et absencium episcoporum vicariis in spiritualibus generalibus, vice et auctoritate nostris iniungatis, quod ipsorum singuli in civitatibus et diocesibus suis prefatum Willelmum sic ut premittitur, occasione perverse et erronee doctrine et dogmatizacionis heretice huiusmodi, necnon induracionis et obstinacie quibus eidem doctrine erronee et heretice animo pertinaci dampnabiliter et irrevocabiliter adhesit et adheret, per vos, exigente pertinacia sua huiusmodi, pro heretico et ab ecclesia diviso iudicatum et hereticum condempnatum fuisse et esse, ac ut hereticum puniendum et ea occasione ab omnibus christifidelibus vitandum fore publice denuncient, et ab eorum subditis faciant publice et solempniter denunciari. Vosque per civitatem et diocesim vestras consimiliter faciatis. Inhibeatis insuper vice et auctoritate nostris omnibus et singulis subditis vestrarum civitatis et diocesis, et per dictos confratres coepiscopos et suffraganeos nostros et absencium episcoporum vicarios generales omnibus et singulis nostre Cantuar' provincie subditis in singulis eorum civitatibus et diocesibus ubilibet constitutis inhiberi faciatis, quibus nos eciam tenore presencium inhibemus, ne ipsum fratrem Willelmum de cetero recipiant seu defendant aut sibi consilium, auxilium vel favorem impendant in hac parte, seu conclusionem suam predictam teneant, predicent vel defendant, sub pena excommunicacionis maioris quam in omnes et singulos qui eundem fratrem Willelmum de cetero in sui erroris seu heresis predicte favorem receptaverit aut receptaverint, defensaverit seu defensaverint, aut sibi auxilium, consilium vel favorem in hac parte prebuerit seu prebuerint, seu conclusionem suam predictam tenuerint, predicaverint vel defenderint tanquam fautores, receptores et defensores heretice et erronee conclusionis ac doctrine heretice ferimus in hiis scriptis. De die vero recepcionis vestre presencium et quid inde feceritis, nos cicius quo poteritis at ad ultimum citra festum sancti Michaelis proxime futurum curetis reddere cerciores, litteris vestris patentibus habentibus hunc tenorem. Et nostris confratribus et absencium episcoporum vicariis generalibus similiter iniungatis quod ipsorum singuli simili modo nos certificent quid fecerint in premissis. Datum [etc.] Lameheth xiij° die mensis Iulii anno Domini millesimo CCCC^mo xxv^to [etc.].

Quarum auctoritate litterarum vobis reverende pater cum ea que decet reverencia iniungimus per presentes quatinus in civitate et diocesi vestris prefatum fratrem Willelmum sic ut prefertur, occasione perverse et erronee doctrine et dogmatizacionis heretice huiusmodi aliis ex causis superius recitatis pro heretico et ab ecclesia diviso per eundem reverendum patrem iudicatum et hereticum condempnatum fuisse et esse, ac ut hereticum puniendum et ea occasione ab omnibus christifidelibus vitandum fore, publice denuncietis, et a vestris subditis faciatis publice et solempniter denunciari; inhibeatis insuper vice et auctoritate supradictis iuxta exigenciam litterarum huiusmodi singulis subditis vestris et inhiberi faciatis, prefatumque reverendissimum patrem quid feceritis in premissis citra festum sancti Michaelis ad ultimum curetis reddere cerciores litteris vestris patentibus habentibus hunc tenorem. Datum London' sub sigillo quo in huiusmodi vicariatus utimur officio vicesimo die mensis Iulii anno Domini millesimo CCCC^mo vicesimo quinto et nostre translacionis anno sexto etc.

MEDIETAS DECIME CONCESSE REGI.

18 Aug. 1425, Clyst; receipt (*fo. 44v*) of a royal writ, attested at Westminster, 23 July 3 Hen. VI, for the collection of half a tenth, payable at Martinmas next, granted in the Convocation held at St Paul's from 23 April to 18 July last. From the payment are excepted not only the poorest benefices but also those assessed up to 12 marks annually in which personal residence is kept. The form of the writ is as on p. 84 above; the terms of the concession are as in *Chichele*, iii. pp. 113f. cf. *Cal. Fine Rolls, 1422-1430*, pp. 105f.

[*18 Aug. 1425, Clyst. Appointment of the abbot of Buckland as collector in Devon of this half a tenth, with names of benefices exempt; and of the prior of Bodmin for Cornwall.*]

(*fo. 45*) DECIMA REGI CONCESSA.

Edmundus [etc.] dilecto [etc.] dompno Iohanni abbati monasterii de Bokelond nostre diocesis salutem [etc.]. Breve regium nos noveritis recepisse in hec verba: Henricus etc., ut supra. Ad levandum, igitur, exigendum, colligendum et recipiendum in Devonia modo et forma superius expressatis medietatem decime predictam in festo sancti Martini in yeme proxime futuro in scaccario domini nostri regis solvendam de beneficiis quibuscumque exemptis et non exemptis in Devonia dicte nostre diocesis taxatis et ad decimam solvere consuetis, beneficiis pauperum monialium de Canonlegh [alias Monchenleya][1] Polslo et Corneworthy dicte nostre diocesis aut pauperis hospitalis sancti Iohannis iuxta portam orientalem nostre civitatis Exonie si que in Devonia obtineant dumtaxat exceptis, necnon singulis solventibus acquietanciam faciendum de soluto, vobis de cuius fidelitate et industria plenam in Domino fiduciam obtinemus vices nostras committimus cum cuiuslibet cohercionis canonice potestate; vosque collectorem et receptorem dicte medietatis decime in Devonia dicte nostre diocesis auctoritate brevis regii predicti deputamus et ordinamus per presentes. Mandantes vobis quatinus dictam medietatem decime cum celeritate possibili levetis seu levari fideliter faciatis, ita quod in dicto festo sancti Martini in yeme proxime futuro per vos dicto domino nostro regi in scaccario suo integre satisfaciatur de eadem taliter vos habentes in premissis ut ex vestra diligencia a dicto domino nostro rege valeatis merito commendari et in omnem eventum vestro volueritis periculo respondere. Datum [etc.] Clyst xviij° [die] mensis Augusti anno Domini millesimo CCCC^mo vicesimo quinto [etc.].

Item eodem die emanavit consimilis commissio dompno Alano priori prioratus Bodminnie ad levandum, exigendum, colligendum et recipiendum in Cornubia, modo et forma superius expressatis, dictam medietatem decime, ipsumque dompnum Alanum collectorem et receptorem dicte medietatis decime in Cornubia auctoritate brevis regii dominus deputavit et ordinavit etc. sub forma hic suprascripta -etc..

[LICENCIA ABSENTANDI].

19 Aug. 1425; to master John Grymeston rector of Hallysworthy, for non residence for two years.

Also, on the same day, a licence to the same for divine service celebrated by himself or by others in his presence in any suitable place in Devon and Cornwall.

[LICENCIE CELEBRANDI].

Same day; to sir Clement, vicar of St Probus in Cornwall, for divine service celebrated by himself or others in any suitable place in his parish.

Same day; licence, *universis etc.*, for divine service in the chapel at Tregony in Cornwall, *dumtamen* (etc., as on p. 4).

24 Aug. 1425; to Thomas Walys and Isabella his wife, for divine service in the presence of either in the chapel of St John the Baptist at Est Raddon [*Raddon Court*] in the parish of Thorverton.

[1] *added from ff. 67, 81v etc.*

[*22 Aug. 1425, Clyst. Licence to the rector of St Petrock's, Exeter, for the marriage, after banns, of John Magot to Malina Hywyssh, widow of John alias Janyn Verdy whom she had married overseas, doubts whether this man were dead having been dispelled.*]

LICENCIA AD SOLEMPNIZANDUM MATRIMONIUM.

Edmundus [etc.] dilecto [etc.] magistro Iohanni Rysby rectori ecclesie parochialis sancte Petroci nostre civitatis Exon' salutem [etc.]. Quia ex relacione commissarii nostri invenimus quod Iohannes Magot et Malina Hywyssh nostre civitatis Exonie matrimonium mutuo eorum consensu accedente licite contraxerunt, institeruntque dicti contrahentes penes vos pro matrimonio inter eosdem in facie ecclesie ut moris est solempnisando, vos autem (*fo. 45v*) hoc facere distulistis eo [quod] dicta Malina est persona extranea et ignota et per litteras autenticas vobis non docuit neque docet se posse contrahere absque canonico impedimento, verum ut informamur aliud impedimentum non erat neque est nisi quod predicta Malina quendam Iohannem alias Janyn Verdy habuerat in virum suum legittimum in partibus transmarinis. Sed quia constat nobis per certum nuncium qui intererat de morte mariti sui antedicti, prout per eundem coram commissario nostro extitit facta fides, committimus igitur vobis et mandamus quatinus ad huiusmodi matrimonii solempnisacionem, bannis inter eosdem ut moris est publice editis, dumtamen aliud canonicum non obsistat, in facie ecclesie procedatis. Datum [etc.] Clyst xxij° die mensis Augusti anno Domini millesimo CCCC^mo vicesimo quinto [etc.].

[DIMISSORIE].

24 Aug. 1425; to Henry Trevylyan tonsured, for all minor and holy orders.

[*28 Aug. 1425, Clyst. Licence to the vicar of Bishopsteignton for the solemnization without banns of the marriage between James Boterell and Joan the daughter of John Schute of Teignmouth, they having contracted together already clandestinely for fear of her parents and friends.*]

LICENCIA AD SOLEMPNIZANDUM MATRIMONIUM BANNIS NON EDITIS.

Edmundus [etc.] domino Iohanni Papejay vicario perpetuo ecclesie parochialis de Teyngton Episcopi nostre diocesis salutem [etc.]. Ex confessione Iacobi Boterell parochiani vestri coram nobis facta percepimus quod ipse matrimonium cum quadam Johanna filia Iohannis Schute de Teyngmouth legittime contraxerunt [*sic*], carnali copula inter eosdem postmodum subsecuta. Cum statuta canonum exigant et requirant quod bannorum denunciaciones et proclamaciones ante solempnisacionem matrimoniorum in ecclesiis parochialibus per curatos ecclesiarum publice proponantur prout in eisdem seriosius continetur, prefatus tamen Iacobus Boterell propter horrorem et timorem parentum et amicorum suorum huiusmodi bannorum ediciones timet verisimiliter et formidat. Supplicavit igitur nobis cum instancia ob salutem anime sue, ne dictum matrimonium quod absit per informacionem parentum dicti Iacobi seu saltem per maliciam emulorum quorumcumque aliorum posset aliquatinus retardari, quatinus cum eisdem contrahentibus super bannis huiusmodi dispensare dignaremur. Nos igitur, periculum animarum dictorum contrahencium considerantes, vobis committimus et mandamus quatinus, si ita sit et aliud canonicum non obsistat, bannorum proclamacione minime expectata, ad matrimonii huiusmodi solempnizacionem inter dictos contrahentes cum omni celeritate procedatis. Nos enim cum dictis contrahentibus super bannis huiusmodi attentis circumstanciis prelibatis misericorditer in Domino dispensamus. Datum in manerio nostro de Clyst xxviij° die mensis Augusti anno Domini millesimo CCCC^mo xxv^to [etc.].

[*2 Sept. 1425. Dispensation, by authority of the auditor of papal causes, collector and nuncio in England, for John Kyne of Launceston, scholar, despite his illegitimate birth, to receive holy orders and to hold a benefice even with cure of souls.*]

[DISPENSACIO] SUPER DEFECTU NATALIUM.

Universis sancte matris ecclesie filiis ad quos presentes littere pervenerint Edmundus [etc.] salutem in amplexibus Salvatoris. Litteras honorabilis viri magistri Johannis de Oppizis decretorum doctoris, sacri palacii apostolici causarum auditoris Anglie collectoris et apostolice sedis nuncii, sanas et integras [etc. *as on p. 14*] sigillo dicti honorabilis viri sigillatas, nos nuper noveritis inspexisse sub eo qui sequitur tenore verborum. Johannes de Oppizis [etc.] dilecto nobis in Christo Johanni Kyne de Lanston scolari Exonien' diocesis salutem in Domino. Laudabilia probitatis et virtutum merita super quibus apud nos fidedigno commendaris testimonio nos inducunt ut personam tuam specialis prerogativa favoris et gracie prosequamur. Volentes itaque tibi, qui ut asseris de soluto genitus et soluta existis, premissorum meritorum tuorum intuitu, graciam facere specialem, tuis in hac parte supplicationibus inclinati, ac attendentes quod, sicut fidedignorum habet assercio, tu defectum huiusmodi vite ac morum honestate aliisque probitatis et virtutum meritis multipliciter recompensas, redimes favore virtutum quod in te ortus odiosus ademit; ideoque volentes te favore prosequi gra(*fo. 46*)cioso apostolica nobis pridem a sanctissimo in Christo patre et domino nostro domino

Martino divina providencia papa quinto quarum tenor talis est, videlicet: Martinus episcopus [servus] servorum Dei dilecto filio magistro Johanni de Oppizis canonico Ferrarien' capellano nostro ac fructuum, reddituum et proventuum in regno Anglie camere apostolice debitorum collectori et apostolice nuncio, salutem et apostolicam benediccionem. Cum te ad regnum Anglie eiusque provincias, civitates, terras et loca pro nonnullis nostris et ecclesie Romane negociis nostrum et apostolice sedis nuncium tamquam pacis angelum presencialiter destinemus, nos volentes tuam honorare personam, ut per honorem tibi exibitum aliis valeas providere, discrecioni tue dispensandi hac vice auctoritate apostolica cum quindecim personis regni, civitatum, terrarum et locorum predictorum defectum natalium pacientibus, ex soluto seu ex presbitero et soluta, aut ex soluto et coniugata genitis, quod eodem defectu non obstante ad omnes eciam sacros ordines promoveri, et quelibet earum unum beneficium ecclesiasticum, eciam si curam habeat animarum, recipere et retinere possit, dummodo non sint paterne incontinencie sectatrices set bone conversacionis et vite aliaque merita suffragentur, eisdem ad huiusmodi graciam dispensacionis obtinendam, plenam et liberam concedimus auctoritate presencium facultatem. Datum Rome apud sanctos apostolos viij kal. Aprilis pontificatus nostri anno octavo. [*25 Mar. 1425*]. Tenore presencium tecum, quem de numero quindecim personarum in prefatis litteris contentarum primum fore declarantes, cum paterne incontinencie imitator non existas set bone conversacionis et vite, aliaque tibi merita suffragentur, nec aliquod canonicum tibi obstet quemadmodum ex fidedignorum testimonio nobis extiterat facta fides, ut ad omnes eciam sacros ordines promoveri et unum beneficium ecclesiasticum, eciam si curam habeat animarum, si tibi alias canonice conferatur, recipere et retinere libere et licite valeas, defectu predicto non obstante ac aliis in contrarium non obstantibus quibuscumque, eadem auctoritate dispensamus. In cuius rei testimonium presentes litteras fieri fecimus nostrique sigilli quo utimur iussimus appensione muniri. Datum London' die quarta mensis Augusti anno Domini millesimo CCCC^{mo} xxv^{to}, pontificatus sanctissimi [etc.] Martini divina [providentia] pape v^{ti} anno viij^o. In cuius rei testimonium presentes litteras nostras sive hoc presens publicum instrumentum per Ricardum Chichestre clericum nostre Exonien' diocesis, auctoritate apostolica notarium publicum, actorumque nostrorum scribam, transumi, exemplari ac fideliter copiari, per eundemque subscribi et publicari mandavimus, ac sigilli nostri fecimus appensione muniri ad maiorem roboracionem premissorum. Data et acta sunt hec secundo die mensis Septembris anno Domini millesimo CCCC^{mo} xxv^{to} [etc.]. Presentibus tunc ibidem magistro Jacobo Carslegh in legibus bacallario et Thoma

Roos armigero, testibus ad premissa vocatis specialiter et rogatis.

Et ego Ricardus Chichestre clericus [etc. *as on p. 15*]. Et constat michi notario hic subscripto de interliniacione istarum diccionum: "Data et acta sunt hec secundo die mensis anno Domini millesimo CCCC^{mo} vicesimo quinto" in xxiij^a linea a capite computando facta, quam interliniacionem approbo ego notarius antedictus.

[LICENCIA CELEBRANDI].

10 Sept. 1425, Clyst; to Nicholas Hylle and Florence his wife, for divine service in their presence in any suitable place in their manor of Burlescomb *in parochia capelle curate de Membury situatum, absque preiudicio matricis ecclesie.*

(fo. 46v) [DISPENSACIO SUPER DEFECTU NATALIUM.].

10 Sept. 1425, Clyst; to Robert Dawny clerk, reciting letters of Jordan bishop of Albano the papal penitentiary, as on pp. 14 and 67 above, dated at St Peter's, Rome, 6 kal. Mar. 6 Martin V *(24 Feb. 1422-3),* permitting him, despite his defective birth of a single man and woman, to advance to all holy orders and to hold a benefice even with cure of souls; provided that he be ordained at the stated times after receiving his benefice, and that he reside personally in it. Dated at Clyst 10 Sept. 1425, the instrument of dispensation being written, subscribed and published by Richard Chichestre, clerk, and witnessed by master Henry Swayn M.A., sir William Alyn chaplain and others.

(fo. 47) [LICENCIA CELEBRANDI].

10 Sept. 1425, Clyst; to sir William, vicar of Northmolton, for divine service celebrated by himself or others in the chapel of St Andrew in his parish.

[COMMISSIO AD INQUIRENDUM DE ET SUPER IURE PATRONATUS ETC. ECCLESIE DE WYTHERYGGE].

12 Sept. 1425; to the archdeacon of Barnstaple or his official,[1] to inquire in the full deanery chapter into the vacancy etc. of the parish church of Wytherygge, to which master John Hody LL.B. has been presented by the prioress and convent of Canyngton in the diocese of Bath and Wells.

[LICENCIA ABSENTANDI].

16 Sept. 1425; to sir Robert Gode rector of Ayschpryngton, for non-

---

[1] *The words* or his official *are to be assumed in all these commissions, when directed to an archdeacon, unless the contrary is stated.*

residence for one year from Michaelmas next, and to receive and have the fruits of his church meanwhile.

[COMMISSIO AD INQUIRENDUM SUPER DEFECTIBUS].

16 Sept. 1425; to the archdeacon of Totnes or his official, to inquire into the dilapidations of the houses, walls and fences (*clausuris*) of the parish church of Ayschpryngton.

[DIMISSORIE].

16 Sept. 1425; to John Perys acolyte, for all holy orders.

[LICENCIA IUXTA CAPITULUM *Cum ex eo*].

21 Sept. 1425, Clyst; to master Reginald Mertherderwa U.I.B., rector of St Crede in Cornwall, subdeacon, to study in the University of Oxford for three years, in accordance with the chapter *Cum ex eo: cum clausula Proviso; quodque ad ulteriores ordines interim recipiendos minime teneatur etc. Et optinuit litteras.*

[*21 Sept. 1425. Ratification of a composicion between the dean and chapter of Exeter as impropriators, and Peter Gerveys as vicar, of the parish church of Constantine, in which the vicar was charged with the re-building, maintenance etc. of the chancel and the provision of its books and ornaments, and with all other costs in the chancel not borne by the parishioners; in aid of which the dean and chapter were to pay him, ex gratia, the sum of thirteen marks, and to him and his successors in future eight shillings [annually?] in four equal quarterly payments made at the church.*]

COMPOSICIO INTER DECANUM ET CAPITULUM EXON' ET VICARIUM ECCLESIE PAROCHIALIS SANCTI CONSTANTINI.

Universis sancte matris ecclesie filiis presentes litteras inspecturis ad rei geste perpetuam memoriam Edmundus [etc.] salutem [etc.]. Ad universitatis vestre noticiam tenore presencium volumus pervenire quod, cum inter dilectos [etc.] venerabiles viros decanum et capitulum ecclesie nostre cathedralis Exonie, ecclesiam parochialem sancti Constantini in Cornubia nostre diocesis cum suis iuribus et pertinenciis universis salva porcione congrua vicarii perpetui in eadem ipsis decano et capitulo canonice appropriatam, unitam et annexam obtinentes ex parte una, et dominum Petrum Gerveys perpetuum vicarium eiusdem ecclesie parochialis sancti Constantini ex parte altera, de et super nova construccione, emendacione, reparacione, refeccione et sustentacione cancelli ac invencione librorum matutinalium ecclesie parochialis sancti Constantini antedicte gravis dissensionis et litis materia suborta fuisset, prefatus decanus et capitulum proprietarii predicti per Iohannem Lane eorum procuratorem sub eorum sigillo communi litteratorie et specialiter constitutum, cuius procuratorii tenor inferius continetur, ac prefatus dominus Petrus vicarius personaliter in manerio nostro de Clyst xxj^{mo} die mensis Septembris anno Domini millesimo CCCC^{mo} xxv^{to} comparentes et materiam antedictam hinc inde resitantes [*sic*], tandem de ipsarum parcium consensu et assensu unanimi materia predicta per presentem ordinacionem nostram sopita est pariter et finita in hunc modum, videlicet quod dictus dominus Petrus vicarius antedictus et sui successores omnes et singuli qui tempore erunt onera nove construccionis, reparacionis, refeccionis ac emendacionis cancelli predicti, invencionisque, reparacionis et emendacionis librorum matutinalium in eadem ecclesia ac omnium aliarum rerum dicti cancelli ad onus parochianorum eiusdem ecclesie non spectancium quociens et quando opus fuerit suis sumptibus propriis et expensis (*fo. 47v*) perpetuis futuris temporibus subibunt, supportabunt pariter et agnoscent, pro quibus quidem oneribus supportandis et sustinendis idem dominus Petrus vicarius antedictus a prefatis dominis decano et capitulo proprietariis antedictis, mero motu ipsorum decani et capituli proprietariorum antedictorum et caritatis intuitu, xiij marcas bone et legalis monete Anglicane in subsidium et relevamen oneris dicti vicarii et successorum surorum eidem traditas et deliberatas realiter percepit et habuit. Et quia partes predicte equum et iustum considerantes ipsum comodum sequi debere quem sequuntur incomoda, convenerunt et inter se unanimiter concordarunt quod dictus dominus Petrus vicarius antedictus et sui successores omnes et singuli futuris temporibus imperpetuum vicarie predicte nomine a dictis decano et capitulo proprietariis predictis octo solidos bone et legalis monete Anglicane ad quatuor anni terminos principales, videlicet ad festa sancti Michaelis in Septembri, Natalis Domini, Pasche, et Nativitatis sancti Iohannis Baptiste, equis porcionibus apud ecclesiam sancti Constantini predictam solvendos percipient et habebunt de procuratore aut procuratoribus nostris in eadem ecclesia, nomine nostro et mandato nostro constitutis, et idem vicarius qui nunc est percipiet omnes fructus quos tempore suo consuevit percipere et predecessores sui percipere consueverunt temporibus suis, omnibus aliis ordinacionibus, composicionibus, confessionibus, actibus iudicialibus, decretis, consuetudinibus, iuribus et possessionibus quibuscumque tam ex parte dictorum decani et capituli proprietariorum antedictorum quam vicariorum vicarie predicte hactenus licite habitis atque usitatis premissis non contrariis in suo robore perpetuo duraturis.

Quam quidem concordiam et composicionem nos Edmundus episcopus antedictus supradictis die et loco pro tribunali sedentes iustam, equam et racioni consonam reputantes ut inter partes suprascriptas vigeat tranquillitas, et de cetero concordie veritas invalescat, et ut huiusmodi composicio et concordia inter partes predictas inita realis fiat et permaneat, ad instantem peticionem parcium predictarum coram nobis ut premittitur comparencium et de ipsarum unanimi et expresso consensu, auctoritate nostra ordinaria auctorizavimus et confirmavimus, prout eciam in hiis scriptis auctorizamus et confirmamus ac ex officio nostro pastorali firmam facimus et vallamus, necnon predictos decanum et capitulum proprietarios predictos in persona procuratoris sui predicti, dictumque dominum Petrum vicarium predictum et successores suos in persona eiusdem ad observacionem omnium et singulorum premissorum quatinus ad eos attinet finaliter condempnamus. In quorum omnium et singulorum testimonium atque fidem hanc predictam composicionem sigilli nostri appensione roboravimus et in perpetuam rei memoriam communiri fecimus. Datum in manerio nostro predicto die et anno Domini supradictis et nostre translacionis anno sexto.

[*Letters of proxy: John Lane for the dean and chapter of Exeter.*]

Tenor vero procuratorii sequitur et est talis: Pateat universis per presentes quod nos decanus et capitulum ecclesie cathedralis Exonie, ecclesiam parochialem sancti Constantini in Cornubia Exonien' diocesis nobis et ecclesie cathedrali predicte appropriatam, unitam pariter et annexam in proprios usus optinentes, salva congrua porcione vicarii perpetui qui pro tempore fuerit in eadem, dilectum [etc.] magistrum Johannem Lane clericum nostrum verum et legittimum procuratorem, negociorum gestorem ac nuncium specialem ordinamus, facimus et constituimus per presentes, dantes et concedentes eidem procuratori nostro potestatem generalem et mandatum speciale pro nobis et nomine nostro ac ecclesie cathedralis Exonie predicte nomine coram reverendo [etc.] Edmundo Dei gracia Exonien' episcopo comparendi, ac de et super oneribus nove construccionis, emendacionis, reparacionis (*fo. 48, quire vij*) et sustentacionis cancelli ecclesie sancti Constantini predicte, invencionis et emendacionis librorum matutin-alium in eadem ecclesia sancti Constantini ac omnium aliarum rerum dicti cancelli ad onus parochianorum non spectancium, ab eodem reverendo patre composicionem realem inter nos proprietarios ante-dictos et dominum Petrum Gerveys vicarium ecclesie parochialis sancti Constantini predicte et suos futuros successores omnes et singulos fieri petendi et obtinendi, ac huiusmodi composicioni reali et dicti patris reverendi auctorizacioni, confirmacioni et eiusdem composicionis observacionis condempnacioni, pro nobis et nomine nostro ac ecclesie cathedralis predicte nomine consenciendi, consensum pariter et assen-sum prebendi, omniaque alia et singula que in premissis et circa [ea] necessaria fuerint seu quomodolibet oportuna faciendi, exercendi et expediendi. Promittimus insuper nos ratum, gratum et firmum perpetuo habituros quicquid idem procurator pro nobis et nomine nostro fecerit in premissis sub ypotheca et obligacione omnium rerum nostrarum, et caucionem exponimus per presentes. In cuius rei testimonium sigillum nostrum commune presentibus est appensum. Datum in domo nostra capitulari dicte ecclesie cathedralis vicesimo secundo die mensis Septembris anno Domini millesimo quadringentesimo vicesimoquinto.

[*28 Sept. 1425. Certificate to the archbishop of Canterbury of the publication of the mandate denouncing friar William Russell for heresy. See above p. 127.*]

LITTERA DOMINI DAVID PRYCE LONDON' EPISCOPI VICARII GENERALIS.

Reverendissimo [etc.] Henrico Dei gracia Cantuar' archiepiscopo [etc.] vestrisve locumtenentibus seu commissariis quibuscumque Edmundus [etc.] obedienciam et reverenciam tanto patri debitas cum omni humilitate et honore. Litteras honorabilis viri magistri David Price ecclesie London' canonici, reverendi [etc.] Iohannis Dei gracia London' episcopi in remotis agentis vicarii in spiritualibus generalis, mandatum vestrum reverendissimum in se continentes undecimo die mensis Augusti recepimus in hec verba: Reverendo etc., ut supra in quinto folio precedente. Harum igitur litterarum reverendarum auctoritate et vigore prefatum fratrem Willelmum, sicut premittitur occasione perverse et erronee doctrine et dogmatizacionis heretice, aliisque ex causis antedictis, pro heretico et ab ecclesia diviso per vestram reverendissimam paternitatem iudicatum et hereticum condempnatum fuisse et esse, ac ut hereticum puniendum et ea occasione ab omnibus Christifidelibus vitandum fore, per nostras civitatem et diocesim publice et solempniter denunciari fecimus ut mandatur. Inhibuimus eciam et inhiberi fecimus omnibus et singulis quatenus nostras civitatem et diocesim concernit prout eedem vestre littere reverendissime in se exigunt et requirunt. Datum [etc.] Clyst vicesimo octavo die mensis Septembris anno Domini millesimo CCCC^{mo} vicesimo quinto [etc.].

CERTIFICATORIUM BARONIBUS DE SCACCARIO DE DECIMIS LEVANDIS.

28 Sept. 1425, Clyst; to the treasurer and barons of the exchequer, as on p. 86 above, certifying them of the appointment as collectors of the half a tenth due at Martinmas next, of the abbot of the Cistercian monastery of Buckland for Devon and the prior of the Augustinian priory of Bodmin for Cornwall; the exemptions as on p. 86.

[*11 Oct. 1425, Clyst. Mandate from the bishop of Exeter, appointed with others by papal bull as a deputy for ten years for William Pylton archdeacon of York, for the visitation of that archdeaconry, to the rectors, vicars and heads of religious houses and others subject to the visitation, commending for that purpose certain proctors appointed by the archdeacon and admitted thereto by the bishop, who are to be received as visitors under threat of excommunication.*]

(*fo. 48v*) [DE VISITACIONE ARCHIDIACONATUS EBORACENSIS AUCTORITATE APOSTOLICA].

Edmundus miseracione divina Exonien' episcopus executor ad infrascripta una cum collegis nostris infrascriptis cum illa clausula *quatinus vos et duo aut unus vestrum etc.*, a sede apostolica specialiter deputatis, omnibus et singulis ecclesiarum rectoribus, vicariis ac monasteriorum abbatibus et prioribus infra limites archidiaconatus Eboracen' consistencium ac aliis personis quarum personarum seu quorum locorum visitacionis officium ad ipsius archidiaconatus archidiaconum racione dicti archidiaconatus de iure vel consuetudine competit, necnon quibuscumque aliis quorum interest vel interesse poterit et quos infrascriptum negocium tangit seu tangere poterit quomodolibet in futurum quocumque nomine censeantur, salutem in Domino sempiternam et mandatis nostris ymmo verius apostolicis firmiter obedire. Litteras sanctissimi [etc.] Martini divina providencia pape quinti eius vera bulla plumbea cum filo canapis more Romane curie bullatas, sanas et integras, omnique vicio et suspicione sinistra carentes, nobis ex parte discreti viri Willelmi Pylton archidiaconi Eboracen' presentatas coram notario et testibus infrascriptis noveritis nos cum ea qua decuit reverencia recepisse, quarum litterarum tenor sequitur et est talis.

Martinus episcopus servus servorum Dei venerabili fratri episcopo Exonien' et dilectis filiis Londonien' ac Saresburien' ecclesiarum decanis salutem et apostolicam benediccionem. Meruit dilecti filii Willelmi Pylton archidiaconi Eboracen' devocionis sinceritas ut ipsum paterno confoventes affectu precibus suis in hiis presertim per que suis indemnitatibus consulitur quantum cum Deo possumus favorabiliter annuamus. Hinc est quod nos ipsius archidiaconi supplicacionibus inclinati, ut ecclesias, monasteria et alia loca ecclesiastica infra limites archidiaconatus ecclesie Eboracen' quem obtinet consistencia, eorumque personas in quibus sibi racione dicti archidiaconatus visitacionis officium de iure vel consuetudine competit, posset libere per aliquam vel aliquas personam vel personas ydoneam vel ydoneas quam seu quas ad id duceret deputanda seu eciam deputandas, usque ad decennium a dato nostrarum litterarum computandum, anno quolibet semel dumtaxat eciam duo vel tria ex dictis ecclesiis, monasteriis atque locis eadem die visitare, et procuraciones racione visitacionis huiusmodi eidem archidiacono debitas ab eisdem ecclesiis, monasteriis, locis et personis taliter visitatis in pecunia numerata recipere,[1] dummodo procuraciones huiusmodi summam triginta Turonensium argenti, quorum duodecim valerent unum florenum auri de Florencia, pro die qualibet non excederent, non obstantibus constitucionibus a felicis recordacionis Innocentio iiij et Gregorii x[2] ac quibusvis aliis Romanis pontificibus predecessoribus nostris in contrarium editis, seu privilegiis et indulgenciis apostolicis quibuscumque specialibus vel generalibus, de quibus quorumque totis tenoribus de verbo ad verbum specialem in nostris litteris oporteat fieri mencionem, et per que eisdem nostris litteris non expressa vel totaliter non incerta effectus huiusmodi gracie impediri valeat quomodolibet vel differri, prefato archidiacono auctoritate litterarum nostrarum predictarum indulsimus. Nostre tamen intencionis extitit quod hii quorum facultates ad integram solucionem procuracionum earumdem supportant aliis oneribus consuetis non suppeterent ultra quam iuxta suarum huiusmodi facultatum exigenciam comode possent. Illi vero qui de dictis procuracionibus nichil solvere possent ad solvendum aliquid pretextu indulti huiusmodi nullatenus compellentur. Quocirca discrecioni vestre per apostolica scripta mandamus quatinus vos vel duo aut unus vestrum per vos vel alium seu alios faciatis auctoritate nostra personam vel personas huiusmodi quam vel quas idem archidiaconus ad predictum visitacionis officium duxerit ut premittitur (*fo. 49*) deputandam seu deputandas ad illud admitti, dictoque archidiacono vel procuratori suo pro eo procuraciones prefatas iuxta huiusmodi concessionis nostre tenorem super quo vestras consciencias oneramus per idem decennium integraliter ministrari, non obstantibus omnibus supradictis, seu si aliquibus communiter et divisim ex sede apostolica indultum existat quod interdici,[3] suspendi vel excommunicari non possint per litteras apostolicas non facientes plenam et expressam et de verbo ad verbum de indulto huiusmodi mencionem, contradictores per censuram ecclesiasticam appellacione postposita compescendo. Datum Rome apud sanctum Petrum iij Idus Aprilis pontificatus nostri anno septimo. [*11 April 1424.*]

Post quarum quidem litterarum apostolicarum presentacionem et recepcionem, ex parte dicti Willelmi Pylton archidiaconi supradicti nobis extitit humiliter supplicatum ut ad execucionem dictarum litterarum apostolicarum et contentorum in eisdem procedere dignaremur iuxta traditam seu directam a sede apostolica nobis in

---

[1]*For the Constitution of Benedict XII in 1336 settling the amount of procurations or the composition in money to be paid in lieu of them, see* Extrav. Com. *lib. III, tit. IX.*

[2]*The Constitutions of Innocent IV (1243-1254) and Gregory X (1271-1276) in* Sext. Decret. *lib. III tit. XX, c. 1 and 2, forbid procurations to be taken in money and not in kind, or from places not actually visited.*

[3]*MS*—interdicti.

hac parte formam. Nos igitur Edmundus divina providencia episcopus Exonien' predictus executor antedictus ut supradicitur constitutus, volentes mandatum apostolicum supradictum nobis in hac parte sub forma predicta directum reverenter exequi ut tenemur auctoritate apostolica nobis in hac parte commissa, vobis omnibus et singulis infra limites archidiaconatus Eboracen' predicti consistentium, ac aliis personis quibuscumque quarum personarum seu quorum locorum visitacionis officium ad prefatum Willelmum Pylton archidiaconum predictum racione archidiaconatus sui predicti de iure vel consuetudine competit auctoritate apostolica predicta, mandamus quatinus magistros Robertum Grenewode legum doctorem, Iohannem Thornton, Robertum Ragenell, Iohannem Selby et Thomam Clyveland, in legibus bacallarios, communiter et divisim per ipsum Willelmum Pylton archidiaconum predictum ad huiusmodi visitacionis officium, secundum vim, formam et effectum dictarum apostolicarum litterarum nobis in hac parte directarum exercendum deputatos, quas personas in hac parte ydoneas reputamus et secundum formam dictarum litterarum apostolicarum ad huiusmodi visitacionis officium debite exercendum admisimus, sine difficultate seu contradiccione aliqua ad effectum supradictum prout decet recipiatis, ac eorumdem seu earum alicuius visitacionem nomine predicti Willelmi archidiaconi supradicti, necnon omnia alia onera huiusmodi, personas et loca visitata pretextu visitacionis huiusmodi concernencia, subeatis et agnoscatis, dictoque archiadiacono vel procuratori suo pro eo procuraciones iuxta huiusmodi concessionis predicte tenorem per dictum decennium integraliter ministretis seu ministrari faciatis; vobisque ecclesiarum rectoribus, vicariis ac monasteriorum abbatibus et prioribus ac aliis personis supradictis per archidiaconatum Eboracen' predictum ut prefertur constitutis, atque omnibus aliis et singulis quorum interest vel interesse poterit, communiter et divisim eadem auctoritate quantum possumus interdicimus et districcius inhibemus ne predictos magistros Robertum, Iohannem, Robertum, Iohannem et Thomam aut eorum aliquem per ipsum Willelmum archidiaconum ut premittitur ad huiusmodi visitacionis officium communiter et divisim deputatos, et per nos ut premittitur admissos, post litterarum apostolicarum predictarum seu presentis nostri processus insinuacionem seu notificacionem licite vobis factam, ad visitandum iuxta formam dictarum litterarum apostolicarum aliqualiter impediatis seu impediri[1] faciatis; vosque omnes et singulos requirimus et quantum possumus auctoritate apostolica qua fungimur in hac parte monemus primo, secundo et tercio ac peremptorie, necnon sub pena excommunicacionis maioris, quatinus nichil in ipsius Willelmi archidiaconi predicti in hac parte preiudicium quomodolibet attemptetis. Nos enim si premissa vel

[1] *MS*—impedire

aliquod premissorum non adimpleveritis, aut aliquid in contrarium feceritis, vel mandatis, monicionibus et inhibicionibus nostris huiusmodi non parueritis cum effectu, in vos omnes et singulos in hac parte contradictores quoslibet et rebelles ac impedientes dictum Willelmum archidiaconum predictum vel dictos magistros Robertum, Iohannem, Robertum, Iohannem et Thomam (*fo. 49v*) per ipsum Willelmum ad huiusmodi visitacionis officium deputatos et per nos admissos in aliquo, aut impedientibus ipsis dantes scienter in hiis consilium, auxilium vel favorem, publice vel occulte, quominus idem Willelmus archidiaconus supradictus effectu huiusmodi litterarum apostolicarum et nostri presentis processus gaudere valeat, cuiuscumque condicionis existant exnunc prout extunc et extunc prout exnunc canonica monicione predicta premissa singulariter in singulos in hiis scriptis excommunicacionis sentenciam ferimus et promulgamus.

Per huiusmodi autem processum nostrum nolumus nec intendimus nobis aut nostris in aliquo preiudicare collegis quominus nos ipsi vel eorum alter servato tamen nostro processu possumus, possunt aut potest in huiusmodi negocio per nos ipsos aut alterum ipsorum seu alios procedere prout nobis, eis, eorum alteri videbitur expedire. Reservata eciam nobis aut dictis collegis nostris [vel] eorum alteri potestate personam vel personas aliam vel alias tociens quociens per ipsum Willelmum archidiaconum predictum ad huiusmodi visitacionis officium deputandam seu deputandas, durante decennio in litteris apostolicis contento, admittendi ipsis iam deputandi et per nos ad huiusmodi visitacionis officium admissi predictum officium in se suscipere nolentes vel non valentes seu ipso Willelmo archidiacono ipsos huiusmodi visitacionis officium diucius exercere nolente. In quorum omnium et singulorum testimonium presentem processum nostrum seu presens publicum instrumentum per Ricardum Chichestr' notarium publicum infrascriptum scribi et publicari mandavimus et nostri sigilli appensione muniri fecimus. Datum et actum [etc.] Clyst sub anno a Nativitate Domini secundum cursum et computacionem ecclesie Anglicane millesimo quadringentesimo vicesimo quinto, indiccione quarta, mensis Octobris die undecima, pontificatus supradicti domini nostri Martini divina providencia pape quinti anno octavo. Presentibus tunc ibidem discretis viris magistro Radulpho Morewill in artibus magistro et domino Ricardo Helyer capellano testibus Exonien' diocesis ad premissa vocatis specialiter et rogatis.

Et ego Ricardus Chichestr' clericus [etc., *as on p. 15*].

[DIMISSORIE].

20 Oct. 1425, Clyst; to John Polstag tonsured, for all minor and holy orders.

[*20 Oct. 1425. Mandate to the rural deans of Honiton and Aylesbeare, and their incumbents, to forbid the holding of fairs and markets on Sundays (for which the bishop's licence was being alleged) and to charge the people not to frequent them, but to attend mass and the hours in their parish churches instead, under threat of excommunication.*]

AD RESTRINGANDA MERCATA IN DIE DOMINICO.

Edmundus [etc.] dilectis [etc.] decanis decanatuum de Honyton et Aylysbeare et singulis ecclesiarum curatis eorumdem decanatuum salutem [etc.]. Licet tam veteris quam novi testamenti pagina septimum diem ad quietem humanam deputaverit ac eciam mater ecclesia diem dominicum a vespera in vesperam cum omni veneracione decreverit observandum, mercatum in ipso fieri prohibens et expresse interdicens, ad nostrum tamen noviter fidedigna relacione devenit auditum quod quidam seculares dictorum decanatuum diebus dominicis, spretis et derelictis eorum ecclesiis parochialibus, nundinas et mercata frequentant, in eorum periculum animarum et plurium aliorum scandalum manifestum, hoc ad eorum excusacionem allegantes quod illud fecerunt atque faciunt de nostra licencia speciali. Verum nos, tam preceptum divinum quam preceptum ecclesie considerantes, vobis tenore presencium significamus et per vos aliis significari volumus quod super premissis contra preceptum divinum et auctoritatem sanctorum patrum non dispensamus nec intendimus nec volumus aliquo modo dispensare. (*fo. 50*) Et quia non sufficit solum secundum sanctorum patrum auctoritatem ab operibus diebus dominicis abstinere set ipso die dominico debemus divinis intendere et vacare et missas totas et integraliter audire, ita ut ante benediccionem sacerdotis egredi populus non presumat, quod si fecerint precipitur in canone quod ab episcopo publice confundantur, vobis igitur committimus et mandamus quatinus parochianos vestros prout vos singillatim attinet moneatis et efficaciter inducatis sub pena malediccionis eterne, quod ipsi diebus dominicis mercata non frequentant, sed pocius ad eorum ecclesias parochiales devote accedant missas et alias horas canonicas audituri, ut sic ipsum diem dominicum magestati altissimi dedicatum cum omni veneracione sanctificent et observent; inquirentes nichilominus de nominibus et cognominibus mercata huiusmodi frequentancium et si quos in hac parte culpabiles inveneritis ipsos monicione premissa excommunicetis et excommunicatos denuncietis, a tali denunciacione non cessantes donec ipsi a talibus resipiscant et ad mandata ecclesie convertantur. Et quid in premissis feceritis nos citra festum sancti Martini episcopi debite certificetis autentico sub sigillo. Datum [etc.] Clyst vicesimo die mensis Octobris anno Domini millesimo quadringentesimo vicesimo quinto [etc.].

[LICENCIA CELEBRANDI].

18 Oct. 1425, Clyst; to sir William Comb vicar of Stokynham, for divine service celebrated by himself and others in the chapels of St Leonard and St Brendoc in his parish, during pleasure.

INDULGENCIA.

6 Nov. 1425, Clyst; forty days indulgence to all those who, truly penitent and confessed, celebrate at the altars of St Ann, St Katherine, blessed Mary Magdalen and blessed Agatha in the cathedral church of Exeter on their festivals, or who visit them for devotion, prayer or pilgrimage, or who give towards the maintenance of their lights and services.

[*9 Nov. 1425. Composition between the parishioners of St Edmund's chapel, Kingsbridge, and the rector of the mother church of Churchstow (after the parties had, on 5 Dec. 1423 at Clyst, agreed to accept the bishop's arbitration), in settlement of a disputed interpretation of the consecration ordinance of Bishop Edmund Stafford* (Register, *pp. 227f.*) *regulating burial in the chapel and its cemetery. Before every burial there one penny is to be paid to the rector, together with the mass-penny after the gospel and offertory, when the oblations are offered; one third part of all gifts or bequests made by reason of any burial is to be paid to the rector, the other two thirds to the chapel; no lights belonging to the chapel, either of fraternities or the new one of All Souls or any other, are to be carried at funerals without the rector's licence and prior payment to him of an indemnity of two pence.*]

CHIRSTOW ET KINGSBRIDGE[1]

Universis sancte matris ecclesie filiis ad quos presentes littere pervenerint Edmundus [etc.] salutem in amplexibus Salvatoris. Subditorum animos eo magis confovere dinoscimur in quiete quo obscuritates et dubia, altercaciones et iurgia que inter eos exoriri poterunt radicitus evellamus, et presertim si eosdem subditos nostros ad invicem discordantes ad pacis unitatem et tranquillitatis concordiam pro viribus reducere studeamus. Sane cum inclite recordacionis dominus Edmundus nuper Exonien' episcopus predecessor noster[2] in quadam ordinacione inter dominum Rogerum Bacheler rectorem ecclesie parochialis de Chyrestow Exoniensis diocesis ex parte una et burgenses sive villanos capelle parochialis et curate sancti Edmundi regis et martiris de Kyngysbrygg ex altera, adhibita solempnitate in ea parte debita, inter cetera canonice statuerat in hunc modum, quod executores aut amici cuiuslibet defuncti in dicta capella aut eius cimiterio post eorum consecracionem sepeliendi unum denarium

---

[1]*In a later hand.* [2]*Edmund Stafford, 1395-1419.*

eiusdem monete, quem rectori dicte ecclesie de Chyrestow dum eorum
sepultura apud ipsam solvere erat consueverunt, extunc in antea
ante introitum funeris huiusmodi in cimiterium ipsius capelle rectori
dicte ecclesie qui pro tempore fuerit aut eius (*fo. 50v*) procuratori de
cetero solvere teneantur, prout in ordinacione predicta luculencius
continetur, verum cum inter partes predictas super dicto denario et
tempore et loco solucionis eiusdam fuerat prout informamur suborta
materia questionis, eo quod dictus denarius ante introitum funeris
huiusmodi rectori seu eius procuratori non persolvitur memoratis,
contingitque plerumque quod occasione huiusmodi funera seu corpora
mortuorum propter altercacionem huiusmodi a sepultura Christiana
diucius differuntur, in grave dispendium parochianorum predictorum
et ipsius rectoris scandalum manifestum. Demum partes predicte
coram nobis in capella nostra infra manerium nostrum de Chuddelegh
situata quinto die mensis Decembris anno Domino millesimo quadringentesimo vicesimo tercio comparentes, licium amfractus proinde
abhorrentes, mediantibus eorum communibus amicis, de et super
predicta discordia necnon super aliis inferius describendis pure,
sponte et absolute, alte et basse, se nostre ordinacioni, voluntati,
laudo et arbitrio submiserunt, promittentes se ratum, gratum et
firmum pro perpetuo habituros quicquid nos ordinaverimus et
decreverimus in hac parte faciendum, nobis cum non modica instancia
nichilominus supplicantes quatinus super altercacionibus huiusmodi
finem laudabilem imponamus.

Nos igitur inter subditos nostros pacem et caritatem affectantes,
previdentes ante omnia et mente nostra sedula revolventes quod in
sacris constitucionibus dinoscitur esse cautum quia sacramenta et
sacramentalia ecclesie gratis, pure et devote, qualibet exclusa cupid-
itatis labe, et sine exaccione quacumque debent nulla difficultate in
eis exhibendis ministrari, unde propter defectum solucionis denarii
supradicti non est consantaneum quod funera mortuorum usque
ad realem solucionem eiusdem remaneant inhumata, cum ad solucionem
eiusdem gratis expleto officio mortuorum in ea parte faciendam
executores seu amici defunctorum poterunt per sensuras [*sic*] ecclesiasticas canonice coherceri, et secundum legittimas sancciones nulla
iniuria fiet ab hiis qui debitorem esse sibi mortuum dicunt reliquiis
defunctorum nec per ipsos creditores exigendo debitum debet ipsius
debitoris sepultura aliquatenus impediri; eapropter attendentes
quoad mutacionem ordinacionis antedicte quod sacre dictaverint
sancciones, quia non debet irreprehensibile iudicare set secundum
varietatem temporum statuta quandoque varientur humana presertim
cum urgens necessitas vel evidens utilitas id exposcat, quoniam ipse
Deus ex hiis que in veteri testamento statuerat nonnulla mutaverat
in novo, et alma mater ecclesia plerumque nonnulla racionabiliter

ordinat et consulte que suadente subditorum utilitate postmodum consulcius et racionabilius revocat in meliusve commutat; statuimus igitur et ordinamus quod ille denarius qui per composicionem prelibatam ante introitum funeris in cimiterium solveretur exnunc in antea una cum alio denario missali cuiuscumque funeris in dicta capella seu cimiterio sepeliendi, lecto evangelio et post offertorium, in tempore oblacionum persolvatur, sic enim funera mortuorum a sepultura christiana que eis humanitus exhibetur non retardentur ac ius rectoris per dictam composicionem sibi competens omnino servatur illesum. Et quia ipse Deus in ministrorum suorum personis solet oblacionum libamine populariter honorari, prohibemus sub pena iuris eosdem parochianos dicte capelle de Kyngysbrygg ne ipsi ad illorum duorum denariorum vel alterius cuiuscumque modice quantitatis oblacionem suam vel comparochianorum suorum devocionem restringere aliquatenus moliantur.

Item cum capella de Kyngysbrygg cum cimiterio eidem adiacente et contiguo iam per consecracionem rite factam locus sacer efficiatur, decernimus et declaramus quod nullus in dicta capella aut cimiterio eiusdem sepeliatur nisi licencia dicti rectoris in signum subieccionis primitus postuletur. Terciam vero partem cuiuscumque summe seu rei legate sive donate vel alias racione sepulture cuiuscumque sexus in dicta capella sepeliendi qualitercumque composite dicto rectori persolvendam de consensu et voluntate expressis parcium predictarum adiudicamus, duabus aliis partibus parochianis seu villanis predictis ad usum et utilitatem capelle supradicte specialiter reservatis. Hoc enim arbitrando et maiorem partem parochianis adiudicando (*fo. 51*) decernimus equitate nos movente, cum parochiani dicte capelle onera construccionis et reparacionis eiusdem in omni sui parte subire et agnoscere teneantur, iustum est igitur et consonum racioni quod maiorem partem habeant et participent ex comodo prenotato, quia quamquam in sublimibus et depressis tumulis defunctorum in dicta capella construendis providendum sit cum consilio et assensu ecclesie de Chyrestow memorate, prout in ordinacione predicta specialiter annotatur, de comodo tamen et emolumento ex sepultura mortuorum et ex eorum tumulis proveniente nichil exprimitur in eadem.

Ad hec cum in dicta ordinacione specialiter caveatur ne quisquam luminaria fraternalia dicte capelle cuiuscumque fraternitatis circa funera decedencium et in eadem seu cimiterio eiusdem sepeliendorum deinceps apponat seu defferat, apponive deferri faciat, nisi prius[1] rectori ecclesie prelibate pro sua indempnitate in hac parte duos denarios monete anglicane eidem persolverit seu de eisdem satisfecerit cum effectu, cumque aliud lumen in dicta capella consistit et noviter

[1]*MS:* prous.

inveniatur quod non lumen fraternale set lumen omnium animarum vulgariter appellatur, quod lumen parochiani apponunt circa funera decedencium preter consensum et assensum rectoris prelibati, licencia ab eodem minime impetrata, propter quod inter rectorem et dicte capelle parochianos gravis materia discordie suscitatur, nos igitur pro bono pacis inter partes predictas arbitramur, laudamus et declaramus quod quecumque fuerint illa luminaria in dicta capella ante introduccionem funeris existencia sive fraternalia sive luminaria animarum seu luminaria alia quocumque alio nomine nuncupentur, circa funera mortuorum in dicta capella seu eius cimiterio sepeliendorum nullus deinceps apponat seu apponi faciat nisi prius rectori ecclesie prelibate pro sua indempnitate duos denarios fideliter persolvat. Hoc enim sic arbitrando et declarando iusticia suadente monemur propter y[n]dempnitatem racionis. Cum enim in casu huiusmodi in luminaribus aliis a fraternalibus quibuscumque et in fraternalibus sit y[n]dempnitas racionis equum est et racioni consonum quod idem ius in omnibus luminaribus statuatur. Et si ausu temerario preter licenciam rectoris ipsa luminaria apponant seu apponi faciant sique sint aliqua alia luminaria coram ymaginibus aut ymagine in fraudem rectoris antedicti iuxta vel supra corpus mortuum appensa in dicta capella, extunc ordinamus et statuimus quod ipsa cedant ad usum et utilitatem rectoris ecclesie memorate ipsorum parochianorum reclamacione in aliquo non obstante. Si quis autem premissorum vel alias in composicione predicta contentorum temerarius violator existat, et habita monicione canonica octo dierum non satisfecerit cum effectu, per penas in dicta ordinacione contentas volumus canonice compesci pariter et urgeri, aliis autem omnibus et singulis in dicta ordinacione contentis nichilominus in suo robore duraturis. In quorum omnium et singulorum testimonium atque fidem ad specialem rogatum parcium predictarum sigillum nostrum fecimus hiis apponi. Datum [etc.] Clyst quo ad confirmacionem presencium nono die mensis Novembris anno Domini millesimo quadringentesimo vicesimo quinto [etc.].

[*10 Nov. 1425. Grant of a pension of six marks per annum to Ralph Polmargh on his resignation, because of age and infirmity, of the vicarage of St Merryn, with the consent of John Michell his successor.*]

[Assignacio pensionis].

Universis [etc.] Edmundus [etc.] salutem in amplexibus Salvatoris. Nuper dilectus [etc.] dominus Radulphus Polmargh vicarius perpetuus ecclesie parochialis sancte Marine in Cornubia nostrorum patronatus et diocesis ita debilis et impotens ut asseruit ac senio confractus quod cure dicte vicarie in divinis ulterius deservire non valebat, volens et affectans a cura et regimine animarum dicte vicarie exonerari, prefatam vicariam suam et curam eiusdem cum omnibus suis iuribus et pertinenciis universis ex premissis causis et aliis legitimis causis ipsum ad hoc moventibus in nostras manus sponte resignavit, unde nos resignacionem eandem in scriptis nobis traditam, reservata nobis potestate providendi et assignandi eidem domino Radulpho de facultatibus eiusdem vicarie et de incumbente in eadem quocumque pro vite sue necessariis, duximus admittendam. Demum dilecto filio domino Iohanne Michell capellano ad eandem vicariam ad nostram collacionem pleno (*fo. 51v*) iure spectantem admisso et instituto per nos canonice in eadem, nos attendentes ipsius domini Radulphi debilitatem et impotenciam eiusque indigencie paterno compacientes affectu, ne humano destitutus suffragio in obprobrium ordinis sacerdotalis mendicare miserime compellatur, ad instantem peticionem et consensum expressum Iohannis Wade procuratoris domini Iohannis Michell rectoris [*sic*] incumbentis ad hoc sufficienter deputati coram nobis emissos, eidem domino Radulpho in premissis fore succurrendum per modum qui sequitur decrevimus, providimus et assignavimus prout tenore presencium providemus, decernimus et assignamus: videlicet quod predictus dominus Radulphus ex nunc pro vite sue necessariis quamdiu vixerit percipiat et habeat nomine pure et simplicis sustentacionis singulis annis in festis Natalis Domini, Pasche, Nativitatis Sancti Iohannis Baptiste, et sancti Michaelis archangeli de prefato domino Iohanne incumbente eiusque successoribus ipsius vicarie vicariis sex marcas usualis monete anglicane per equales porciones solvendas, prefatumque dominum Iohannem Michell incumbentem in personam Iohannis Wade procuratoris sui et ipsum procuratorem in persona domini sui eiusdem vicarii successorem qui pro tempore fuerit ad solucionem dictarum sex marcarum temporibus supradictis annuatim persolvendarum per sentenciam precepti condempnavimus et condempnamus per presentes. Quod si huiusmodi solucio post aliquem terminum supradictum per dictum dominum Iohannem Michell ipsiusve in eadem vicaria successorem maliciose fuerit subtracta per mensem, extunc lapso huiusmodi mense fructus ad eandem vicariam provenientes et pertinentes, mora et culpa dict eecclesie in premissis incumbentis precedentibus, duximus sequestrandos prout actualiter sequestramus, hoc tamen excepto quod de eisdem fructibus eidem ecclesie laudabiliter deserviatur in divinis prout congruit, huiusmodi sequestrum nostrum non relaxantes quousque eidem domino Radulpho de subtracta pensione sua ad plenum fuerit satisfactum. Datum [etc.] Clyst quo ad consignacionem presencium decimo die mensis Novembris anno Domini millesimo CCCC^{mo} vicesimo quinto [etc.].

DIMISSORIE.

13 Dec. 1425, Horslegh; to John Boswell and Thomas Pascow acolytes and to Simon Kestell and Thomas Tregarne tonsured, for all further orders.

[*Papal dispensation to Andrew Lanvyan LL.B., rector of Lanivet, subdeacon, from the requirement to advance to higher orders, for five years; provided that the cure of souls be served meanwhile.*]

[DISPENSATIO AUCTORITATE APOSTOLICA].

Martinus episcopus servus servorum Dei dilecto filio Andree Lanvyan rectori parochialis ecclesie de Lanyvet Exonien' diocesis salutem et apostolicam benediccionem. Litterarum sciencia, vite ac morum honestas, aliaque laudabilia probitatis et virtutum merita super quibus apud nos fidedigno commendaris testimonio nos inducunt ut te specialibus favoribus et graciis prosequamur. Hinc est quod nos volentes te, qui ut asseris in ordine subdiaconatus constitutus et in legibus bacallarius existis, premissorum meritorum tuorum intuitu favore persequi gracie specialis, tuis supplicacionibus in hac parte inclinati, tecum ut racione ecclesie parochialis de Lanyvet Exonien' diocesis quam obtines, aut alterius cuiuscumque beneficii ecclesiastici curati vel non curati, seu aliorum beneficiorum ecclesiasticorum curatorum vel non curatorum, usque ad quinquennium a dato presencium computandum ad ulteriores sacros ordines promoveri minime tenearis, nec ad id a quoquam invitus valeas coartari, generalis consilii ac constitucionibus apostolicis, necnon statutis ac consuetudinibus ecclesiarum in quibus forsan huiusmodi beneficia fuerint, iuramento, confirmacione apostolica vel quacumque firmitate alias roboratis cetera contrariis nequaquam obstantibus, auctoritate apostolica tenore presencium de speciali dono gracie dispensamus, proviso quod parochialis ecclesia et alia beneficia huiusmodi debitis interim non fraudentur obsequiis et animarum cura in eis quibus illa imminent nullatinus negligatur. Nulli ergo omnino homini liceat hanc paginam nostre dispensacionis infringere vel ei ausu temerario contraire; si quis autem hoc attemptare presumpserit indignacionem omnipotentis Dei et beati Petri et Pauli apostolorum eius se noverit incursurum. Datum Rome apud sanctos Apostolos III Idus Octobris pontificatus nostri anno octavo. [*13 Oct., 1425*]

[*20 Dec. 1425, Horslegh. Certificate, to the archbishop of Canterbury, of compliance with his mandate for renewed intercessions for the King and the realm, John duke of Bedford and Humphrey duke of Gloucester. See p. 109. The bishop of London's rescript, sent by David Price his vicar-general, was dated at London, 14 Nov. 1425, and received by the bishop on 9 Dec. The text of the mandate follows.*]

MANDATUM PRO PROCESSIONE FACIENDA SINGULIS QUARTIS ET SEXTIS FERIIS.

(*fo. 52*) Henricus permissione divina Cantuarien' archiepiscopus [etc.] venerabili [etc.] Johanni Dei gracia London' episcopo seu ipso in remotis agente vicario in spiritualibus generali salutem et fraternam in Domino caritatem. Licet nos alias per vos omnibus et singulis nostre Cantuarien' provincie suffraganeis, et absencium episcoporum vicariis in spiritualibus generalibus, dederimus in mandatis, quod ipsorum singuli in ecclesiis suis cathedralibus et aliis ecclesiis conventualibus, ac in omnibus et singulis ecclesiis parochialibus suarum civitatum et diocesium, pro felici statu domini nostri regis et regni processiones solitas quartis et sextis feriis continuari facientes, subditos suos clericos et laicos ad devote et specialiter exorandum pro serenissimis principibus domini Johanne duce Bedford' ad huc pro iure domini regis, ac Umfredo duce Glaucestr' pro iure suo proprio, tunc in partibus exteris inter guerrarum discrimina elaborantibus, necnon eorumdem et aliorum in eorum comitiva laborancium prosperitate et expedicione felici monerent et inducerent, seu sic moneri facerent et induci ut est moris; vosque premissa in ecclesiis vestrarum civitatis et diocesis consimiliter faceretis: ne tamen circa premissa tam cleri quam populi aliqualiter tepescat devocio, consider-antes itaque quante oracio fidelis et assidua ac sine intermissione facta virtutis et efficacie habeatur, de qua in scriptura divina satis historialiter invenitur, animadvertentes eciam casus nunc et miserias cotidie emergentes pro quibus sedandis Deum oracionibus placare convenit, qui iram suam per humana demerita accensam misericorditer decrevit, placabilibus hostiis mitigare; vobis in virtute obediencie committimus et mandamus quatinus per vestras litteras, cum omni celeritate possibili, nostris detis singulis confratribus et suffraganeis ac ipsorum ut prefertur vicariis in spiritualibus generalibus iterato in mandatis, quod ipsorum singuli in suis civitatibus et diocesibus processiones quartis et sextis feriis pro felici statu domini nostri regis et regni ac prosperitate et expedicione felici dictorum principum ut superius recitatur fieri faciant, vosque similiter fieri faciatis, ut Deus noster omnipotens fidelium precibus complacatus ipsos principes singulis dirigat in agendis, et ab inimicorum suorum insidiis ipsos protegat et defendat, et regnum istud gubernari concedat quod pax et tranquillitas inter proceres et magnates persistant firmiter in eodem. Et ut mentes fidelium ad huiusmodi oraciones divocius [*sic*] effundendas altissimo propensius excitentur, de ipsius immensa misericordia [etc. *as on p. 42*] cunctis Christifidelibus de peccatis suis vere penitentibus, contritis et confessis qui pro premissis devote et specialiter exoraverint ut prefertur, quadraginta dies indulgencie misericorditer in Domino concedimus per presentes, sicque per confratres nostros concedi rogamus et in Domino suademus. De die recepcionis vestre presencium, et quid feceritis in premissis, nos omni celeritate possibili, et ad ultimum citra festum Natalis Domini proxime nunc futurum, curetis reddere cerciores litteris vestris patentibus habentibus hunc tenorem. Et nostris confratribus et absencium episcoporum vicariis generalibus similiter iniungatis quod ipsorum singuli simili nos certificent quid fecerint in premissis. Datum in manerio nostro de Lamehith viij° die mensis Novembris anno Domini millesimo quadringentesimo vicesimo quinto, et nostre translacionis anno duodecimo.

Breve regium pro parliamento.

2 Feb. 1425-6, London; the bishop received a writ of summons (*fo. 52v*) for a parliament to be held at Leycestr' on 18 February next; with the clause *Premunientes*, as on p. 64; attested at Westminster, 7 Jan. 4 Hen. VI. cf. *C.C.R. 1422-1429*, p. 261.

Procuratorium pro parliamento domini regis.

4 Feb. 1425-6, London'; the bishop appoints as his proctors in the next Parliament Philip bishop of Worcester and master William Prestewyk chaplain; as on p. 112.

Licencie celebrandi in capellis sive oratoriis E. diocesis.

25 Feb. 1425-6, Clyst; to John Sylverlok alias Serell, for divine service during pleasure in his house at Plympton.

Same day and place; to sir John Carvargh rector of Pole, [*South Pool*], for divine service celebrated by himself or others in the chapel of St Theobald at Northpole [*North Pool*] and in any other suitable place in the diocese of Exeter.

28 Feb. 1425-6, Clyst; to John Wyse and Isabella his wife, of Cornwall, for divine service in any suitable place, during pleasure.

1 March 1425-6, Clyst; to Thomas Denys esquire, Elisabeth his wife and Blonche Hacche, for divine service during pleasure in any suitable place in the presence of any of them.

Same day and place; to Robert Treage and his wife, for divine service in the presence of either in the chapel of St Mary in the parish of St Mabene.

[*1 March 1425-6, Clyst. Licence for St Margaret's chapel, near Tavistock.*]
LICENCIA CELEBRANDI IN CAPELLA SANCTE MARGARETE IUXTA
TAVYSTOK.

Universis [etc.] Edmundus [etc.] salutem cum nostra benediccione
et gracia Salvatoris. Cupientes ea que devocionis et cultus divini
augmentum respiciunt sinceris mentibus promovere, ut in capella
(*fo. 53*) sancte Margarete iuxta villam de Tavystoke nostre diocesis
situata divina per quoscumque presbiteros ydoneos absque preiudicio
matricis ecclesie valeant celebrari, dumtamen eorum quorum interest
accedat assensus, tenore presencium licenciam concedimus specialem,
presentibus ad nostrum beneplacitum tantummodo duraturis. Datum
[etc.] Clyst primo die mensis Marcii anno Domini millesimo CCCC^mo
vicesimo quinto [etc.].

[*Same day. Licence to John Bele vicar of Pelynt, to hear the confessions
of any of his parishioners and to absolve in reserved cases, save for certain cases
excepted, until Trinity.*]
CONFESSIONALE.

Edmundus [etc.] dilecto [etc.] domino Iohanni Bele vicario perpetuo
ecclesie parochialis de Plenynt in Cornubia nostre diocesis salutem
[etc.]. Ut confessiones quorumcumque parochianorum tuorum tibi
confiteri volencium in foro anime licite audire valeas, et penitentibus
pro peccatis que tibi confitebuntur penitencias iniungere salutares et
beneficium absolucionis impartiri eciam in casibus nobis specialiter
reservatis, violacionum iurium et libertatum nostrarum et ecclesie
nostre cathedralis Exonien' ac parcorum nostrorum quorumcumque
fraccionum, violacionum eciam seu corrupcionum monialium Deo
dedicatarum et inieccionum manuum violentarum in clericos in
sacris ordinibus constitutos in casibus a iure non permissis, symonie
ac adulteriorum et incestuum notoriorum et manifestorum, solempniz-
acionum insuper matrimoniorum clandestinorum, necnon violacionum ecclesiarum et cimiteriorum propter quas indigeant reconsiliari,
periuriorum eciam in assisis et causis matrimonialibus aut aliis ubi
sequitur mors vel exheredacio aut gravis depauperacio alicuius
dumtaxat exceptis, tibi de cuius fidelitate et circumspeccionis industria
ad plenum confidimus vices nostras committimus et plenariam
potestatem, presentibus usque festum sancte Trinitatis proxime
futurum inclusive duraturis. Datum [etc.] Clyst primo die mensis
Marcii anno Domini millesimo quadringentesimo vicesimo quinto
[etc.].

[*2 March 1425-6. Appointment of penitencers in the four archdeaconries.*]
DEPUTACIO PENITENCIARIORUM ARCHIDIACONATUS EXONIE.

Edmundus [etc.] *dilectis* [sic] *in Christo filiis archidiacono nostro Exonie seu eius officiali salutem* [*etc.*]. *Quia nos in singulis decanatibus* [*etc.* as on p. 21], *viz*:—

Deanery of Ken: sir Edward archpriest of Haccomb, master Thomas vicar of Kenton. Deanery of Dunsford: sir Robert Lewer rector of Teyngton Drew, sir Thomas vicar of Dunsford. Deanery of Cadbury: master John Sawnder curate of the collegiate church of Holy Cross, Criditon, sir John rector of Cheriton Phipayn [*sic*]. Deanery of Tuverton: sir John rector of Wydelond [*Willand*], sir Thomas rector of Cleyangre [*Clayhanger*], Nicholas Walrond chaplain of Tuverton. Deanery of Plymptre: master John Bodman rector of Bradenynch, sir John Bone rector of Fynaton. Deanery of Dunk': sir John Lyff vicar of Aulyscomb, sir John vicar of Yartecomb. Deanery of Honyton: master John Mathew rector of Mosebury, Henry rector of Gedysham, John rector of Honyton, sir John vicar of Seton. Deanery of Ayll'; master John Sarger warden of the collegiate church of Otery St Mary, sir William Brown vicar of Sydebury, sir John Schaplegh vicar of Sydemouth, sir Thomas rector of Clyst Fomson [*Sowton*]; *in partem nostre solicitudinis* [etc. as on p. 22].

(*fo. 53v*) DEPUTACIO PENITENCIARIORUM IN ARCHIDIACONATU TOTTONIE.

Deanery of Morton: sir John rector of Lustelegh, sir William vicar of Aschperton. Deanery of Ipplepen: sir William Broke vicar of Peyngton, sir William Bevyn vicar of Hempston Magna, William Toker chaplain of Newton Abbas. Deanery of Tottonia: master John vicar of Brente, brother John vicar of Tounstall, sir Peter vicar of [*name omitted*]. Deanery of Wodelegh: master John rector of the collegiate church of Slapton, master Richard Olyver rector of Alyngton. (master?)[1] John rector of Charleton. Deanery of Plympton: brother John Mape subprior of Plympton, master John vicar of Holboghton, master William Grene chaplain of Plympmouth. Deanery of Tamerton: sir Robert rector of Stokedamerell, sir John rector of Mewy. Deanery of Tavystoke: sir John vicar of Brydestaw, master Roger vicar of Milton. Deanery of Hall': sir Stephen rector of Putteford, sir David rector of Blaketoryton. Deanery of Okampton: master John Newcomb vicar of Okampton, master John Burneby rector of Ekysburne; *cum clausula proviso quod nullus ad personam alterius decanatus vel ad casus superius exceptos etc. ut in forma.*

DEPUTACIO PENITENCIARIORUM IN ARCHIDIACONATU CORNUBIE.

Deanery of Penwith: master William vicar of St Ercius, sir John Patry vicar of St Paul. Deanery of Keryer: master William vicar of

[1] *The* M. *before this group of names may be intended as singular or plural.*

St Breace, master Thomas vicar of St Gluviac, master Nicholas vicar of St Wendron. Deanery of Pyder: sir John vicar of Padystow, sir Benedict vicar of St Wenna. Deanery of Powder: master John Sutton official of the bishop's peculiar jurisdiction in Cornwall, sir Nicholas rector of Treuru, sir John William vicar of Tregony. Deanery of Tryg Minor: master John vicar of St Minefrede [*St Minver*], (master ?)[1] Nicholas vicar of Lannow [*St Kew*]. Deanery of Tryg Major: master William Knyght rector of Kylkampton, dom Simon subprior of Lanceston. Deanery of Est: master John Waryn rector of Mahynyet, sir William rector of Rame, sir John vicar of Saltaysch. Deanery of West: sir Thomas rector of Dulo, sir John vicar of St Wynnocus.

DEPUTACIO PENITENCIARIORUM IN ARCHIDIACONATU BARN'.

Deanery of Barn': master Thomas prior of Pylton, sir William vicar of Chitelhampton. Deanery of Chulmelegh: master William Bremelcomb rector of Nymet Tracy, sir William Lane rector of Chulmelegh. Deanery of Molton: sir William vicar of Northmolton, sir William Champion vicar of Nymet Episcopi, sir Roger vicar of Estansty. Deanery of Toriton: sir William recluse there, master John Herward rector of Stow sancti Petroci. Deanery of Hertyland: sir John rector of Were [*Wear-Giffard*], sir Richard vicar of Bokelond [*Buckland Brewer*]. Deanery of Schyrwill: sir John rector of Heawnton [*Heanton-Punchardon*], sir John rector of Byry [*Berrynarbor*].

[*7 March 1425-6. Appointment of John Herward, LL.B. as the bishop's commissary and sequestrator general, and official of his peculiar jurisdiction, in Devon, with a definition of his duties.*]

COMMISSIO MAGISTRI JOHANNIS HERWARD OFFICIALIS PECULIARIS IURISDICCIONIS DOMINI IN DEVONIA.

Edmundus [etc.] dilecto [etc.] magistro Iohanni Herward in legibus baccallario salutem [etc.]. De vestra circumspeccione ac facti et iuris experiencia plenam in Domino fiduciam obtinentes, ad inquirendum, corrigendum et canonice puniendum crimina et excessus quorumcumque subditorum nostrorum in comitatu Devonie nostre diocesis, eciam si ea adulteria et incestus et hiis graviora existant, causasque et negocia eorumdem sive ad instanciam parcium sive ex officio promoto ad forum et cognicionem ecclesiasticam spectancia audiendum et fine canonico (*fo. 54*) terminandum, testamenta insuper sive ultimas voluntates quorumcumque beneficia ecclesiastica in dicto comitatu obtinencium ac eciam aliorum utriusque sexus nostre peculiaris iurisdiccionis ecclesiastice in dicto comitatu in fata decedencium insinuandum, approbandum et reprobandum, bonorumque

[1] *See p. 153 n. 1.*

administracionem ipsorum ac eorumdem ab intestato decedencium committendum, compotum, raciocinium sive calculum dictorum bonorum audiendum, examinandum, discuciendum et terminandum, finalesque acquietancias super compoto et calculo huiusmodi faciendum et concedendum, vobis committimus vices nostras cum cuiuslibet cohercionis canonice potestate, vosque nostrum commissarium et sequestratorem generalem in omnibus supradictis in comitatu prelibato necnon nostre peculiaris iurisdiccionis ecclesiastice in comitatu pretacto in causis et negociis, quatenus ea ad forum ecclesiasticum concernunt, preficimus et creamus; damusque liberam potestatem et mandatum speciale fructus, redditus et proventus beneficiorum ecclesiasticorum in eodem comitatu vacancium et vacaturorum quantum ad nos pertinet exigendi, levandi et colligendi, vendendi ac distrahendi, omniaque alia et singula faciendi, excercendi et expediendi que in premissis et circa ea fuerint oportuna et que ad officium officialis nostre peculiaris iurisdiccionis supradicte et sequestratoris predicti dinoscuntur de iure et consuetudine pertinere, donec vices, potestatem et mandatum supradicta ad nos duxerimus revocanda. In cuius rei testimonium sigillum nostrum presentibus duximus apponendum. Datum [etc.] Clyst septimo die mensis Marcii anno Domini millesimo quadringentesimo xxv [etc.].

[*16 March 1425-6. Composition between John Waryn, rector, and the parishioners of Menheniot, about the payment of tithes on calves sold or killed before tithing—a circumstance for which the synodal constitution provided by a payment of ½d. for each calf up to seven, the balance between that number and ten being reckoned in the next computation. The bishop, visiting the parish while on progress and finding the rector and parishioners in dispute, now ordained that for every calf so sold or killed one full tenth of its price or value respectively be paid to the rector, under threat of ecclesiastical censure.*]

DECLARACIO DE ET SUPER DECIMACIONE VITULORUM PER PAROCHIANOS DE MAHYNYET VENDITORUM.

Universis [etc.] presentes litteras inspecturis Edmundus [etc.] salutem in amplexibus Salvatoris. Subditorum animos eo magis confovere dinoscimur in quiete quo obscuritates et dubia que inter eosdem sepius oriuntur iuxta vires radicitus evellamus et certitudinis beneficium in quantum possumus apponamus. Sane exorta nuper discensionis materia inter venerabilem virum magistrum Iohannem Waryn rectorem ecclesie parochialis de Mahynyet in Cornubia nostre diocesis ex parte una et parochianos suos ex altera de et super decima vitulorum per eosdem parochianos ante tempus decimacionis venditorum et quandoque occisorum, hoc dante occasionem edicto in

quadam constitucione sinodali bone memorie domini Petri[1] dudum
Exon' episcopi predecessoris nostri specialiter continetur quod pro
quolibet vitulo infra numerum septenarium pro decima dabitur
obolus legalis monete, proviso semper quod in sequenti anno quod
defuerit de denario numero in solucione decime allocetur. Contingitque plerumque prout informamur quod parochiani dicte ecclesie
de Mahynyet vitulos suos vivos ad eorum instaurum non reservant
sed ante tempus decimacionis seu ablactacionis eorundem aliquando
ad usum eorum mactant et occidunt, aliquos vero vendunt et precium
eorum ad usus suos recipiunt et inbursant; quid autem et quantum
tunc pro decima solvi debeat inter partes predictas extitit diucius
altercatum, asserentibus dicte parochie parochianis palam et expresse
quod rector pro quolibet vitulo sic vendito aut occiso nomine decime
uno obolo debeat contentari. Nos vero nuper, ob crismacionem
puerorum et alia nostris humeris incumbencia per nostram diocesim
transitum facientes et ad ecclesiam de Mahynyet antedictam personaliter declinantes, comperimus et invenimus occulata fide memoratam
altercacionem inter partes predictas fore veram. Tandem partes
ibidem in nostra presencia constitute, mediantibus earum amicis,
licium amfractus et incomoda precaventes, seipsas et materiam
pretactam pure, sponte et absolute nostro iudicio submiserunt. Unde
nos dictam submissionem pro bono pacis acceptantes, retenta per
nos quo ad declaracionem premissorum nichilominus potestate
ordinaria, hec ante omnia animo nostro in ista materia primitus
animadvertentes et iugi studio ac mente nostra sedula revolventes,
quod decime debentur ex lege divina quia Deus eas in signum universalis dominii reservavit, et contra legem divinam nec statutum nec
composicio nec consuetudo eciam per tempus cuius contrarii non
existit memoria hominum usitata valet set pocius invalida reputabitur
et inanis, ac secundum auctores canonum habetur in eo quod non
solvantur decime vel minus plene solvantur, nullum statutum, nulla
consuetudo contra ecclesiam prevalebit. Declaramus igitur et decernimus per presentes pro quolibet vitulo in dicta parochia edito et ante
tempus decimacionis seu ablactacionis vendito ipsos parochianos
et eorum quemlibet in decimo denario seu decima parte precii eiusdem
vituli dicto rectori ecclesie sue nomine teneri et firmiter obligari,
pro vitulo vero per eosdem parochianos seu per eorum aliquem ante
tempus decimacionis huiusmodi ad eorum usum ut premittitur occiso
decimam partem vere estimacionis seu valoris eiusdem vituli volumus,
declaramus et adiudicamus dicto rectori absque diminucione
quacumque fideliter et integraliter persolvi. Quam quidem decimam
modo et forma (*fo. 54v*) predictis prefato rectori debitam et eidem per
suos parochianos persolvendam pronunciamus et declaramus per

---

[1]*Peter Quivil, 1280-1291. Const. LIII, A.D. 1287; in Wilkins,* Concilia, *ii. p. 159.*

presentes, et ipsius ecclesie parochianos si necesse fuerit ad solucionem
eiusdem per censuras ecclesiasticas declaramus et decernimus coartari.
Hanc autem declaracionem nostram in dicta ecclesia parochiali de
Mahynyet et aliis locis circumpositis volumus, precipimus et mandamus
omnibus quorum interest publicari. Datum [etc.] Clyst sub sigillo
quo ad consignacionem presencium sexto decimo die mensis Marcii
anno Domini millesimo CCCCxx quinto [etc.].

[*8 Feb. 1425-6. Commission of inquiry into an alleged pollution by bloodshed
of the cemetery of Exeter cathedral, for the inhibition of burial there pending
reconciliation, if the pollution had occurred, and for the citation of offenders.*]

Commissio ad inquirendum super pollucione cimiterii ecclesie
cathedralis Exon'.

Edmundus [etc.] dilectis [etc.] magistris Johanni Cobethorn decano
et Jacobo Carslegh archidiacono ecclesie nostre cathedralis Exonie
salutem [etc.]. Ex fidedignorum relacione et fama publica referente
ad aures nostras est deductum, quod cimiterium ecclesie nostre
cathedralis Exonien' antedicte sanguinis effusione, ut dicitur, est
pollutum. Nos igitur, volentes de et super premissis plenius informari,
vobis communiter et divisim committimus et mandamus firmiter
iniungentes quatinus, vocatis in hac parte de [iure] vocandis, per
viros fidedignos in dicto facto presentes, et alios pleniorem noticiam
in hac parte optinentes, in forma iuris iuratos, super premissis ac
quomodo et per quos huiusmodi cimiterium fuerit pollutum, inquiratis
diligenter et fideliter plenius veritatem. Et si huiusmodi cimiterium
inveneritis esse pollutum, inhibeatis publice, palam et expresse sub
pena iuris ne quis ante reconsiliacionem eiusdem cimiterii in ipsa
corpora defunctorum presumat quomodolibet sepelire. Ad que facienda
vobis communiter et divisim tenore presencium committimus vices
nostras cum cuiuslibet cohercionis canonice potestate. Citetis insuper
seu citari faciatis peremptorie eos per quos huiusmodi pollucio facta
fuerit, si qui inventi fuerint, quod compareant coram nobis aut nostro
in hac parte commissario quocumque in capella sancti Gabrielis
de Clyst nostre diocesis decimo die iuridico post citacionem vestram
de ipsis factam immediate sequente, super huiusmodi pollucione et
ea contingentibus debite responsuri et de veritate dicenda si oporteat
personaliter iuraturi, ulteriusque facturi et recepturi quod iusticia
suadebit; certificantes nos aut commissarium nostrum quemcumque
huiusmodi negocio debite expedito quid feceritis in premissis, per
litteras vestras clausas harum et tocius huiusmodi facti seriem,
nominaque et cognomina eorum per quos huiusmodi pollucio et
inquisicio facta et capta fuerint, dilucide continentes sigillo autentico
consignatas. Datum [etc.] Clyst viij die mensis Februarii anno
Domini millesimo CCCC^mo vicesimo quinto [etc.].

[*8 Mar. 1425-6. Mandate for the solemn excommunication of the unknown attackers by night of Thomas Redman, canon, and Hugh Bevyn, vicar choral, of Exeter, in Cathedral Yard, so polluting the cemetery by bloodshed and violating the liberties of the Church.*]

MANDATUM AD DENUNCIANDUM OMNES EXCOMMUNICATOS QUI DICTUM CIMITERIUM POLLUERUNT.

Edmundus [etc.] magistro Iohanni Cobethorn nostre ecclesie cathedralis Exonien' decano salutem [etc.]. Romani principes ortodoxe fidei professores illos presumptores sacrilegos qui ausu nephario in ecclesias vel ecclesiasticas personas in locis sacris existentes hostiliter irruere presumpserunt, ac super hiis confessos vel convictos statuerunt debere per iudices seculares ultimo supplicio subiacere, non expectato per eos ut ipse persone ecclesiastice vindictam iniurie proprie deposcerent quibus sanctitas ignoscendi gloriam derelinquit. Set pro dolor modernis temporibus nonnulli laici in tantam furoris audaciam inciderunt ut, quo magis contumeliis dampna et approbria ecclesiis et locis sacris ac personis ecclesiasticis intulerunt, eo magis congaudent et interminis gloriantur. Nuper siquidem patrati sceleris evidencia ac infamia longe lateque diffusa quasi in communitatem incolarum civitatis et diocesis nostrarum Exonien' deduxit publicam noticiam quomodo nonnulli dampnacionis alumpni proprie salutis inmemores in discretos et venerabiles viros dominos Thomam Redman nostre ecclesie cathedralis Exon' canonicum et Hugonem Bevyn eiusdem ecclesie vicarium, sacerdotes, in cimiterio ecclesie nostre cathedralis predicte notorie dedicato, cum fustibus et baculis, arcubus et sagittis aliisque armorum generibus nocturno tempore subito et horribiliter irruerunt, et in eos manus sacrilegas iniecerunt, ac cum fustibus et baculis supradictis ipsos Dei sacerdotes in capitibus suis percusserunt et vulneraverunt, necnon sanguinem ipsorum sacerdotum in cimiterio prelibato iniuriose et violenter effuderunt in tanto cruore quod ipsum cimiterium polluerunt et notorie violarunt, sicque pacis ecclesie et regni tranquillitas est perturbata et ecclesie libertas seu immunitas enormiter lesa, ac ipsum cimiterium iniuriosa sanguinis humani effusione pollutum et notorie violatum, et christiana sepultura in ipso cimiterio propter facinus huiusmodi suspensa et nequitur impedita. O miseri et infelices ! Quis locus poterit esse tutus, quis securitate gaudebit, si locus sacer talibus casibus subiciatur et Dei sacerdotes huiusmodi periculis exponantur ? O dampnade perdicionis alumpni ! Quis locus poterit esse pacificus et quietus si veneranda Dei templa et sancte ecclesie cimiteria postposito Dei timore talibus flagiciis per tales sacrilegos violentur ? O malediccionis eterne participes ! Que vindicabitur iniuria humana si hec iniuria divina in contumeliam Dei et sanctorum notorie facta sub assim-

ulacione conniventibus oculis iudicum pertranseat (*fo. 55*) impunita ?
Cum igitur non sit dubium omnes et singulos huiusmodi sacrilegos
presumptores eorumque in premissis complices et fautores variis
excommunicacionum sentenciis a Romanis pontificibus et aliis sanctis
patribus fuisse et esse dampnabiliter involutos, ac de eorum nominibus
nondum plene fuerimus informati, ne huiusmodi tam graves excessus
per impunitatem trahantur ab aliis in exemplum, vobis communiter
et divisim et in virtute obediencie et sub maioris excommunicacionis
pena quam nisi quod iniungimus feceritis formidare potestis committimus et mandamus quatinus instanti dominica media quadragesime,
assumptis vobiscum duobus vel tribus confratribus vestris, prefatos
sacrilegos eorumque complices et fautores excommunicatos et a
liminibus sancte matris ecclesie sequestratos, necnon diabolo et eius
angelo traditos, stolis et vestimentis sacerdotalibus induti, pulsatis
campanis, candelis accensis et extinctis, elevata cruce, in dicta ecclesia
nostra infra solempnia [missarum] dum maior [pars] populi convenerit
ad divina, publice et solempniter denuncietis hiis verbis vel similibus
in extinccione candelarum utentes: ' Sicut lumen candele extinguitur
ita eorum bona opera extinguantur ante Deum nisi resipiscant. Fiat, fiat,
Amen.' Absolucionem dictorum sacrilegorum omnium et singulorum
complicium et fautorum eorumdem intimetis publice nobis esse
specialiter reservatam. Datum [etc.] Clyst octavo die mensis Marcii
anno Domini millesimo quadringentesimo vicesimo quinto [etc.].

MUTACIO ANNI DOMINI

[*26 March 1426. Commission for the reconciliation of the cemetery of
Exeter cathedral, by virtue of a bull of Martin V permitting the bishop, for
three years, to reconcile churches and churchyards by deputy, viz, by a priest
using water episcopally blessed.*]

TENOR BULLE SEDIS APOSTOLICE DOMINO CONCESSE AD RECONCILIANDUM
ECCLESIAS ET CIMITERIA PER HONESTUM CAPELLANUM.

Item vicesimo sexto die mensis Marcii predicti emanavit commissio
ad reconsiliandum dictum cimiterium ecclesie cathedralis Exonien'
predicto magistro Iohanni Cobethorn decano eiusdem ecclesie cathedralis Exonien', virtute cuiusdam bulle per sedem apostolicam domino
concesse cuius tenor sequitur in hunc modum. Martinus episcopus
servus servorum Dei venerabili fratri Edmundo episcopo Exonien'
salutem et apostolicam benediccionem. Tue devocionis precibus
benignum impercientes assensum libenter ea tibi concedimus graciose
que tue quietis commoda respicere dinoscuntur. Cum itaque sicut
pro parte tua fuit propositum coram nobis sepe contingat ecclesias
et cimiteria tuarum civitatis et diocesis per effusionem sanguinis vel

seminis violari, que non potes reconsiliare commode per te ipsum, nobis fuit humiliter supplicatum ut providere tibi super hoc de oportuno remedio dignaremur. Nos itaque tuis supplicacionibus inclinati, quod ecclesias et cimiteria supradicta per aliquem sacerdotum ydoneum reconsiliare valeas quociens fuerit oportunum, aqua prius per te vel alium antistitem ut moris est benedicta, presencium tibi auctoritate concedimus facultatem. Per hoc autem constitucioni que id precipit per episcopos tantum fieri nullum volumus imposterum preiudicium generari. Presentibus post triennium minime valituris. Datum Rome apud sanctam Mariam Maiorem Kalendis Augusti pontificatus nostri anno sexto. [*1 Aug. 1423*].

COMMISSIO AD RECONSILIANDUM CIMITERIUM ECCLESIE CATHEDRALIS EXON' SANGUINIS EFFUSIONE POLLUTUM.

Tenor vero commissionis de qua supra fit mencio sequitur et est talis: Edmundus [etc.] dilecto filio magistro Iohanni Cobethorn nostre ecclesie cathedralis Exon' decano salutem [etc.]. Cum sanctissimus [etc.] Martinus divina providencia papa quintus per litteras suas apostolicas nobis indulserit potestatem ut ecclesias et cimiteria nostrarum civitatis et diocesis sanguinis vel seminis effusione polluta per aliquem presbiterum ydoneum quociens fuerit oportunum aqua per nos primitus benedicta reconsiliare valeamus, prout in dictis litteris apostolicis plenius continetur, vobis, de cuius circumspeccionis industria plenam in Domino fiduciam reportamus, ad reconsiliandum cimiterium dicte nostre ecclesie cathedralis Exon' iam sanguinis effusione pollutum tenore presencium vices nostras committimus et plenariam potestatem et aquam per nos ad hoc benedictam vobis transmittimus presencium per latorem. Datum [etc.] Clyst vicesimo sexto die mensis Marcii anno Domini millesimo quadringentesimo vicesimo sexto [etc.].

[*29 March 1426. Appointment of a coadjutor to Henry Rychard rector of Lanreath, because of his mental and physical infirmity, old age and blindness.*]

DEPUTACIO COADIUTORIS DOMINI HENRICI RYCHARD RECTORIS DE LANRETHYOW.

Edmundus [etc.] dilecto [etc.] domino Iohanni Marschall vicario perpetuo ecclesie parochialis de Fowy in Cornubia nostre diocesis salutem [etc.]. Quia dominus Henricus Rychard rector ecclesie parochialis de Lanrethyow dicte nostre diocesis in tantum extitit et est egritudine gravatus, senio et debilitate confractus, luminibus oculorum privatus et sensuum suorum discrecione destitutus, quod se et sua curamque sibi commissam ad honorem Dei et animarum salutem per seipsum regere exnunc non poterit ut deceret; de tua fidelitate et circumspeccionis industria plurimum confidentes, te

eidem domino Henrico tam in persona quam in rebus ad dictam
ecclesiam de Lanrethyow pertinentibus coadiutorem ex officii nostri
debito canonice deputamus, administracionemque bonorum ad
eandem ecclesiam pertinencium eidem domino Henrico rectori
predicto amodo interdicentes, et tibi una cum cura animarum eidem
ecclesie iminente quatenus iura permittunt in Domino committentes.
Tibique firmiter iniungimus et mandamus quatinus eidem domino
Henrico rectori prelibato ac honeste et utili familie sue (*fo. 55v*)
aliis remotis de eisdem bonis facias iuxta status sui exigenciam ministrari, necnon predicte ecclesie in divinis officiis diurnis et nocturnis
ac ceteris ad curam animarum eidem ecclesie pertinentibus integre
deserviri. Proviso quod de omnibus inventis, perceptis et expensis
ibidem nobis raciocinia reddere valeas cum super hoc congrue fueris
requisitus. Presentibus ad nostrum beneplacitum tantummodo
duraturis. Datum [etc.] Clyst antepenultimo die mensis Marcii
anno Domini millesimo CCCC^{mo} xxvi^{to} [etc.].

DECLARACIO SUPER CIMITERIO ECCLESIE PAROCHIALIS DE CHUMELEGH
NON POLLUTO.

3 April 1426, Clyst; a declaration, as on p. 30, that the cemetery of
the parish church of Chulmelegh, stated to have been polluted by
bloodshed between Richard Deygher and John (*blank*), has not been
so polluted, and that burial may be resumed.

CERTIFICATORIUM PRO CONVOCACIONE CLERI.

[*10 Apr. 1426, Clyst; to the archbishop of Canterbury, certifying compliance
with his mandate, dated at Leycestr', 19 March 1425-6, for a convocation at
St Paul's, London, on 15 April next. The bishop of London's rescript was
dated at Fulham, 23 March, and received on 6 April. The form of the certificate
is as on p. 115, and the text of the mandate (fo. 56, quire viii) is as in* Chichele,
iii. *p. 174. The schedule of names follows:*]
    (*fo. 56v*) Tenor cedule talis est:
    Magister Iohannes Cobethorn decanus ecclesie cathedralis Exonien'.

Magister Iacobus Carslegh Exonie	
Magister Iohannes Thisayne Totton'	archidiaconi.
Magister Iohannes Orum Barnast'	
Magister Willelmus Fylham Cornubie	

Frater Thomas de Tavystoke	
Frater Philippus de Hertylond	
Frater Willelmus de Torre	
Frater Ricardus de Forde	abbates.
Frater Nicholaus de Newenham	
Frater Iohannes de Dunkyswill	
Frater Iohannes de Bokelond	

Frater Nicholaus de Plympton'
Frater Iohannes de Launciston
Frater Iohannes sancti Germani
Frater Alanus Bodminie   priores.
Frater Thomas de Frethelstok
Frater Simon de Barn'
Frater Iohannes de Tottonia

[*9 Apr. 1426. Receipt from the archbishop of Canterbury, on behalf of William Clyff, rector of Stokenham and a member of the household of John duke of Bedford, of an* inspeximus *and notarial transcript of a bull of Martin V permitting the dean, priests and other clerks of the duke's chapel, for ten years, to enjoy the fruits of such benefices as they might hold, whether with or without cure, and not to be obliged to reside in them but to farm them, should they so wish, even to lay persons, provided that the cure of souls be served by vicars meanwhile.*]

TRANSUMPTIO LITTERARUM PER NOTARIUM.

Item nono die mensis Aprilis anno Domini supradicto dominus in manerio suo de Clyst recepit litteras inferius descriptas ex parte domini Willelmi Clyff rectoris ecclesie parochialis de Stokenham Exonien' diocesis eidem presentatas prout sequitur tenore verborum:

Universis christifidelibus ad quos presentes litterc sive presens transsumptum pervenerint Henricus permissione divina Cant' archiepiscopus [etc.] salutem et presentibus fidem indubiam adhibere. Ex parte discreti viri domini Willelmi Clyff rectoris ecclesie parochialis de Stokenham Exonien' diocesis, familiaris illustris et potentis principis domini Iohannis ducis Bedfordie, nobis in loco hospicii nostri apud Leycestre Lincolnien' diocesis ac nostre Cant' provincie iudicialiter sedentibus, fuerat cum instancia non modica supplicatum quod cum ipse quasdam litteras apostolicas sanctissimi [etc.] Martini divina providencia pape quinti interesse ipsius concernencia, quas idem dominus Willelmus non habuit ut asseruit duplicatas, et necesse habeat ipsas in diversis mundi partibus non modicum distantibus distinare et coram diversis iudicibus presentare ac exhibere, que quidem littere sic cum earum destinacione, presentacione et exhibicione portarentur sive transferentur propter viarum discrimina et maris pericula ac alios adversos et diversos casus que frequenter accedunt seu verisimiliter contingere poterint deperire possent, aut forsan idem Willelmus propter difficilem seu impossibilem exhibicionem dictarum litterarum simul et semel in diversis mundi partibus ut prefertur faciendam periculis incurrere posset non modicum et gravamen, quatinus predictas litteras inspicere et eas per nos ut premittitur primitus inspectas postea auctoritate nostra per notarium publicum infrascriptum transumi, exemplari, subscribi et in publicam formam redegi precipere et mandare, ac ut ex hoc tanta fides presentibus litteris nostris sive transsumpto ubilibet sicut ipsis litteris originalibus adhibeatur decernere curaremus. Quarum quidem litterarum tenor sequitur in hiis verbis:

Martinus [etc.] dilecto filio nobili viro Iohanni duci Bedfordie salutem [etc.]. Eximie devocionis sinceritas quam ad nos et Romanam ecclesiam habere dinosceris promeretur ut personam sinceris affectibus prosequentes illa tibi libenter concedamus que obsequencium tibi personarum commoditatibus fore conspicimus oportuna. Hinc est quod tuis supplicacionibus inclinati, tibi auctoritate apostolica tenore presencium indulgemus ut ad decennium a data presencium computandum decanus et alii presbiteri ac clerici capelle tue in ea residendo aut alias obsequiis tuis insistendo fructus, redditus et proventus omnium et singulorum beneficiorum ecclesiasticorum cum cura et sine cura, que in quibuscumque ecclesiis sive locis obtinent et interim obtinebunt, eciamsi canonicatus et prebende, dignitates, personatus, administraciones vel officia in cathedralibus vel collegiatis ecclesiis fuerint, et ad illas, illos vel illa consueverunt qui per eleccionem assumi cum ea integritate libere percipere valeant, distribucionibus cotidianis dumtaxat exceptis, cum qua illos perciperent si in eisdem ecclesiis sive locis personaliter residerent, et ad residendum in eis minime teneantur, nec ad id a quoquam inviti valeant coartari, quodque fructus, redditus et proventus huiusmodi quibuscumque personis eciam laicis cum quibus suam et dictorum suorum beneficiorum condicionem efficere poterunt meliorem arrendare, locare et ad firmam seu annuam pensionem concedere valeant, non obstantibus si decanus et presbiteri ac clerici supradicti in ecclesiis sive locis huiusmodi primam non fecerint personalem (*fo. 57*) residenciam, necnon apostolicis et tam bone memorie Ottonis et Octoboni olim in regno Anglie legatorum[1] quam eciam aliis provincialibus sive synodalibus consiliis editis, constitucionibus et ordinacionibus ac statutis, consuetudinibusque ecclesiarum predictarum quibuscumque contrariis, iuramento, confirmacione apostolica vel alia quavis firmitate vallatis, eciam si de illis servandis et non impetrandis litteris apostolicis contra ea et ipsis litteris non utendo, eciam ab alio vel aliis impetratis seu alias quomodolibet concessis, ipsi decanus, presbiteri et clerici per se vel procuratores suos prestiterint hactenus vel interim prestare contigerit forsan iuramentum seu si locorum ordinariis a sede predicta sit concessum vel imposterum concedi contingat, quod canonicos et personas ecclesiasticas suarum civitatum et diocesium eciam in dignitatibus,

---

[1] *Otto, A.D. 1237, Const.* Cum laici, *forbade the farming of benefices to laymen absolutely, and to ecclesiastical persons for more than five years. Confirmed by Ottobuono, A.D. 1269, Const.* Indignum est. (*App. to Lynwode,* Provinciale, *pp. 20, 116.*)

personatibus vel officiis constitutos per subtraccionem proventuum suorum ecclesiasticorum vel alias compellere valeant ad residendum personaliter in eisdem, aut si eisdem ordinariis et dilectis filiis capitulis dictarum ecclesiarum a sede predicta indultum existat vel medio tempore indulgeri contingat, quod canonicis et personis ecclesiarum ac civitatum et diocesium predictarum eciam in dignitatibus, personatibus vel officiis constitutis, non residentibus in eisdem, vel qui huiusmodi primam in illis residenciam non fecerint, fructus, redditus et proventus beneficiorum suorum ecclesiasticorum ministrare minime teneantur et ad id compelli non possunt per litteras apostolicas, non facientes plenam expressam ac de verbo ad verbum de indulto huiusmodi mencionem et quibuslibet aliis privilegiis, indulgenciis et litteris apostolicis generalibus vel specialibus quorumcumque tenorum existant per que presentibus non expressa vel totaliter non inserta effectus earum impediri valeat quomodolibet vel differri et de quibusquorumque totis tenoribus de verbo ad verbum habenda sit in nostris litteris mencio specialis. Proviso tamen quod beneficia huiusmodi debitis interim non fraudentur obsequiis et animarum cura in eis quibus illa imminet nullatenus negligatur, set per bonos et sufficientes vicario[s], quibus de beneficiorum suorum proventibus necessaria congrue ministrentur, diligenter exerceatur et deserviatur inibi laudabiliter in divinis. Nulli ergo omnino hominum liceat hanc paginam nostre concessionis infringere vel ei ausu temerario contraire. Si quis hoc attemptare presumpserit indignacionem omnipotentis Dei et beatorum Petri et Pauli apostolorum eius se noverit incursurum. Datum Rome apud sanctos Apostolos ij Kal. Septembris pontificatus nostri anno octavo. [*31 Aug. 1425*].

Nos vero supplicacionibus dicti domini Willelmi Clyff ut prefertur factis inclinati et annuentes, dictas litteras apostolicas vera bulla plumbea ad modum curie Romane bullatas inspeximus et examinavimus diligentur et quia prefatas litteras non abolitas [etc. *as on p. 14*] invenimus, ne dicto domino Willelmo propter casus predictos vel eorum aliquem scu alia dampna vel preiudicium aliquod imposterum generetur, ad omnem iuris effectum qui inde sequi poterit vel in casu verisimiliter debebit litteras huiusmodi publicavimus, et tantam fidem presenti transsumpto sicut predictis litteris originalibus ubilibet fore adhibendam in quantum de iure potuimus decrevimus, ac per magistrum Robertum Dunning notarium publicum nostre audiencie registrarium[1] subscribi, transumi et publicari ac in hanc publicam formam redegi, et eius signo consueto signari mandavimus ac sigilli nostri appensione fecimus communiri. Presentibus magistro Iohanne Bolde Cant' diocesis auctoritate apostolica notario publico et Johanne Brydlyngton literato Eboracen' diocesis testibus ad premissa vocatis

---

[1]*marg:* registrarium audiencie.

specialiter et rogatis diligenter et requisitis. Datum in hospicio
nostro apud Leycestre xii° die mensis Marcii anno Domini millesimo
CCCC^mo xxv et nostre translacionis anno duodecimo. Et ego Robertus
Dunning clericus Bathonien' et Well' diocesis publicus auctoritate
apostolica notarius, audience reverendissimi in Christo patris causarum
et negociorum scriba, ac in negocio huiusmodi per eundem
reverendissimum patrem in scribam specialiter assumptus et deputatus,
premissarum litterarum apostolicarum presentacioni et exhibicioni
per predictum dominum Willelmum Clyff rectorem ecclesie parochialis
de Stokenham ut premittitur facte ac inspeccioni et examinacioni
et ipsarum publicacioni ac de cetero omnibusque et aliis supradictis
dum sic ut premittitur sub anno Domini, indiccione, pontificatu,
mense, die et loco predictis per eundem reverendissimum patrem
predictum agerentur et fierent presens personaliter interfui, una cum
testibus antedictis, eaque sic fieri vidi et audivi, manu mea propria
scripsi et me hic subscripsi, ac signum meum consuetum apposui
de mandato dicti reverendissimi patris, una cum ipsius sigilli appensione
et per predictum dominum Willelmum specialiter ad hoc rogatus
et requisitus in fidem et testimonium premissorum.

(*fo. 57v*) Procuratorium pro convocacione cleri.

12 Apr. 1426, Clyst; the bishop appoints Benedict bishop of St
David's, Philip bishop of Worcester, master William Fylham canon
of Exeter and master William Brownyng doctor of decrees, to be his
proxies in the convocation to meet at St Paul's, London, on 15 April
next; as on p. 112.

Dimissorie.

25 Apr. 1426, Clyst; to John Stranglond tonsured, for all minor and
holy orders.

Licencie celebrandi.

26 Apr. 1426, Clyst; to all the faithful, for divine service in the chapel
of St Katherine in the parish of St Hillary near Markysyow [*Marazion*].

2 May 1426, Clyst; to John Hacche and Elizabeth his wife, for
divine service in the presence of either in the chapels of blessed Mary
at Wollegh [*Woolleigh*] in the parish of Beauford [*Beaford*] and St
Andrew at Hele in the parish of Southmolton.

Dimissorie.

11 May 1426, Clyst; to Thomas Honyford acolyte, for all holy orders.

COMMISSIO AD INQUIRENDUM DE ET SUPER VACACIONE ET IURE
PATRONATUS ECCLESIE PAROCHIALIS DE DOULTON.

15 May 1426, Clyst; to master John Herward, LL.B., to enquire
into the vacancy etc. of the parish church of Doulton, vacant by the
resignation of sir William Clyve, to which sir Robert Sele chaplain
has been presented by the King.

[*16 May 1426. Grant of an indulgence for the repair of the south part of
St Saviour's chapel by the bridge at Ottery St Mary, destroyed by flood; the
benefit to be obtained either by gift etc. or by devout visit at stated feasts.*]

INDULGENCIA PRO CAPELLA SANCTI SALVATORIS DE OTERY SANCTE
MARIE.

Universis [etc.] Edmundus [etc.] salutem in Eo per quem fit remissio
peccatorum. Ad Domini nostri Jhesu Christi laudem, qui manibus
et pedibus in crucis patibulo clavis perforatus suo sanguine proprio
nos redemit, sancte eriguntur ecclesie et capelle, ut in ipsis que domus
oracionis existunt devotis oracionibus et lacrimosis suspiriis civium
supernorum suffragia a Christifidelibus implorentur, quorum presidiis
suffulti ad eterne beatitudinis gaudia in terribili Dei iudicio Salvatore
nostro largiente pertingere valeant. Cum itaque capella sancti
Salvatoris prope pontem de Otery sancte Marie nostrarum fundacionis
et diocesis situata fuerat [*sic*] et sit per partem australem eiusdem per
inundaciones aquarum in muris et meremio fracta fere et ad terram
prostrata, ipsique ad quos ipsius capelle reparacio et reedificacio
tante paupertatis dispendio subiacere noscantur quod ad eius
reparacionem eorum facultates, nisi a christifidelibus elemosinarum
largicione eisdem caritative succurratur, minime se extendant; de
Dei igitur omnipotentis immensa misericordia [etc.] (*fo. 58*) omnibus
[etc.] de peccatis suis vere penitentibus et confessis qui ad reparacionem,
construccionem et emendacionem capelle antedicte aliqua de bonis
sibi a Deo collatis donaverint, legaverint seu quovismodo assignaverint
subsidia caritatis, et qui ad dictam capellam causa devocionis in
festis sancte Trinitatis, Assumpcionis beate Marie virginis, ac dominica
in Passione accesserint, et oracionem dominicam cum salutacione
angelica dixerint mente devota, quadraginta dies indulgencie tociens
quociens misericorditer in Domino concedimus per presentes. In
cuius rei testimonium sigillum nostrum presentibus apposuimus.
Datum [etc.] Clyst xvj die mensis Maii anno Domini millesimo
CCCC^mo xxvj° [etc.].

[LICENCIA CELEBRANDI].

17 May 1426, Clyst; to sir Walter Marsshall vicar of Fowy, for
divine service celebrated by himself or others in the chapels of the
blessed virgin Mary and St Katherine in his parish.

[*8 Sept. 1425 (sic).* *Ratification of a composition between the dean and chapter of Exeter and Michael Lercedekne treasurer of the cathedral, defining the treasurer's obligations for the provision of lights and wine for the canons' and vicars' masses, as distinct from the masses of annuellers and of visiting priests; for torches used in processions in Christmas week and to the Lady Chapel and other places; for the provision of the many other ornaments and necessities of worship, including ropes and baldricks for the bells, the clock, the vestments, and unsewing and resewing of apparels from the linen for washing; for the four custodians and the keeper of the clock; and defining also his right to receive oblations at certain altars, including bishop Grandisson's altar at the west end, and at the statues inside and outside the porch, and certain contributions from the residentiary canons towards the expenses of the bells and the clock.*]

ULTIMA ORDINACIO SIVE DECLARACIO INTER DECANUM ET CAPITULUM EX PARTE UNA ET THESAURARIUM ECCLESIE CATHEDRALIS EXON'.

Universis [etc.] presentes litteras nostras sive presens publicum instrumentum visuris, inspecturis vel audituris Edmundus [etc.] salutem [etc.]. Ad universitatis vestre noticiam et rei geste perpetuam memoriam tenore presencium volumus pervenire quod cum inter dilectos [etc.] decanum et capitulum ecclesie nostre cathedralis Exonie ex parte una et magistrum Michaelem Lercedekne eiusdem ecclesie nostre thesaurarium ex altera, de et super certis articulis videlicet super ministracione et invencione luminarium et vini pro canonicis, vicariis, annuellariis et aliis extraneis itinerantibus infra dictam ecclesiam cathedralem nostram divina celebrare volentibus, ac torcheis in processione in ebdomada Natalis Domini inveniendis, librorum, turibulorum, phiolarum, calicum, cardarum, baudryckes pro campanis, pulsacione earumdem, crucium, textuum, vestimentorum, tuallarum, vinture pro campanis et aliorum necessariorum invencione, reparacione, sustentacione et emendacione, necnon percepcione oblacionum qualitercumque proveniencium ad altaria tam infra ecclesiam nostram cathedralem predictam quam ad altare bone memorie Iohannis de Graundissino nuper predecessoris nostri[1] in fine eiusdem ecclesie nostre predicte situatum, ac ymagines infra et extra in porticu ecclesie nostre predicte, quatuor custodum invencione, custodia cloke sive horilegii, vestimentorum, ornamentorumque locione ac aliis premissa concernentibus, gravis dissencionis et discordie materia fuisset diucius suscitata; iidem demum decanus et capitulum et prefatus Michaelus [*sic*] thesaurarius predictus, pensantes et considerantes incomoda et pericula que ex litibus, dissensione et discordia sepius oriuntur, volentes huiusmodi materiam dissensionis et discordie amicabiliter terminari, in discretos viros magistros Maiorem Parys et Thomam Estbroke presbiteros in decretis baccallarios

[1] *1327-1369.*

tanquam in arbitros, arbitratores sive amicabiles compositores per ipsos communiter electos compromiserunt sub certis penis de stando in alto et basso laudo et arbitrio eorumdem arbitratorum de et super materia dissensionis et discordie antedictis et articulis eciam tangentibus decidenda et finaliter terminanda. Qui quidem discreti viri onus huiusmodi arbitrii in se assumentes, habita per eos primitus in hac parte deliberacione pleniori super premissis, ipsorum arbitrium, laudum, dictum, diffinicionem sive sentenciam tulerunt finaliter in hunc modum:

In Dei nomine Amen. Cum alias inter venerabiles viros decanum et capitulum ecclesie cathedralis Exonie ex parte una et magistrum Michaelem Lercedekne thesaurarium eiusdem ecclesie ex altera de et super certis articulis videlicet super administracione et invencione [etc. *as above*] materia litis et discordie fuisset suborta, idem decanus et capitulum et magister Michael Lercedekne thesaurarius predictus nomine sue [*sic*] et thesaurarie sue ad parcendum (*fo. 58v*) sumptibus ex expensis que ex litibus oriuntur, volentes dictam materiam litis et discordie amicabiliter terminari, in nos Maiorem Parys et Thomam Estbroke clericos Exon' diocesis tanquam in arbitros, arbitratores sive amicabiles compositores compromiserunt sub certis penis de stando laudo et arbitrio nostris de et super materia litis et discordie antedicte decidenda et finaliter terminanda. Nos vero Maior et Thomas predicti onus huiusmodi arbitrii in nos assumentes, de et super materia predicta et articulis eam tangentibus primitus habita deliberacione pleniori, et ea tam per nos quam per alios iurisperitos plenius recensita, Deum pre oculis habentes, de consensu et assensu parcium predictarum laudamus et arbitramur, diffinimus et sentenciamus quod predictus magister Michael thesaurarius modernus et singuli successores sui thesaurarii futuri qui pro tempore fuerint ministrabit et inveniet, ministrabunt et invenient suis sumptibus luminaria prout antiquitus per eum, predecessores et precessores suos thesaurarios inveniri consueverunt; et presertim luminaria infrascripta de quibus inter partes predictas fuerat controversia, videlicet luminaria pro canonicis, vicariis ut vicariis celebrantibus et extraneis itinerantibus ubique infra ecclesiam cathedralem celebrantibus ordinarias missas, peculiares vel alias ex devocione quascunque; necnon ad omnes processiones sive sint processiones que antiquitus a choro fieri consueverunt sive alie auctoritate superiorum indicte seu imposterum indicende; necnon torcheas ad processiones que fiunt ad vesperas in ebdomada Natalis Domini, ad luminaria vero que habentur et inveniuntur ad missam cotidianam beate Marie in capella eiusdem in capite ecclesie aut ad luminaria pro annuellariis antiquis aut novis invenienda. Thesaurarius predictus non tenebitur nec tenebuntur thesaurarii successores sui futuri nisi pro luminaribus inveniendis uni vel pluribus ex eis sit vel fuerit de cetero in dotacione annuellariorum eorumdem eidem thesaurario vel successoribus suis debite et specialiter provisum. Insuper mediet- atem vini pro canonicis, vicariis ut vicariis celebrantibus missas peculiares vel alias ex devocione quacumque ministrabit et inveniet thesaurarius modernus, ministrabunt et invenient singuli successores sui thesaurarii futuri suis sumptibus. Vinum vero pro annuellariis antiquis aut novis invenire aut pro vino eis ministrando aliquid solvere non tenetur nec tenebitur thesaurarius predictus nec tenebuntur successores sui futuri thesaurarii, nisi pro vino eis inveniendo sit vel fuerit de cetero eidem thesaurario vel successoribus suis specialiter provisum ut supra in luminaribus est expressum. Medietatem insuper sumptuum separacionis sive dessissionis et resinssionis parurarum, vestimentorum seu ornamentorum ecclesie causa locionis contingent- ium, necnon medietatem sumptuum funium sive cordarum ad campanas pulsandas et vinture ad easdam solvere tenebitur thesaur- arius modernus et tenebuntur successores sui thesaurarii futuri. Ad onera vero invencionis, refeccionis, reparacionis, emendacionis aut sustentacionis vestimentorum, librorum, turribulorum, phiolarum, calicum, braudrykes pro campanis, crucium, textuum, tuallorum et aliorum ornamentorum ecclesie quorumcumque thesaurarius, nisi ut alius canonicus residens si canonicus fuerit et resideat, contribuere aut solvere minime tenebitur aut tenebuntur successores sui futuri thesaurarii. Insuper medietatem sumptuum pro omnibus vestimentis et ornamentis ecclesie lavandis quoad divinum obsequium in eadem deputatis seu imposterum deputandis tenetur et tenebitur in futurum, ac sic solvere tenentur et tenebuntur successores sui futuri thesaurarii; vestimentis vero et ornamentis annuellariis assignatis ad celebrandum pro animabus illis pro quibus intitulantur et introducti sunt, nisi aliter pro hiis fuerit provisum eidem ex fundacione annuellariorum, dumtaxat exceptis.

Item onus cure et custodie horilegii sive clokke ac pulsacionis magnarum campanarum custodes agnoscere et subire tenebuntur, pro quibus oneribus et delacione caparum ad chorum receperint a singulis canonicis residenciariis certam pecuniam in maioribus festis duplicibus presentibus. Item medietatem oblacionum super altaria infrascripta (*fo. 59*) vel in pixidibus eorum positarum, nisi alicui certo usui per offerentes fuerint specialiter deputate, thesaurarius percipiet et habebit ac successores sui futuri thesaurarii percipient et habebunt, videlicet super magnum altare et duo secundaria altaria in choro, super altaria sanctorum Iohannis Evangeliste et Gabrielis iuxta capellam beate Marie virginis in capite ecclesie, altaria sanctorum Andree et Katerine sub scaccario ex parte boriali chori, duo altaria in vestibulo ex parte australi chori, duo altaria iuxta introitum chori videlicet sanctorum Marie et Nicholai, altare sancti Iohannis Baptiste in turre ex parte australi ecclesie, altare sancti Pauli, ac eciam oblacionum medietatem que fiunt ad crucem in boriali campanili ubi nuper altare fuerat situatum ob honorem eiusdem; oblaciones tamen aliquas in locis aliis quam in premissis et aliter quam ut premittitur aut oblaciones que fiunt in obitibus, anniversariis vel tricennalibus defunctorum, exceptis oblacionibus que fiunt in cera et candelis que ad thesaurarium pertinebunt prout continetur in alia ordinacione que incipit *Hec sunt*, thesaurarius nequibit vendicare et successores sui futuri thesaurarii vendicare nequibunt.[1] Conducet et inveniet thesaurarius predictus et successores sui futuri thesaurarii conducent et invenient quatuor custores ydoneos recipiendo xl solidos de capitulo annuatim, prout cavetur in dicta antiqua ordinacione que incipit *Hec sunt*, quam in omnibus et per omnia volumus et arbitramur observari in quantum non obviat nostris arbitrio et laudo antedictis. Per premissa tamen non intendimus thesaurarium predictum aut successores suos futuros thesaurarios si canonici fuerint et residentes in aliquo exonerari quum teneatur et teneantur ad omnia onera que capitulo incumbunt ut alius canonicus residens in communi contribuere. Volumus insuper, arbitramur et decernimus quod partes predicte instabunt et procurabunt cum instancia et absque fraude quod de et super laudo, arbitrio et decreto nostris secundum formam eorumdem fiat una composicio sive ordinacio realis auctoritate diocesani loci sumptibus communibus parcium predictarum citra festum Simonis et Iude proxime futurum. In cuius rei testimonium sigilla nostra presentibus apposuimus. Datum in domo librarie ecclesie cathedralis Exonien' ultimo die mensis Octobris anno Domini millesimo quadringentesimo vicesimo tercio.

Quod quidem arbitrium, laudum, dictum, diffinicionem sive sentenciam dicti decanus et capitulum per Iohannem Lane clericum, eorum in hac parte procuratorem licite, specialiter et litteratorie constitutum, cuius procuratorii tenor inferius continetur, et prefatus Michael thesaurarius antedictus pro se et thesaurarie sue antedicte nomine personaliter, coram nobis infrascriptis die et loco comparentes, sub forma predicta per eosdem arbitros, arbitratores sive amicabiles compositores ut prefertur latum et promulgatum dictus procurator nomine dominorum suorum predictorum et prefatus Michael thesaurarius predictus pro se et nomine thesaurarie sue predicte coram nobis ibidem in iure fatebantur, et illud expresse ratificantes eidem stare, obedire et parere in omnibus et per omnia firmiter affirmabant, supplicantes nobis quatinus nos auctoritate nostra ordinaria predictum arbitrium [etc.] confirmare, auctorizare, roborare, autentificare et reale ad perpetuam rei memoriam facere dignaremur.

---

[1]*margin:* non pro Thesaurario.

Nos igitur Edmundus episcopus antedictus prelibatum arbitrium
[etc.] inter partes predictas per sepedictos arbitros, arbitratores sive
amicabiles compositores ut prefertur latum equum et consonum et
racioni congruum esse et licium voragines amputare ac partibus et
ecclesie nostre cathedrali Exonie predictis utile reputantes, de consensu
et assensu parcium predictarum expressis ac auctoritate nostra ordinaria confirmamus, auctorizamus, roboramus, autentificamus approbamus, vallamus, collaudamus in perpetuam rei geste memoriam
inter partes predictas reale et autenticum fore tenore presencium
decernimus et pronunciamus. In quorum omnium et singulorum
testimonium atque fidem has litteras nostras seu presens publicum
instrumentum per magistrum Ricardum Chichestre clericum Exonien'
diocesis auctoritate apostolica notarium publicum et actorum nostrorum in hac parte scribam subscribi et publicari eiusque signo
et subscripcione consuetis signari mandavimus ac sigilli nostri
appensione communiri fecimus. Data et acta sunt hec prout suprascribuntur et recitantur quatenus coram nobis et per nos ut premittitur
agebantur et fiebant in palacio (*fo. 59v*) nostro Exonie octavo die
mensis Septembris anno Domini millesimo quadringentesimo vicesimo
quinto, indiccione secunda, pontificatus sanctissimi [etc.] Martini
divina providencia pape quinti anno septimo et nostre translacionis
anno quinto, presentibus tunc ibidem discretis viris magistris Rogero
Toker in legibus baccallario et Henrico Swayn in artibus magistro
et aliis testibus Exonien' diocesis ad premissa vocatis specialiter et
rogatis.

Et ego Ricardus Chichestre [etc. *as on p. 15*].

[Letters of proxy: John Lane for the dean and chapter.]

Tenor vero procuratorii de quo supra fit mencio sequitur et est
talis: Pateat universis per presentes quod nos decanus et capitulum
ecclesie cathedralis Exonie dilectum [etc.] magistrum Iohannem Lane
clericum nostrum verum et legittimum procuratorem, negociorum
gestorem ac nuncium specialem ordinamus, facimus et constituimus
per presentes, dantes et concedentes eidem procuratori nostro potestatem generalem et mandatum speciale pro nobis et nomine nostro
coram reverendissimo [*sic*] in Christo patre ac domino domino
Edmundo Dei gracia Exonien' episcopo comparendi, ac quoddam
arbitrium [etc.] sub certa forma inter nos et discretum virum magistrum
Michaelem Lercedekne thesaurarium dicte ecclesie cathedralis Exonie
de et super certis articulis videlicet [etc., *as before*] ac aliis premissa
concernentibus, per discretos viros magistros Maiorem Parys et Thomam
Estebroke presbiteros in decretis baccallarios arbitros [etc.] per nos
et dictum discretum virum magistrum Michaelem thesaurarium

predictum communiter electos latum eciam per eosdem in scriptis redactum coram eodem reverendo in Christo patre pro nobis et nomine nostro exhibendi, atque latum fuisse et esse in hac parte per eosdem arbitros [etc.] pro nobis et nomine nostro ad omnem iuris effectum qui ex hoc sequi poterit in iure confitendi, ac fidem super eodem quamcumque in hac parte de iure requisitam faciendi, necnon iuramentum quodcumque in hac parte licitum in animas nostras pro nobis et nomine nostro prestandi, ac huiusmodi arbitrium [etc.] pro nobis et nomine nostro ratificandi, eidemque parendi, conscenciendi in omnibus et per omnia pariter et obediendi, et ut super huiusmodi arbitrio [etc.] fiat composicio realis penes dictum reverendum patrem loci in hac parte diocesanum pro nobis et nomine nostro instandi, ac de et super predicto arbitrio [etc.] unam composicionem realem in perpetuam rei memoriam auctoritate dicti venerabilis patris realiter et de facto fieri, necnon huiusmodi arbitrium [etc.] auctoritate ordinaria eiusdem venerabilis patris confirmari, auctorizari, roborari, autentificari, approbari, vallari et collaudari cum effectu petendi, ipsumque arbitrium [etc.] sic auctorizatum [etc.] pro nobis et nomine nostro obtinendi et recipiendi, omniaque alia (*fo. 60*) et singula faciendi, excercendi et expediendi que in premissis et circa ea necessaria fuerint seu quomodolibet oportuna eciam si mandatum in se magis exigat speciale, pro eodem vero procuratore nostro rem ratam haberi iudicio sisti et iudicatum solvi sub ypotheca rerum nostrarum omnium promittimus et cauciones exponimus per presentes. In cuius rei testimonium sigillum nostrum commune presentibus est appensum. Datum in domo nostra capitulari ecclesie cathedralis predicte septimo die mensis Septembris anno Domini M° CCCC° xx ᵐᵒquarto.

[*18 May 1426. Ratification of a composition between the dean and chapter of Exeter as impropriators of Heavitree and Thomas Taylour, rector of St Leonard's, about tithes from three named closes, awarding to the dean and chapter the tithes of the two acres of Spyceryspark nearest to the high road from Exeter to Topsham (the rector receiving the rest); of the four acres of Lowdysparke nearest the river Exe (those of the two higher acres being shared equally between them and the rector); and of all of the meadow called Pryourysmede. A composition was to be drawn at their joint cost.*]

INTER DECANUM ET CAPITULUM ET ECCLESIAM DE HEVYTRE IN USUS OBTINENTES EX [PARTE] UNA ET RECTOREM SANCTI LEONARDI.[1]

Universis [etc.] presentes litteras inspecturis vel audituris Edmundus [etc.] salutem [etc.]. Ad universitatis vestre noticiam et perpetuam rei memoriam tenore presencium volumus pervenire quod, cum alias

[1]*In a later hand.*

inter venerabiles viros dilectos [etc.] decanum et capitulum ecclesie
nostre cathedralis Exonien', ecclesiam parochialem de Hevetre
nostre Exonien' diocesis cum omnibus suis iuribus et pertinenciis
universis, salva porcione congrua vicarii perpetui in eadem, ipsis
decano et caputulo canonice appropriatam optinentes, ex parte
una, et dominum Thomam Taylour rectorem ecclesie parochialis
sancti Leonardi iuxta civitatem Exon' gravis dissencionis et litis
materia fuisset diucius suborta et suscitata de et super iure percipiendi
decimas de et in quibusdam clausuris videlicet Spycerys Parke,
Lowdys Parke et Pryourys mede vulgariter nuncupatis provenientes,
eedem partes demum huiusmodi materiam dissencionis amicabiliter
terminari volentes, in discretos viros magistros Henricum Webber
in decretis, ex parte dictorum decani et capituli, et Rogerum Toker
in legibus, ex parte prefati domini Thome rectoris antedicti, presbiteros
et baccallarios tanquam in arbitros, arbitratores sive amicabiles
compositores per ipsos electos ut inferius plenius continetur compromiserunt de et super materia predicta sedanda et finaliter
terminanda. Qui quidem discreti viri onus huiusmodi arbitrii in se
assumentes, habita per eos primitus in hac parte deliberacione pleniori,
ad laudum eorum, diffinicionem, arbitrium sive sentenciam prout
coram nobis in hac parte exhibita, dicta et iudicialiter per partes
predictas confessata nobis liquet manifeste condescenderunt finaliter
in hunc modum:

In Dei nomine Amen. Cum alias inter venerabiles viros decanum
et capitulum ecclesie cathedralis Exonie proprietarios ecclesie parochialis de Hevytre Exon' diocesis ex parte una, et dominum Thomam
Taylour rectorem ecclesie parochialis sancti Leonardi iuxta civitatem
Exon' ex altera, de et super iure percipiendi decimas [etc. *as above*]
materia litis et discordie fuisset suborta, iidem decanus et capitulum
et predictus dominus Thomas rector antedictus, ad parcendum
laboribus et expensis atque sumptibus qui ex litibus oriuntur, volentes
dictam materiam litis et discordie amicabiliter terminari, in nos
Henricum Webber ex parte dictorum decani et capituli et Rogerum
Toker ex parte dicti domini Thome rectoris sancti Leonardi predicti
clericos arbitros, [etc.] per ipsos electos compromiserunt, sub certis
penis, de stando in alto et basso laudo et arbitrio et ordinacioni
nostris de et super materia litis et discordie antedicte, infra festum
Omnium Sanctorum proxime futurum post data presencium per nos
decidendis et finaliter terminandis: nos vero Henricus Webber et
Rogerus Toker onus huiusmodi arbitrii in nos assumentes, habita
primitus per nos in hac parte inquisicione diligenti, tam per testes
hincinde coram nobis productos et iuratos, quam per alia munimenta
autentica coram nobis ex parte dictorum decani et capituli
exhibita de et super iure percipiendi decimas in locis predictis,

quibus omnibus per nos plenius inspectis, rimatis et intellectis, et pleniori deliberacione per nos in hac parte habita, infra tempus supradictum ad hoc nobis ut prefertur limitatum, Deum pre oculis habentes, laudamus, arbitramur, diffinimus et sentenciamus quod decanus et capitulum proprietarii antedicti decimas duarum acrarum dicte clausure vocate Spycerys park proximarum vie alte que ducit a civitate Exon' versus Topsam percipient et habebunt et eorum successores percipient et habebunt imperpetuum; prefatus vero dominus Thomas rector sancti Leonardi predicti et sui successores decimas tocius residue clausure antedicte (*fo. 6ov*) percipiet et habebit, percipient et habebunt. Decimas vero quatuor acrarum predicte clausure vocate Lowdysparke in inferiori parte eiusdem clausure et proximiori aque de Exe iacencium antedicti decanus et capitulum proprietarii predicti et eorum successores totaliter et integraliter percipient et habebunt imperpetuum. Decime autem duarum acrarum in parte superiori dicte clausure vocate Lowdysparke inter dictos decanum et capitulum proprietarios antedictos et eorum successores ac dictum dominum Thomam rectorem predictum et suos successores futuris temporibus imperpetuum equaliter dividantur. Decime insuper prati predicti vocati Pryourysmede ad predictos decanum et capitulum proprietarios predictos et eorum successores integraliter et totaliter imperpetuum pertinebunt. Volumus insuper, arbitramur et decernimus quod partes predicte instabunt et procurabunt cum instancia et absque fraude quod de et super laudo, arbitrio et decreto nostris secundum formam eorundem fiat una composicio realis auctoritate diocesani loci seu alterius in hac parte ipsius habentis potestatem sumptibus communibus parcium predictarum. In cuius rei testimonium sigilla nostra presentibus apposuimus. Datum in ecclesia cathedrali Exonie vicesimo octavo die mensis Octobris anno Domini millesimo quadringentesimo vicesimo quarto, et anno regni regis Henrici sexti tercio.

Quos quidem laudum [etc.] parte[s] supradicte, videlicet decanus et capitulum per Iohannem Lane eorum in hac parte procuratorem legitime et specialiter et litteratorie constitutum, cuiusque procuratorii tenor inferius continetur, et prefatus dominus Thomas rector predictus personaliter, coram nobis infrascriptis die et loco comparentes, sub forma predicta latum et promulgatum per eosdem arbitros [etc.] dictus procurator nomine dominorum suorum et dictus dominus Thomas nomine suo et ecclesie sue predicte coram nobis in iure fatebantur, et illud expresse ratificantes eidem stare, obedire et parere in omnibus et per omnia firmiter affirmabant, supplicantes nobis, quatinus nos auctoritate nostra ordinaria predictum laudum [etc.] roborare et reale ad perpetuam rei memoriam facere dignaremur. Nos igitur Edmundus [etc.] prefatum laudum [etc.] inter partes predictas per antedictos arbitros [etc.] ut prefertur latum, equum, consonum [*sic*] et racioni consonum esse, ac licium voragines amputare et ecclesiis predictis fore utile reputantes, de consensu et assensu parcium predictarum ac auctoritate nostra ordinaria vallamus, collaudamus, auctorizamus, approbamus, confirmamus et in perpetuam rei memoriam autenticum et reale fore in hac parte tenore presencium decernimus et pronunciamus. In cuius rei testimonium has litteras nostras sigilli nostri apposicione fecimus communiri. Datum in manerio nostro de Clyst decimo octavo die mensis Maii anno Domini millesimo quadringentesimo vicesimo sexto [etc.].

The letters follow by which the dean and chapter appoint John Lane clerk their proxy in this matter, (fo. 61) dated in the chapter house, Exeter, 17 April 1426; in form as on p. 171.

Licencia celebrandi in capellis.

25 May 1426, Clyst; to sir Walter Chiterwill vicar of Dowlyssh, for divine service celebrated by himself or others in the chapels of blessed Mary at Coketon [*Cofton*] and Lydewill [*Lidwell*] in his parish, *absque preiudicio matricis ecclesie.*

Collacio vicarie in choro ecclesie cathedralis Exonie iure devoluto.

25 May 1426, Clyst; a mandate to the dean and chapter of Exeter, as on p. 125, to admit after due examination sir Thomas Taylour priest to a vicariate in the stall of master Martin Lercedekne, the provision of which has lapsed to the bishop.

[6 June 1426. Commission of inquiry, on the petition of Peter Frye and the parishioners of the chapel of St Peter, Buckland [Tout Saints], into their alleged difficulty in attending their mother church at Loddiswell, on account of distance, and their consequent deprivation of the sacraments, particularly of baptism, penance and extreme unction; and into the revenues of the parish.]

Commissio ad inquirendum de vero valore vicarie de Lodiswell et capelle de Buckland ab eodem dependentis.[1]

Edmundus [etc.] dilecto [etc.] officiali domini archidiaconi Tottonie salutem [etc.]. Ex parte Petri Frye et parochianorum capelle sancti Petri de Bokeland, ab ecclesia parochiali et matrice de Lodyswyll dependentis, parochianos habentis distinctos et separatos, nostro pastorali officio noviter extitit intimatum quod licet dicta capella sancti Petri infra parochiam de Lodyswill antedicta existat, eadem tamen capella ab ecclesia parochiali antedicta in tantum distat quod

[1] *In later hand.*

L

parochiani capelle prelibate presertim tempore yemali sine magna
difficultate et absque corporis periculo eandem ecclesiam parochialem
pro sacramentis ecclesie catholice percipiendis adire non possunt
nec congruo tempore ecclesiasticis officiis interesse, propter quod
sepius contingit quod parvuli absque baptismate et infirmi sine
sacramento penitencie et viactici sepius moriuntur, dictaque
ecclesia parochialis de Lodiswill in redditibus [et] proventibus
sufficienter habundat quod preter dicte capelle proventus
ministros omnes congrue et convenienter valeat sustentare.
Unde prefate capelle parochiani ob eorum animarum salutem
nobis de oportuno remedio humiliter supplicarunt.   Nos vero,
consideratis premissis animarum periculis, ex officio nobis iniuncto
pro humero providere cupientes ac de singulis premissis cerciorari
volentes, ad inquirendum de dicto impedimento ac de vero valore
reddituum seu proventuum et ad quem valorem se extendit porcio
unius et alterius, vocatis in hac parte de iure vocandis, per viros
fidedignos noticiam premissorum pleniorem optinentes in forma
iurandorum testium coram vobis iuratos, vobis committimus potestatem; certificantes nos huiusmodi negocio debite expedito una cum
nominibus et cognominibus eorum per quos huiusmodi inquisicio
capta fuerit dilucide continentes litteras vestras clausas et harum
seriem continentes.   Datum [etc.] Clyst vj die mensis Iunii anno
Domini millesimo quadringentesimo vicesimo sexto [etc.].

(*fo. 61v*) Licencie celebrandi.

19 June 1426, Clyst; to sir John Adam chaplain; *ut in quibuscumque
locis honestis infra villulam de Loo in parochia sancti Martini situatam et
in navibus infra portum ibidem expectantibus divina possit celebrare, dumtamen
[etc.].*

26 June 1426, Clyst; to sir Robert Payn rector of Fareway [*Farway*],
for divine service celebrated by himself or others in the chapel of
St Stephen, upon the feasts of St Stephen and the Holy Trinity.

MUTACIO ANNI TRANSLACIONIS DOMINI

[*24 July 1426, Chuddelegh. Certificate to the archbishop of Canterbury,
in compliance with a mandate requiring the collection, as authorized by the
last Convocation, of ¼d. in the £ from all benefices whether assessed or not,
payable to the archbishop's receiver-general by 1 Aug. next; and requiring also
a return of the true value of all unassessed benefices. The bishop of London's
rescript was dated at Leicester, 28 May, and received on 29 June. The
archbishop's mandate, dated at Leicester, 27 May, is as in* Chichele, *iii.
pp. 181f. The certificate names the four archdeacons as collectors, and
returns the value of unassessed benefices in a schedule.*]

[RETORNACIO DOMINO CANTUAR' ARCHIEPISCOPO DE FIDELI ESTIMACIONE VERI VALORIS ANNUI BENEFICIORUM NON TAXATORUM DIOCESIS EXON'].

(*fo. 62*) Tenore igitur presencium paternitati vestre reverendissime notifico quod ad levandum et colligendum subsidium predictum de quibuscumque bonis et beneficiis, officiis et dignitatibus ecclesiasticis taxatis et non taxatis quatenus meam concernunt diocesim, et magistro Willelmo Lyndewode officiali vestre curie de Arcubus receptori subsidii memorati per prelatos et clerum deputato in festo advincule sancti Petri proxime futuro London' persolvendum, dilectos michi in Christo magistros Iacobum [Carslegh] Exonie, Iohannem Typhan Totton', Willelmum Fylham Cornubie et Iohannem Orum Barn' archidiaconos prout eorum singulos concernunt deputavi in hac parte collectores, ceteraque omnia et singula exequi feci prout eedem littere exigunt memorate. Estimaciones vero valoris annui beneficiorum non taxatorum in cedula presentibus annexa discribuntur. Paternitatem vestram reverendissimam ad sue ecclesie regimen et munimen diu conservet in prosperis altissimus ipse Deus. Datum sub sigillo meo apud Chuddelegh xxiiij° die mensis Iulii anno Domini supradicto et translacionis mee anno septimo. Tenor vero cedule de qua supra fit mencio prout sequitur continetur:

In archidiaconatu Exonie.

Archidiaconatus Exonie estimatur ad	xxx marcas
Ecclesia sancti Petroci	octo m.
Vicaria de Teyngton Episcopi	octo m.
Vicaria de Chuddelegh	octo m.
Ecclesia de Estwogwill	octo m.
Vicaria de Kenton	octo m.
Ecclesia de Throulegh	octo m.
Ecclesia de Legh [*Doddiscombsleigh*?][1]	octo m.
Vicaria de Crystowe	C s.xvj d.
Vicaria de Dunnsford	C s.xvj d.
Ecclesia de Whitston	C s.xvj d.
Vicaria de Newton sancti Ciricii	octo m.
Precentoria ecclesie collegiate sancte Crucis Criditonie	novem m.
Decanatus eiusdem ecclesie	octo m.
Ecclesia de Wayschfelde	octo m.
Ecclesia de Sampford Peverell	novem m.
Vicaria de Halberton	decem m.
Vicaria de Holcomb rogus	novem m.
Vicaria de Colmpstoke	octo m.

[1] See *The Taxation of Nicholas IV*, in Bronescombe, *p. 454, and* The Place-Names of Devon (*1932*), *p. 494*.

Vicaria de Colmpton	decem m.
Vicaria de Yartecomb	decem m.
Vicaria de Upotery	novem m.
Vicaria de Louepyt	octo m.
Ecclesia de Comberalegh	novem m.
Vicaria de Aulescomb	octo m.
Vicaria de Axemynstr	decem m.
Vicaria de Axemouth	octo m.
Vicaria de Seton	octo m.
Ecclesia de Faryngdon	octo m.
Vicaria de Ayllesbeare	octo m.
Vicaria de Buddelegh [*East Budleigh*]	decem m.
Vicaria de Oterton	octo m.
Vicaria de Sydemouth	novem m.
Vicaria de Sydebury	novem m.
Vicaria de Braunscomb	octo m.
Ecclesia de Luvenston [*Lympstone*]	novem m.
Ecclesia de Poltemore	octo m.

In archidiaconatu Tottonie.

Archidiaconatus Tottonie estimatur ad	xxx m.
Vicaria de Ayshperton	decem m.
Vicaria de Bovytracy	Cij s.
Vicaria de Staverton	octo m.
Ecclesia de Hempston parva	Cj s.
Vicaria de Byrypomeray	Cj s.
Vicaria de Hurberton	decem m.
Vicaria de Brenta [*South Brent*]	octo m.
Vicaria de Bukfastlegh	C s. ij d.
Vicaria de Tounstall	C s. ij d.
Vicaria de Stokynham	decem m.
Ecclesia parochialis de Churstowe	Cx s.
(*fo. 62v*) Vicaria de Alvyngton	octo m.
Ecclesia de Wodelegh	C s. vj d.
Vicaria de Modbury	Cij s.
Vicaria de Ermyngton	Cj s.
Vicaria de Holboghton	octo m.
Vicaria de Yalmpton	decem m.
Ecclesia de Tavy Petri	Cj s.
Ecclesia de Stokedamarle	Cj s.
Ecclesia de Lydeford	Cj s.
Vicaria de Mylton	Cj s.
Ecclesia de Bradeford	Cj s.
Vicaria de Bradeworthy	Cj s.

Vicaria de Okampton	octo m.
Vicaria de Hatherlegh	Cj s.

In archidiaconatu Barn'.

Archidiaconatus Barn' estimatur, preter duas ecclesias eidem archidiaconatui appropriatas ad decimam taxatas et ad decimam solvere consuetas, ad	octodecim m.
Vicaria de Buryngton	decem m.
Ecclesia de Wemmeworthy	xij m.
Ecclesia de Methe	novem m.
Ecclesia de Bokelondfillegh	novem m.
Vicaria de Schestbeare [*Shebbear*]	xj m.
Vicaria de Wynkelegh	xij m.
Vicaria de Northam	octo m.
Vicaria de Abbotysham	novem m.
Ecclesia de Lyttleham	ciij s.
Vicaria de Bokelondbrewer	octo m.
Vicaria Barnstapol'	xx m.
Ecclesia de Fillegh	Cj s.
Vicaria de Chitelhampton	xij m.
Ecclesia de Honyschaue [*Huntshaw*]	octo m.
Vicaria de Ernyscomb [*Yarnscombe*]	Cij s.
Ecclesia de Yenstowe [*Instow*]	xij m.
Vicaria de Westlegh	Ciij s.
Vicaria de Fremyngton	xiiij m.
Vicaria de Tauton Episcopi	xij m.
Ecclesia de Estdoune	decem m.
Ecclesia de Mattyngho	Cij s.
Ecclesia de Choldecomb [*Challacombe*]	Ciij s. iij d.
Ecclesia de Westbokelond	octo m.
Ecclesia de Stokerevers	Ciiij s.
Ecclesia de Goodlegh	decem m.
Ecclesia de Lokkesore	octo m.
Vicaria de Mortho	octo m.
Ecclesia de Hautbray [*High Bray*]	Cij s.
Vicaria de Braunton	decem li.
Ecclesia de Thelbrygge	novem m.
Ecclesia de Romundeslegh	Ciij s. iiij d.
Ecclesia de Warkelegh	cij s.
Vicaria de Knowston cum capella de Molland annexa	decem m.
Ecclesia de Estansty	undecim m.
Vicaria de Nymet Episcopi	octo m.

In archidiaconatu Cornubie

Archidiaconatus Cornubie estimatur ad	quadraginta quinque m.
Vicaria Sancti Stephani iuxta Saltayssh	C s. iij d.
Vicaria Sancti Melani [*Mullion*]	C s. ij d.
Ecclesia de Landylp [*Landulph*]	octo m.
Ecclesia de Pilaton	C s. x d.
Ecclesia de Rame	C s. iij d.
Vicaria de Lyskerek [*Liskeard*]	octo m.
Ecclesia de Warlegan	C s. j d.
Vicaria sancti Clari [*St Cleer*]	C s. iij d.
Vicaria sancti Neoti	C s. vj d.
Vicaria de Talan	C s. iiij d.
Vicaria de Plenynt [*Pelynt*]	C s. iiij d.
Vicaria de Dulo	C s. iij d.
Ecclesia sancti Pynnoci	octo m.
Ecclesia de Brodok [*Broadoak*]	C s. iiij d.
Ecclesia de Bokunnok [*Boconnoc*]	C s. iiij d.
Vicaria sancti Winnoci [*St Winnow*]	C s. vj d.
Vicaria de Tywardrayth	C s. ij d.
Vicaria de Lamorek [*Lamorran*]	C s. iiij d.
Vicaria de Elerky [*Veryan*]	octo m.
Ecclesia de Trewreu	C s. iij d.
Vicaria sancti Probi	C s. vj d.
Vicaria sancti Austoli	octo m.
Vicaria de Lanlyvery	C s. iij d.
Vicaria sancti Goroni	C s. iiij d.
Vicaria sancti Stephani[1]	C s. iij d.
Ecclesia sancti Mewani	C s. vj d.
Vicaria sancti Constantini	C s. iiij d.
Vicaria sancte Weneppe [*Gwennap*]	octo m.
Vicaria sancti Sidnini [*Sithney*]	C s. j d.
Vicaria sancte Breace [*Breage*]	Cj s.
Vicaria sancte Wendrone	octo m.
Vicaria santi Gluviaci	Cj s.
Vicaria de Lananta [*Lelant*]	Cj s.
Vicaria sancti Erci	C s. vj d.
Ecclesia de Rudruth	Cj s.
Vicaria sancti Hilarii	C s. vj d.
Vicaria sancti Justi	octo m.
Vicaria sancti Pauli	C s. vj d.
Vicaria sancti Maderni [*Madron*]	octo m.

[1] *St Stephen's in Brannel*, or *St Stephen by Launceston*.

Ecclesia de Udno [*Perran Uthno*]	Cv s.
Vicaria sancti Wynneri [*Gwinear*]	C s. ij d.
Ecclesia sancti Ermetis	Cj s.
Vicaria sancti Marini [*St Merryn*]	C s. vj d.
Vicaria de Padestowe	Cj s.
(*fo. 63*) Vicaria sancti Enodori	C s. vj d.
Vicaria sancte Newline	C s. iiij d.
Vicaria sancte Wenne	C s. iiij d.
Ecclesia de Wythyell	Cij s.
Vicaria Bodminnie	Cj s.
Vicaria de Lanow [*St Kew*]	C s. vj d.
Ecclesia de Hellond	C s. iij d.
Vicaria de Mynfred [*St Minver*]	Cj s.
Ecclesia de Trevalga	Cij s.
Ecclesia de Temple	Ciij s.
Vicaria sancti Brueredi [*St Breward*]	C s. vj d.
Vicaria de Launcell	Cij s.
Vicaria de Northpyderwyn	Cj s.
Ecclesia de Oterham	Cj s.
Vicaria de Southpiderwyn	C s. vj d.
Vicaria de Treneglos	Cj s.
Vicaria de Alternon	Ciij s.
Vicaria de Davidstowe	C s. vj d.
Vicaria de Stratton	C s. vj d.
Ecclesia de Lawhitton	Cij s.
Vicaria de Morestowe [*Morwenstow*]	Cj s.

Eodem die emanavit simile certificatorium magistro Willelmo Lyndewode officiali curie de Arcubus London' dictique subsidii per prelatos et clerum receptori ut premittitur deputato.

[*10 July 1426. Sequestration, on the petition of the parishioners of Rattery that the chancel is too small and too dark for divine service, and that it remains so through the persistent neglect of the abbot and convent of St Dogmell's in Wales and of the vicar, of the revenues of both parties, up to two thirds and one third respectively of the cost of repair or rebuilding.*]

Sequestracio fructuum ecclesie parochialis de Rattrew.

Edmundus [etc.] dilectis [etc.] domino Iohanni Bowedon rectori ecclesie parochialis de Dertyngton nostre diocesis et Iohanni Falewell armigero salutem [etc.]. Quia reparacio, emendacio seu nova construccio cancelli ecclesie parochialis de Rattrew dicte nostre diocesis ad abbatem et conventum sancti Dogmaelis in Wallia ipsius ecclesie proprietarios pro duabus partibus, et ad vicarium ipsius ecclesie pro tercia parte pertinere et spectare dinoscitur, ac ipsius

ecclesie cancellus nimis parvus et ob defectum fenestrarum eiusdem
defectivus et obscurus existit, prout per quandam inquisicionem in
archivis nostris inventam comperimus evidenter, dictique proprietarii
et vicarius ipsum cancellum in suis luminaribus et fenestris emendare
et reparare diucius neglexerunt et prout dicitur negligunt et eciam
omittunt in presenti; nos igitur super premissis ad instantem peticionem
parochianorum ipsius ecclesie de Rattrew remediare volentes ne
cultus divinus quod absit in ipso cancello ob defectum luminarium
indebite subtrahatur, fructus et proventus ipsorum proprietariorum
et vicarii pro partibus supra memoratis quatenus eosdem divisim
concernunt ad emendacionem et reparacionem cancelli antedicti
duximus sequestrandos prout tenore presencium sequestramus,
custodiam huiusmodi sequestri vobis in Domino committentes.
Vobis communiter et divisim committimus et mandamus firmiter
iniungentes quatinus huiusmodi sequestrum nostrum diebus et locis
ad hoc magis congruis debite publicetis, fructusque redditus et
proventus predictos sub arto et salvo custodiatis sequestro sicut nobis
de eisdem in eventu vestro volueritis periculo respondere. Proviso
quod eidem ecclesie medio tempore laudabiliter deserviatur in divinis
et animarum cura diligenter exerceatur in eadem. Datum [etc.]
Clyst decimo die mensis Iulii anno Domini millesimo quadringentesimo
vicesimo sexto [etc.].

DIMISSORIE.

12 July 1426, Clyst; to Thomas Whytebred tonsured, for all minor
and holy orders.

LICENCIA CELEBRANDI.

14 July 1426, Clyst; to sir Peter Sturte chaplain, for divine service
in any suitable place in Devon.

[*14 July 1426. Licence to Peter Sturte chaplain, to choose his own confessors.*]

LICENCIA ELIGENDI CONFESSOREM.

Edmundus [etc.] dilecto [etc.] domino Petro Sturte capellano nostre
diocesis salutem [etc.]. Ut unum vel plures presbiterum wel [*sic*] presbiteros ydoneum seu ydoneos tociens et quociens fuerit oportunum vobis
in confessorem seu confessores eligere possitis, qui confessiones vestras
eciam in casibus nobis specialiter reservatis audire, vobisque super
premissis penitencias salutares iniungere ac vos super premissis
absolvere valeat seu valeant, tam vobis quam huiusmodi confessori
seu confessoribus premissa faciendis tenore presencium licenciam
concedimus specialem, ad nostrum beneplacitum tantummodo
duraturam. Datum (*fo. 63v*) [etc.] Clyst xiiij die mensis Julii predicto
anno Domini millesimo quadringentesimo vicesimo sexto [etc.].

DIMISSORIE.

Same day and place; to Richard Foorda acolyte, for all holy orders.

LICENCIA CELEBRANDI.

16 July 1426, Clyst; to sir John Browne chaplain, for divine service in any suitable place in the diocese, during pleasure.

COMMISSIO AD INQUIRENDUM DE VACACIONE ET IURE PATRONATUS ECCLESIE PAROCHIALIS DE MAHYNYET.

19 July 1426, Clyst; to the archdeacon of Cornwall, to enquire in full chapter into the vacancy etc. of the church of Mahyneet, vacant by the death of master John Waryn, to which master Augustine Strode LL.B. has been presented by Sir John Trelawny knight; and to certify.

DIMISSORIE.

20 July 1426, Clyst; to Richard Peke deacon, for the priesthood.

[25 July 1426. Receipt of the King's mandate for an enquiry whether William Prideaux of Thurleston (born at St Erth) were a bastard, as was alleged by John Hoberd in a plea in the King's court contesting Prideaux's title to eight oxen at Godford [in Awliscombe] which he said he owned as heir to his uncle, John Prideaux knight.]

BREVE REGIUM PRO TERRIS IN GODFORD.

Item xxv° die mensis predicti apud Stokyntynhyde in Devonia dominus recepit breve regium prout sequitur tenore verborum. Henricus Dei gracia rex [etc.] venerabili in Christo patri E. eadem gracia episcopo Exon' salutem. Cum Willelmus Prideaux de Thorleston in curia nostra coram iusticiariis nostris apud Westm' summonitus fuisset ad respondendum Iohanni Hoberd de placito quare ipse die lune proxime ante festum Annunciacionis beate Marie anno regni nostri quarto apud Godford in quodam loco vocato Russelheys cepit octo boves ipsius Iohannis et eos iniuste detinuit contra vadium et plegium ut dixit; predictus Willelmus in eadem curia nostra comparens bene advocavit capcionem averiorum predictorum in loco predicto et iuste pro eo quod quidam Egidius Ayssh dudum fuit seisitus de quatuor mesuagiis et quatuor ferlingis terre cum pertinenciis in predicta villa de Godford, unde locus predictus ut parcella in dominico suo ut de feodo et mesuagia et terram illa cum pertinenciis tenuit de quodam Iohanne Prideaux chivaler avunculo ipsius Willelmi cuius heres ipse est, videlicet fratre Ricardi patris ipsius Willelmi, ut de manerio ipsius Iohannis Prideaux de Godford per homagium fidelitatem et ad scutagium domini regis quadraginta solidorum cum acciderit decem solidos et ad plus plus et ad minus minus, de quibus serviciis idem Iohannes Prideaux fuit seisitus ut de feodo et iure per manus predicti Egidii ut per manus veri tenentis sui, qui quidem Egidius postea obiit, post cuius mortem mesuagia et terra predicta cum pertinenciis descenderunt cuidam Iohanne ut filie et heredi eiusdem Egidii, eademque Iohanna mesuagia et terram illa cum pertinenciis intravit ut filia et heres eiusdem Egidii et inde seisita fuit in dominico suo ut de feodo, et sic inde seisita de eisdem mesuagiis et terra cum pertinenciis feoffavit predictum Iohannem Hoberd habendum sibi et heredibus suis imperpetuum; virtute cuius feoffamenti idem Iohannes Hoberd die capcionis predicte fuit et adhuc est inde seisitus in dominico suo ut de feodo; et quia homagium ipsius Iohannis Hoberd eodem die capcionis predicte prefato Willelmo fuit a retro non factum, advocavit idem Willelmus capcionem averiorum predictorum super predictum Iohannem Hoberd ut super verum tenentem suum in loco predicto ut in parcella mesuagiorum et terre predictorum de ipso Willelmo in forma predicta tentorum et infra feodum suum. Ad quod idem Iohannes Hoberd in eadem curia nostra replicando dixit quod prefatus Willelmus ut consanguineus et heres predicti Iohannis Prideaux capcionem averiorum predictorum in loco predicto iustam advocare non deberet, quia dixit quod idem Willelmus est bastardus et illud pretendebat verificare ubi et quando et prout curia nostra consideraret; ad quod predictus Willelmus dixit se abadvocare suo predicto per aliqua sibi (*fo. 64, quire ix*) obiecta repelli non debere in hac parte, quia dixit quod ipse est legitimus et non bastardus prout predictus Iohannes Hoberd superius allegavit, et illud idem Willelmus pretendebat verificare ubi et quando et prout curia nostra consideraret. Et cum hoc dixit quod ipse natus fuit apud Ert [*St Erth*] in comitatu Cornubie in diocesi vestra, et quia huiusmodi cause cognicio ad forum spectat ecclesiasticum, vobis mandamus quod convocatis coram vobis in hac parte convocandis rei veritatem super premissis diligenter inquiratis, ceteraque de iure requisita faciatis in hac parte que ad officium vestrum noscuntur pertinere. Quibus peractis constare faciatis per litteras vestras sigillatas patentes et clausas iusticiariis nostris apud Westm' in crastino Animarum si predictus Willelmus sit legitimus et non bastardus sicut idem Willelmus superius allegavit vel si ipse Willelmus sit bastardus prout predictus Iohannes Hoberd superius allegavit, et habeatis ibi hoc breve. Teste W. Babington apud Westm' xxix die Iunii anno regni quarto. Ro. CCCiiij.—Henster.

[*31 July 1426. Commission of enquiry into the vacancy and patronage of Menheniot.*]

COMMISSIO AD INQUIRENDUM SUPER VACACIONE [ETC.] DE MAHYNYET.

Emanavit commissio archidiacono Cornub' seu eius officiali, ad inquirendum die Iovis proxime post festum advincule sancti Petri proxime futurum de consensu parcium super vacacione et iure patronatus ecclesie parochialis de Mahynyet in Cornubia Exon' diocesis, ad quam magister Augustinus Strode in legibus bacallarius per dominum Johannem Trelawny militem, et dominus Johannes Scoche capellanus per Thomam Carmynow armigerum, domino extiterunt presentati, [et ad] certificandum negocio expedito.

[LICENCIE CELEBRANDI].

6 Aug. 1426, [Exeter]; to Thomas Trowbrygge and his wife, for divine service in the presence of either in any suitable place in the parish of Criditon, during pleasure.

16 Aug. 1426, Clyst; to William Blynche and Joan his wife, for divine service in the presence of either in any suitable place in the parish of Toryton Magna.

Same day; to John Wydeslade and Elizabeth his wife, for divine service in any suitable place in the parish of Bokeland Brewer, during pleasure [etc.].

21 Aug. 1426, Clyst; to sir William Brown vicar of Sydbury, for divine service celebrated by himself or others in the chapel of St Michael in the parish of Sydbury, and also celebrated by himself or others in his presence in any suitable place in the parish.

[LICENCIA NON RESIDENDI].

29 Aug. 1426, Clyst; to sir Edward Legh archpriest of the parochial or archipresbyteral church of Haccomb, for five years; *dumtamen eidem ecclesie laudabiliter deserviatur in divinis et animarum cura diligenter exerceatur in eadem. Proviso quod procuratorem ydoneum ibidem constituat etc..*

[*19 Aug. 1426. Admission, by papal authority, of Thomas Bolter as a notary, after his taking of the oath prescribed in the bull of Martin V.*]

LITTERA TESTIMONIALIS SUPER CREACIONE NOTARII.

Edmundus [etc.] dilecto [etc.] Thome Bolter clerico nostre diocesis non coniugato nec in sacris ordinibus constituto salutem [etc.]. Dudum sanctissimus [etc.] Martinus divina providencia papa quintus concedendi tibi Thome predicto tabellionatus officium, si te ad illud post diligentem examinacionem reperiremus ydoneum, per suas litteras apostolicas vera ipsius plumbea cum filo canapis bullatas, omni penitus vicio et suspicione carentes, nobis super hoc directas concessit sub certa forma in eisdem litteris plenius expressata plenam et liberam facultatem, quas quidem litteras reverenter recepimus hanc [*sic*] qua sequitur tenor verborum: Martinus episcopus [etc.]

venerabili fratri episcopo Exon' salutem et apostolicam benediccionem. Ne contractuum memoria deperiret inventum est tabellionatus officium quo contractus legittimus ad cautelam presencium et memoriam futurorum manu publica notarentur. Unde interdum sedes apostolica predictum officium personis que ad illud reperiuntur ydonee concedere consuevit ut illud prudenter et fideliter exequantur et ad eas cum necesse (*fo. 64v*) fuerit in hiis que ad officium ipsum pertinent fiducialiter succurratur. Hinc est quod nos dilecti filii Thome Bolter clerici non coniugati nec in sacris ordinibus constituti Exon' diocesis supplicacionibus inclinati, fraternitati tue de qua fiduciam gerimus in Domino specialem concedendi auctoritate nostra predictum officium eidem clerico, si ipsum honeste conversacionis et laudabilis vite ac fame, sueque etatis vicesimum quintum annum peregisse, et ad illud per diligentem examinacionem ydoneum esse repperireris, iuramento prius ab eo iuxta formam presentibus annotatam recepto, plenam et liberam concedimus tenore presencium facultatem.

Forma autem iuramenti quod ipse clericus prestabit talis est: Ego Thomas Bolter clericus non coniugatus nec in sacris ordinibus constitutus Exonien' diocesis ab hac hora in antea fidelis ero beato Petro et sancte Romane ecclesie ac domino meo domino Martino pape V et successoribus suis canonice intrantibus. Non ero in consilio, auxilio, consensu vel facto ut vitam perdant aut membrum vel capiantur mala capcione. Consilium quod michi per se vel litteras aut nuncium manifestabunt ad eorum dampnum scienter nemini pandam. Si vero ad meam noticiam aliquid devenire contingat quod in periculum Romani pontificis aut Romane ecclesie vergeret seu grave dampnum illud pro posse impediam, et si hoc impedire non possem procurabo bona fide id ad noticiam domini pape perferri. Papatum Romanum et regalia sancti Petri ac iura ipsius ecclesie specialiter si qua eadem ecclesia in civitate vel terra de qua sum oriundus habeat adiutor eis ero ad defendendum et retinendum seu recuperandum contra omnes homines. Tabellionatus officium fideliter exercebo. Contractus in quibus exigitur consensus parcium fideliter faciam nil addendo nil minuendo sine voluntate parcium quod substanciam contractus immutet. Si vero in conficiendo aliquod instrumentum unius solius partis sit requirenda voluntas hoc ipsum faciam ut scilicet nil addendum vel minuendum quod immutet facti substanciam contra voluntatem ipsius. Instrumentum non conficiam de aliquo contractu quo sciam intervenire seu intercedere vim vim [*sic*] vel fraudem. Contractus in prothocollum redigam et postquam in prothocollum redigero maliciose non differam contra voluntatem illorum vel illius quorum est contractus super eo conficere publicum instrumentum salvo meo iusto et consueto salario. Sic me Deus adiuvet et hec sancta. Datum Rome apud sanctum Petrum XI

Kal. Iunii pontificatus nostri anno nono [*22 May 1426*].

Volentes igitur personam tuam de litterarum, sciencia, vite ac morum honestate apud nos multipliciter commendatam favore prosequi gracioso, tibi Thome Bolter clerico non coniugato nec in sacris ordinibus constituto, quem honeste conversacionis et laudabilis vite ac fame necnon vicesimum quintum annum peregisse invenimus, et ad huiusmodi tabellionatus officium exercendum post diligentem examinacionem ydoneum esse reperimus ac eciam reputamus, recepto prius et a te prestito iuramento corporali iuxta formam in dictis litteris apostolicis annotatam, huiusmodi tabellionatus officium auctoritate apostolica nobis in hac parte commissa concedimus secundum vim, formam et effectum dictarum litterarum apostolicarum prout melius possumus iuxta ipsarum exigenciam et tenorem ut ad te cum necesse fuerit super hiis que ad officium pertinent fiducialiter recurratur. In quorum omnium testimonium atque fidem presentes litteras nostras seu presens publicum instrumentum per Iohannem Helyer clericum publicum auctoritate apostolica notarium infrascriptum subscribi et publicari mandavimus nostrique sigilli fecimus appensione muniri. Data et acta sunt hec in manerio nostro de Clyst decimo nono die mensis Augusti anno ab incarnacione Domini secundum cursum et computacionem ecclesie anglicane millesimo CCCC^mo vicesimo sexto, indiccione quarta, pontificatus sanctissimi [etc.] Martini divina providencia (*fo. 65*) pape quinti anno nono et translacionis nostre anno septimo. Presentibus tunc ibidem magistris Willelmo Fylham Cornubie et Jacobo Carslegh Exonie archidiaconis ac magistro Radulpho Morewill in artibus magistro nostre Exonien' diocesis testibus ad premissa vocatis specialiter et rogatis.

Et ego Johannes Helyer [etc.] publicus [etc.] notarius [etc., *as on p. 15, adding, after* audivi, ac aliunde occupatus per alium scribi feci].

[*17 Sept. 1426. Commission for the relaxing of the excommunication imposed in the consistory court, on the promotion of the warden and college of vicars choral in Exeter cathedral as impropriators of Woodbury, on John Scorche of that parish, for his violation of ecclesiastical liberties. He has now submitted, and is to be sworn to obey the law of the church and not so to offend again; and, having confessed to his priest, to receive the sacrament of the Eucharist publicly in his parish church next Sunday, which he has not yet done this year.*]

COMMISSIO AD ABSOLVENDUM EXCOMMUNICATUM PROPTER VIOLACIONEM ECCLESIASTICE LIBERTATIS.

Edmundus [etc.] dilectis [etc.] magistris Iohanni Cobethorne ecclesie nostre cathedralis Exonie decano et Henrico Webber in decretis bacallario salutem [etc.]. Cum alias magister Iacobus Cars-

legh nostri consistorii Exonie presidens in quodam negocio violacionis
ecclesiastice liberatis coram eo in consistorio nostro predicto ex officio
nostro, ad promocionem dilectorum in Christo filiorum custodis
et collegii vicariorum de choro ecclesie nostre cathedralis predicte
ecclesiam parochialem de Wodbury nostre Exon' diocesis eis et eorum
collegio appropriatam, unitam et annexam obtinencium, contra
Iohannem Scorche eiusdem ecclesie parochialis de Wodbury parochi-
anum Cant' provincie et nostrum in hac parte notorie subditum
introducto, et usque ad calculum sentencie diffinitive agitato, rite
et legitime per omnia procedens sentenciam tulerit in eodem negocio
diffinitivam, prefatum Iohannem Scorche occasione violacionis
ecclesiastice libertatis huiusmodi in sentenciam excommunicacionis
maioris in quibusdam constitucionibus bone memorie dominorum
Iohannis Stratford quondam Cantuar' archiepiscopi que incipit
Erroris dampnabilis et Simonis Mepham dudum Cantuar' archiepiscopi
que incipit in ea parte *Zelari oportet*[1] in et contra huiusmodi ecclesiastice
libertatis violatores provide latam ipso facto incidisse et ea ligatum
fuisse et esse, finaliter et diffinitive pronunciando et declarando,
ipseque Iohannes Scorche ut nobis ex parte eiusdem est intimatum
sit iam mandatis ecclesie parere et in omnibus obedire ac ad gremium
sancte matris ecclesie redire promptus et paratus, necnon se a dicta
sentencia excommunicacionis in debita iuris forma per nos seu
auctoritate nostra absolvi nobis humiliter supplicari fecerit. Nos
igitur supplicacionibus dicti Iohannis inclinati, ad absolvendum
dictum Iohannem in debita iuris forma a sentencia excommunicacionis
predicte quam occasione violacionis ecclesiastice libertatis ut premittitur incurrebat vobis et utrique vestrum coniunctim et divism
committimus vices nostras, prestito primitus per eundem Iohannem
iuramento corporali de parendo iuri et stando mandatis ecclesie
necnon de non violando taliter de cetero ecclesiasticam libertatem
ac de non committendo talia imposterum propter que huiusmodi
sentenciam excommunicacionis ut prefertur incurrebat, atque de
confitendo omnia peccata sua suo proprio curato seu alteri eius
vicem gerenti et recipiendo publice et solempniter venerabile sacramentum eukaristie in ecclesia parochiali predicta die dominica proxime
futura post datam presencium, eo quod hoc instanti anno cum ceteris
suis comparochianis huiusmodi sacramentum minime recipere curavit,
ut inter ecclesie filios et Christianos annumerari valeat. Et quid
feceritis in premissis nos cum super hiis congrue fueritis requisiti
debite certificetis autentico sub sigillo. Datum [etc.] Peyngton
xvij° die mensis Septembris anno Domini M° CCCC^mo vicesimo
sexto [etc.].

[1]*Stratford, const. IV, A.D. 1342, in* Lyndwode *III. 16, p. 188; Meopham, const. VII, A.D.
1328, ibid p. 185. The constitutions forbid various ways of evading tithe and molesting
its collectors.*

Licencia absentandi.

18 Sept. 1426, Peyngton; to sir John Fodryngay rector of Heaunton for one year.

Commissio ad inquirendum super vacacione [etc.] de Mahynyet

18 Sept. 1426; to the archdeacon of Cornwall and to master Richard Olyver LL.B., to enquire into the vacancy etc. of the church of Mahynyet, to which sir John Mason chaplain has been presented by Richard Hankeford esquire and Thomas Carmynowe esquire; and master Augustine Strode chaplain LL.B. by Sir John Trelawny knight.

(*fo. 65v*) Licencia celebrandi.

20 Sept. 1426, Peyngton; to Robert Frenssh and his wife, for divine service in the presence of either in any suitable place in their house at Scherpham [*Sharpham*] in the parish of Aysshpryngton.

Dispensacio super defectu natalium.

20 Sept. 1426, Peyngton; a dispensation to Thomas Bowyer scholar of the diocese of Lichfield, reciting letters of Jordan bishop of Albano the papal penitentiary, [as on p. 14, except that in the first sentence, before *super defectu natalium* appears *qui sicut asseritur ascribi desiderat milicie clericali;* and that after *circumspeccioni vestre* appears an explanatory *cum in vestra diocesi moram trahat de presenti et sufficientes probaciones ad hoc sibi necessarias in eadem asserat se habere*]; dated at Rome XII Kal. Dec., 8 Martin V (*20 Nov. 1424*). He is permitted, despite his defective birth of a single man and woman, to advance to all holy orders and to hold a benefice even with cure of souls, provided that he be ordained within the stated times after receiving his benefice and that he reside personally in it. The letters of dispensation were written, subscribed and published by Richard Chichestre, clerk, notary publick, and witnessed by master Ralph Morewill M.A. and [master ?][1] John Burford, of the diocese of Worcester.

[*20 Sept. 1426. Dispensation for John Heggecum scholar from the defect of bastardy, that he may be ordained to holy orders and hold a benefice with cure of souls.*]

(*fo. 66*) Dispensacio super defectu natalium.

Item eodem vicesimo die mensis Septembris loco et anno predictis, auctoritate litterarum venerabilis patris domini Gregorii Dei gracia Cephaluden' episcopi, ac in absencia reverendi [etc.] Jordani miseracione divina episcopi Albanen' domini pape penitenciarii, sub data

[1] *The* M *before the first of the names may apply to one or both.*

Rome apud sanctos Apostolos VI Id. Junii pontificatus domini Martini pape anno nono [*8 June 1425*], dominus dispensavit cum Johanne Heggecum scolare Exon' diocesis super defectu natalium quem patitur de coniugato genito et soluta, quod huiusmodi non obstante defectu ad omnes possit ordines promoveri et beneficium ecclesiasticum eciam si curam habeat animarum obtinere. Presentibus tunc ibidem Johanne Lacy et Johanne Legge et aliis.

DIMISSORIE.

21 Sept. 1426; to John Pyttys subdeacon, for the diaconate and priesthood.

[*22 Sept. 1426. Profession of chastity by Ricarda Ayssh.*]

VOTUM CASTITATIS.

Item xxij° die mensis predicti ibidem honesta mulier Ricarda Ayssh intra misse solempnia coram domino votum vovit Deo perpetue castitatis prout sequitur tenore verborum: I yn the name of God Richarde Ayssh make a vowe to God of perpetual chastite of my body fro this day forward yn the presence of yow Reverend fader in God Edmound by the grace of God bysshop of Exeter and promytte to lyve in chastite sool with oute compaygne of man terme of my life and to do and kepe that y with my honde make this subscripcion ✠.

[*25 Sept. 1426. Permission for Hervey Anglici alias Marshall, of Meavy, to officiate in this diocese, he having been ordained priest in another.*]

TOLLERACIO.

Dominus tolleravit dominum Herveum Anglici aliis Marshall capellanum ut asserit de Mewy E. diocesis ad divina celebranda in sua diocesi qui ordinatus erat per Christianum episcopum Trecoreh' [*Treguier, Trecorium*] ut dicit in presblterum.

LICENCIA ABSENTANDI.

8 Oct. 1426; to sir Robert Gode rector of Aysshpryngton, until Michaelmas next.

[*11 Oct. 1426. Commission for the admission and institution of John Mason to Menheniot, if the enquiry into patronage finds in his favour.*]

COMMISSIO AD ADMITTENDUM ET INSTITUENDUM.

Emanavit commissio magistro Ricardo Olyver in legibus bacallario, ad admittendum et instituendum dominum Johannem Mason capellanum ad ecclesiam parochialem de Mahynyet in Cornubia Exoniensis diocesis, si inquisicio super iure patronatus per eundem magistrum Ricardum capta auctoritate domini fecerit pro eodem, et ad certificandum negocio expedito, ut in forma communi.

DIMISSORIE.

14 Nov. 1426; to Ralph Browne, Simon Leys and Thomas Tresculard tonsured, for all minor and holy orders.

LICENCI[E] CELEBRANDI

16 Nov. 1426; to John Yo and Alice his wife, for divine service in the presence of either in any suitable place in their house at Heaunton in the parish of Petrokystowe.

16 Nov. 1426; to Walter Stephyn, Joan his wife and their children, for divine service in the chapel of St Katherine the virgin in the parish of Doulton [etc.].

17 Nov. 1426; to John Mulys, his wife and their children and servants, for divine service in their presence in any suitable place in the diocese.

COMMISSIO AD INQUIRENDUM SUPER POLLUCIONE CAPELLE OMNIUM SANCTORUM DE HONYTON.

23 Nov. 1426, Chuddelegh; to the archdeacon of Exeter and master Henry Webber bachelor of decrees, to enquire on oath whether, as has been reported, the chapel of All Hallows at Honyton has been polluted by bloodshed, and whether William Faryndon inflicted violence on sir John Lyghtfote chaplain; if the chapel has been polluted to inhibit divine worship there until it has been reconciled; (*fo. 66v*) and to certify.

[*27 Nov. 1426. Licence to Henry Rychard rector of Lanreath, to farm his benefice for five years.*]

LICENCIA DIMITTENDI ECCLESIAM AD FIRMAM.

Dominus concessit licenciam domino Henrico Rychard rectori ecclesie parochialis de Lanreythowe in Cornubia Exoniens' diocesis, ut cuicumque persone ydonee seu personis ydoneis beneficium suum antedictum ad firmam per quinquennium a data presencium continue numerandum tradere valeat.

[*30 Nov. 1426. Declaration that All Hallows, Honiton, was not polluted.*]

[DE CAPELLA NON POLLUTA].

Item ultimo die mensis predicti emanavit mandatum decano de Honyton et curato ibidem singulisque ecclesiarum curatis eiusdem

M

decanatus, ad denunciandum capellam omnium Sanctorum de Honyton predicti per sanguinis effusionem inter dominum Johannem Lyghtfote capellanum et Willelmum Faryngdon minime fuisse pollutam.

DIMISSORIE.

4 Dec. 1426, Criditon; to Robert Symon and John Bole acolytes, for all holy orders.

COMMISSIO AD LEVANDUM MEDIETATEM DECIME.

4 Dec. 1426, Criditon; to the abbot of the Cistercian monastery of blessed Mary, Dunkeswill, reciting the King's writ as on p. 129, attested at Westminster, 17 Nov. 5 Hen. VI, [cf. *Cal. Fine Rolls, 1422-1430,* pp. 149ff.] for the collection of the half a tenth granted by the convocation which sat at St Paul's from 15-27 April last; (*fo. 67*) the names of collectors to be returned to the exchequer by Christmas Day, and the money to be paid by the feast of the Purification next. The bishop appoints the abbot to be the collector in Devon, as on p. 129 with the same exemptions.

COMMISSIO AD LEVANDUM DECIMAM IN COMITATU CORNUBIE.

Same day and place; a similar commission to the abbot of Clyve, diocese of Bath and Wells, to be collector in Cornwall.

LICENCIA CELEBRANDI IN CAPELLA.

5 Dec. 1426, [Crediton]; to Joan widow of Henry Aysshcote, Thomas Godyng and Emma his wife, and Stephen Alvecote, for divine service in the presence of any of them in the chapel of St Stephen at Alvethecote [*Allacott*] in the parish of Schestbeare [*Shebbear*].

CERTIFICATORIUM THESAURARIO ET BARONIBUS SCACCARII DOMINI REGIS DE NOMINIBUS COLLECTORUM.

17 Dec. 1426, Criditon; to the treasurer and barons of the exchequer, as on p. 86, (*fo. 67v*) certifying them of the appointment as collectors of the half a tenth due by the feast of the Purification next of the abbot of Dunkeswill for Devon; and of the abbot of Clyve, diocese of Bath and Wells, for Cornwall, by reason of the possessions held by that monastery in Cornwall; the exemptions also as on p. 86.

DIMISSORIE.

24 Jan. 1426-7; to Thomas Tresculard and John Lamanva tonsured, for all minor and holy orders.

COMMISSIO AD INQUIRENDUM SUPER VACACIONE [ETC.] DE NORTHLIEU.

8 Feb. 1426-7; to the archdeacon of Totnes, to enquire in full chapter into the vacancy etc. of the parish church of Northlieu, vacant by the death of master Richard More, to which sir John Richard chaplain has been presented by John earl of Huntyndon; and to certify.

DEPUTACIO PENITENCIARIORUM.

10 Feb. 1426-7, Chuddelegh; to the archdeacon of Exeter or his official, as on p. 21, appointing penitencers in the archdeaconry as follows:

Deanery of Ken: master Thomas vicar of Kenton, sir John vicar of Teyngton Episcopi. Deanery of Dunsford: master John rector of Chageford, sir Thomas vicar of Dunsford. Deanery of Cadbury: master John Saunder curate of the collegiate church of Holy Cross, Criditon, sir John Hille rector of Chiriton Fitzpayn. Deanery of Tuverton: sir Thomas rector of Cleyhanger, sir Richard vicar of Halberton, sir William vicar of Burlescomb. Deanery of Plymptre: master John rector of Bradenynch, John rector of Fynaton. Deanery of Dunkeswill: sir William vicar of Louepyt, sir John vicar of Yartecomb. Deanery of Honyton: sir Henry rector of Gydesham, sir John vicar of Axmystr', sir John vicar of Colyton. Deanery of Ayllesbeare: master Henry minister of the collegiate church of Otery St Mary, master Roger Toker vicar of Brodeclyst, sir William vicar of Sydbury; *in partem nostre solicitudinis* [etc. as on p. 22].

(fo. 68) DEPUTACIO PENITENCIARIORUM IN ARCHIDIACONATU TOTTONIE.

Deanery of Totnes: master John vicar of Brenta, brother John vicar of Tounstall, sir Peter vicar of Hurburton. Deanery of Morton: master John vicar of Wydecomb, sir John rector of Lustlegh. Deanery of Ipplepenne: master John Batyn rector of Devenbyry, sir William vicar of Peyngton, sir William Toker chaplain of Newton Abbas. Deanery of Wodelegh: master John rector of the collegiate church of Slapton, master Richard Olyver rector of [*East*] Alyngton, master John rector of Charleton. Deanery of Plympton: brother John Mape subprior of Plympton priory, master John vicar of Holboughton, master William Grene chaplain of Plymmouth. Deanery of Tamerton: sir Robert rector of Stokedamarle, sir John rector of Mewy. Deanery of Tavystoke: sir John rector of Brydestowe, master John vicar of Milton. Deanery of Hallysworthy: sir Stephen rector of Putteford, sir David rector of Blaketoryton. Deanery of Okhampton: master John Newcomb vicar of Okhampton, master John Burneby rector of Ekesbourne.

DEPUTACIO PENITENCIARIORUM IN ARCHIDIACONATU BARN'.

Deanery of [Barnstaple]: master Thomas prior of Pilton, sir [*blank*] rector of Bukyngton. Deanery of Chulmelegh: master John Ladde rector of Wemmeworthy, sir John rector of Northtauton. Deanery of Molton: sir William rector of Northmolton, sir Walter rector of Nymet St George. Deanery of Toryton: sir William recluse at Toryton, sir John rector of Hywyssh. Deanery of Hertlond: sir John rector of Bydeford, sir Richard vicar of Bokelond Brewer. Deanery of Schirwill: sir John rector of Byry [*Berrynarbor*], sir Thomas rector of Kentysbyry.

DEPUTACIO PENITENCIARIORUM IN ARCHIDIACONATU CORNUBIE.

Deanery of Penwith: master William vicar of St Ercii, sir John Patry vicar of St Paul. Deanery of Keryer: master William vicar of St Breace, master Thomas vicar of St Gluviac. Deanery of Pydre: sir John vicar of Padystowe and sir Benedict vicar of St Wenna. Deanery of Powdre: master John Sutton official of the bishop's peculiar jurisdiction in Cornwall, sir Michael rector of Truru, sir John vicar of Tregonye. Deanery of Trigg minor: master John vicar of St Mynefride, (master?)[1] Nicholas vicar of Lannowe [*St Kew*]. Deanery of Trygg major: master William Knyght rector of Kylkampton, dom Simon subprior of Launceston. Deanery of Est: sir William rector of Rame, sir John rector of St Dominic. Deanery of West: master Thomas rector of Dulo, sir John vicar of St Wynnocus.

DIMISSORIE.

20 Feb. 1426-7; to Richard Olyver tonsured, for all minor and holy orders.

7 March 1426-7; to John Trethewy junior, tonsured, for all minor and holy orders.

DISPENSACIO SUPER DEFECTU NATALIUM.

14 March 1426-7, Chuddelegh; to John Berd scholar, reciting letters of Jordon (*fo. 68v*) bishop of Albano the papal penitentiary, [as on p.14 with *qui sicut asseritur ascribi desiderat milicie clericali* before *super defectu natalium*], dated at Rome at the Holy Apostles V Kal. Jan. 10 Martin V [*28 Dec. 1426*]; he is permitted, despite his defective birth of a single man and woman, to receive all holy orders and to hold a benefice even with cure of souls, subject to the conditions of ordination and residence as above. The letters of dispensation written etc. by Richard Chichestr' and witnessed by sir William Derby chaplain and John Burford.

[1]*The* M *before this pair of names may refer to one or both of them.*

[*19 March 1426-7. Ratification of a composition between the dean and chapter of Exeter as impropriators of Harberton and Peter Duke the vicar, in which the words of an earlier composition, 'due and accustomed responsibilities ', are declared to include the rebuilding, repair and maintenance of the chancel, the finding and repair of its service books, and all other charges not the responsibility of the parishioners except only payment of the King's tenth whenever it is demanded; and so these are declared to be incumbent on the vicar and his successors.*]

COMPOSICIO INTER DECANUM ET CAPITULUM EXON' ET VICARIUM PERPETUUM DE HURBURTON.

Universis [etc.] ad quorum noticiam presentes littere pervenerint Edmundus [etc.] salutem [etc.]. Ad universitatis vestre noticiam tenore presencium volumus pervenire quod, cum inter dilectos [etc.] decanum et capitulum ecclesie nostre cathedralis beati Petri Exonie, proprietarios ecclesie parochialis de Hurburton nostre diocesis, ex parte una per Johannem Lane, et dominum Petrum Duke perpetuum vicarium vicarie perpetue ecclesie parochialis de Hurburton predicte ex altera per Ricardum Orum, clericos, eorum in hac parte procuratores litteratorie, sufficienter et specialiter constitutos, coram nobis comparentes, quorum procuratoriorum tenores inferius describuntur, materia discordie pretextu generalitatis quorumdam verborum cuiusdam clausule in fine cuiusdam ordinacionis sive composicionis dicte vicarie per bone memorie dominum Walterum[1] quondam Exon' episcopum predecessorem nostrum in hac parte dudum facte, sub quibus verbis cautum reperitur omnia onera debita et consueta dicte ecclesie parochialis (*fo. 69*) ad vicarium eiusdem ecclesie pertinere debere, suborta fuisset, partesque predicte super huiusmodi dissencionis materia hincinide aliqualiter altercantes an sub dictis verbis *onera debita et consueta* onera nove construccionis, reparacionis, sustentacionis, refeccionis et emendacionis cancelli ecclesie parochialis de Hurburton predicte, ac invencionis librorum matutinalium eiusdem ecclesie, reparacionis et emendacionis eorundem, in hac parte contineri, et ad quem vel quos huiusmodi onera ex vi verborum predictorum pertinere deberent, in dubium aliquale revocantes. Tandem ex

---

[1]*The original composition does not appear in the printed index to the Register of either Walter Bronscombe or Walter Stapeldon. The vicar of Harberton who was a party to it is called sir Roger in sir Peter Duke's proctorial letters: there were two Rogers vicar in Stapeldon's episcopate.* (Register, *p. 220*). *In 1301 the chancel had been ' newly constructed at the expenses of the Chapter '*, (ibid. *170*), *but the responsibility was in dispute in 1387; see Chapter Act Book, MS 3550, fo. 38v, 17 Sept. 1387*: ' Dominus episcopus tulit decretum suum super reparacione cancelli ecclesie de Hurburton sub hac forma, videlicet quod idem cancellus de bonis communibus decani et capituli Exon' et vicarii ibidem deberet reparari, scilicet de duabus partibus bonorum dicti decani et capituli et tercia parte bonorum dicti vicarii, quousque fuerit discussum ad quem vel quos huiusmodi reparacio pertinebit. Presentibus cunctis canonibus et ceteris supradictis.'

eorundem parcium unanimi consensu pariter et assensu in hac parte
nostre declaracioni et interpretacioni dicte ordinacionis sive composicionis se sponte et voluntarie submiserunt.   Nos igitur Edmundus
[etc.] huiusmodi dissensionis materiam amputare, prout ex debito
officii nostri pastoralis tenemur, pro viribus affectantes, atque nostros
subditos et subiectos paterna solicitudine ad concordiam et pacem
reducere cupientes, attendentes quod, sicut fuit predecessoris nostri
predicti in ea parte statuere et ordinare, sic est nostrum, si quod in
huiusmodi ordinacione sive composicione ambiguum vel obscurum
sit vel fuerit, congrue interpretari, *predicta onera nove construccionis
cancelli ecclesie parochialis de Hurburton predicte, reparacionis, emendacionis,
refeccionis et sustentacionis eiusdem, in omni sui parte, ac onus invencionis
librorum matutinalium, emendacionis et reparacionis eorum quocienscumque
et quandocumque accidere contigerint, ac omnium aliorum onerum prefate ecclesie
que ad parochianos dicte ecclesie non pertinent, decima regia cum concedi
contigerit dumtaxat excepta, sub dictis verbis ' debita et consueta ' contineri
eciam et comprehendi;*[1] ac ipsum dominum Petrum vicarium antedictum
et suos futuros in eadem vicaria successores omnes et singulos temporibus
suis successive futuris, ad huiusmodi onera nove construccionis cancelli
ecclesie de Hurburton predicte reparacionis [etc.] ac onus invencionis
librorum [etc.] ac ad omnia alia onera dicte ecclesie que ad parochianos
eiusdem non pertinent, predicta decima regia ut prefertur excepta,
vigore dicte ordinacionis sive composicionis, imperpetuum teneri
pariter et astringi auctoritate nostra pronunciamus, interpretamur
et finaliter declaramus in hiis scriptis, hanc nostram declaracionem
huiusmodi auctoritate nostra realem et perpetuam fore et permanere
insuper decernentes; adicientes nichilominus et statuentes ex habundanti quod dictus dominus Petrus vicarius antedictus et sui successores
omnes et singuli ad onera predicta omnia et singula dicte ecclesie de
Hurburton que ad parochianos non pertinent, quocumque nomine
censeantur, supradicta decima regia ut supradicitur excepta, tenebitur
et tenebuntur imperpetuum, ordinacione sive composicione suprascripta quo ad alia contenta in eadem premissis non contraria in suo
robore perpetuo duratura.   In quorum omnium et singulorum
premissorum testimonium atque fidem presentes litteras sigilli nostri
appensione fecimus communiri.   Datum [etc.] Chuddelegh xix°
die mensis Marcii anno Domini millesimo CCCC^mo^ xxvj° [etc.].

Tenor vero procuratorii dictorum decani et capituli de quo supra
fit mencio sequitur et est talis. [*The dean and chapter appoint John
Lane clerk their proctor, to appear before the bishop to obtain on their behalf
an interpretation of the obscure words recited above (fo. 69v), and bind
themselves to accept his interpretation.   Dated in the chapter house at Exeter,
16 March 1426-7.*]

[1] *MS underlined, with marginal note:* nota: onera debita et consueta.

Tenor vero procuratorii domini Petri antedicti sequitur et est talis. [*Sir Peter Duke vicar of Hurburton appoints Richard Orum clerk his proctor for the same purpose, and binds himself similarly; the letters drawn by Walter Boway clerk, notary publick, witnessed by sir Roger Speare chaplain and John Sturre literate, and dated in the cathedral church at Exeter, 22 Feb. 1426-7.*]

Dispensatio super defectu natalium.

19 March 1426-7, Chuddelegh; to John Noble clerk, reciting letters of Jordan bishop of Albano the papal penitentiary (*fo. 70*), as on p. 14, dated at Rome at the Holy Apostles, 2 Non. Apr. 8 Martin V [*4 Apr. 1425*], permitting him, despite his defective birth of a priest and a single woman, to advance to all holy orders and to hold a benefice even with cure of souls, subject to conditions of ordination and residence as above. The letters of dispensation written etc. by Richard Chichestre, and witnessed by Philip Lacy esquire and sir William Derby chaplain.

MUTACIO ANNI DOMINI

Licencia celebrandi in capella sancte Milburge in Bykbury.

10 Apr. 1427; to John rector of Bykebury, for divine service celebrated by himself and others in the chapel of St Milburga in that parish.

(*fo. 70v*) Dispensacio super defectu natalium.

2 May 1427, apud Sarum in hospicio ad signum sancti Georgii; to Richard Sterlyng clerk, reciting letters of Jordan bishop of Albano the papal penitentiary, as on p. 14, with the addition after *soluta* of *et quia tacito de dicto defectu se fecit alias tamen rite clericali caractere insigniri,* and of *dicto caractere uti et* before *ad omnes ordines promoveri;* dated at Rome at St Mary Major, 2 Non. Oct. 6 Martin V, [*6 Oct. 1423*]. The bishop has absolved him from his fault in procuring ordination without disclosing his birth of a priest and a single woman, and now permits him, despite this defect, to proceed to all the orders and to take a benefice even with cure of souls, subject to conditions of ordination and residence as above. The letters of dispensation drawn by Richard Chichestre and witnessed by master Ralph Morewill M.A. and sir William Derby chaplain.

[*17 May 1427. Grant of letters dimissory to two canons regular of St Stephen's priory, Launceston, for the priesthood.*]

(*fo. 71*) Dimissorie pro regularibus.

Edmundus [etc.] religiosis viris fratribus Stephano Kent et Roberto Toker diaconis, canonicis regularibus prioratus sancti Stephani

Launceston' ordinis sancti Augustini nostre diocesis salutem [etc.]. Ut
a quocumque episcopo catholico sedis apostolice graciam et execucionem sui officii optinente, vobisque sacras manus imponere volente,
ad sacrum presbiteratus ordinem quem nondum estis assecuti, ad
quem eciam nobis per priorem vestrum rite et licite presentati
extitistis licite valeatis promoveri, liberam vobis recipiendi et
cuicumque episcopo predicto huiusmodi ordinem conferendi tenore
presencium concedimus facultatem. Datum [etc.] Faryngdon xvij°
die mensis Maii anno Domini millesimo CCCC^mo xxvij° [etc.].

[*9 June 1427. Grant, on papal authority, of a dispensation from the
defect of bastardy to enable Thomas Menewymek alias Copping scholar to be
ordained to all holy orders and to hold four compatible benefices and to exchange
them for others, also compatible, at will. The papal dispensation is as follows:*]

DISPENSACIO SUPER DEFECTU NATALIUM.

Martinus [etc.] venerabili fratri N. episcopo Exonien' salutem et
apostolicam benediccionem. Ex parte Thome Menewymek alias
Coppyng scolaris tue diocesis fuit nobis humiliter supplicatum ut
cum eo, qui sicut asserit ascribi desiderat milicie clericali, super defectu
natalium quem patitur de soluto genitus et soluta, ad omnes eciam
sacros ordines promoveri et quatuor beneficia cum cura vel sine cura
se invicem compaciencia eciamsi canonicatus et prebende, personatus
perpetue, administraciones vel officia in collegiatis ecclesiis fuerint,
si sibi alias canonice conferantur, recipere et retinere, illaque simul
vel successive simpliciter vel ex causa permutacionis tociens quociens
sibi placuerit dimittere, et loco dimissi vel dimissorum aliud vel alia
simile vel dissimile aut similia vel dissimilia beneficium seu
beneficia ecclesiasticum vel ecclesiastica quatuor tantum se invicem
compaciencia similiter recipere et retinere, libere et licite valeat,
defectu predicto ac Pictaven' consilii et aliis constitucionibus apostolicis
necnon statutis et consuetudinibus ecclesie vel ecclesiarum in qua
seu quibus beneficia huiusmodi forsan fuerint quibuscumque contrariis, iuramento, confirmacione apostolica vel quacumque firmitate
alia roboratis, nequaquam obstantibus, dispensare de benignitate
apostolica dignaremur. De tua igitur circumspeccione plenam in
Domino fiduciam obtinentes, fraternitati tue per apostolica scripta
mandamus quatinus, consideratis diligenter circumstanciis universis
que circa ydoneitatem persone fuerint attendende, si dictus Thomas
alias sit ydoneus nec sit paterne incontinencie imitator set bone
conversacionis et vite aliasque merita suffragentes [*sic*], eidem Thome
ad huiusmodi dispensacionis graciam obtinendam, super quo tuam
conscienciam oneramus, secum super premissis auctoritate nostra
dispenses prout secundum Deum anime sue saluti videris expedire.

Datum Rome apud sanctos Apostolos II Kal. Julii pontificatus nostri anno octavo [*30 June 1425*].

The bishop grants the dispensation in the terms of the papal mandate, (fo. 71v) and has the letters drawn by Richard Chichestre, and witnessed by master Ralph Morewill M.A. and John Burford. Dated at Faryngdon, diocese of Winchester, 9 June 1427.

DIMISSORIE.

Same day and place; to Thomas Menewynnek aforesaid tonsured, for all minor and holy orders; to Robert Kemell and Richard Harry subdeacons, for the diaconate and priesthood.

12 June 1427, Faryngdon; to John Tregasow and William Lyghe, deacons, for the priesthood.

[*3 July, 1427. The bishop of London's commission to the bishop of Exeter, to dedicate three altars in the church of St Clement Danes, London.*]

COMMISSIO AD DEDICANDUM TRIA ALTARIA.

Reverendo [etc.] Edmundo Dei gracia Exonien' episcopo Willelmus eadem gracia London' episcopus salutem et sincere dileccionis continuum incrementum. Ad consecrandum et dedicandum tria altaria in ecclesia parochiali sancti Clementis Dacorum extra Tempil barre civitatis nostre London' erecta et constructa, ceteraque peragendum que ad officium pastorale in hac parte pertinere noscuntur, vobis tenore presencium committimus vices nostras et plenam in Domino potestatem. In cuius rei testimonium sigillum nostrum fecimus hiis apponi. Datum in palacio nostro London' tercio die mensis Julii anno Domini millesimo quadringentesimo vicesimo septimo, et nostre consecracionis anno secundo.

[*18 June 1427. Commission to Roger Bolter precentor of Exeter cathedral, on the petition and information of John Stoter priest of the chantry chapel of St Mary, Slapton, to enquire whether John Bowryng late rector of the chapel died intestate or not; if not, to commit the administration of his property to the executors named in the will, first having required of them an inventory and security for the due payment to the priests and clerks of the college of all that is due to them and for adequate assistance in the recovery of their debts; if he died intestate, to commit the administration to some fit person, bound as before; the final account to be rendered to the bishop.*]

COMMISSIO [AD INQUIRENDUM SUPER BONIS CANTARIE DE SLAPTON ET DE TESTAMENTO RECTORIS EIUSDEM DEFUNCTI].

Edmundus [etc.] magistro Rogero Bolter precentori ecclesie nostre cathedralis Exonie salutem [etc.]. Ex relacione et informacione dilecti filii domini Iohannis Stoter unius presbiterorum cantarie capelle beate Marie site infra locum de Slapton nostre diocesis nobis extitit intimatum quod magister Iohannes Bowryng nuper rector cantarie capelle antedicte, sub cuius custodia et gubernacione omnia et singula bona dicte cantarie dum agebat in humanis et mortis sue tempore extiterant, decessit et ut quidam dicunt intestatus. Unde nobis ob timorem alienacionis sive asportacionis bonorum dicte cantarie et dilapidacionis bonorum dicti defuncti, presbiteris et clericis dicte cantarie necnon dicto defuncto in hac parte providere dignaremur humiliter supplicavit dominus Iohannes antedictus. Nos igitur volentes talibus periculis in quantum cum Deo possumus obviare, vobis de cuius fidelitate et industria ad plenum confidimus ad inquirendum seu inquiri faciendum si prefatus magister Iohannes Bowryng intestatus decesserit vel testamentum condiderit, volentes quod si testamentum condiderit et illud coram vobis probari poterit executoribus in eodem testamento nominatis administracionem bonorum dicti defuncti, exhibito coram vobis inventario eorundem, in debita iuris forma committatis, recepta primitus ab eisdem executoribus sufficienti securitate de deliberando dictis presbiteris et clericis omnia et singula bona dicte cantarie que in manibus ipsius defuncti tempore mortis sue fuerunt et ad manus dictorum executorum devenerunt seu devenire poterint, et quod coadiutores dictis presbiteris et clericis temporibus futuris ad levandum et recuperandum debita que dicte cantarie temporibus prefati defuncti debebantur sumptibus eorundem presbiterorum et clericorum in quantum poterint erunt sine fraude. Si vero prefatus magister Iohannes Bowryng rector prenominatus intestatus decesserit, alicui ydoneo iuxta bonam discrecionem vestram, inventa per eundem consimili securitate, administracionem bonorum eiusdem magistri Iohannis defuncti committatis in debita iuris forma, reservato nobis compoto sive calculo bonorum eorundem reddendo per ipsos ad quos administracionem bonorum predictorum commiseritis cum fuerint requisiti. Ad que omnia [*fo. 72, quire x*] et singula facienda vobis vices nostras committimus cum cuiuslibet cohercionis canonice potestate. Et quid in premissis feceritis seu duxeritis faciendum nos negocio huiusmodi expedito cum tenore presencium ac nominibus et cognominibus illorum ad quos administracionem bonorum dicti defuncti commiseritis debite certificetis autentica sub scriptura. Datum [etc.] in hospicio nostro London' xviij die Iunii anno Domini M° CCCC^mo vicesimo septimo [etc.].

[*18 June 1427. Commission for the election of a rector of the chantry chapel of St Mary, Slapton, in succession to John Bowring who died on 28 May last, and for his induction and installation.*]

COMMISSIO AD ELIGENDUM RECTOREM CAPELLE BEATE MARIE DE SLAPTON.

Edmundus [etc.] magistro Iohanni Waryn ecclesie nostre cathedralis Exonie canonico in decretis licenciato salutem [etc.]. Cum cantaria perpetua capelle beate Marie situate infra locum de Slapton nostre Exonien' diocesis per mortem domini Iohannis Bowryng ultimi et inmediate [*sic*] rectoris prefate cantarie capelle predicte, qui xxviiij die mensis Maii ultimo iam elapso ut dicitur diem suum sicut Domino placuit clausit extremum, sit rectoris solacio destituta; nos igitur volentes presbiteris et clericis dicte capelle in laboribus et expensis ob reverenciam Dei et beate Marie favorem impendere graciosum, vobis de cuius fidelitate et industria ad plenum confidimus ad confirmandum auctoritate nostra ordinaria eleccionem sive postulacionem alterius rectoris capelle antedicte per dictos presbiteros et clericos iam proxime faciendam, si et quatenus legitima fuerit, ac curam et regimen spiritualium et temporalium cantarie capelle predicte electo per eosdem committendum, ipsumque electum in corporalem possessionem ipsius rectorie cum omnibus suis iuribus et pertinenciis per vos vel alium nomine vestro inducendum et inductum defendendum, stallum in choro et locum in capitulo eidem electo iuxta iuris exigenciam cum plenitudine iuris cantarie huiusmodi prout convenit assignandum, necnon omnia alia et singula ad huiusmodi negocium pertinencia expedienda committimus vices nostras et plenariam in Domino potestatem, iuribus nostris episcopalibus et ecclesie nostre Exoniensis dignitate in omnibus semper salvis: certificantes nos negocio huiusmodi expedito cum tenore presencium ac nomine et cognomine electi in rectorem cantarie capelle antedicte ac omni eo quod feceritis seu duxeritis faciendum in premissis autentica sub scriptura. Datum [etc.] in hospicio nostro London' xviij die mensis Iunii anno Domini millesimo quadringentesimo vicesimo septimo.

MUTACIO ANNI TRANSLACIONIS DOMINI

DIMISSORIE.

15 July 1427, Wynton'; to Peter Jon deacon, for the priesthood.

[*8 July 1427. The bishop having claimed exemption from payment of the half a tenth voted in Convocation on 18 July 1425 [Chichele, iii. p. 112] on behalf of the poor nuns of Canonsleigh, Polsloe and Cornworthy, and of the poor brethren of St John's Hospital, Exeter, the King requires him to specify, in terms of the grant, what benefices, goods and possessions of theirs were, at the time of the payment, destroyed, impoverished or greatly diminished by fire, flood or other hazard.*]

BREVE REGIUM.

Henricus Dei gracia rex [etc.] venerabili [etc.] E. eadem gracia episcopo Exon' salutem. Cum prelati et clerus Cantuar' provincie, in convocacione prelatorum et cleri huiusmodi in ecclesia sancti Pauli London'
vicesimotercio die mensis Aprilis anno regni nostri tercio incepta et
usque ad et in decimumoctavum diem Julii extunc proxime sequentem
de diebus indies continuata, concesserunt nobis medietatem unius
decime [etc. *as in* Chichele *iii. p. 113 as far as* sive nimium diminutis,
adding tunc *between* in yeme *and* proxime futurum, *and* inter alia *after
the first* exceptis] ; de quibus possessionibus, bonis seu beneficiis omnibus
et singulis predictis singuli episcopi in suis diocesibus nos in scaccario
nostro certificarent, et quorum litteris certificatoriis in ea parte faciendis
voluerunt dicti prelati et clerus ut staretur omnino, sic quod nec ipsi
ordinarii nec loca huiusmodi excepta vel persone ipsa occupantes, aut
collectores dicte medietatis decime, per brevia nostra vel quovis alio
modo vexarentur vel gravarentur; postmodumque vos thesaurarium et
barones de scaccario nostro certificaveritis quod, virtute brevis nostri
sub magno sigillo nostro vobis directi ad levandum et colligendum
dictam medietatem decime in diocesi predicta et nobis inde ad dictum
scaccarium nostrum respondendum, certos assignastis collectores et
eciam deputastis, beneficiis pauperum monialium de Canonlegh
alias Monchenleya, Polslo, et Cornworthy ac pauperis hospitalis
sancti Johannis iuxta portam orientalem civitatis Exon' dumtaxat
exceptis, prout in litteris vestris certificatoriis prefatis thesaurario
(*fo. 72v*) et baronibus nostris directis plenius continetur. Quibus
quidem collectoribus coram prefatis baronibus nostris de dicta
medietate decime [1]nuper computantibus et de eadem medietate
decime[1] bona spiritualia et temporalia pauperes moniales, hospitalarios
et alios religiosos viros ut premittitur exceptos contingente, pretextu
excepcionis et certificacionis predictarum allocacionem et exoneracionem petentibus, iidem barones nostri ad finalem exoneracionem
eiusdem medietatis decime bona spiritualia et temporalia monialium,
hospitalariorum et aliorum virorum religiosorum supradictorum
contingentis seu ad allocacionem sive exoneracionem inde dictis
collectoribus faciendam hucusque procedere non potuerunt, eo quod
in predictis litteris certificatoriis minime continetur quod omnia et
singula beneficia, possessiones et bona ecclesiastica monialium,
hospitalariorum et aliorum virorum religiosorum predictorum in
cedula predicta specificatorum temporibus concessionis et solucionis
dicte medietatis decime multum depauperata et nimium diminuta
extiterunt; ac nos, volentes quod barones de dicto scaccario nostro
per vos cerciorentur que beneficia, possessiones et bona ecclesiastica

---

[1-1]*Added with a caret from the margin.*

de beneficiis, possessionibus et bonis ecclesiasticis monialium, hospitalariorum et aliorum religiosorum virorum supradictorum in diocesi
predicta tempore concessionis dicte medietatis decime et solucionis
eiusdem per inundaciones aquarum, incendia, aliosve casus fortuitos
destructa aut multum depauperata seu nimium diminuta extiterunt,
et in quibus decanatibus beneficia, possessiones et bona ecclesiastica
sic nimium destructa, depauperata aut non diminuta existunt, vel
si omnia et singula beneficia, possessiones et bona ecclesiastica
monialium, hospitalariorum et aliorum virorum religiosorum supradictorum in diocesi predicta temporibus concessionis et solucionis
predictarum in forma predicta destructa extiterunt; vobis mandamus
quod prefatos barones de omni eo quod in premissis inveneritis seu
vobis certitudinaliter constare poterit quamcicius poteritis et tandem
a die sancti Michaelis in xv dies distincte et aperte certificetis. Et
habeatis ibi tunc hoc breve. Teste J. Juyn apud Westm' viij die
Julii anno regni nostro quinto. Per rotulum memoratum de eodem
anno V^{to} Michaelis. Recorda per Barones.

LICENCIA CELEBRANDI.

6 Aug. 1427; to William Southcote and Margaret his wife, for divine
service in the presence of either in any suitable place in their house at
Southcote in the parish of Wynkelegh.

[*17 Aug. 1427. Licence for St Gwinear's chapel [at Roseworthy] in the
parish of Gwinear.*]

LICENCIA CELEBRANDI.

Apud Beauripper in Cornubia dominus concessit licenciam ut in
capella sancti Wynneri in rure infra parochiam sancti Wynneri
situata divina valeant per quoscumque presbiteros ydoneos celebrari;
dumtamen ecclesie matrici loci huiusmodi nullum fiat preiudicium
etc..

LICENCIE CELEBRANDI.

18 Aug. 1427, Helston; to sir Nicholas Wethen vicar of St Wendron,
for divine service celebrated by himself and others in the chapels of
St Degamanus [*St Decuman, at Degibma*], St Wendron at Tresulle
[*Trelill*] and St Henry at Bodyly [*Bodilly*] in his parish.

Same day and place; for divine service by any suitable priests in
the chapel of St James at Golesithny [*Goldsithney*] in the parish of St
Pieran in Uthno.

Same day and place; for divine service by any suitable priests in the
chapel of St Mawsy [*St Mawes*] in the parish of St Just in Roseland,
absque preiudicio matricis ecclesie.

Same day and place; to sir Richard Tresare vicar of Lanant [*Uny Lelant*], for divine service celebrated by himself and others in any suitable place in his parish.

DIMISSORIE.

18 Aug. 1427, [Helston]; to John Cardu tonsured, for all minor and holy orders.

LICENCIE CELEBRANDI.

21 Aug. 1427, Grampound; to sir John Petyt chaplain, for divine service celebrated by himself and others in the chapel of St James at Cambron.

Also to Otho Trehane, Isabella his wife and their sons and servants, for divine service in the presence of any of them in any suitable place in Cornwall.

COMMISSIO AD INQUIRENDUM SUPER VACACIONE [ETC.] DE CHURCHESTOWE

2 Sept. 1427; to the archdeacon of Totnes, to enquire into the vacancy etc. of the parish church of Churchestowe, to which sir John Scoche chaplain has been presented by Thomas Carmynow esquire.

COMMISSIO AD INQUIRENDUM SUPER VACACIONE [ETC.] DE CHURCHESTOWE.

9 Sept. 1427, Radeway; to the archdeacon of Totnes (*fo. 73*), to enquire into the vacancy etc. of the parish church of Churchestowe, to which John Gascoygne clerk has been presented by the abbot and convent of Bukfestr', etc..

[*7 July 1427. The King prohibits the bishop from admitting a rector to Churchstow while the advowson is contested in his court between Thomas Carmynowe esquire and William abbot of Buckfast.*]

BREVE *Ne Admittas* AD ECCLESIAM DE CHURSTOW.

Henricus Dei gracia rex [etc.] venerabili in Christo patri E. [etc.] salutem. Prohibemus vobis ne admittatis personam ad ecclesiam de Churstowe que vacat et de cuius advocacione contencio mota est in curia nostra inter Thomam Carmynowe armigerum et Willelmum abbatem monasterii beate Marie de Bukfast, donec discussum fuerit in eadem curia ad quem illorum pertineat eiusdem ecclesie advocacio. Teste me ipso apud Westm' vij die Iulii anno regni nostri quinto. Watford.

[*11 Oct. 1427. The prohibition is relaxed, the King having been certified that no plea concerning the advowson was now pending in his courts.*]

BREVE REGIUM.

Henricus Dei gracia rex [etc.] venerabili [etc.] E. [etc.] salutem.

Licet nuper per breve nostrum vobis prohibuerimus ne admitteretis personam ad ecclesiam de Churstowe vestre diocesis vacantem et de cuius advocacione contencio mota fuit in curia nostra [etc., *as next above*]. Quia tamen per certificacionem dilecti et fidelis nostri Willelmi Babyngton nobis in cancellaria nostra de mandato nostro missam nobis constat quod scrutari fecit rotulos et memoranda in custodia sua existencia, et non est aliquod placitum pendens coram ipso et sociis suis iusticiariis nostris de banco inter partes predictas de advocacione predicta, vobis mandamus quod id quod ad officium vestrum in hac parte noveritis pertinere libere exerceatis prohibicione nostra predicta non obstante. Teste me ipso apud Westm' xj die Octobris anno regni nostri sexto. Hertilpole.

BREVE PRO PARLIAMENTO.

A writ of summons for a parliament to be held at Westminster on the quindene of Michaelmas next (13 Oct), with the clause *Premunientes;* as on p. 64. Attested at Westminster 15 July 5 Hen. VI; *per consilium.* Frank. cf. *C.C.R. 1422-1429*, p. 340.

COMMISSIO AD INQUIRENDUM SUPER VACACIONE [ETC.] VICARIE ECCLESIE PAROCHIALIS DE BRENTA.

17 Sept. 1427; to the archdeacon of Totnes, to enquire into the vacancy etc. of the vicarage of the parish church of Brenta, to which sir William Deyman chaplain has been presented by the abbot of Bukfestr'.

[*26 Oct. 1427. Prohibition as above, for the vicarage of South Brent, the advowson being disputed between the King and the abbot of Buckfast.*]

BREVE NE ADMITTAS AD BRENT'

Henricus Dei gracia rex [etc.] venerabili [etc.] E. [etc.] salutem. Prohibemus vobis ne admittatis aliquam personam ad vicariam ecclesie de Brente que vacat ut dicitur et de cuius advocacione contencio mota est in curia nostra inter nos et abbatem de Bukfest, donec discussum fuerit in eadem curia utrum ad nos an ad prefatum abbatem pertineat eiusdem vicarie advocacio. Teste meipso apud Westm' xxvj die Octobris anno regni nostri sexto. Aumener.

[*6 Dec. 1427. This prohibition also is relaxed, as above.*]

BREVE REGIUM

Henricus Dei gracia rex [etc.] venerabili [etc.] E. [etc.] salutem. Licet nuper per breve nostrum vobis prohibuerimus ne admitteretis personam ad vicariam ecclesie de Brente vacantem et de cuius advocacione [etc. *as next above*]. Quia tamen per certificacionem dilecti et fidelis nostri Willelmi Babyngton in cancellariam nostram de mandato nostro missam nobis constat quod nullum recordum neque processus pendet in curia predicta coram ipso et sociis suis justiciariis nostris de banco inter nos et prefatum abbatem de advocacione vicarie predicte, vobis mandamus quod id quod ad officium vestrum in hac parte noveritis pertinere libere exerceatis, prohibicione nostra predicta non obstante. Teste meipso apud Westm' vj die Decembris anno regni nostri sexto. Hertilpole.

COLLACIO VICARIE IN CHORO ECCLESIE CATHEDRALIS EXONIE IURE DEVOLUTO.

20 Sept. 1427, Chuddelegh. A mandate to the dean and chapter of Exeter, as on p. 125 (*fo. 73v*), to admit after due examination sir Richard Smert chaplain to the vicariate of the stall of master Martin Lercedekne, the provision to which has lapsed to the bishop. Also, on the same day, a similar mandate for the admission of sir Robert Wey chaplain to the vicariate of master Walter Colles.

[LICENCIA CELEBRANDI].
25 Oct. 1427, Chuddelegh; for divine service in the chapel of St Paul in the parish of Lyfton.

[LICENCIA ABSENTANDI].
26 Oct. 1427; to Sir Thomas Cowlynge rector of St Dominic in Cornwall, to be absent from his church for three years.

[DIMISSORIE].
28 Oct. 1427; to Michael Louetop [or Lonetop] acolyte, for all holy orders.

28 Nov. 1427, London; to Thomas Yarum rector of Hallesworthy, tonsured, and Thomas Crane, tonsured, for all minor and holy orders.

[LICENCIA CELEBRANDI].
1 Dec. 1427: to David Urban and his wife, for divine service in the chapel of blessed Mary in their house in the parish of St Melor [*Mylor*] in Cornwall.

[DIMISSORIE].
1 Dec. 1427, London: to Richard Hoygge, Thomas Kegyll and William Trethewy tonsured, for all minor and holy orders.

5 Dec. 1427: to John Thomas and Nicholas Tomma tonsured, for all minor and holy orders; and to John Trevosow acolyte, for all holy orders.

9 Dec. 1427: to John Jakes tonsured, for all minor and holy orders.

[*9 Dec. 1427. Dispensation to Thomas Yarum, tonsured, rector of Holsworthy, to be absent for study, etc., until Easter. See p. 76n.*]

[DISPENSACIO IUXTA CAPITULUM *Cum ex eo*].

Item eodem die dominus dispensavit cum Thoma Yarum rectore ecclesie parochialis de Hallesworthy Exoniensis diocesis primam tonsuram habente iuxta capitulum *Cum ex eo* usque festum Pasche proxime [futurum].

[*18 Feb. 1427-8. Confirmation of an adjudication by commissioners, in a dispute between the provost and chapter of Glasney and Nicholas Harry their sacrist, that the sacrist's obligation to emend and repair the service books, vessels, vestments and other ornaments, as defined in an ordination of Bishop Grandisson, remained unaltered even though the books were badly bound or the vestments badly sewn.*]

[CONFIRMACIO DECRETI] SUPER [REPARACIONE LIBRORUM ECCLESIE COLLEGIATE SANCTI THOME] DE GLASENEY.

Edmundus [etc.] dilectis [etc.] preposito et capitulo ecclesie nostre collegiate beati Thome martiris de Glasneye nostrorum patronatus et diocesis salutem [etc.]. Cum nuper inter idem capitulum dicte nostre ecclesie collegiate ex parte una, et discretum virum magistrum Nicholaum Harry nuper eiusdem ecclesie sacristam ex altera, de et super reparacione et emendacione librorum et vestimentorum dicte ecclesie gravis fuit suborta materia questionis, nos more pii patris inter filios nostros pacis pulcritudinem prout condecet affectantes, ad inquirendem et cognoscendum de et super predicta materia ac eam fine canonico terminandum, et partes predictas ad bonam concordiam reducendum, discretis viris magistris Johanni Waryn in decretis licenciato ecclesie nostre cathedralis Exonie canonico et Jacobo Carslegh nostri consistorii presidenti commisimus potestatem, quam ipsi in se suscipientes, partibus coram eis in ecclesia nostra cathedrali Exon' licite evocatis, iuxta formam et potestatem eis traditas diligenter inquisiverunt; et tandem, tam per quandam ordinacionem canonicam bone memorie domini Johannis quondam Exonien' episcopi predecessoris nostri coram eis exhibitam et ostensam, quam per confessionem dicti magistri Nicholai coram eis emissam, invenerunt quod quilibet sacrista ecclesie nostre collegiate de Glasneye (*fo. 74*), predicte citra illam ordinacionem qui pro tempore fuerit ad emendacionem et reparacionem librorum, vasorum, vestimentorum et aliorum ornamentorum ecclesie predicte efficaciter tenebatur et tenetur[1]. Unde ipsi commissarii

[1] The Register of John de Grandisson, *p. 756.*

antedicti, ulterius super premissis rite et licite per omnia procedentes, eundem magistrum Nicholaum nuper ipsius ecclesie sacristam prelibatum ad emendacionem et reparacionem competentem librorum et vestimentorum eiusdem ecclesie collegiate sentencialiter condempnarunt, in sua pronunciacione et decreto, insuper adicientes quod, si quaternus unus, duo vel tres librorum predictorum confracti, dirupti aut putrefacti fuerit vel fuerint, seu si vestimenta eiusdem ecclesie male consuta fuerint, quod dictus magister Nicholaus ad reparacionem et emendacionem eorum nicholominus tenebatur et tenetur, hec enim omnia sub reparacione et emendacione senciunt et intelligunt comprehendi prout in eorum decreto coram nobis in scriptis exhibito patet manifeste. Quod quidem decretum et eorum in hac parte avisiamentum dicti commissarii nobis humiliter supplicarunt quatinus nostra auctoritate ordinaria dignaremur confirmare. Nos igitur ex equitate et ex dicta ordinacione canonica precessoris nostri predicti ac consuetudine laudabili super hiis omnibus et singulis licite prescripta in dicta nostra ecclesia collegiata habita et usitata, necnon quod appetivit in hac parte iustum et honestum sencientes dictum decretum suum sive avisamentum prout racioni convenit, auctoritate nostra ordinaria roboramus et confirmamus per presentes. In cuius rei [etc.]. Datum [etc.] Chuddelegh xviij° die mensis Februarii anno Domini M°CCCC° xxvij° [etc.].

DIMISSORIE.

18 Feb. 1427-8: to John Boys tonsured, for all minor and holy orders.

MUTACIO ANNI DOMINI

DIMISSORIE

21 March 1428:[1] *Chuddelegh:* to John Keryn subdeacon, for the diaconate and priesthood.

LICENCIA NON RESIDENDI.

15 Apr. 1428: to sir John Frenssh chaplain, rector of Hunsham, to be absent from his church for two years and to enjoy its income as though he were resident.

LICENCIA CELEBRANDI.

11 May 1428: to master William Talcarn senior, vicar of St Ercius [*St Erth*] in Cornwall, for divine service celebrated by himself and others in any suitable place in his parish.

LITTERA ARCHIEPISCOPI.

4 June 1428: the bishop received the bishop of London's rescript,

[1] sic; recte *25 March 1428?*

dated at Wykeham, 24 May, of the archibishop of Canterbury's mandate for a Convocation at St Paul's on 5 July next, summoned at the instance of the pope as well as of the king, to concern itself especially with the extirpation of heresy and the confirmation of the faith. The mandate, dated at Lambeth, 30 May, is as in *Chichele*, iii. pp. 138f. (*ff. 74v, 75*).

[RETORNACIO MANDATI PREDICTI].

29 June 1428, Chuddelegh; the bishop acknowledges receipt of the madate for convocation, which is recited again in full, (*fo. 75v*) and signifies his compliance, [as on p. 115]. A schedule contains the names of those cited to attend, viz.: Master James Cobethorn dean of Exeter. The archdeacons: master James Carslegh of Exeter, master John Typhane of Totnes, master John Orum of Barnstaple, master William Filham of Cornwall. The abbots: brothers Thomas of Tavystok, Philip of Hertlond, William of Torre, Richard of Forde, Nicholas of Nyweham, John of Dunkeswill, John of Bokelond. The priors: brothers Nicholas of Plympton, John of Launceston, John of St German's, Alan of Bodmin, Thomas of Frithilestok, Simon of Barnstaple, John of Totnes.

(*fo. 76*) MUTACIO ANNI TRANSLACIONIS DOMINI

[*13 July 1428. The bishop received a rescript from the bishop of London, dated at London, 15 June, of a mandate of the archbishop of Canterbury, dated at Lambeth, 15 May, for the publication of a papal letter bidding prayers for the reproof of heretics. On the first Sunday of every month, before mass, clergy and people in every church and monastery are to sing litanies, responsories and collects in procession, and at mass special versicles, responses and collects are to be said. One hundred days indulgence are offered to participants who also recite the penitential psalms, or repeat the Lord's Prayer and Hail Mary 25 times. The letter is as follows:*]

SUPPLICACIONES INDICTE PRO REPROBACIONE HERETICORUM.

Martinus episcopus servus servorum Dei venerabili fratri archiepiscopo Cantuar' salutem et apostolicam benediccionem. Discipulorum Christi gesta nos instruunt ut in pelago huius mundi procella surgente ad divinum auxilium recurrere debeamus. Illi quidem in mocione maris adeo grandi facta ut fluctus naviculam quam Ihesum querentes intraverant operirent Ipsum dormientem vocibus excitarunt supplicibus et adversus ingruentes tempestatis impetus ab Eo salutis presidium postularunt. Cum itaque dudum temporibus in nonnullis orbis [partibus] presertim regni Bohemie et nonnullis locis circumvicinis adversus catholica dogmata sancteque matris ecclesie tradiciones et instituta plerique perfidi heretici fidei mutulacionem [*sic*] orthodoxe et enervacionem quoque ecclesie predicte et scissuram comminati, et quibusdam supersticionibus et temeritate seducti ac abortivis suggestionibus illusi ipsorum fluctus adeo elevare ut ipsam ecclesiam totum operire ac fidem prefatam impugnare ferociter ac inconsutilem Domini tunicam scindere valeant multipliciter elaborant, quorum hereses et errores in sacro Constancien' Concilio fuerunt solempniter dampnati et reprobati: nos cum venerabilibus fratribus nostris sancte Romane ecclesie cardinalibus deliberacione prehabita diligenti, expediens imo pocius necessarium existimamus ut ad illum qui ad dexteram Patris residet in excelis, cuique potestas omnis tam in celo quam in terra noscitur tradita, cuique venti et maria obsecundant, levemus corda nostra, ipsumque devote pulsantes precibus eciam sedulis et oracionibus insistamus ut insurgentes premisse fremitus tempestatis qui contra Christicolarum religionem insurgere ac fidem eandem insania dampnabili impugnare movebuntur eorum flatus cessare fluctusque quiescere sua faciat omnipotenti virtute, cordaque ipsorum hereticorum ad Dei et ecclesie unitatem et devocionem inclinet et habilitet, vel si forsan in premissis pertinaciter intendant persistere, eorum elidat superbiam ipsorumque obstinatam maliciam sue virtute dextere conterat et prosternat, nobisque ipse, cuius providencia in sua disposicione non fallitur, modos et vias aperiat per quos hoc ut in votis gerimus possimus efficaciter promovere, de cuius misericordia licet sic semper sperandum vult tamen de hiis que ordinavit atque disposuit suppliciter exorari.

Et quia in divinis obsequiis et missarum solempniis ad Deum preces effundi devocius consueverunt, de eorundem fratrum consilio volumus, constituimus et ordinamus quod singulis primis dominicis cuiuslibet mensis ante missam, in omnibus et singulis ecclesiis et monasteriis provincie tue, in ambitu sive circuitu ipsarum vel alibi prout devocius et commodius fieri possit, processiones fiant generales solempniter et devote per personas ecclesiasticas, populo ad hoc invitato, cum letaniis, responsoriis et collectis iuxta consuetudines ecclesiarum earundem. (*fo. 76v*) Et deinde in ecclesiis ipsis celebretur missa solempniter in qua post dictum a celebrante *Pater noster* responsione secuta dicitur canticum illud *Letatus sum in hiis que dicta sunt michi* totum cum *Gloria Patri*, ac religiosis clericis et aliis litteratis presentibus cum devocione et postmodum *Kyrieleyson Christeleyson Kyrieleyson, Pater noster* et sequentur versiculi *Domine salvos fac reges et exaudi nos in die qua invocaverimus te. Salvum fac populum tuum domine, et benedic heretati tue et rege eos et extolle illas usque in eternum. Fiat pax in virtute tua, et habundancia in turribus tuis. Domine exaudi oracionem meam, et clamor meus ad te veniat. Dominus vobiscum. Et cum spiritu tuo.* Oraciones vero *Ecclesie tue quesumus Domine preces placatus admitte; et destructis adversitatibus et erroribus universis secura tibi serviat libertate.* Et aliam, *Hostium nostrorum quesumus Domine elide superbiam, eorumque contumaciam dextere tue virtute prosterne, per Christum Dominum nostrum.* Subsequenter vero nos omnes Christifideles ad exequendum supradicta prompcius donis volentes spiritualibus animare omnibus vere penitentibus et confessis, tam ipsis celebrantibus quam ipsis assistentibus et observentibus supradicta, quam eciam aliis quibuscumque clericis et laicis preces tunc devotas fundentibus in premissis processionibus et missis singulis interessentibus, videlicet qui septem psalmos penitenciales vel viginti-quinque vicibus *Pater noster* cum *Ave Maria* pro reduccione hereticorum prefatorum devote dixerint, centum dies indulgenciarum de omni-potentis Dei misericordia et beatorum Petri et Pauli apostolorum eius atque nostra auctoritate confisi de iniunctis eis penitenciis misericorditer relaxamus. Quocirca fraternitatem tuam hortamur in Domino, tibi nichilominus per apostolica scripta mandantes, quatinus premissa omnia in singulis ecclesiis dicte provincie facias auctoritate nostra publicari, et per prelatos et ecclesiasticas personas ecclesiarum earundem cum devocione debita efficaciter adimpleri. Datum Rome apud sanctos Apostolos XV Kal. Febr. pontificatus nostri anno undecimo. [*18 Jan. 1427-8*].

[DIMISSORIE].

19 July 1428, London; to Thomas Wotton, John Grysby and John Honylond tonsured, for all minor and holy orders.

[*22 Aug. 1428. Licence to the brethren of St John's Hospital, Exeter,*[1] *on the petition of Walter Colles the appointed keeper* (custos) *of the house, to nominate to the bishop one of their number for appointment as master or prior in succession to Richard Wodeford who died on 6 August; and commission to the archdeacon of Exeter and another to elect* (ad eligendum), *appoint and confirm, institute and induct the brethren's nominee on the bishop's behalf.*]

LICENCIA AD NOMINANDUM UNUM CAPELLANUM YDONEUM IN PRIOREM SANCTI IOHANNIS BAPTISTE EXON'.

Item vicesimo secundo die mensis Augusti dominus recepit [litteras][2] prout sequitur tenor verborum: Reverendissimo [*sic*] in Christo patri ac domino domino Edmundo Dei gracia Exonien' episcopo vester humilis et devotus filius Walterus Colles custos domus sive hospitalis (*fo. 77*) sancti Iohannis Exon' per vestram reverendam paternitatem deputatus obedienciam [etc.]. Quia in statutis domus sive hospitalis predicti editis a felicibus predecessoribus vestris inter cetera continetur quod cedente vel decendente ac alias canonice amoto magistro sive priore domus sive hospitalis predicti, petita licencia ab episcopo patrono ipsius hospitalis per custodem eiusdem quem episcopus posuerit, fratres professi dicti hospitalis vel maior

---

[1]*See Knowles and Hadcock*, p. 270.   [2]*after L, an erasure of 36 mm.*

pars, simpliciter et de plano absque subtilitate iuris seu curiositate
alia, unum de seipsis expresse professum infra quindecim dies episcopo
si in diocesi fuerit vel eius vicario generali nominare tenentur in
futurum priorem sive magistrum hospitalis predicti eius suffragantibus
meritis substituendum; et nuper videlicet sexto die presentis mensis
Augusti decedente fratre Ricardo Wodeford priore sive magistro
eiusdem hospitalis, idem hospitale notorie vacare dinoscitur; ne
dictum hospitale per diutinam vacacionem verisimilia paciatur incom-
moda, vestre reverende paternitati supplico humiliter et devote
quatinus eadem reverenda paternitas vestra eidem hospitali destituto
ut premittitur presidentis solacio pie compacionis huiusmodi licenciam
fratribus eiusdem hospitalis concedere, ceteraque peragere que
vestro in hac parte incumbunt officio pastorali graciose dignetur.
Quam ad felix regimen Exon' ecclesie diu conservet in prosperis
clemencia Salvatoris. In cuius rei testimonium sigillum officii decani
Christianitatis vestre Exon' hiis apponi procuravi. Et ego decanus
antedictus sigillum officii mei ad personalem et specialem rogatum
dicti Walteri hiis apposui in fidem et testimonium premissorum.
Datum Exon' xv^{to} die mensis Augusti anno Domini millesimo
CCCC^{mo} vicesimo octavo.

Edmundus [etc.] dilectis [etc.] fratribus domus sive hospitalis
sancti Iohannis infra portam orientalem civitatis nostre Exon'
nostrorum patronatus et diocesis salutem [etc.]. Ad nominandum unum ydoneum de vobis expresse professum in priorem sive
magistrum dicti hospitalis, per mortem fratris Ricardi Wodeford
ultimi et immediati prioris sive magistri eiusdem hospitalis iam vacantis,
iuxta statuta et ordinaciones dicti hospitalis vestri vobis tenore presencium licenciam concedimus specialem. In cuius rei testimonium
sigillum nostrum presentibus duximus appendi. Datum [etc.]
Faryngdon Wynton' diocesis vicesimo secundo die mensis Augusti
anno Domini millesimo CCCC^{mo} vicesimo octavo et nostre translacionis
anno nono.

Edmundus [etc.] dilectis [etc.] magistris Iacobo Carslegh archidiacono nostro Exon' et Waltero Collys canonico ecclesie nostre
cathedralis Exon' salutem [etc.]. Cum nos ad peticionem prefati
magistri Walteri Colles custodis domus sive hospitalis sancti Iohanni
infra portam orientalem civitatis nostre Exon' nostrorum patronatus
et diocesis, per mortem fratris Ricardi Wodeford ultimi ipsius domus
magistri sive prioris vacantis, fratribus eiusdem hospitalis ad nominandum unum alium de seipsis expresse professum in futurum
magistrum sive priorem eiusdem hospitalis per nostras litteras licenciam
concessimus specialem; ad eligendum igitur, preficiendum et confirmandum pro nobis et nomine nostro unum ydoneum de fratribus
predictis expresse professum per eosdem fratres nominandum in

magistrum sive priorem dicte domus sive hospitalis, et ad admittendum, instituendum et inducendum eundem seu induci faciendum secundum omnem vim, formam et effectum statutorum et ordinacionum hospitalis antedicti, ceteraque omnia et singula faciendum et expediendum que in premissis et circa ea necessaria fuerint vel quomodolibet oportuna eciam si ea in statutis et ordinacionibus antedictis nobis specialiter reserventur, vobis et utrique vestrum de quorum fidelitate et circumspeccionis industria ad plenam in Domino confidimus (*fo. 77v*) tenore presencium committimus potestatem. Datum [etc.] Faryngdon Wynton' diocesis xxij° die mensis Augusti anno Domini millesimo CCCC^{mo} xxviij^{to} [etc.].

[DIMISSORIE].

28 Aug. 1428; to William Crosch deacon, for the priesthood.

9 Sept. 1428; to Richard Trevylsyn and John Wille deacons, for the priesthood.

10 Sept. 1428; to Simon Halsanger deacon, for the priesthood.

14 Sept. 1428; to Gilbert atte Sentfenton deacon, for the priesthood.

16 Sept. 1428; to John Perys, Nicholas Downyng and Richard Jon deacons, for the priesthood.

[*16 Sept. 1428. Receipt of the King's mandate to enquire whether John Prydyaux of Orcheton (born at Milton, diocese of Exeter) were a bastard, as was alleged by William Prideaux of Thurleston in a disputed claim in the King's court to land and revenues in Modbury.*]

BREVE REGIUM AD INQUIRENDUM SUPER BASTARDIA.

Item eodem die dominus recepit breve regium sub eo qui sequitur tenore verborum: Henricus Dei gracia rex [etc.] venerabili [etc.] E. eadem gracia episcopo Exon' salutem. Cum Johannes Prydyaux de Orcharton in curia nostra coram justiciariis nostris apud Westm' peteret versus Willelmum Prideaux de Thorleston unum messuagium viginti acras terre, duas acras prati et duas solidatas redditus cum pertinenciis in magna Modbury, ut ius et hereditatem suam, et de quibus idem Willelmus iniuste et sine iudicio desseisivit Ricardum Prideaux patrem predicti Johannis, cuius heres ipse est post primum transfretandum domini H. regis filius regis Johannis in Vascon', et dixit quod predictus Ricardus pater ipsius Johannis fuit seisitus de predictis tenementis cum pertinenciis in dominico suo ut de feodo et iure tempore pacis, tempore domini H. nuper regis Anglie avi nostri, faciendo inde descensum de ipso Ricardo prefato Johanni ut filio et heredi ipsius Ricardi. Predictus Willelmus venit in eadem curia nostra et dixit quod predictus Johannes ut filius et heres predicti Ricardi accionem suam predictam versus eum manutenere non deberet. Dixit enim quod predictus Johannes bastardus fuit, per quod heres esse non potuit, hoc verificare pretendendo. Ad quod idem Johannes in eadem curia nostra replicando dixit quod ipse ab accione sua predicta habenda precludi non deberet, quia dixit quod ipse legittimus fuit et non bastardus, prout predictus Willelmus placitando allegavit, et hoc ubi et quando et prout eadem curia nostra concernit pretendebat, et cum hoc dixit quod ipse natus fuit apud Milton' in comitatu Devon' in diocesi vestra. Et quia huiusmodi cause cognicio ad forum spectat ecclesiasticum, vobis mandamus quod, convocatis coram vobis in hac parte convocandis, rei veritatem super premissis diligenter inquiratis. Actaque per vos inde quod ad officium vestrum pastorale pertinet in hac parte per litteras patentes et clausas constare faciatis iusticiariis nostris apud Westm' a die sancti Michaelis in xv dies, si predictus Johannes sit legittimus et non bastardus sicut idem Johannes dicit, vel si ipse Johannes sit bastardus sicut idem Willelmus dicit. Et habeatis ibi hoc mandatum. Teste Babyngton apud Westm' quarto die Maii anno regni nostri sexto.

[*11 Oct. 1428. Certificate, in reply to the above, that John Prideaux was the lawfully begotten son of Richard Prideaux and his wife Joan* née *Lercedekne, whom he had married canonically at Milton.*]

CERTIFICATORIUM SUPER EODEM BREVI.

Honorabilibus et discretis viris justiciariis domini nostri regis Edmundus [etc.] salutem in auctore salutis. Prudencie vestre innotescimus per presentes quod, auctoritate brevis nobis directi et hiis inclusi, super contentis in eodem, convocatis primitus coram nobis in hac parte convocandis, et prefato Willelmo Prideaux de Thorleston in eodem brevi principaliter nominato specialiter et in specie ad hoc vocato, rei veritatem in premissis (*fo. 78*) diligenter et fideliter inquisivimus, per quam quidem inquisicionem absque alicuius partis collusione aliquali fideliter et manifeste comperuimus Ricardum Prideaux eciam in dicto brevi nominatum in diocesi nostra Exon' cuidam Johanne Lercedekne mulieri rite et licite ac iuxta canonicas sancciones in facie ecclesie parochialis de Milton eiusdem nostre diocesis matrimonialiter fuisse copulatum; ex qua quidem Johanna uxore sua licita Ricardus Prideaux in puro, vero et legittimo matrimonio Johannem Prideaux eciam in dicto brevi specificatum filium suum legittimum et heredem et nullo modo bastardum suscitavit. Unde vestris reverenciis per has litteras nostras patentes et clausas constare fecimus quod predictus Johannes Prideaux est legittimus et non bastardus. Datum xj^{mo} die mensis Octobris anno Domini millesimo CCCC^{mo} xxviij^{vo} [etc.].

[DIMISSORIE].

13 Nov. 1428, London; to John Body and William Wandre alias Ronell acolytes, for all holy orders.

14 Nov. 1428; to master William Palmer M.A., tonsured, for all minor and holy orders.

Also to John Westbeare deacon, for the priesthood.

15 Nov. 1428; to John Hals junior, rector of Chiristaunton [*Church-stanton*], tonsured, for all minor and holy orders.

DISPENSACIO STUDENDI AD SEPTENNIUM.

15 Nov. 1428; to the same John Hals, to study in the university of Oxford for seven years *iuxta capitulum Cum ex eo, cum clausula quod suscepto a prefato Johanne infra annum a sibi commissi regiminis tempore subdiaconatus ordine ad ulteriores ordines interim percipiendos minime promoveri teneatur; proviso etc.* [cf. p. 76n].

[COMMISSIO AD INQUIRENDUM SUPER VACACIONE ETC. SANCTE ENDELIENTE].

4 Dec. 1428, Blanford; to master John Waryn licenciate in decrees, canon of Exeter, to enquire into the vacancy etc. of the church of St Endelien in Cornwall, to which John Canell has been presented by Nicholas Canell his brother.

[LICENCIA CELEBRANDI].

16 Dec. 1428, the Palace, Exeter; to sir John Laury chaplain, for divine service celebrated by himself or by others in his presence in any suitable place in Cornwall.

[DIMISSORIE].

16 Dec. 1428, Exeter; to Thomas Hamly tonsured, for all minor and holy orders; and to Thomas Nicoll, John Thomas and Thomas Pykard acolytes, for all holy orders.

3 Jan. 1428-9; to John Merssh and Richard Person tonsured, for all minor and holy orders.

(*fo. 78v*) LICENCIA CELEBRANDI.

4 Jan. 1428-9; to Philippa widow of sir John Dynham knight, for divine service in her presence in any suitable place in the diocese.

DIMISSORIE.

21 Jan. 1428-9; to Richard Osborne tonsured, for all minor and holy orders.

LICENCIA CELEBRANDI.

23 Jan. 1428-9; to sir John Gybbe chaplain, vicar of Tallan in Cornwall, to celebrate divine service in any suitable place within his parish.

LICENCIA CELEBRANDI.

23 Jan. 1428-9; for divine service in the chapel of St John the Baptist at Horebrygge in the parish of Bokelond Monachorum.

DIMISSORIE.

24 Jan. 1428-9, Chuddelegh; to Edmund Bosoun acolyte, for all holy orders.

LICENCIA CELEBRANDI.

6 Feb. 1428-9; to John Skydemore and his wife and children, for divine service in their presence in the chapel of St Gregory in their house at Northcomb in the parish of Bratton [*Bratton Clovelly.*].

LICENCIA CELEBRANDI.

7 Feb. 1428-9; to Richard Yerde and his wife for divine service in their presence in the chapel in their house at Bradelegh near Newton Busshell.

DEPUTACIO PENITENCIARIORUM IN ARCHIDIACONATU EXON'.

7 Feb. 1428-9, Chuddelegh; to the archdeacon of Exeter, as on p. 21, appointing penitencers in the archdeaconry as follows:
Deanery of Ken: master Thomas Upton vicar of Kenton, sir John vicar of Taynton Episcopi. Deanery of Dunsford: sir Robert rector of Taynton Drew [*Drewsteignton*], sir Richard rector of Brydeford. Deanery of Cadbury: master John curate of the collegiate church of Holy Cross Criditon, sir Robert rector of Chyryton Fytzpayn. Deanery of Tuverton: sir John rector of Wyldelond, sir Thomas rector of Cleyangr', Nicholas Walrond chaplain of Tuverton. Deanery of Plymtre: sir John rector of Fynyton, sir Edward (*fo. 79*), vicar of Colmpton. *In decanatu* [*sic*] *de Honyton et Dunk:* master John Mathew rector of Mosebury, Henry rector of Gedysham, John rector of Honyton, sir John Lyf vicar of Aulyscomb, sir John vicar of Yartecomb, sir John vicar of Seton. Deanery of Aylysbeare: master Thomas Gorde minister of the collegiate church of blessed Mary of Otery, sir William vicar of Sydebury, sir Thomas rector of Poltimore.

DEPUTACIO PENITENCIARIORUM [IN ARCHIDIACONATU TOTTON'].

Deanery of Morton: sir John rector of Lustelegh, sir William vicar of Asshperton. Deanery of Ipplepen: sir William vicar of Peyngton, sir William Toker and sir Nicholas Whysslewyll chaplains. Deanery of Totnes: brother John vicar of Tountstall, sir Peter vicar of Hurburton, John vicar of Totnes. Deanery of Wodlegh: master William rector of the collegiate church of Slapton, Richard Olyver rector of [*East*] Alyngton, John rector of Charleton. Deanery of Plympton: brother John Mape subprior of Plympton, master John vicar of Holboghton, master William Grene chaplain of Plymmouth. Deanery of Tamerton: sir Robert rector of Stokedamerell, sir John rector of Mewy. Deanery of Tavystoke: sir John vicar of Brydestowe, master Roger vicar of Mylton. Deanery of Holl' [*Holsworthy*]: sir William rector of Putteford, sir John rector of Bradeford. Deanery of Okamton: master John Newcomb vicar of Okamton, John Burneby rector of Ekysburne.

[IN ARCHIDIACONATU CORNUBIE].

Deanery of Penwyth: master William vicar of St. Ercii, sir John Patry vicar of St. Paul. Deanery of Keryer: master William vicar of St Breace, Thomas vicar of St Gluviac, Nicholas vicar of St Wendron. Deanery of Pydr': sir William vicar of Padestaw, sir Benedict vicar of St Wenn. Deanery of Powder: master John Sutton official of the bishop's peculiar jurisdiction in Cornwall, sir Nicholas rector of Treruru, sir John Wylliam vicar of Tregony. Deanery of Trygge minor: master John vicar of Minefrede, Nicholas vicar of Lannow [*St Kew*]. Deanery of Trygge Major: master William Knyght rector of Kylkhamton, dom (*fo. 79v*) Simon subprior of Launciston. Deanery of Est: master John Waryn rector of Mahyneet, sir William rector of Rame, sir John vicar of Saltaysh. Deanery of West: sir Thomas rector of Dulo, sir John vicar of St Wynnoc.

[IN ARCHIDIACONATU BARN'].

Deanery of Barn': master Thomas prior of Pylton, sir William vicar of Chitelhamton. Deanery of Chulmelegh: master William Bremelcomb rector of Nymet Tracy, sir William Lane rector of Chulmelegh. Deanery of Molton: sir William vicar of Northmolton, sir William Champion vicar of Nymet Episcopi, sir Roger vicar of Estansty. Deanery of Toryton: sir William recluse there, master John Herward rector of Stow sancti Petroci. Deanery of Hertiland: sir John rector of Were, sir Richard vicar of Bokelond [*Buckland Brewer*]. Deanery of Sherewyll: sir John rector of Heawnton, sir John rector of Byry [*Berrynarbor*]..

LICENCIA CELEBRANDI.

12 Feb. 1428-9; to William Tregonan, for divine service in his presence in any suitable place in his manor of Tregonan [*Tregonning, in Newlyn East*].

DIMISSORIE.

12 Feb. 1428-9; to Richard Wilcok acolyte, for all holy orders.

LICENCIA [ABSENTANDI][1]

12 Feb. 1428-9; to sir Richard Hoper rector of Sylferton, for absence from his church for two years.

DIMISSORIE.

13 Feb. 1428-9; to John Leye acolyte, for all holy orders.

LICENCIA ABSENTANDI.

19 Feb. 1428-9; to Thomas Barton subdeacon rector of Southill, for absence from his church for three years.

DIMISSORIE.

19 Feb. 1428-9; to Thomas Brytby acolyte, for all holy orders.

LICENCIA CELEBRANDI.

4 Mar. 1428-9; to John Denbowde donzell, for divine service in his presence in any suitable place in Devon.

DIMISSORIE.

10 Mar. 1428-9; to Ralph Drew rector of St John near Antony in Cornwall tonsured, for all minor and holy orders.

LICENCIA CELEBRANDI.

10 Mar. 1428-9; to David Urban, his children and servants, for divine service in the presence of himself or of his children or of his servants in the chapel of blessed Mary in his house in the parish of St Melor in Cornwall.

DIMISSORIE.

12 Mar. 1428--9; to Robert Pyper tonsured, for all minor and holy orders.

(*fo. 80*)   MUTACIO ANNI DOMINI

[*1 April 1429. Renunciation, by William Cole rector of Botus Fleming, William Talbot of Villaton and Roger Wendr', executors named by Sir William Talbot knight, of the administration of his estate.*]

PROBACIO TESTAMENTI DOMINI WILLELMI TALBOT MILITIS.

Item primo die mensis Aprilis anno Domini millesimo CCCC^{mo}

[1]MS—CELEBRANDI.

vicesimo nono in capella infra manerium domini Criditon' comparuerunt coram ipso dominus Willelmus Cole rector de Boteflemyng, Willelmus Talbot de Vyleton et Rogerus Wendr', executores in testamento domini Willelmi Talbot militis defuncti nominati, et renunciarunt administracionem bonorum eiusdem, super qua quidem dominus eisdem renunciacionis litteram testimonialem concessit.

DIMISSORIE.

2 Apr. 1429, Criditon; to Robert Dybbe tonsured, for all minor and holy orders.

LICENCI[E] CELEBRANDI.

2 Apr. 1429, [Crediton]; to Richard Yo, his wife and children, for divine service in the presence of himself or any of them in any suitable place in Devon.

22 Apr. 1429, London; to Thomas Halfacre esquire and Agnes his mother and their household (*eorumque familiaribus*), for divine service in the presence of any of them in the chapel of Holy Trinity in the parish of Whytston in Cornwall.

DISPENSACIO SUPER DEFECTU NATALIUM.

24 Apr. 1429, London, in hospicio suo; the bishop granted a dispensation by apostolic authority [the letters are not recited] to Benedict Tresulga, permitting him despite his defective birth of a single man and woman to advance to all holy orders and to hold a benefice even with cure of souls; provided [etc. as on p. 115]; witnesses: Edward Gryvell esquire and master John Burneby LL.B.

DIMISSORIE.

25 Apr. 1429, London; to John [*surname omitted*] acolyte, for all holy orders.

26 Apr. 1429; to Ricard Colle tonsured, for all minor and holy orders.

[*18 April 1429. Grant of administration of the estate of Sir William Talbot, intestate, to Thomas Talbot and Richard Talbot esquires.*]

COMMISSIO ADMINISTRACIONEM BONORUM DOMINI WILLELMI TALBOTT.

Item xviij^{vo} die mensis predicti ibidem dominus commisit administracionem bonorum domini Willelmi Talbot militis defuncti nuper ab intestato decedentis Thome Talbot et Ricardo Talbot armigeris, coram eodem in forma iuris de bona huiusmodi fideliter administrando iuratis.

LICENCI[E] CELEBRANDI.

16 May 1429, Clyst; to sir John Crympe chaplain, for divine service celebrated by himself or by others in his presence in any suitable place in the city of Exeter.

28 May 1429, Clyst; to Richard Holand and his wife, for divine service in the presence of either in any suitable place in their house in the parish of St Thomas in Cowykstrete [*Exeter*].

DIMISSORIE.

31 May 1429; to William Davy tonsured, for all minor and holy orders.

[*14 June 1429, Exeter. Licence to Robert Alkebarwe rector of North Huish, to farm his benefice for five years.*]

LICENCIA DIMITTENDI ECCLESIAM AD FIRMAM.

Dominus concessit licenciam domino Roberto Alkebarwe rectori ecclesie parochialis de Northywysh (*fo. 80v*) Exonien' diocesis dimittendi ecclesiam suam ad firmam domino Radulpho Wilberdon capellano et aliis prout sibi placuerit per quinquennium, dumtamen animarum cura diligenter exerceatur in eadem medio tempore etc.

[*4 June 1429. Licence to John Tybbe chaplain of St Mary's chantry, Ermington, because of the poverty of his chantry, to undertake one other chantry-mass as well, for three years.*]

LICENCIA CELEBRANDI ANNALE PROPTER EXILITATEM CANTARIE.

Item ibidem iiij^{to} [*sic*] die mensis Junii dominus concessit licenciam domino Johanni Tybbe capellano cantarie beate Marie de Ermyngton quod propter exilitatem cantarie sue possit celebrare unum annale in dicta capella vel alibi in loco congruo et honesto pro anima cuiuscumque illud sibi afferre vel conferre volentis, dummodo assidue pro anima fundatoris cantarie sue oraverit etc., per triennium tantummodo duraturam.

LICENCI[E] CELEBRANDI.

Same day and place; to Nicholas Tyrant, for divine service in his presence in any suitable place in the diocese.

Same day and place; to John Schaplegh, for divine service in his presence in any suitable place in his house at Exeter.

16 June 1429; to Thomas Syreston and Alice his wife, for divine service in their presence in any suitable place in his house at Trewarthan in the parish of St Newlin in Cornwall.

[*16 June 1429. Commission to Richard* episcopo Caten'[1], *to confirm the baptized, reconcile churches and churchyards, consecrate churches, churchyards and altars, and bless chalices, vestments and other ornaments, with a request for a certificate of all such acts performed.*]

COMMISSIO SUFFRAGANEI AD CRISMANDUM PUEROS.

Item eodem die emanavit commissio prout sequitur tenore verborum. Edmundus [etc.] venerabili in Christo patri domino Ricardo Caten' episcopo salutem et sincere dileccionis continuum incrementum. Cuncta nobis commissa neqeuntes personaliter exercere diversis arduis negociis nos et ecclesiam nostram statumque regni Anglie concernentibus multipliciter occupati, ad confirmandum igitur et fronte crismandum per vestrarum sacrarum manuum imposicionem quoscumque nostros subditos sacri baptismatis unda renatos, ecclesias quoque et cimiteria sanguinis aut seminis effusione polluta reconciliandum, necnon ecclesias et cimiteria ac altaria maiora et principalia que necessaria fuerint et de iure seu sanctorum patrum constitucionibus dedicari seu consecrari debeant et non alia in ecclesiis, monasteriis aut perpetuis capellis dotatis proprium sacerdotem habentibus nostrarum civitatis et diocesis, omnium et singulorum quorum interest accedente consensu, necnon altaria viatica sive portatilia que superaltaria vulgariter appellamus in debita forma dedicandum et consecrandum, ac calices, vestimenta ac alia ornamenta ecclesiastica quecumque benedicendum fraternitati vestre reverende committimus vices nostras, rogantes attente quatinus hanc nostram commissionem si libeat amplectentes dignemini, peractis dictarum reconciliacionum, dedicacionum atque consecracionum solempniis, nos de eis cum expressione nominum ecclesiarum et cimiteriorum dilucida, quoque specificacione altarium maiorum et principalium ac superaltarium numero quorumcumque, per vestras litteras patentes harum seriem continentes efficere cerciores. Datum sub sigillo mense, die, loco et anno Domini predictis.

LICENCIA NON RESIDENDI.

3 July 1429; to John Hesill rector of St Gerend [*Gerrans*] in Cornwall, for absence from his benefice for three years. *Dumtamen eidem ecclesie sue medio tempore laudabiliter deserviatur in divinis, proviso quod procuratorem ydoneum ibidem dimittat.*

LICENCIA CELEBRANDI.

5 July 1429; to Robert Heye, Alice his wife and their children and servants, for divine service in their presence in any suitable place in his houses at Heye [*Haye, in Callington*] and Trevaga [*Trevague, in Altarnun*] in Cornwall.

[1]*See W. Stubbs,* Registrum Sacrum Anglicanum *(Oxford, 1897), p. 199, for this unidentified bishop's other activities.*

MUTACIO ANNI TRANSLACIONIS DOMINI

DIMISSORIE.

7 July 1429; to Robert Dybbe tonsured (*fo. 81*) for all minor and holy orders.

14 July 1429; to Robert Frye tonsured, for all minor and holy orders.

BREVE REGIUM PRO MEDIETATE DECIME LEVANDA.

31 July 1429; the bishop received the king's writ, attested at Westminster, 1 July, 7 Hen VI, for the collection by 11 Nov. 1429 of the half a tenth granted by the convocation which began at St Paul's on 5 June 1429,[1] *que adhuc sub prorogacione et continuacione ex certis causis pendet inexpleta.* The terms of the grant are as in *Chichele* iii. pp. 208-210, where, however, the date of the concession is 7 Dec. 1428. cf. *Cal. Fine Rolls, 1422-1430,* pp. 269f.

(*fo. 81v*) COMMISSIO AD LEVANDUM MEDIETATEM DECIME.

1 Aug. 1429, Chuddelegh; to the prior of the priory of St Mary Magdalen Barn[staple], appointing him, by virtue of the king's writ, collector of the half tenth in Devon, substantially as on p. 129, with these additions: A. Before *Ad levandum igitur* read *Nos vero salvacionem status universalis ecclesie anglicane ac regis et regni Anglie necessariam defensionem merito affectantes.*

B. to the list of exempted priories, after *iuxta portam orientalem* etc., add *rectorum ecclesiarum de Bykelegh, Southlegh, Northlegh et vicarii de Dowlysh in archidiaconatu Exon', necnon de Bonelegh* [Bondleigh] *et Mewshaue* [Meshaw] *in archidiaconatu Barn' dicte nostre diocesis, quarum ecclesiarum verus valor annuus modernis temporibus infra summam xij marcarum existit dumtaxat exceptis. . . .*

(*fo. 82, quire xj*) *The same day:* a similar commission for Cornwall to the abbot of Hayles [Glos.] impropriator of the churches of St Paul, St Breace and St Wenn.

CERTIFICATORUM THESAURARIO ET BARONIBUS SCACCARII DOMINI REGIS DE NOMINIBUS COLLECTORUM MEDIETATIS UNIUS decime.

5 Aug, 1429, Chuddelegh; a certificate of the appointment, to collect the above half a tenth, of the prior of Barnstaple for Devon and the abbot of Hayles for Cornwall, as on p. 86, with these additions to the list of exemptions: after *iuxta portam orientalem* etc., read *necnon bonis ecclesiaticis pauperum monialium de Canyngton Bathon' et Wellen' diocesis*

[1]sic; *but see* Chichele iii. *pp. 182 ff. for the dates of this convocation, which began on 5 July, 1428.*

proprietariorum ecclesie parochialis de Wytherygg nostre diocesis, aceciam beneficiis ecclesiasticis curatis taxatis et ad decimam solvere consuetis non appropriatis de Bykelegh, Southlegh, Northlegh et vicaria de Dowlyssh in archidiaconatu Exon' necnon Bonlegh et Mewshaue in archidiaconatu Barn' dicte nostre diocesis, quorum verus valor annuus modernis temporibus infra summam duodecim marcarum existit dumtaxat exceptis. . . .

LICENCI[E] CELEBRANDI.

12 Aug. 1429, Chudlegh; for divine service by suitable priests in the chapel of St Gabriel and St Raphael at Pensans [*Penzance*] in Cornwall.

Also for divine service by suitable priests in the chapel of St Ya and St Derwa virgins, the parish of Cambron.[1]

LICENCI[E] NON RESIDENDI.

4 Sept. 1429; to sir John Loman rector of Kylkehampton, to be absent from his benefice for one year and to receive all its emoluments as though he were resident.

14 Sept. 1429; to sir Richard Wykelegh rector of Thelbrygge, to be absent from his benefice for three years and to receive all its emoluments etc., and to farm his benefice meanwhile to sir Richard Row chaplain.

Also to sir Robert Langman rector of Chiryton Fitzpayn, to be absent from his benefice for one year and to receive its emoluments, etc..

DIMISSORIE.

15 Sept. 1429; to Thomas Southwode tonsured, for all minor and holy orders.

1 Oct. 1429, Chuddelegh; to John Batyn acolyte, *ad omnes sacros ordines sibi concessas* [*sic*].

3 Oct. 1429, at Chudleigh; to Thomas Storme acolyte, *ad omnes sacros ordines sibi concessas* [*sic*].

LICENCIA ABSENTANDI AB ECCLESIA.

4 Oct. 1429; to sir Robert [Gode] rector of Aysshpryngton, to be absent from his benefice until the feast of the Purification of blessed Mary next (*fo. 82v*) and to receive all its emoluments meanwhile as though he were resident.

DIMISSORIE.

12 Oct. 1429, Chuddelegh; to Nicholas Tregeddrys and Richard Carnelles tonsured, for all minor and holy orders.

---

[1] " apparently Fentonear at Troon ": [Charles Henderson] *Cornish Church Kalendar* (1933), p. 40. In *The Cornish Church Guide* (1925) the same writer located St Derwa's chapel at Menadarva (p. 71).

[*19 Oct. 1429. Commission of inquiry into the vacancy etc. of the chantry in Morthoe parish church.*]

COMMISSIO AD INQUIRENDUM.

Emanavit commissio magistro Roberto Sele in legibus bacallario rectori ecclesie parochialis de Doulton Exonien' diocesis, ad inquirendum in pleno loci capitulo super vacacione et iure patronatus cantarie in ecclesia parochiali de Mortho dicte Exonien' diocesis et ad certificandum negocio expedito.

DIMISSORIE.

6 Nov. 1429, London; to John Henter tonsured and to Baldewyn Mennow and Richard Trenowyth acolytes, the first for all minor and holy orders, the second and third for all holy orders.

[*22 Nov. 1429. Licence for the marriage of John Glamvyle and Isabella widow of John Howe of Holsworthy, their banns having been read once, and to be read a second time on the day of the marriage.*]

LICENCIA SOLEMPNIZANDI MATRIMOMIUM.

Edmundus [etc.] dilecto [etc.] curato ecclesie parochialis de Hallysworthy nostre diocesis salutem [etc.]. Cum Iohannes Glamvyle et Isabella relicta Iohannis Howe de dicta parochia de Hallysworthy intendant ut asserunt matrimonialiter copulari, bannaque inter eosdem in facie ecclesie semel dumtaxat edita sint, nullumque inter ipsos subsistat impedimentum canonicum ut accepimus quominus poterunt [*sic*] matrimonialiter copulari: idcirco ut matrimonium huiusmodi in facie ecclesie ut moris est solempnizare et benedicere aut solempnizari facere libere et licite valeas inter eosdem, propositis tamen et editis secunda vice bannis inter eosdem die illo quo matrimonium huiusmodi solempnizari contigerit, quibuscumque constitucionibus de trina edicione bannorum in contrarium editis nullatenus obstantibus, tibi hac vice indulgemus et licenciam concedimus specialem. Datum [etc.] Chuddelegh xxij° die mensis Novembris anno Domini millesimo quadringentesimo vicesimo nono [etc.].

LICENCI[E] CELEBRANDI.

16 Dec. 1429, Chuddelegh; to Thomas Talbot esquire for divine service in the chapel of the Holy Trinity in his house at Motton [*Moditonham*] in the parish of Botflemyng [*Botus Fleming*] in Cornwall.

16 Dec. 1429, [Chudleigh]; to Thomas Reskarek and Isabella his wife and their children, for divine service in the presence of any of them in the chapels in their houses at Reskarek [*Roscarrock*] and Boddanan [*Bodannon*] in the parish of St Endelienta [*Endellion*] in Cornwall.

LICENCIA NON RESIDENDI.

19 Dec. 1429, [Chudleigh]; to sir John Clerke rector of Merton, for absence from his church for three years, to put his benefice to farm and to receive all its emoluments meanwhile as if he were resident.

DIMISSORIE.

6 Jan. 1429-30; to John Holman tonsured, for all minor and holy orders.

LICENCIA ABSENTANDI AB ECCLESIA.

13 Jan. 1429-30; to sir Walter Pennymela rector of St Martin iuxta Loo, for absence from his church until Michaelmas and to receive its emoluments [etc.].

LICENCIA ABSENTANDI.

13 Jan. 1429-30; to sir John Hylle rector of Northill in Cornwall, for absence from his benefice until Michaelmas (etc. as above).

LICENCIA CELEBRANDI.

13 Jan. 1429-30; to Edmund Beket and Anastasia his wife and their children, for divine service in the chapel of St Nicholas at Curthure [*Cartuther Barton*] in the parish of Mahynyet [*Menheniot*], (*fo. 83*).

DIMISSORIE.

30 Jan. 1429-30, London; to John Lovebound tonsured, for all minor and holy orders.

DIMISSORIE.

3 Feb. 1429-30, London; to John Carwenn tonsured, for all minor and holy orders.

DEPUTACIO PENITENCIARIORUM.

4 March 1429-30. Item quarto die mensis Marcii anno Domini M° CCCC^mo vicesimo nono dominus deputavit penitenciarios in archidiaconatibus Exonie, Tottonie, Barn' et Cornubie in casibus sibi reservatis violacionibus iurium et libertatum ecclesie [etc. as on p. 21 as far as *dumtaxat exceptis*] *videlicet:*

[Archdeaconry of Exeter].

Deanery of Ken: master Thomas Upton vicar of Kenton, sir John rector of Estwogwill. Deanery of Dunsford: sir Richard rector of Brydeford, sir John vicar of Southtauton. Deanery of Cadbury: master John Saunder, dean of the collegiate church of Holy Cross Criditon, sir John rector of Cadelegh. Deanery of Tuverton: sir

Richard vicar of Halberton, sir Thomas rector of Cleyanger, sir
Nicholas Walrond chaplain.   Deanery of Plymptre: master John
rector of Bradenynch, sir John rector of Fyneton.   Deanery of Dunk':
master John Carnell vicar of Upotery, sir John vicar of Yeartecomb.
Deanery of Honyton: sir John vicar of Axemynstr, sir John vicar of
Seton, sir Henry rector of Gydesham.   Deanery of Aylysbeare:
master John Sarger warden of Otery, sir William vicar of Sydbury,
sir Thomas rector of Clyst Fomson.

Archdeaconry of Totnes.

Deanery of Morton: sir M. vicar of Wydecomb, sir William vicar
of Bovey, sir John rector of Northbovy.   Deanery of Ippelpenne:
sir William vicar of Peyngton, sir William Toker chaplain, and the
vicar of Byry Pomeray.   Deanery of Totton': master John vicar of
Brenta, sir John vicar of Totton', sir William rector of Stokeflemyng.
Deanery of Wodlegh: master Benedict rector of the college of Slapton,
sir Thomas Carpynter rector of Thurleston, sir John rector of Church-
staw.   Deanery of Plympton: brother John subprior of Plympton
priory, sir Richard rector of Newton Ferrers, master William Grene
chaplain.   Deanery of Tamerton: sir Robert rector of Stoke Damarl,
sir John rector of Mewy.   Deanery of Tavystoke: master John rector
of Bridestowe, (master ?)[1] Roger vicar of Milton [Abbas].   Deanery
of Hall': sir Stephen rector of Putteford, sir John rector of Bradeford.
Deanery of Okampton: master John Newcomb vicar of Okampton,
master Henry rector of Sampford Courtenay.

Archdeaconry of Cornwall.

Deanery of Penwith: master William vicar of Ercius [*St Erth*],
sir John vicar of St Paul, master Hervy Willyam chaplain of Cambron.
Deanery of Kerier: master William vicar of St Breace [*Breage*], master
Thomas vicar of St Gluviac.   Deanery of Pydre: master John vicar of
Padestow, sir Thomas Will vicar of St Wenna.   Deanery of Powdre:
sir Nicholas rector of Truru, sir Vivian vicar of St Austol.   Deanery of
Trigg minor: sir Laurence vicar of Bodmin, sir Warin vicar of St
Tudy.   Deanery of Trigge major: brother Simon subprior of Lanceston
priory, sir James rector of Marwynchurch [*Marhamchurch*].   Deanery
of West: sir John vicar of Lyskeryd, sir John vicar of Tallan.   Deanery
of Est: master Augustine rector of St Ivo, sir William rector of Rame.

Archdeaconry of Barnstaple.

Deanery of Barn': brother Thomas prior of Pylton priory, the
rector of Bukynton [*High Bickington*].   Deanery of Hertilond: sir
John rector of Bydeford, sir Richard vicar of Bokelond Bruer.   Deanery
of Toryton: master William rector of Toryton [*Great Torrington*],

[1] *the* M *before these names may refer to one or both.*

master Robert rector of Doulton, John rector of Hiwish [*Huish*]. Deanery of Shirwill: sir John rector of Byry [*Berrynarbor*], sir Thomas rector of Kentisbury. Deanery of Chulmelegh: master William rector of Nymet Tracy, sir William rector of Chulmelegh. Deanery of Molton: sir Walter rector of Nymet Georgii [*George Nympton*], sir William vicar of Northmolton.

Et archidiaconi obtinuerunt litteras in forma communi.

[*9 March 1429-30. Return to the King's writ, certifying that Thomas [Evesham] prior of Pilton was not, as had been alleged against him in a disputed claim before the King's justices at Exeter to a tenement in North Molton, an obedientiary to the abbot of Malmsbury and, as prior of Pilton, removable by him at will; but that he was, as all his predecessors had been, a perpetual prior, presented by the abbot to the bishop of Exeter and admitted, instituted and inducted by the bishop*].

(*fo. 83v*) BREVE REGIUM PRO PRIORE DE PYLTON AN SIT DATIVUS ET REMOTIVUS VEL PERPETUUS.

Nono die mensis Marcii dominus retornavit breve regium cuius brevis tenor sequitur in hec verba: Henricus Dei gracia rex Anglie [etc.] E. eadem gracia Exonien' episcopo salutem. Cum Thomas prior de Pylton arrainit quandam assisam nove disseisine coram Iohanne Martyn et Iohanne Cottesmore iusticiariis nostris ad assisas in comitatu Devon' capiendas assignatis versus Warinum Sechevyle, Iohannem Crukern et Nicholaam uxorem eius, Johannem Grede, Willelmum Bushton, Thomam Trummer, Iohannem Trummer et Thomas Grede de libero tenemento suo in Northmolton, et ad eandem assisam in curia nostra coram eisdem iusticiariis apud Exon' die lune proxime ante festum sancti Laurencii anno regni nostri septimo [*8 Aug. 1429*] comparuisset idem prior et questus fuisset quod disseisisset cum de tribus messuagiis et duabus carucatis terre cum pertinenciis excepta una roda terre in eisdem carucatis, predictus Iohannes Grede adtunc venit in eadem curia nostra et dixit quod predictus prior est monachus professus in ordine sancti Benedicti in abbathia de Malmesbury et obedienciarius abbatis eiusdem abbathie, ac prior predicti prioratus de Pilton per ipsum abbatem dativus et ad eius nutum remotivus, hoc verificare pretendendo, petendoque iudicium si predictus prior ad prosequendam assisam predictam admitti deberet. Ad quod predictus prior in eadem curia nostra replicando dixit quod ipse per aliqua per predictum Johannem Grede preallegata ab assisa sua predicta habenda precludi non deberet. Dixit enim quod ipse est ac ipse et omnes predecessores sui priores dicti prioratus de Pylton a tempore quo non extat memoria fuerunt perpetui et presentabiles atque presentati per abbates predicte

abbathie de Malmesbury pro tempore existentes episcopis Exon'
pro tempore similiter existentibus, ad prioratum predictum, et per
ipsos episcopos in eundem prioratum admissi, instituti et inducti,
idemque nunc prior ad prioratum predictum vobis presentatus fuit
et per vos admissus, institutus et inductus in eodem, et sic idem prior
dixit quod ipse perpetuus existit et non per prefatum abbatem dativus
et ad eius nutum remotivus in forma que predictus Johannes Grede
placitando allegavit, hoc verificare similiter pretendendo ubi et
quando et prout curia nostra constituerit, petendoque iudicium et
quod inter ipsum priorem et prefatum Iohannem Grede procederetur
inde ad capcionem assise predicte. Et quia huiusmodi cause cognicio
ad forum spectat ecclesiasticum vobis mandamus quod, scrutatis
registris vestris et aliis memorandis penes vos residentibus, convocatisque coram vobis in hac parte convocandis, rei veritatem super
premissis diligenter inquiratis, actoque ulterius inde quod ad officium
vestrum pastorale pertinet in hac parte per litteras vestras patentes
et clausas constare faciatis prefatis iusticariis nostris apud Exon' die
Veneris proxime ante festum sancti Gregorii pape proxime futurum
si predictus prior perpetuus existat et non per prefatum abbatem
dativus et ad eius nutum remotivus in forma qua ipse placitando allegavit vel non. Immo idem prior dativus et ad nutum dicti abbatis
remotivus existit sicut predictus Johannis Grede dicit. Et habeatis
ibidem hoc breve. Teste prefato I. Martyn apud Westm' xij die
Novembris anno regni nostri octavo.

RETORNACIO BREVIS PREDICTI.

Retornacio brevis predicti sequitur sub hac forma. Honorabilibus
et discretis viris iusticiariis domini regis Edmundus [etc.] salutem in
Auctore salutis. Prudencie vestre innotescimus per presentes quod
auctoritate brevis regii nobis directi et hiis annexi super contentis in
eodem, scrutatis registris nostris et aliis memorandis penes nos residentibus, convocatisque coram nobis in hac parte convocandis, rei veritatem
de hiis in brevi predicto contentis diligenter et fideliter inquisivimus;
per quam quidem inquisicionem fideliter et manifeste comperimus
quod omnes predecessores priores predicti Thome nunc prioris dicti
prioratus de Pylton a tempore quo non extat memoria fuerunt perpetui
et presentabiles atque presentati per abbates de Malmesbury pro
tempore existentes predecessoribus nostris episcopis Exon' pro tempore
similiter existentibus ad prioratum predictum, et per ipsos episcopos
predecessores nostros in eundem prioratum admissi, instituti et inducti,
idemque nunc prior ad prioratum predictum nobis per Thomam
nuper abbatem de Malmesbury presentatus fuit et per nos admissus,
institutus et inductus in eodem. Unde vestris reverenciis per has
litteras nostras patentes et clausas constare fecimus quod predictus

Thomas prior perpetuus existit et non per abbatem de Malmesbury dativus nec ad eius nutum remotivus. Datum ix° die mensis Marcii anno Domini millesimo CCCC^{mo} xxix^{no} [etc.]. Execucio ipsius brevis patet in quibusdam litteris patentibus huic brevi annexis coram iusticiariis domini regis ad assisas in comitatu Devon' capiendas assignatis per E. episcopum Exon'.

[20 Mar. 1429-30. Return to the treasurer and barons of the exchequer acknowledging receipt on 14 March of the King's writ, attested at Westminster on 20 Feb. 8 Hen. VI, for the collection of the tenth and half a tenth, and of a graduated subsidy from the unbeneficed clergy, granted in the Convocation which sat at St Paul's from 5 July 1428 to 20 Dec. 1429, and naming his collectors. The terms of the grant, which adds to the usual exemptions clerks indicted for rape or other felony, provided that their diocesan bishops certify that they are persons of good life and reputation, are as in Chichele *iii, pp. 213-215.* cf. *Cal. Fine Rolls, 1422-1430, pp. 306f.]*

(fo. 84) Certificatio thesaurario et baronibus de nominibus collectorum unius decime.

(fo. 85) Tenore igitur presencium vobis significamus quod ad levandum, exigendum et colligendum unam decimam predictam in diocesi nostra de bonis, beneficiis et possessionibus ecclesiasticis taxatis et ad decimam solvere consuetis, bonis et beneficiis pauperum monialium de Canonlegh alias Monchenleya, Polslo et Cornworthy, ac pauperis hospitalis sancti Iohannis Baptiste iuxta portam orientalem nostre civitatis Exon', aceciam beneficiis ecclesiasticis curatis taxatis et ad decimam solvere consuetis non appropriatis quorum verus valor annuus modernis temporibus ad summam xij^{cim} marcarum non extendit in quibus ipsorum beneficiorum rectores seu vicarii residenciam fecerunt et faciunt personalem, videlicet de Bykelegh, Southlegh, Northlegh et vicaria de Dowlyssh in archidiaconatu Exon', necnon Bonelegh et Mewshaue in archidiaconatu Barn' dumtaxat exceptis, ad festum apostolorum Philippi et Jacobi proxime futurum in scaccario domini nostri regis solvendam, in comitatu Devon, abbatem monasterii de Tavistoke, et in comitatu Cornubie priorem prioratus Launceston', collectores ut moris est assignavimus et deputavimus; necnon ad levandum, exigendum et colligendum unam medietatem decime de bonis, beneficiis et possessionibus ecclesiasticis nostre diocesis taxatis et ad decimam solvere consuetis, bonis, beneficiis antedictis dumtaxat exceptis, in festo apostolorum Philippi et Jacobi proxime extunc futuro ad annum in scaccario domini nostri regis solvendam, in comitatu Devon' abbatem monasterii de Newham, et in comitatu Cornubie priorem prioratus sancti Germani, assignavimus et deputavimus vices nostras, eisdem committendo cum cuiuslibet cohercionis

canonice potestate prout de dicta decima ad festum apostolorum Philippi et Jacobi proxime nunc futurum et de dicta medietate decime ad festum apostolorum Philippi et Jacobi extunc proxime futurum ad annum quatenus eos et dictos comitatus divisim concernit domino nostro regi suo voluerint periculo respondere. In cuius rei [etc.]. Datum [etc.] Criditon' vicesimo die mensis Marcii anno Domini millesimo quadringentesimo vicesimo nono, [etc.].

[*15 March 1429-30. Commission to the archdeacon of Exeter, to certify by Lady Day the names, in his archdeaconry and the peculiar jurisdiction, of all anniversary and other stipendiary priests receiving an annual stipend of 100s., of parochial chaplains receiving 9 marks or more but less than 12 (or their equivalents), and of all chantry priests whose chantries, not assessed and not accustomed to paying the tenth and the fifteenth, yield 10 marks per annum but less than £10; and the stipend which each receives.*]

COMMISSIO AD LEVANDUM MEDIETATEM DECIME.[1]

Edmundus [etc.] dilecto [etc.] archidiacono Exon' salutem [etc.]. Breve regium nobis directum xiiij die instantis mensis Marcii nos noveritis recepisse omni celeritate exequendum, in quo quidem brevi inter cetera invenimus contineri quod prelati et clerus Cant' provincie in convocacione prelatorum et cleri huiusmodi quinto die mensis Iulii anno Domini millesimo CCCC^{mo} xxviij° in ecclesia sancti Pauli London' inchoata, et usque in vicesimum diem mensis Decembris ultimo preteriti de diebus in dies continuata, concesserint excellentissimo [etc.] Henrico Dei gracia regi Anglie [etc.] ad defensionem regni Anglie ac ecclesie anglicane de quibuscumque presbiteris dicte provincie Cant' annalia celebrantibus et stipendiariis quibuscumque recipientes pro salario suo [etc., *as in* Chichele *iii, pp. 214 to 215, line 1*]. (*fo. 85v*) Nos igitur volentes quantum possumus pro defensione regni Anglie et ecclesie anglicane huiusmodi breve regium in omnibus exequi ut tenemur, vobis committimus et mandamus quatinus de nominibus et cognominibus quorumcumque presbiterorum in archidiaconatu Exon' eciam in peculiari iurisdiccione annalia celebrantium et stipendiariorum[2] C s. vel equivalenter, capellanorumque parochialium non collegiatorum novem marcas vel ultra, in pecunia vel alias equivalenter, minus tamen duodecim marcis seu duodecim marcas vel equivalenter pro salario per annum recipiencium, ac eciam de nominibus quorumcumque presbiterorum in eodem archidiaconatu cantarias habencium quarum cantariarum non taxatarum nec ad decimam solvere vel quintamdecimam consuetarum, proventus annui communibus annis ad decem marcas vel ultra se extendunt minus

---

1 *sic: but the first commission is for the graduated tax on the unbeneficed clergy.*
2 *MS*—celebrantibus et stipendiariis.

tamen x libris, eciam si proventus huiusmodi sint valoris annui x librarum communibus annis, iuxta vim, formam et effectum litterarum regiarum premissarum diligenter et fideliter inquiratis. Et quid per inquisicionem huiusmodi reppereritis in premissis nos citra festum Annunciacionis beate Marie proxime futurum, una cum nominibus et cognominibus quorumcumque presbiterorum in eodem archidiaconatu annalia celebrancium et stipendiariorum Cs. vel ultra, capellanorum parochialium et stipendiariorum novem marcas vel ultra recipiencium, necnon presbiterorum cantarias valoris annui decem marcarum vel ultra habencium et quantum singuli eorum ultra summas predictas percipiunt, per litteras vestras clausas harum seriem continentes debite certificetis autentico sub sigillo. Datum [etc.] Criditon' xv^{to} die mensis Marcii anno Domini millesimo quadringentesimo vicesimo nono [etc.].

16 March 1429-30, Criditon. A mandate to the abbot of Tavistock follows (fo. 86), *appointing him collector of the tenth payable by 1 May next, as on p. 129 but with the extended list of exemptions as in the bishop's return to the king's writ* (p. 229).

[26 May 1430. Certificate to the Exchequer that William [Dounebane] prior of Cowick, having been by certain rivals maliciously indicted of a felony, is of good life and conversation and is innocent of the charge, and so is eligible for exemption from the payment of the tenth and half a tenth. (See p. 229)].

Venerabilibus et discretis viris thesaurario et baronibus de scaccario domini nostri regis Edmundus [etc.] salutem in omnium Salvatore. Cum a concessione et solucione unius decime et medietatis unius decime dicto domino nostro regi in convocacione prelatorum et cleri Cantuar' provincie quinto die Julii anno Domini millesimo CCCC^{mo} xxviij^{vo} in ecclesia cathedrali sancti Pauli London inchoata, et usque in vicesimum diem mensis Decembris anno regni dicti domini nostri regis octavo de diebus in dies continuata, concessis beneficia, bona et possessiones rectorum, vicariorum et aliorum virorum ecclesiasticorum dicte provincie quorumcumque excipiuntur qui post et ante festum Pasche anno regni dicti domini nostri regis septimo de raptu mulierum seu quacumque felonia indictati fuerint, et eciam eorum quos extunc usque ad terminum ultime solucionis dictarum decime et medietatis decime fiende de raptu mulierum vel felonia indictari contigerit, sic tamen si indictatorum seu indictandorum huiusmodi episcopi diocesani de ipsorum indictatorum ut indictandorum vel ipsorum alicuius conversacione honesta et bone opinionis fama, maxime quo ad articulum super quo indictati fuerint vel aliquis eorum indictatus fuerit, per suas litteras testimoniales gratis in ea parte concedendas dominum nostrum regem in dicto scaccario suo dictarum decime et medietatis decime collectores certificaverint ante aliquem terminorum limitatorum ad levacionem et solucionem dicte decime et dicte medietatis decime et alterius eorumdem, litteris certificatoriis in ea parte stetur omnino, sic quod a rectoribus, vicariis et aliis beneficiatis huiusmodi sic indictatis et sic certificatis nichil de decima aut medietatis [*sic*] decime predicte quovismodo levetur nec ab eis vel eorum aliquo quicquam virtute predicte concessionis quomodolibet exigatur, prout in eadem concessione plenius poterit apparere, ac pro eo quod Willelmus prior prioratus de Cowyk nostre diocesis per quosdam emulos suos nequiter et maliciose indictatus sit, cuius indictamenti veram copiam hiis litteris nostris annexam vestris reverenciis transmittimus inspiciendam. Igitur vestris reverenciis certificamus quod dictus Willelmus prior prioratus de Cowyk est vir bone fame, integri status ac conversacionis et opinionis illese et quo ad dictum articulum indictamenti sui innocens et immunis. In cuius rei [etc.]. Datum Exon' vicesimo sexto die mensis Maii anno Domini millesimo CCCC^{mo} tricesimo [etc.].

Tenor indictamenti predicti est talis: xij. Juramentum prestitit quod Willelmus prior prioratus de Cowyk in comitatu Devon' die Sabbati proxime ante festum sancti Clementis anno regni regis Henrici quinti nono venit apud Exon' et ibidem domini Iohannis Hulle vi et armis et contra pacem predicti regis fraus ac ibidem quandam Hugonam servientem dicti Iohannis Hulle usque Cowyk secum duxit et ibidem dictam Hugonam felonice rapuit.

DISPENSACIO [SUPER DEFECTU NATALIUM].

17 March 1430-31, Penryn; to Richard Payn scholar, reciting letters of Jordan bishop of Albano the papal penitentiary, as on p. 14, with *qui sicut asseritur ascribi desiderat milicie clericali* before *super defectu natalium,* (*fo. 86v*) dated at Rome at the Holy Apostles, 7 Id. Mar. 13 Martin V [*9 March 1429-30];* he is permitted, despite his defective birth of a single man and woman, to receive all holy orders and to hold a benefice even with cure of souls, subject to the conditions of ordination and residence as above. The letters of dispensation written, etc. by Richard Chichestr' and witnessed by master Walter Trengof S.T.P. and John Burneby U.I.B.

[*21 and 22 June 1342. Indenture of a grant by Richard de Wadysworthy, reeve, and all the burgesses, of whom four are named, of Saltash to the prior and convent of St Germans of one wax candle of 1 lb. weight, to be paid annually by one of the burgesses at the monastery, in reparation for certain injuries done by their progenitors to the prior and convent, and imposed by the bishop as a condition of their release from excommunication.*]

CONCESSIO UNIUS CEREI MONASTERIO SANCTI GERMANI PER BURGENSES
DE SALTASH.

Universis sancte matris ecclesie filiis ad quos presentes littere
pervenerint Ricardus de Wadysworthy prepositus ville de Aysh,
Rogerus Burgh, Ricardus Stokyl, Ricardus Grone, Thomas Coudray,
burgenses dicte ville ac ceteri burgenses eiusdem ville salutem in
omnium Salvatore.   Noverit universitas vestra nos de unanimi
consensu et assensu nostro dedisse et concessisse monasterio sancti
Germani, priori et conventui eiusdem loci et eorum successoribus,
unum cereum ponderis unius libre pure cere annuatim per nos et
successores nostros in eodem monasterio per unum de nostris offeren-
dum et solvendum in principali festo sancti Germani [*31 July*], quod
accidit prope et ante festum beati Petri quod dicitur Ad Vincula,
in recompensacionem quarumdam gravium et iniuriarum et dampnorum per progenitores et predecessores nostros ville antedicte
prefatis religiosis et eidem monasterio olim illatorum et factorum,
pro quibus quidem dampnis et iniuriis prefati progenitores nostri
sentenciis maioris excommunicacionis et interdicti rite extiterant
alias innodati.   Nosque subsequenter absolucionem et relaxacionem
huiusmodi sentenciarum obtinuimus in forma iuris, obligantes nos et
successores nostros ad solucionem predicti cerei, modo quo premittitur
offerendi et solvendi, cohercioni et distrinccioni domini Exonien'
episcopi qui pro tempore fuerit, qui nos et huiusmodi successores
nostros ad hoc si oporteat compellat per quascumque censuras ecclesiasticas in ea parte competentes et convenientes.   In cuius rei testimonium presentibus litteris in modum indenture inter nos et dictos
religiosos confectis nos burgenses antedicti parti indenture penes
dictos religiosos remanenti sigillum nostrum commune apposuimus.
Et predicti religiosi parti indenture penes nos burgenses antedictos
remanenti sigillum eorum commune apposuerunt.   Datum quo ad nos
burgenses antedictos apud Aysh die Veneris proxime ante festum
nativitatis sancti Iohannis Baptiste, et quo ad dictos religiosos apud
sanctum Germanum die Sabbati proxime sequenti, anno Domini
millesimo CCC^{mo} [*sic*] quadragesimo secundo.

[*22 June, 1342.   Letters of proxy: Richard Wadysworthy for the reeve
and community of Saltash, to secure their release from excommunication.*]

PROCURATORIUM BURGENSIUM VILLE DE AYSSH AD RECIPIENDUM
BENEFICIUM ABSOLUCIONIS.

Pateat universis per presentes quod nos Ricardus de Wadysworthy,
prepositus ville de Ash, Rogerus Burgh, Ricardus Stokyl, Ricardus
Grone, Thomas Coudray, burgenses dicte ville ac ceteri burgenses
eiusdem ville dilectum nobis in Christo Ricardum Wadysworthy

procuratorem nostrum facimus et constituimus ad petendum et recipiendum nomine nostro et communitatis ville antedicte in forma iuris beneficium absolucionis a quibuscumque sentenciis suspensionis, excommunicacionis seu interdicti quibus nos seu progenitores nostri ex quacumque causa involuti sumus sive extiterint, et precipue pro iniuriis, molestiis seu dampnis monasterio sancti Germani et religiosis inibi pro tunc existentibus per eosdem progenitores seu nos qualiter-cumque illatis; ratum et gratum promittimus nos habituros quicquid dictus procurator nomine nostro in premissis et ea contingen(*fo. 87*)-tibus duxerit faciendum. In cuius rei testimonium sigillum nostrum commune presentibus duximus appendendum. Datum apud Ash die Sabbati proxime ante festum nativitatis sancti Iohannis Baptiste anno Domini millesimo tricentesimo quadragesimo secundo.

MONICIO PRO CONVOCACIONE.

27 Feb. 1430-31, Chuddelegh; to the archbishop of Canterbury, signifying compliance with his mandate for a Convocation at St Paul's on 19 Feb. 1430-31. The bishop of London's rescript is dated at London, 24 January. The mandate, which recites in full the royal writ (attested by Humphrey duke of Gloucester, Guardian of England, at Westminster, 10 Jan. 9 Hen. VI), was dated at Lambeth, 12 January, and is as in *Chichele,* iii. pp. 218f. The bishop's return is substantially as on p. 115 above, and carried the following schedule of the names of those cited to attend:

(*fo. 87v*) Master John Cobethorn dean of Exeter.

The archdeacons: master James Carslegh of Exeter, master John Tryphayn of Totnes, master John Waryn of Barnstaple, master William Fylham of Cornwall.

(*fo. 88*) The abbots: brothers Thomas of Tavistoch', Gencian of Hertilond, William of Torre, Richard of Forde, Trystram of Newham, John of Dunkyswyll, John of Bokelond, Thomas of Bukfestr'.

The priors: brothers Nicholas of Plympton, William of Launceston, John of St Germans, Alan of Bodmin, Thomas of Frithelestok, Hugh of Barnstaple, John of Totnes, John of St Nicholas, Exeter.

COMMISSIO CANT' PRO PROCESSIONIBUS FIENDIS.

6 Nov. 1431; the bishop received a rescript from Reginald Kentwode, dean of St Paul's, vicar-general of the bishop-elect of London, (dated at London, 31 Oct. 1431), of a mandate from the archbishop of Canterbury for intercessions on Wednesdays and Fridays for the peace and tranquillity of the Roman church, and the prosperity of the pope and of the king and those labouring with him; with an indulgence of forty days for those who comply.

The mandate, dated at Mortlake 10 October 1431, is as in *Registrum Thome Spofford* (Canterbury & York Society 1919,) p. 130.

[*Rescript of a summons to the Council of Basel, addressed, on 20 Sept. 1431, by Julian cardinal deacon of St Angelo, papal legate in Germany and president of the Council, and by the prelates at the Council, to the archbishop of Canterbury and his suffragans, reciting first the purpose of the Council, namely to protect the Church from the heresies, wars and moral corruptions which assail it everywhere. The archbishop and bishops are commanded, in virtue of their consecration oath and under threat of excommunication, to come each to the Council; or, if any is unable to because of bodily impediment, he is to send men adorned with godliness and good learning, and well versed in the affairs of their church, with full powers to act on his behalf. They are to summon also all prelates exempt and not exempt and all cathedral chapters customarily called to a synod. And they are to come without pomp and extravagant households, but attended with that moderation and probity which become them. The summons passes, as usual, from the archbishop to the bishop of London or his vicar-general, and so to the bishop of Exeter among the bishops of the province.*]

(*fo. 88v*) MONICIO IN BONA FORMA FACTA PER CONSILIUM BASILIEN' ARCHIEPISCOPO ET SUIS SUFFRAGANEIS QUOD COMPAREANT IN CONCILIO ET MANDATUM AD COMPARENDUM.

Reverendo [etc.] Edmundo [etc.] Reginaldus Kentwode decanus ecclesie cathedralis sancti Pauli London' reverendi [etc.] Roberti Dei gracia London' episcopi in remotis agentis vicarius in spiritualibus generalis omnimodas reverencias debitas tanto patri. Litteras reverendissimi [etc.] Henrici Dei gracia Cantuarien' archiepiscopi [etc.] nuper recepimus in hec verba: Henricus [etc.] venerabili fratri nostro domino Roberto [etc.] ipsove in remotis agente eius vicario in spiritualibus generali salutem in Auctore salutis. Litteras reverendissimi in Christo patris et domini domini Iuliani miseracione divina sancte Romane ecclesie sancti [Angeli] diaconi cardinalis, in Germania apostolice sedis legati, presidentisque in generali consilio Basilien', nuper recepimus tenorem qui sequitur continentes: Iulianus miseracione divina sancte Romane ecclesie sancti Angeli diaconus cardinalis, in Germania apostolice sedis legati presidentisque [*sic*] in generali consilio Basilien', prelatique et ceteri in eodem consilio existentes reverendis in Christo patribus domino archiepiscopo Cant' et eius suffraganeis salutem in Domino. In ecclesia Dei ad hec sacra generalia concilia instituta sunt ut fidei unitas, animorum concordia ac puritas vite inter Christianos ubique debito ordine conserventur. Sed cum hec omnia per hereses, bella et viciorum illecebras turbari et impediri contingat, necessarium maxime est ut in sacris consiliis hiis tollendis summa cum diligencia provideatur. Et quum diebus nostris prothdolor supra modum hereses et errores, bella, odia et contenciones, morum ac vite dissolucio, et divinorum preceptorum transgressio totam undique ecclesiam vexant ac deformant, et quasi morbus contagiosus indies magis augentur, ideo summa ope omnes Christi fideles eniti debent ut tot ac tanta mala de medio ecclesie extirpentur profecto si undique Christianam religionem consideremus, ita ipsam multis modis contaminatam reperimus ut in ea nec decor nec spes esse videatur. Que enim regio est in qua vel hereses aut bella non vigeant ! Quis autem locus aut patria ubi plurima quibus offenditur et irritatur Deus cotidie non perpetrantur ! Quam rara aut pauce persone sunt que ea niteant vite puritate qua decet ! Iam igitur ipsa ecclesia tot procellis undique commota est, et a fundamentis pene concussa, ut ruinam minari videatur nisi divina misericordia ad nos oculos sue pietatis convertat. Quod ut facere dignetur nos, quorum pro sacerdo-tali officio maxime interest, lingua et vita prout oportet redemptorem nostrum cotidie interpellare debemus, et quantum sua gracia nobis concesserit totis viribus laborare ut adversus tot pestiferos morbos congrua remedia adhibeantur. Quicumque tot ac tantis calamitatibus ecclesie non compatitur et quantum in se est re ipsa non succurrerit, falsum quidem se iudicet Christianum. Nam quomodo verus filius ille dicendus est qui, si videat patrem in mortis discrimine positum et eum laborare possit, id negligat, dignus profecto hic esse videtur ut non solum hereditate paterna sed eciam vita quam a patre consecutus est privari debeat, hec certe divina iusticia timenda est ne merito faciat et nobis si matrem nostram ecclesiam, quam Dominus Ihesus Christus sanguine suo in cruce propagavit, languentem innumeris egritudinibus, et quasi in extremo laborantem, adiuvare ut cumque possumus dissimulemus, nisi conversi fueritis gladium suum vibravit, arcum suum tetendit et paravit illum et in eo paravit vasa mortis. Ante igitur quam gladius ictum faciat et sagitta missa sit et vulnera infligantur, paremus ex adverso scutum, muniamus nos, clipeo tueamur nos armis. Sed quis contra gladium divinum clipeum (*fo. 89*) scutum aut arma satis idonea inveniet ? Invenientur certe et repente si volumus et idem ipse qui gladium vibrat arcum tendit et pro sua usitata clemencia hec omnia ministrabit nobis. Arma autem nostra clipeus et scutum erunt sancte oraciones, erunt lacrime, erunt et sancta opera ac vita correcta et emendata. Convertamur ad Ipsum et Ipse convertetur ad nos. Qui noster fuisset severissimus iudex fiet statim piissimus advocatus. Scit ultro misereri si ut decet verbis et opere veniam postulemus.

Pro hac ergo venia a redemptore nostro precibus et operibus impet-randa, hoc sacrosanctum Basilien' consilium auctoritate apostolica in Spiritu Sancto modo congregatum est; huc merito onus Christiane religionis status confluere debet ac cum omni diligencia laborare, ut tot monstris heresum, bellorum ac viciorum tandem cum gracia Dei finis imponatur. Propterea, ut unanimi consensu per universos universali bono salubriter provideatur, decrevit hoc sancta synodus non expectare ut maiores populi Christiani cuiuscumque status huc se conferant, sed ipsos in tanta tocius Christianitatis necessitate pro consilio et auxilio ad fidei catholice defensionem, ad pacem ac concordiam in populo Christiano componendam, ad vite ac morum cuiuslibet status reformacionem ac divinorum preceptorum observanciam oportune et importune interpellare, domum sancte matris ecclesie in qua nos habitamus et vivimus vehemens flamma ignis iam undique incipit devorare. Si Christiani sumus, si catholici sumus, si cura nobis est proprie salutis, non pigritemur amplius, afferamus aquam, extinguamus ignem, accurramus omnes magni ac parvi, nemo se excuset, quia nulla ubi de vita agitur iusta est excusacio, quilibet ferat opem clamando eciam si non possit aliter. Quapropter vestras paternitates hortamur et obsecramus in Domino nostro Ihesu Christo, ac pro nostra auctoritate monemus, requirimus in vim a quolibet vestrum in sui consecracione prefati iuramenti, et in virtute sancte obediencie et sub pena excommunicacionis districte precipiendo mandamus, quatinus quamplurimum commode poteritis vos ad hoc sacratissimum consilium pro universali bono omnium Christifidelium accedere debeatis. Quod si forsitan corporale impedimentum ab itineracione vos merito excuset, volumus ut quilibet vestrum quosdam viros, moribus et litteratura ornatos, de omni statu vestrarum ecclesiarum instructos, loco vestri cum pleno mandato destinetis. Idem ut prelati omnes exempti et non exempti in vestris diocesibus constituti, capitulaque ecclesiarum vestrarum cathedralium que solita sunt ad consilia convocari faciant nostra ex parte requiratis et moneatis. Vos autem sive a vobis mittendos efficaciter admonemus ne huc pompose cum multa familia sed cum ea moderacione et honestate que viros exemplares decet accedatis. Volumus et has litteras sine mora vos venerabilis domine archiepiscope vestris suffraganeis et aliis vestre diocesis prelatis exemptis et non exemptis et capitulo vestre metropolitane ecclesie, vos autem domini suffraganei vestrarum ecclesiarum capitulis et vestrarum diocesium prelatis exemptis et non exemptis, insinuare curetis, eosque ad consilium nostri auctoritate requirere monere mandatis urgere modo et forma premissis. Datum Basilee die xx Septembris anno Domini millesimo CCCC^{mo} tricesimo primo, indiccione nona, pontificatus sanctissimi in Christo patris et domini nostri domini Eugenii divina providencia pape quarti anno primo.

Nos igitur volentes premissis exequi quod est nostrum, vestre fraternitati committimus et mandamus quatinus omnes et singulos confratres et coepiscopos nostros ecclesie nostre Cantuar' suffraganeos infra provinciam nostram Cantuar' constitutos, et absencium episcoporum vicarios in spiritualibus generales, ac diocesium vacancium si que fuerint custodes spiritualitatis et officiales citetis et moneatis, citarive et moneri faciatis, et per eos prelatos exemptos et non exemptos in eorum diocesibus constitutos, necnon priores ecclesiarum cathedralium et singula capitula earumdem que solita sunt ad consilia generalia convocari aut ipsos interesse de iure tenentur, citari peremptorie et premuniri volumus et mandamus ut iidem episcopi suffraganei nostri, vicarii generales, custodes sive officiales, aut alii prelati exempti et non exempti personaliter, dictaque capitula prout moris est, ad dictum generale consilium Basilien' quam primum comode poterint accedant, ibidemque compareant prout littere exigunt memorate. Alioquin si corporale impedimentum ab itineracione ipsos seu eorum aliquem merito poterit excusare, ipsi quosdam viros moribus et litteratura ornatos, de omni statu ecclesiarum (*fo. 89v*) suarum instructos, loco suo cum pleno mandato destinent et transmittant, destinetque et transmittat quilibet eorum quem sic contigerit impediri, in dicto consilio facturi, acturi et recepturi quod rerum inibi gerendarum qualitas et natura exigent et requirent. Vosque confrater carissime quatenus vos, civitatem et diocesim vestras concernunt in omnibus et per omnia exequamini et exequi faciatis. De die vero recepcionis vestre presencium et quid in premissis feceritis, omni celeritate qua poteritis, et ad ultimum citra festum Natalis Domini proxime futurum, nos debite certificetis per litteras patentes harum seriem continentes sigillo autentico consignatas, mandates insuper omnibus et singulis confratribus et suffraganeis nostris quod et ipsi nos citra dictum festum certificare per suas litteras modo consimili non omittant. Datum in manerio nostro de Lamehith xv die mensis Novembris anno Domini millesimo CCCC^{mo} tricesimo primo, [etc.].

Quarum auctoritate litterarum vos reverende pater cum ea que decet reverencia tenore presencium citamus et monemus, et per vos prelatos quoscumque exemptos et non exemptos vestre diocesis, capitulumque ecclesie vestre cathedralis citari peremptorie et premuniri volumus et mandamus, quatinus tam vos quam ipsi prelati personaliter, aut corporali impedimento detenti per procuratores ut prefertur sufficienter instructos moribus et sciencia ornatos, capitulumque ecclesie vestre prout moris est, ad dictum consilium generale Basilien' quam primum comode poteritis et poterint accedatis et accedant, et ibidem compareatis et compareant iuxta formam litterarum predictarum, facturi ibidem et acturi quod qualitas et natura rerum inibi gerendarum exigent et requirent, ipsasque litteras iuxta earundem exigenciam, vim, formam et effectum in omnibus et per omnia quatenus vos et diocesim vestram concernunt execucioni debite demandetis, certificantes dictum reverendissimum patrem

citra dictum festum Natalis Domini de omni eo quod feceritis in premissis. Datum London' sub sigillo quo in huiusmodi vicariatus officio
utimur xxviij^{vo} die dicte mensis Novembris anno Domini supradicto.

CONSUETA LITTERA DOMINI ARCHIEPISCOPI CONCEPTA ET MISSA PER
REGNUM CONTRA UTENTES FALSIS ET FRAUDULENTIS MENSURIS ET
PONDERIBUS INTER SIMPLICES ET PLEBEIOS.

A rescript from Reginald Kentwode [as above], dated at London,
28 Nov. 1431, of the archibishop of Canterbury's mandate prohibiting
the use of the Auncell weight. The mandate, dated at Lambeth, 15
Nov. 1431, is substantially as in *Chichele* iii. pp. 224-226, except:

p. 225, 10 lines from bottom; after *pondere* add *vel mensura* (*fo. 90*).
p. 226, line 4; for *quatinus* read *quater*.

(*fo. 90v.*) DISPENSACIO SUPER DEFECTU NATALIUM.

22 Sept. 1431, Chuddelegh, in the parish church; to John Sutton clerk,
reciting letters of Jordan bishop of Albano the papal penitentiary,
[as on p. 14], dated at Rome at the Holy Apostles, 8 Kal. Sept. 7 Martin
V [*25 Aug. 1424*]; he is permitted, despite his defective birth of a single
man and woman, to receive all holy orders and to hold a benefice
even with cure of souls, subject to the conditions of ordination and
residence as above; the letters of dispensation written, etc. by Richard
Chichestr' and witnessed by master Ralph Morewill M.A. and master
John Burneby U.I.B.

[*10 Feb. 1430-31* [?]. *Commission to William Filham S.P.P. and
Walter Colle LL.B., canons of Exeter, for the visitation of named churches,
their clergy and people, in the peculiar jurisdiction of the dean and chapter of
Exeter, the bishop now beginning his visitation of the diocese.*]

(*fo. 91*) COMMISSIO AD VISITANDUM ECCLESIAS INFRA PECULIAREM
IURISDICCIONEM DECANI ET CAPITULI SECUNDUM FORMAM STATUTI.

Edmundus [etc.] dilectis [etc.] magistris Willelmo Filham sacre
pagine professori et Waltero Colle in legibus bacallario ecclesie nostre
cathedralis Exonie canonicis salutem [etc.]. Cum clerum et populum
nostre diocesis iam inceperimus prout nostro incumbit officio visitare,
ad visitandam capellam sancte Sativole [*St Sidwell's, Exeter*], ecclesias
de Hevytre, de Clyst Hynyton, de Stoke [*Stoke Canon*], de Branscomb,
de Colyton, de Sydebury, de Saltcomb, de Topsham, de Ide, de
Dowlish, de Seyntmarichurche, de Colmpstoke, de Staverton, de
Aysshperton [*Ashburton*], de Colbrok, de Littelham, capellam de Norton
sancti Pierani [*Perranzabulo*], et sancti Wynnoci [*St Winnow*] cum
suis capellis, clerumque et populum earundem vobis secundum

P

tenorem statuti inde editi cum cohercione canonica committimus vices nostras, inquirendi, corrigendi, puniendi, et omnia negocia tempore visitacionis huiusmodi in locis prenominatis exorta audiendi, et secundum formam prefati statuti fine debito terminandi, vobis concedentes specialiter potestatem, sentencia diffinitiva quo ad destitucionem rectorum, vicariorum et aliorum clericorum beneficiatorum ac in causis matrimonialibus et divorcii nobis reservata, vobis in virtute obediencie et sub interminacione divini iudicii iniungentes quatinus postpositis omnibus favore, odio et amore sic visitacionem huiusmodi exequamini iuxta discrecionem vobis a Deo datam, quod vestra industria in districti iudicis examine pro apportato lucro merito poterit commendari. Processum autem visitacionum, correccionum et aliorum actorum iudicialium ad huiusmodi visitacionem pertinencium nobis infra tempus in dicto statuto limitatum modis omnibus sub sigillo autentico transmittatis. Datum [etc.] Chuddelegh x° die mensis Februarii anno Domini millesimo quadringentesimo tricesimo et nostre translacionis anno quarto decimo [*sic*].

COMMISSIO AD INQUIRENDUM SUPER VACACIONE ET IURE PATRONATUS ECCLESIE DE MEUSHAUE.

3 Oct. 1431, Criditon'; to the archdeacon of Barnstaple, to enquire in full chapter into the vacancy etc. of the church of Mewshaue, to which James Edmund chaplain has been presented by John Botreaux esquire.

LICENCIA CELEBRANDI.

4 Oct. 1431, [Crediton]; to Robert Haddon and Joan his wife, for divine service in the presence of either in any suitable place in their house at Criditon' during pleasure.

DIMISSORIE.

8 Oct. 1431, [Exeter]; to John Clerk subdeacon, for the diaconate and priesthood.

LICENCIA CELEBRANDI.

8 Oct. 1431, [Exeter]; to John Heye, Joan his wife and their children and servants, for divine service in their presence in any suitable place in their houses at Heye [? *Haye*, in *Callington*], Trevage [?*Trevague* in *Altarnun*] and Tresulgan [in *St Germans*] in Cornwall.

DIMISSORIE.

20 Oct. 1431, Chuddelegh; to Edmund Kendale tonsured, rector of Ludvon alias Luzevan [*Ludgvan*] in Cornwall, for all minor and holy orders.

Dispensacio iuxta capitulum *Cum ex eo.*

Same day and place; the bishop dispensed the same Edmund Kendale rector of Ludvan alias Luzevan for study in the University of Oxford according to the chapter *Cum ex eo; cum clausula quod suscepto a prefato Edmundo infra annum a sibi commissi regiminis tempore subdiaconatus ordine ad ulteriores ordines interim minime promoveri teneatur. Proviso quod medio etc.* (see p. 76n.).

Licencia celebrandi.

22 Oct. 1431, [Chudleigh]; to Stephen Kendale, Christine his wife and their children, for divine service in the presence of any of them in any suitable place in the diocese.

MUTACIO ANNI DOMINI

Licencia celebrandi.

29 March 1431 [sic for 1432]; to Otho Tregonan, his wife, children and servants, for divine service in their presence in any suitable place in Cornwall.

(fo. 91v) Commissio ad inquirendum super vacacione et iure patronatus de Erme.

20 April 1432, Chuddelegh; to the archdeacon of Cornwall, to enquire in full chapter into the vacancy etc. of the parish church of Erme [*St Erme*], to which sir Thomas Markaunt has been presented by sir Nicholas Thorley knight and Alice countess of Oxford his wife.

[*21 April 1432. Licence to Simon Row M.A., to preach.*]

Licencia predicandi.

Item xxj° die eiusdem mensis dominus concessit licenciam predicandi in forma consueta magistro Simoni Row in artibus magistro.

Commissio ad inquirendum super vacacione [etc.] et Estwolryngton.

6 May 1432; to the archdeacon of Barnstaple, to enquire in full chapter into the vacancy etc. of the parish church of Estwolryngton, to which sir Richard Row chaplain has been presented by John Botreaux esquire.

Licencia celebrandi.

20 May 1432, Chuddelegh; to John Strode, for divine service in his presence in any suitable place in his house at Nyweham [*Newnham*] in the parish of Plympton.

[*14 June 1432.　Dispensation to John Notte priest, who, ignorant of the law, had had himself ordained priest, and so had ministered, while aged 21; he may resume his ministry at the age of 23, after penance for the fault.*]

DISPENSACIO SUPER DEFECTU MINORIS ETATIS[1] AUCTORITATE APOSTOLICA.

Item xiiij° die mensis Junii anno Domini M°CCCC^{mo} tricesimo secundo, indiccione decima, pontificatus sanctissimi [etc.] Eugenii pape quarti anno secundo, apud Chudlegh dominus dispensavit cum Johanne Notte presbitero Exonien' diocesis qui minor annus [*sic*] existens et iuris ignarus se fecit ad omnes sacros ordines promoveri, ministravit in eisdem in xxij° etatis sue anno, auctoritate litterarum venerabilis patris domini Jordani miseracione divina episcopi Sabinen' domini pape penitenciarii, ut constitucionibus non obstantibus dum vicesimum tercium etatis sue annum attigerit in sic susceptis ordinibus licite valeat ministrare, et iniuncta sibi pro modo culpe penitencia salutari, eundem ab excessibus huiusmodi absolvit et peccatis.

Presentibus tunc ibidem discretis viris magistro Johanne Burneby utriusque iuris bacallario, domino Johanne Bilhole capellano et aliis.

DISPENSACIO SUPER DEFECTU NATALIUM.

Same day and place; to John Brantyngham alias Bayly scholar, on the authority of letters (not recited) of Jordan bishop of Albano penitentiary to pope Martin V, in the fourth year of that pontificate, permitting him, despite his defective birth of a priest, a Benedictine monk, and a single woman, to receive all holy orders and to hold a benefice even with cure of souls, subject to the conditions of ordination and residence as above (p. 115); witnessed by John Mawre and Richard Doby clerks.

LICENCIA CELEBRANDI.

4 July 1432; to Michael Speccote and Isabella his wife, for divine service in the presence of either in the chapel at Speccote [*Speccott Barton*] in the parish of Merton.

MUTACIO ANNI TRANSLACIONIS DOMINI

LICENCI[E] CELEBRANDI.

17 July 1432, Chuddelegh; to sir Peter Holdich vicar of Lodiswill, for divine service in any suitable place in his parish.

5 Aug. 1432; for divine service celebrated by any suitable priests in the chapel of St Swithun at Sampford in the parish of Criditon'.

[1]*MS*—natalium.

LICENCIA ABSENTANDI AB ECCLESIA.

6 Aug. 1432; to sir John Giddelegh rector of Jacobistowe, for absence from his church for one year.

[LICENCIA CELEBRANDI].

18 Aug. 1432; to Henry Merwode, Joan his wife, William Merwode and Isabella his wife, for divine service in the presence of any of them in any suitable place in the diocese.

[*27 Aug. 1432. Mandate to the dean and chapter of Exeter and the four archdeacons to enjoin the continuance, with increased devotion, of processions on Wednesdays and Fridays, with a special collect etc. at the mass, in the cathedral church and in all churches, religious, collegiate and parochial, throughout the diocese, to pray for the abatement of the storms and heavy rain which prevent the harvest from being gathered. Parishioners hindered by harvest work from attendance on these days are to be enjoined to take part on Sundays. An indulgence is offered to all who comply.*]

MANDATUM PRO PROCESSIONIBUS PROPTER ADVERSITATEM TEMPORIS.

Edmundus [etc.] dilectis [etc.] decano et capitulo ecclesie nostre cathedralis Exon' necnon archidiaconis nostris Exon', Tottonie, Barn' et Cornubie salutem [etc.]. Pius et misericors Dominus, qui non vult mortem peccatoris sed ut maius convertatur et vivat, hominum peccata punit temporaliter ut eternaliter non condempnet, visitat et misericorditer affligendo castigat ut convertantur ad eum et non pereant peccatores. Unde propter peccata hominum ipse Deus langores et pestilencias immittit, fames et bella, aerisque turbidas tempestates ac vehementes inundaciones aquarum et alia multa mala quibus incessanter exigentibus peccatis hominum affliguntur permittit sepius exoriri. Ex illa nempe aeris tempestate et pluviarum habundancia populus hoc instanti tempore autumpnali a colleccione frugum et fructuum autumpnalium quod dolenter referimus desistere a diu et cessare undique compelluntur. Unde commoditas celesti visione concessa per quam vita hominum sustentatur subtrahitur et amplius subtrahi presumitur verisimiliter in futurum nisi misericors Dominus ad fidelium preces conversus iram contineat et misericordie recordetur. Optimus igitur Dominus, qui propter peccata nostra nobis irascitur, non obliviscitur misereri, sciens se posse ac debere placari per contritorum et humilium oraciones et (*fo. 92, quire xij*) gemitus et precipue per sacrificia contriti cordis, quibus ira iusti iudicis mitigatur ut in misericordiam conversa iusticia peccatores iuste pro eorum demeritis temporaliter puniantur et pro clemencia creatoris misericordiam consequentur. Ipse enim Deus quos diligit

arguit et castigat, qui vulnerat et medetur, conversus ad oraciones
fidelium ad se vertencium misericordiam in iram non convertet, set
cum iuste iratus fuerit misericordie recordatur et malis predictis
omnibus cessantibus consolacionem tribuit pariter et medelam.
Quocirca vobis sancte obediencie in virtute firmiter iniungendo
mandamus quatinus vos decane et capitulum ecclesie nostre cathedralis
predicte processiones pro quibus vobis alias mandavimus singulis
quarta et sexta feriis modo et forma in litteris vobis alias ad hoc missis
contentis continuantes et eisdem processionibus specialiter pro aeris
serenitate devote altissimum exoretis, dicte ecclesie nostre ministros
et alios Christi fideles in huiusmodi processionibus extunc existentes
Deum suis devotis exorare precibus exhortantes, ac in singulis missis
vestris ad hoc convenientibus per vos dicendis et celebrandis pro aeris
huiusmodi tempestate sedanda illam collectam *Ad te nos Domine
clamantes* que in hoc dici solet cum secretis et postcommunione devocius
assumatis, sicque singulos dicte ecclesie cathedralis ministros sacerdotes
huiusmodi collectam in singulis suis missis ad hoc convenientibus cum
secretis et postcommunione predictis assumere et dicere efficaciter
moneatis et inducatis, taliterque predicta et alia pia officia exerceatis
et per dictos ministros ecclesie nostre exerceri et dici faciatis, ut Deus
noster omnipotens precibus fidelium complacatus pacem nobis tribuat
atque purgati aeris serenam tranquillitatem impertiri dignetur sua
ineffabili pietate.   Vosque archidiaconi predicti singulos abbates,
priores et viros ecclesiasticos collegiatos nostre diocesis quatenus ad
vos divisim concernit huiusmodi processiones predictis singulis quarta
et sexta feriis consimiliter continuare auctoritate nostra moneatis et
inducatis, atque eisdem in huiusmodi processionibus et missis suis
consimiles preces eciam pro aeris serenitate Deo specialiter infundere
eadem auctoritate nostra quam cicius iniungere nullatinus omittatis;
aliis quoque ecclesiarum et capellarum parochialium curatis ceterisque
nostre diocesis capellanis quibuscumque in processionibus et missis
suis preces suas huiusmodi devotas ut prefertur Deo nostro causis ex
premissis offerre sine mora auctoritate nostra quatenus ad vos divislin
attinet iniungatis seu iniungi faciatis, monentes insuper singulos ecclesiarum et capellarum huiusmodi curatos quatinus ipsi eorum parochianos
qui hoc instanti tempore autumpnali singulis quarta et vj^a feriis
propter magnam solicitudinem colleccionis et conservacionis fructuum
huiusmodi autumpnalium ad ecclesias commode accedere non valebunt
ad huiusmodi precum et oracionum suffragia specialiter pro tanta
et tali aeris intemperie mitiganda toto mentis conamine singulis
dominicalibus processionibus convolant diebus huiusmodi dominicis
suis devotis exhortacionibus excitent et inducant.   Et ut mentes
fidelium ad premissa propencius excitentur, de Dei omnipotentis
immensa misericordia etc. (*sic*) processiones huiusmodi facientibus

ac ipsis processionibus devote interessentibus et orantibus xl dies indulgencie concedimus per presentes. Datum [etc.] Chuddelegh xxvij° die mensis Augusti anno Domini M° CCCC° xxxij° et nostre translacionis anno xiij°.

[*31 Aug. 1432, Certificate to the archbishop of Canterbury, in compliance with a rescript from Reginald Kentwode, dean of St Paul's, vicar-general to the bishop of London, dated at London, 5 July, of the archbishop's mandate for the collection of a subsidy of 2d. in the £ for the expenses of those about to go to the Council of Basel.* [See Chichele *iii. pp. 221, 223, 227-8.*]]

CERTIFICATORIUM DOMINO ARCHIEPISCOPO SUPER DEPUTACIONE COL-LECTORUM IJD DE LIBRA PRO EXPENSIS TRANSMITTENDORUM AD CONCILIUM BASILIEN'.

[*The mandate, recited in the certificate, is as follows:*]

Henricus [etc.] venerabili [etc.] Roberto Dei gracia Londonien' episcopo ipsove in remotis agente eius vicario in spiritualibus generali salutem in Auctore salutis. Cum nos ceterique prelati et clerus nostre Cantuar' provincie nuper in convocacione nostra London' ultime celebrata congregati concesserimus pro expensis transmittendorum ad consilium generale Basilien' duos denarios de libra de omnibus bonis, beneficiis et possessionibus ecclesiasticis taxatis et non taxatis infra nostram provinciam Cantuar' ubilibet constitutis solvendos in festo sancti Bartholomei proxime futuro, bonis, beneficiis et possessionibus pauperum monialium ac (*fo. 92v*) beneficiis in partibus Wallie et alibi per guerras et inundaciones aquarum destructis seu nimium depauperatis, de quibus ac de vero valore bonorum, beneficiorum et possessionum huiusmodi non taxatorum litteris ordinariorum in omnibus credi debeat, dumtaxat exceptis; quodque subsidium pre-dictum per archidiaconos locorum in singulis archidiaconatibus levaretur et integraliter colligeretur, ac quod ipsi archidiaconi sub-sidium huiusmodi sic levatum et collectum dilectis in Christo filiis magistris Reginaldo Kentwode decano ecclesie cathedralis sancti Pauli London' et Johanni Lyndfeld archidiacono Cicestren' curie nostre Cant' examinatori generali receptoribus in hac parte de unanimi consensu prelatorum et cleri predictorum electis et deputatis sine mora London' transmitti et liberari faciant cum effectu; vobis firmiter iniungendo mandamus quatinus omnibus et singulis confratribus et suffraganeis nostris detis auctoritate nostra per vestras litteras in mandatis quatinus ipsorum singuli quatenus negocium predictum ipsorum civitatis et diocesis concernit subsidium antedictum secundum omnem vim, formam et effectum predicte concessionis eiusdem cum omni celeritate levari et colligi faciant, eciam per censuras ecclesi-asticas contra non solventes seu solvere nimium differentes tam per singulos confratres nostros in suis diocesibus quam per archidiaconos locorum si oporteat canonice compellendum; ipsumque subsidium sic levatum et collectum transmitti faciant London' sine mora sic quod citra dictum festum sancti Bartholomei proxime futurum ad ultimum prefatis magistris Reginaldo et Johanni Lyndfeld receptoribus ut prefertur assignatis respondeatur integraliter de eodem. Vosque eciam quatenus civitatem et diocesim London' negocium predictum concernit in omnibus et per omnia consimiliter facere curetis et sic ab aliis fieri faciatis. Et quid feceritis dictique confratres nostri fecerint in premissis nos aut prefatos magistros Reginaldum et Johannem receptores antedictos citra festum sancti Petri ad vincula proxime futurum clare et distincte certificetis et sic certificent ipsi per vestras et suas litteras patentes harum seriem continentes autentice sigillatas. Datum in manerio de Lamehith xv die mensis Junii anno Domini millesimo CCCC^{mo} xxxij° [etc.].

[*The bishop's certificate continues. He has appointed the four archdeacons as collectors, with full power to compel payment by ecclesiastical censures. They cannot pay in the subsidy to the receivers by St Bartholomew's day because of the shortness of the time and the difficulty of collection; but they will pay it in when collected. Exemption is claimed for certain benefices named; but others also are too poor to support their clergy and the charges laid upon them.*]

Premissarum igitur auctoritate et vigore ad levandum et integraliter colligendum predictum subsidium videlicet duos denarios de libra de omnibus bonis, beneficiis et possessionibus ecclesiasticis taxatis et (*non taxatis*)[1] decimam solvere consuetis, bonis, beneficiis et possessionibus pauperum monialium de Canonlegh alias Monchelegh, Polslo, Corneworthi ac pauperis hospitalis sancti Johannis iuxta portam orientalem nostre civitatis Exon' dumtaxat exceptis, necnon de omnibus bonis, beneficiis et possessionibus ecclesiasticis nostrarum civitatis et diocesis non taxatis et in cedula presentibus annexa non [*sic*] expressatis propter exilitatem et nimiam depauperacionem eorumdem dumtaxat exceptis, dilectos [etc.] magistros Jacobus Carslegh Exon', Willelmum Fylham Cornub', Johannem Tiphayn Totton' et Johannem Waryn Barnastapolie archidiaconatuum in ecclesia nostra cathedrali archidiaconos iuxta omnem vim, formam et effectum litterarum predictarum in dictis archidiaconatibus prout eos divisim concernit in hac parte levatores et collectores assignavimus et deputavimus, eisdemque archidiaconis mandavimus firmiter iniungentes ac ipsorum singulis dedimus in mandatis quatinus ipsorum singuli quatenus negocium predictum ipsos archidiaconos ac archidiaconatus predictas divisim concernit huiusmodi subsidium secundum omnem vim, formam et effectum predicte concessionis cum omni

[1]*Cancelled by dots.*

celeritate levent et colligent, non solventes seu nimium differentes eciam per censuras ecclesiasticas prout singulos archidiaconos predictos et archidiaconatus predictas divisim concernit compellendum. Mandavimus insuper eisdem archidiaconis nostris quatinus ipsi subsidium predictum sic levatum et collectum prout eos divisim concernit London' transmittere curarent fideliter sine mora, sic quod citra dictum festum sancti Bartholomei in predictis litteris superius plenius expressatum ad ultimum prefatis discretis viris magistris Reginaldo et Johanni receptoribus ut prefertur assignatis respondeatur prout eosdem archidiaconos divisim concernit integraliter de eodem.

Et quia predicti archidiaconi (*fo. 93*) nobis intimarunt quod supradictum subsidium tam brevi temporis intervallo citra predictum festum sancti Bartholomei levari et colligi ac London' prout eos divisim concernit iuxta formam et effectum litterarum predictarum per eos transmitti non potest nec potuit, attentis et debite consideratis brevitate temporis huiusmodi, difficultate levacionis et colleccionis predicti subsidii et diocesi nostra in locis remotis et in spaciosa consistente, idcirco predictum subsidium prout eos divisim concernit iuxta effectum litterarum predictarum continue cum omni diligencia indies levant et colligunt, ipsumque subsidium levatum et collectum ut nos in hac parte certificarunt cum omni celeritate et sine mora prefatis receptoribus London' transmittere et prout eos divisim concernit eisdem respondere de eodem integraliter non pos[t]ponent. Nomina vero beneficiorum non taxatorum nostre diocesis et veri valores eorumdem eorum oneribus supportatis prout per inquisiciones diligentes auctoritate nostra in hac parte factas et litteras certificatorias super eisdem accepimus de quibus predicti archidiaconi prout eos divisim concernit predictum subsidium exigere, levare et colligere habent in cedula presentibus annexa plenius continetur. Alia vero bona, beneficia et possessiones ecclesiastica non taxata predicte nostre diocesis preter ea in eadem cedula antedicta contenta sunt adeo exilia et depauperata quod vix vel non sufficiunt ad supportacionem onerum et sustentacionem rectorum, vicariorum et capellanorum deserviencium in eisdem, prout per easdem inquisiciones et litteras certificatorias super eisdem luculenter comperimus in hac parte. Et sic litteras predictas quatenus ad nos attinet in omnibus quam cicius potuimus sumus debite executi, cum illas prius citra predictum festum sancti Petri quod dicitur ad vincula propter brevitatem temporis et distanciam locorum cicius congrue et debite exequi nequivimus. Datum [etc.] Chuddelegh ultimo die mensis Augusti anno Domini millesimo CCCC^{mo} xxxij° [etc.].

Tenor vero cedule[1] de qua supra fit mencio sequitur et est talis:

---

[1]*The schedule refers, in fact, not to the subsidy of 2d. in the £ for the delegation to Basel, but to the subsidy of a tenth granted by Convocation to the King, which is the subject of the entry following.*

archidiaconatus Exon' estimatur ad xxx[1] marcas; archidiaconatus Totton' ad xxx marcas; archidiaconatus Barn' ad xviij marcas; archiadiaconatus Cornub' ad xlv marcas. Vicaria de Barn' ad xx marcas; vicaria de Braunton ad x libras, et vicaria de Fremyngton ad quatuordecim marcas.

CERTIFICATORIUM DE NOMINIBUS COLLECTORUM SECUNDE MEDIETATIS DECIME.

7 Sept. 1432, Chuddelegh; to the treasurer and barons of the exchequer, acknowledging receipt of the king's writ, attested by Humfrey duke of Gloucester, guardian of the realm, at Westminster 26 Sept. 10 Hen. VI, for the collection of a tenth granted in the last convocation which sat at St Paul's from 9 Feb. to 21 March 1430-1; the tenth to be paid in two halves, by 11 Nov. 1431 and 11 Nov. 1432 respectively. The terms of the grant, which extends the exemptions to include the goods and possessions of Winchester College, New College Oxford, and King's Hall and Gonville College, Cambridge, are as in *Chichele* iii. pp. 226 f.. (N.B. p. 227, n. 2; *Lacy,* fo. 93v., confirms the reading *Aule Regie.* cf. *Cal. Fine Rolls 1430-1437,* pp. 62f..) *(fo. 94)* Accordingly the bishop signifies that he has appointed as collectors of the first moiety the prior of Pilton for Devon and the prior of Bodmin for Cornwall; and of the second moiety the abbot of St Mary's Bukfestr' for Devon and the prior of Lanceston for Cornwall; as on p. 229 above, save that after the exception of the poor nuns of Canonlegh alias Monchelya, Polslo and Corneworthy and the poor hospitallers of St John the Baptist by the eastgate, Exeter, there is a new exception, to correspond with the new levy upon the dignities etc., viz.: *necnon de archidiaconatibus Exon' ad xxx, Totton' ad xxx, Barn' ad xviij et Cornub' ad xlv, vicaria de Fremyngton ad xiiij marcas ac vicaria de Braunton ad x libras non taxatis sed estimatis modo et forma superius in predicto brevi regio per omnia expressatis.* [*Note:* Bickleigh, Southleigh, Northleigh and Dawlish are not among the exceptions in this certificate].

DIMISSORIE.

5 Sept. 1432; to John Nicholl tonsured, for all minor and holy orders.

CERTIFICATORIUM DOMINO CANTUAR' ARCHIEPISCOPO SUPER CONVOCACIONE CLERI.

7 Sept. 1432, Chuddelegh; to the archibishop of Canterbury, in compliance with a rescript from master Reginald Kentwode (as above), *(fo. 94v)* dated at London, 23 July, of a mandate for a Convocation at St Paul's on 15 Sept. next. The mandate, dated at Lambeth,[2] 21 July, is as in *Chichele* iii. p. 231.

---

[1]*Corrected from* xxxx.
[2]*Sic;* Reg. Chichele *has* Mortlake.

(*fo. 95*). The bishop's certificate is as on p. 115 above, except that *et per procuratores residentes* follows *compareant personaliter*. The names in the schedule are as in the year 1430, p. 234 above.

PROCURATORIUM PRO DOMINO PRO CONVOCACIONE CLERI.

7 Sept. 1432, Chuddelegh; the bishop appoints master William Filham archdeacon of Cornwall and master John Burdet archdeacon of Glaucestr', canons of Exeter, jointly and severally to be his proxies in the Convocation to meet at St Paul's London on 15 Sept. next; as on p. 112 above.

[*7 Sept. 1432. Commission of inquiry into dilapidations at Bampton, left by the late Matthew Doune while rector.*]

(*fo. 95v*) [COMMISSIO AD INQUIRENDUM SUPER DEFECTIBUS IN RECTORIA DE BAUNTON.]

Item eisdem die et loco emanavit commissio archidiacono Exon' seu eius officiali ad inquirendum super defectibus in rectoria de Baunton Exon' diocesis imminentibus quos dominus Matheus Doune nuper rector eiusdem ex sua incuria et negligencia dum vixerat dimisit incorrectos.

[*8 Sept. 1432. Receipt of a rescript of the archbishop's mandate for special prayers to be said in all churches for a successful outcome to the visit of the Bohemian and Moravian ambassadors to the Council of Basel; reciting a letter sent in the name of the General Council, "representing the universal Church", in which is recounted the offer by letter to the Bohemians of the hearing so often denied them, the conference at Eger between the Council's ambassadors and envoys of all the states of Bohemia and Moravia, the promise of the latter to send an embassy to the Council, and the joyful and earnest preparations at the Council to receive them; in which preparation the whole Church must have its part.*]

COMMISSIO PRO PRECIBUS FIENDIS PRO CONVERSIONE BOEMORUM.

Item viij° die mensis predicti ibidem dominus recepit litteras prout sequitur tenore verborum: Reverendo [etc.] Edmundo [etc.] Reginaldus Kentwode decanus ecclesie cathedralis sancti Pauli London' reverendi [etc.] Roberti Dei gracia London' episcopi in remotis agentis vicarius in spiritualibus generalis omnimodas reverencias debitas tanto patri. Litteras reverendissimi [etc.] Henrici Dei gracia Cantuarien' archiepiscopi [etc.] nuper recepimus in hec verba: Henricus [etc.] venerabili fratri nostro domino Roberto [etc.] ipsove in remotis agente eius vicario in spiritualibus generali salutem in omnium Salvatore. Litteras a sacrosancta generali sinodo in Basilia ut dictum congregata nobis directas nuper cum reverencia qua decuit recepimus tenorem de verbo ad verbum qui sequitur continentes: Sacrosancta generalis Basilien' sinodus in Spiritu Sancto legitime congregata universalem ecclesiam representans venerabili fratri archiepiscopo Cantuarien' salutem et omnipotentis Dei benediccionem. Hec sancta sinodus iuxta decreta sacrorum Constancien' et Senon' conciliorum[1] et auctoritate apostolica in Spiritu Sancto legitime congregata, pro divine magestatis gloria populique Christiani salute ad extirpandum hereses pacemque et reformacionem morum in Christiano populo componendum activata solicitudine cum divine gracie adiutorio satagens, iam dudum ad partes Boemie suas litteras destinavit ipsos Boemos ad hoc sacrum generale consilium convocando benignam audienciam quam sibi denegatam sepissime questi sunt caritativamque informacionem et pacem evangelicam offerendo. Quas quidem litteras cum ab ipsis de Boemia reverenter intellexit esse susceptas atque se ad contenta in eisdem velle disponere, pro ulteriori debita prosecucione ad confinia regni predicti suos ambassiatores transmisit. Qui quidem ambassiatores adiacencium regionum inopido Egre Ratisponen' cum nunciis et oratoribus omnium statuum regni Boemie et marchionatus Moravie convenerunt. Inter quos aspirante Spiritus Sancti gracia concordatum est et conclusum quod ad hoc sacrum generale consilium pro dictis regno Boemie et marchionatu Moravie grandis et solennis debet ambassiata transmitti, atque, prout dicti ambassiatores huius sacri consilii referunt, quibus fidem plenariam dare experta prudencia zelique sinceritas et integritas vite facit spem magnam de illorum commissione probabiles coniecturas demonstrant, hec siquidem a dictis ambassiatoribus relata veluti quosdam Spiritus Sancti primicias cum gaudio magno hec sinodus sancta suscepit omnipotenti Deo gracias magnas devotasque preces, ieiunia et sacrificia obtulit qui tale dignatus est propositum inspirare hocque spei bone gaudium Christifidelibus nunciari dignum non immerito arbitrata est, fidelesque populos exhortandos ut devotis oracionibus aliisque operibus caritatis pro huius rei consumacione felici divinam studeant clemenciam exorare. Quantum quidem huius rei salubris et votiva conclusio sit cunctis optanda Christicolis palam est omnibus considerantibus, maxime sedes strages et ecclesiarum monasteriorum eversiones terrarumque depopulaciones et quod magis omnibus lacrimantibus oculis referendum interitus tante multitudinis animarum que ex discessu predictorum ab ecclesie catholice unitate secuta sunt et sequi sperarentur nisi per inspirantem Spiritus Sancti graciam convertantur. Si enim pro unius conversione laborandum est plurimum lacrimisque et suspiriis divinam

---

[1]*Constance, 1414-1418; Pavia—Siena, 1423-1424.*

esse interpellendam clemenciam sacra dogmata patrumque exempla demonstrant quanto magis pro tam numerosa multitudine animarum ! Ea propter (*fo. 96*) hec sancta sinodus per universas orbis ecclesias singularesque Christifideles divine magestati preces et sacrificia offerri dignemini arbitrata omnibus archiepiscopis per universum orbem sinodales litteras destinare decernit. Vestram igitur paternitatem attencius exhortatur in Domino atque in virtute sancte obediencie precipit atque mandat quatinus omnes et singulos suffraganeos vestros per litteras vestras harum seriem continentes exhortari curetis, eisque mandare sic et hec sancta sinodus vobis et ipsis precipit atque mandat, quatinus per omnes ecclesias hec faciatis Christifidelibus nunciari specialesque preces fieri in singulis instituatis ecclesiis, fideles Christi piis exhortacionibus admonendo ut devotis oracionibus, ieiuniis et aliis operibus pietatis omnipotentis Dei studeant exorare clemenciam quatinus sic spei bone concessit misericordia largiri dignos optatum conclusionis effectum ad sue magestatis gloriam et exaltacionem fidei Christiane hec ut in remissionem suorum peccatorum eis proficiant iniungentes. Datum Basilie V Id. Iulii anno Domini millesimo CCCC^{mo} xxxij°. [*11 July 1432.*]

Nos igitur ea que ad divine magestatis gloriam populique Christiani salutem ac ad extirpandum hereses ac errores pacemque et reformacionem morum in Christiano populo componendum procurare et execucioni debite demandari facere cupientes, vobis committimus et mandamus quatinus omnibus et singulis episcopis confratribus et suffraganeis nostris per litteras vestras patentes harum seriem continentes cum omni celeritate mandare curetis, quibus nos eciam committimus et mandamus, quatinus eorum singuli sacram intencionem predictam per suas faciant civitates et dioceses exequi absque more dispendio prout decet, vosque similiter per civitatem et diocesim London' fieri faciatis. Et quid feceritis singulique confratres nostri episcopi fecerint in premissis per vestras et suas litteras patentes harum seriem continentes citra festum sancti Michaelis archangeli proxime futurum ad ultimum certificari volumus et mandamus. Datum sub sigillo nostro ad causas apud Wympole xx die mensis Augusti anno Domini millesimo CCCC^{mo} xxxij° et nostre translacionis anno xix°. Quarum auctoritate litterarum vobis reverende pater cum ea que decet reverencia tenore presencium mandamus quatinus premissa clero et populo vobis subdito nunciantes sacram intencionem predictam per vestras civitatem et diocesim absque more dispendio studeatis adimplere litterasque predictas in omnibus et per omnia iuxta earum effectum quatenus vos, civitatem et diocesim vestras concernunt execucioni debite demandari [faciatis]. Datum London' sub sigillo quo in huiusmodi vicariatus officio utimur ultimo die dicti mensis Augusti anno Domini supradicto.

LICENCIA CELEBRANDI.

21 Sept. 1432; to Nicholas Carmynow and Alice his wife, for divine service in the presence of either in any suitable place in their house at Huston [*Hustyn*, in *St Breock*].

LICENCIA CELEBRANDI IN CAPELLA.

30 Sept. 1432; for divine service celebrated by any suitable priests in the chapel of St George within the parish of Bodmin.

DIMISSORIE.

6 Oct. 1432; to Benedict Geylle tonsured and William Prior acolyte for all orders.

LICENCIA NON RESIDENDI.

17 Oct. 1432; to sir William Deymane[?] rector of Downe St Mary, for absence from his church for one year, and to receive its emoluments meanwhile as though resident.

[*3 Nov. 1432. Licence to William Trebell rector of Lanteglos [by Camelford], to preach in the diocese, and to hear confessions in reserved cases.*]

LICENCIA PREDICANDI.

Dominus concessit licenciam predicandi magistro Willelmo Trebell rectori ecclesie parochialis de Lanteglys in Corunub' Exon' diocesis in quocumque loco honesto infra diocesim, loco tamen et tempore congruis, et ad audiendum confessiones quorumcumque parochianorum suorum in casubus domino reservatis, in forma communi.

LICENCIA CELEBRANDI.

3 Nov. 1432; to sir Richard Helier the bishop's supervisor, for divine service celebrated by himself or others in any suitable place in the diocese.

[*23 Nov. 1432. Receipt of the King's mandate to swear Edmund Pyne as sheriff of Devon, and to deliver to him the letters patent of his appointment. The oath is set out, in English, in a schedule. The bishop obeyed the writ on the same day, and on the 24th certified that he had done so.*]

BREVE REGIUM DE RECIPIENDO IURAMENTO VICECOMITIS DEVON'.

Item xxiij° die Novembris anno Domini supradicto dominus recepit breve regium prout sequitur tenore verborum: Henricus Dei gracia rex [etc.] venerabili in Christo (*fo. 96v*) patri E. eadem gracia episcopo Exon'. Sciatis quod dedimus vobis potestatem recipiendi sacramentum dilecti nobis Edmundi Pyne vicecomitis nostri in Devon' de officio illo bene et fideliter faciendo iuxta formam cuiusdam cedule presentibus intercluse. Et ideo vobis mandamus quod sacramentum predictum recipiatis, et cum illud receperitis eidem Edmundo litteras nostras patentes quas vobis mittimus per latorem presencium liberetis. Et nobis de sacramento illo cum sic captum fuerit in cancellariam nostram sub sigillo vestro distincte et aperte sine dilacione constare faciatis, remittentes nobis hoc breve. Teste me ipso apud Westm' v° die Novembris anno regni nostri undecimo.

Tenor cedule de qua supra fit mencio sequitur et est talis: Ye shall serve the Kyng well and trewely in the office of the sherif in the shire of Devon and do Kynges profet in all thinges that be longeth to you be waie of your office to do as ferforth as ye can or may. Ye shall trewely kepe the Kyngys ryghtes and [alle] that longeth to his corone. Ye shall not assent to decrees to lassing or to concelement of the Kynges rightes or of his fraunchises and wher evere ye shall hawe any knowelech that the kynges rightes or the ryghtes of the corone be concelled or with drawe be hit in landes rentes fraunchises suyts or any other thinges ye shall do alle your trewe power to make hem to be restored to the kyng agen, and yf ye may not do hit ye shall certifie the kynge or sum of his counsell therof swiche as ye hold for certeyn will sey hit to the kyng. Ye shall not respite the kyngs dette for any yft or favour wher ye may raise hem without to grete grevaunce of the dettours. Ye shall trewely and rightwesly trete the poeple of your sherefwyk and do rygth as well to poure as to riche in all that longeth to your office. Ye shall do no wrong to any man for any yift or good behest or promesse of goode ne for favor or hate. Ye shall distourbe no mannes right. Ye shall treuely acquite at the eschequer alle thoo of whome ye shall any thing receyve of the kynges dette. Ye shall no thyng take wherby the kyng may leese or wherby that right may be distourbed letted or the kynges dette delaied. Ye shall trewly retorne and trewely serve all the kynges writtes as ferforth as hit shall be in your power and connyng. Ye shall noone have to be yowre undersherif or clerk that was undersherif or any of the sherife clerkes the last yer passed. Ye shall take no baillif into yowre service bot swiche as ye wille answer fore. Ye shall make iche of yowr baillifs make swiche oth as ye make yowr self in that that longeth to their occupacion. Ye shall receife no write bi yow nor be any of yours unseled or any seled under the seall of any iustice save of iustice in eyr or iustice assigned in the same shir that ye be sherif ynne or of iustice of Newgate. Ye shall make yowr baillifs of the most trewe and sufficient in the countre. Also ye shall do all yowr peyne and diligence to distroie and make to sees all manere of herisies and erronijs [*sic*] comunly called Lollardries with ynne yowr baillywike from tyme to tyme to all yowr powr and assist and be helpyng to the ordinaries and commissaries of holy chyrche and favour and maynteyne heme as ofte tymes as ye shall be required be the said ordenaries and commissaries. Ye shall be dewellyng in your propre persone with ynne your baillifwik for the tyme that ye shall be in the same office. Ye shall not latte yowr sherifwik or any beilliage therof to ferme to any man. Thies thynges all ye shall trewly kepe as god helpe you and the holy seyntes.

Quo quidem xxiij° die Novembris predicti ibidem dominus recepit sacramentum vicecomitis Devon' iuxta formam brevis predicti et cedule in eodem incluse pendentis inter exhibitam, et retornavit breve sub hac forma xxiiij° die mensis Novembris infrascripti anno infrascripto in manerio nostro de Chuddelegh. Huius brevis auctoritate recepimus sacramentum Edmundi Pyne vicecomitis in comitatu Devon' infrascripto iuxta formam cedule quam presenti brevi invenimus inclusam. E. episcopus Exon'. Coram domino rege in cancellaria sua. Retornatum per E. episcopum Exon'.

LICENCIA CELEBRANDI.

4 Dec. 1432, Chuddelegh; to William York and Alice his wife, for divine service in the presence of either in any suitable place in their house at Criditon.

COMMISSIO AD INQUIRENDUM SUPER VACACIONE [ETC.] DE DULO IN CORNUBIA.

23 Dec. 1432, [Chudleigh]; to the archdeacon of Cornwall, to inquire in full chapter into the vacancy etc. of the parish church of Dulo, to which master Henry Wyngode has been presented by Sir William (*fo. 97*) Botrynggan knight.

LICENCIA CELEBRANDI IN CAPELLA.

17 Jan. 1432-3; for divine service by any suitable priests in the chapel of blessed Mary at Wyke [*Greatweek*] in the parish of Chaggeforde.

LICENCIA CELEBRANDI.

22 Jan. 1432-3; to John Salter, "sadeler", of Exeter and his wife, for divine service in the presence of either in any suitable place in the city.

DIMISSORIE.

13 Feb. 1432-3; to William Stephyn tonsured, for all minor and holy orders.

DEPUTACIO PENITENCIARIORUM.

16 Feb. 1432-3; the bishop appointed penitencers, as on p. 21 above.

Archdeaconry of Exeter.

Deanery of Ken: master Thomas Upton vicar of Kenton, sir John rector of Estwogwyll. Deanery of Dunsford: sir Robert Luer rector of Teyngton Drew [*Drewsteignton*], sir John vicar of Southtauton. Deanery of Tyverton: master William rector of Sampford Peverell, sir Richard rector of Baunton, sir Nicholas Walrond chaplain of Tuverton. Deanery of Cadbury: master John dean of Criditon, sir John rector of Cadlegh. Deanery of Plymptre: master John rector of Bradenynche, sir John rector of Fyneton. Deanery of Dunkyswyll: master John vicar of Upotery, sir John vicar of Yartecombe. Deanery of Honyton: sir John rector of Honyton, sir John rector of Combpyne, sir John vicar of Seton. Deanery of Ayll': master John minister of Otery, master Roger vicar of Brodeclyst, sir John rector of Luneston [*Lympstone*].

Archdeaconry of Totnes.

Deanery of Morton: master John vicar of Wydecomb, sir John rector of Northbovy. Deanery of Ipelpen: sir William vicar of Peyngton, sir William vicar of Hempston Magna [*Broadhempston*]. Deanery of Totnes: master John vicar of Hurberton, the rector of Stokeflemyng. Deanery of Plympton: master William Brownyng, dom John Mape subprior of Plympton, master William Grene chaplain of Plymmouth. Deanery of Tamerton: sir Robert rector of Stokedamar', sir John rector of Mewy. Deanery of Tavystoke: master John rector of Brydestow, sir Edmund vicar of Tavystok. Deanery of Holdysworth': master Stephen rector of Potteford, sir John rector of Bradeford. Deanery of Okampton: master John vicar of Okampton, master Henry rector of Samford [*Courtenay*].

Archdeaconry of Cornwall.

Deanery of Est: master Augustine rector of St Ivo and (master ?)[1] William rector of Rame. Deanery of West: sir John vicar of Lyskyrd, the vicar of St Neot. Deanery of Powdr': the rector of Truru, sir vicar of St Austol, sir John vicar of Tregony. Deanery of Keryer: master William vicar of St Breaca [*Breage*], master Thomas vicar of St Gluviacus. Deanery of Penwith: sir John rector of Cambron, the vicar of St Madernus [*Madron*]. Deanery of Pydr': master William Hendr' rector of Maugan, master John vicar of St Pieran [*Perranzabulo*]. Deanery of Trygg minor: master Henry vicar of Bodmin,

---

[1] *The 'M' may apply to one or both of these names.*

master William Trebell rector of Lanteglos [*by Camelford*]. Deanery of Trygg major: sir John rector of Kylkampton, the vicar of Alternon.

Archdeaconry of Barnstaple.

Deanery of Chulmelegh: sir William rector of Chulmelegh, sir Walter rector of [*North*] Tauton. Deanery of Toryton: master William rector of Toryton, master John Herword rector of Petrokystowe. Deanery of Hertlond: the rector of Bydeford, master Edmund Kene rector of Clovely. Deanery of Barn': the prior of Pilton, sir William vicar of Chitelhampton. Deanery of Shirwill: the rectors of Atheryngton and Parrecomb or sir Stephen vicar of Braunton. Deanery of Molton: sir William vicar of Northmolton, sir vicar of Wytherygg.

(*fo. 97v*) LICENCIA ABSENTANDI AB ECCLESIA.

2 March 1432-3; to sir John Morton chaplain, rector of Ilfrecomb, to be absent from his church for three years, and to receive its emoluments meanwhile as though personally resident; conditions as p. 221.

DIMISSORIE.

17 Mar. 1432-3; to Richard Marke deacon, for the priesthood.

MUTACIO ANNI DOMINI

COMMISSIO AD INQUIRENDUM SUPER VACACIONE ET IURE PATRONATUS DE HAMME SANCTI GEORGII.

9 April 1433; to the archdeacon of Barnstaple, to enquire into the vacancy etc. of the parish church of Hamme St George [*Georgeham*], to which sir Edward Legh chaplain has been presented by Sir Nicholas Carew knight.

LICENCIA CELEBRANDI.

13 Apr. 1433; to John Malerbe and his wife, for divine service in the presence of either in their chapel at Holcomb [*Holcombe Barton*], in the parish of Otery St Mary.

DIMISSORIE.

18 Apr. 1433; to master John Raw M.A., tonsured, for all minor and holy orders.

3 May 1433; to Richard Trapyll tonsured, for all minor and holy orders.

LICENCIA CELEBRANDI IN CAPELLA.

2 June 1433; for divine service celebrated by any suitable priests in the chapel of Holy Trinity at Rostormell in Cornwall.

Dimissorie.

3 June 1433; to John Dyer acolyte, for all holy orders.

Breve regium de veniendo ad parliamentum.

9 June 1433; the bishop received a writ of summons to a parliament at Westminster on 8 July next, with the clause *Premunientes;* attested at Westminster 24 May 11 Hen VI; as on p. 64, with *et assensu* added between *de avisamento* and *consilii.* cf *C.C.R. 1429-1435,* p. 244.

[*10 June 1433. Receipt of the King's writ for the distraint of ten marks from the ecclesiastical revenues of John Herward rector or Petrockstow, to be paid into court in settlement of arrears of an annual rent of 26/8 due to the abbot of Buckfast, which a former abbot recovered against him in the court of King's Bench in the Easter term 1414.*]

Breve regium.

Item x die mensis predicti dominus recepit breve regium infrascriptum. Henricus [etc.] venerabili [etc.] Edmundo [etc.] salutem. Mandamus vobis quod de bonis ecclesiasticis Iohannis Herward persone de Petrokestowe in comitatu Devon' clerici vestri in diocesi vestra fieri faciatis decem marcas (*fo. 98*) et illas habeatis coram iusticiariis nostris apud Westm' in octabis sancti Michaelis ad reddendum Thome abbati de Bukfast de arreragiis cuiusdam annui redditus viginti et sex solidorum et octo denariorum quem quidem nuper abbas de Bukfast in curia domini H. nuper regis Anglie patris nostri apud Westm' scilicet termino Pasche anno regni sui secundo coram Ricardo Norton et sociis suis tunc iusticiariis ipsius patris nostri de banco recuperavit versus ipsum Iohannem singulis annis ad festa Pasche et sancti Michaelis per equales porciones solvendum, et unde vicecomes noster Devon' mandavit iusticiariis nostris apud Westm' a die Pasche in xv dies quod predictus Iohannes clericus est beneficiatus in diocesi vestra, nulla habens terras neque catella in balliva sua unde aliqui denarii fieri possunt. Et habeatis hoc breve. Teste Waltero Babyngton apud Westm' xij° die Maii anno regni nostri undecimo.

MUTACIO ANNI TRANSLACIONIS DOMINI

Commissio ad inquirendum super vacacione [etc.] de Aysshwater.

6 July 1433; to the archdeacon of Totnes, to enquire in full chapter into the vacancy etc. of the parish church of Aysshwater, to which sir Richard Aryscote has been presented by Thomas Carmynow esquire.

Commissio ad inquirendum super vacacione [etc.] de Lancars.

22 Aug. 1433; to the archdeacon of Barnstaple, to enquire in full chapter into the vacancy, etc. of the parish church of Lancars [*Landcross*], to which sir John Ayssh has been presented by sir Thomas Beaumont knight; *et ad expediendum presentatum si et quatenus huiusmodi inquisicio fecerit pro presentante et presentato memoratis.*

LICENCIA CELEBRANDI.

22 Aug. 1433; to John Holand, Margaret his wife and Thomas his son, for divine service in their presence in any suitable place in Devon.

BREVE REGIUM PRO MEDIETATE DECIME LEVANDA.

24 Aug. 1433; the bishop received the king's writ, attested at Westminster, 3 Aug. 11 Hen VI, for the collection of the half a tenth granted in the convocation which sat at St Paul's from 15 to 24 Sept. 1432; the half a tenth to be paid in two quarters, namely the first by 11 Nov. next, and the second by 11 Nov. 1434; the names of the collectors to be certified to the exchequer by 28 Oct. next. The terms of the grant are as in *Chichele* iii. pp. 234-236. cf. *Cal. Fine Rolls 1430-1437,* pp. 159f.

(*fo. 99*) COMMISSIO AD INQUIRENDUM SUPER VACACIONE [ETC.] DE PARRECOMB.

20 Aug. 1433; to the archdeacon of Barnstaple [*alone*] to enquire or to have enquiry made into the vacancy etc. of the parish church of Parrecomb, to which sir John Halle has been presented by Robert Hywissh; and to expedite if the enquiry so warrant [as above].

COMMISSIO AD INQUIRENDUM SUPER VACACIONE [ETC.] DE HITTENESLEGH.

12 Sept. 1433; to the archdeacon of Exeter to enquire in full chapter into the vacancy etc. of the parish church of Hytteneslegh [*Hittislegh*] to which sir Philip Rosmulyon chaplain has been presented by William Carent, John Hody, Nicholas Aysshton and John Gambon.

ITEM ALIA COMMISSIO PRO EADEM ECCLESIA.

3 Oct. 1433, Criditon'; to the same, to enquire in full chapter into the vacancy, etc. of the parish church of Hyttyngeslegh, to which sir William Taylor chaplain has been presented by Roger Wyke.

COMMISSIO AD INQUIRENDUM SUPER VACACIONE [ETC.] DE HONYCHURCHE.

23 Sept. 1433, Tauton Episcopi; to the archdeacon of Totnes, to enquire into the vacancy etc. of the parish church of Honychurche to which sir William Slogge chaplain has been presented by Robert Strecchelegh.

DISPENSACIO SUPER DEFECTU NATALIUM.

24 Sept. 1433, Tauton Episcopi; by virtue of a commission from Jordan bishop of Sabina, dated at St Peter's Rome, 4 Kal. Apr. 2 Eugenius IV [*29 Mar. 1432*], and after due enquiry and examination, the bishop granted a dispensation to John Blaculler scholar to enable him, despite his defective birth of a priest and a single woman, to advance to all orders and to hold a benefice even with cure of souls, (*fo. 99v*) subject to the conditions of ordination and residence as before; witnessed by sir John Spernen chaplain, Reginald Hykkes and others, *ac me Ricardo Chichestr' auctoritate apostolica notario publico* [as on p. 14].

[*Note of an omission of the ratification, on 28 Sept. 1433, of a composition between the precentor and canons of Crediton as impropriators of Uny Lelant and Richard Portelond rector of Phillack. See below at folio 181v*].

A. Item[1] xxviij° die mensis Septembris anno Domini supradicto apud Tawton dominus auctorizavit et confirmavit quadam ordin-acionem et arbitrium factum inter precentorem et canonicos propriet-arios ecclesie parochialis de Lananta in Cornubia ecclesie collegiate sancte Crucis Criditon' ex parte una et dominum Ricardum Portelond rectorem ecclesie parochialis Sancte Felicitatis in Cornubia, cuius tenor eo quod necgligenter fuerat hic omissus plenius describitur infra [fo. 181v] xvj° die mensis Marcii anno Domini millesimo CCCC^mo xxxviij°.

[*30 Sept. 1433. Receipt of the King's writ prohibiting the admission of a rector to Dulo until the King's court has decided between the claims of William Bodrugan knight, and John Yerde and Ann his wife and Thomas More clerk, to the advowson.*]

BREVE REGIUM DE NON ADMITTENDO PERSONAM AD ECCLESIAM DE DULO·

Item ultimo die mensis Septembris dominus recepit brevia regia quorum tenores sequuntur in hec verba. Henricus [etc.] venerabili [etc.] E. [etc.] salutem. Prohibemus vobis ne admittatis personam ad ecclesiam de Dulo que vacat ut dicitur, de cuius advocacione contencio mota est in curia nostra inter Willelmum Bodrugan militem et Iohannem Yerde et Annam uxorem eius et Thomam More clericum, donec discussum fuerit in eadem curia ad quem illorum pertineat eiusdem ecclesie advocacio. Teste me ipso apud Westm' v^to die Februrarii anno regni nostri undecimo.

[*A second writ required a record of presentations to the benefice of Dulo since the year 10 Edward II.*]

[1]*This entry added in the bottom margin, with letter A, for insertion here.*

BREVE DE SCRUTANDO REGISTRUM QUE ET QUOT PERSONE FUERUNT INSTITUTE IN ECCLESIA PAROCHIALI DE DULO.

Henricus rex [etc.] venerabili [etc.] E. [etc.] salutem. Volentes certis de causis cerciorari que et quot persone ad ecclesiam de Dulo vestre diocesis ab anno domini Edwardi secundi quondam regis Anglie progenitoris nostri decimo hucusque presentate fuerunt, et per quos, quo titulo, quando, qualiter et quo modo, vobis mandamus sicut alias mandavimus quod scrutatis registris vestris et predecessorum vestrorum, de eo quod inde inveneritis nos in cancellaria nostra sub sigillo vestro distincte et aperte sine delacione reddatis cerciores, hoc breve nobis remittentes, vel causam nobis significetis quare mandatum regium alias vobis inde directum exequi non potuistis. Teste me ipso apud Westm' xxviij° die mensis Iulii anno regni nostri undecimo.

[*2 Oct. 1433. Return to the above, recording a presentation, admission and institution to Dulo on 9 Sept. 1348, and another on 21 Sept. 1349, the patron each time being Sir William de Bodrugan knight. There follows a transcript from Bishop John de Grandisson's Register of (i) the bishop's commission to enquire into the vacancy etc. of Dulo, to which Sir William de Bodrugan knight had presented master Ralph de Tregrisiou clerk, dated 16 Aug. 1361; (ii) (fo. 100) the certificate of the enquiry, held in full chapter, establishing that the benefice was vacant by the death of master John de Tresulyan at Avignon on or about 4 July 1361 and that Sir William de Bodrugan knight was the true patron, dated [1]9 Aug. 1361; (iii) the bishop's requirement of sworn evidence of Tresulyan's death, and, this being furnished, his commission (fo. 100v) for the admission, institution and induction of Tregrisiou, dated 14 Sept. 1361; (iv) the certificate of compliance with this in everything, establishing that Tresulyan was dead before Tregrisiou was presented, dated 2 Oct. 1361; and (v) the new rector's oath of canonical obedience to the bishop, received on 20 Oct. 1361.*]

CERTIFICATORIUM BREVIS PREDICTI.

Et secundo die mensis Octobris proxime sequentis emanavit retornatum brevis antedicti prout sequitur: Nos Edmundus [etc.] auctoritate brevis regii nobis directi hiis consuti et inclusi super contentis in eodem registra predecessorum nostrorum a tempore in eodem brevi descripto et nostra scrutari fecimus diligenter, et inter cetera in eisdem invenimus contineri quod nono die mensis Septembris anno Domini millesimo CCC^mo xlviij° et consecracionis reverendi patris et domini Iohannis de Grandissono anno xxj° magister Iohannes de Bodrugan fuit admissus apud Clyst ad ecclesiam de Dulo per mortem domini Nicholai Makerell vacantem et institutus in eadem, ad quam per dominum Willelmum Bodrugan ipsius ecclesie verum patronum fuit presentatus, et iuravit obedienciam. Item xxj° die mensis Sept-embris anno Domini M° CCC^mo xlix° et consecracionis dicti patris anno xxij° apud Clyst magister Iohannes Tresulyan clericus admissus fuit ad ecclesiam parochialem de Dulo vacantem et institutus in eadem ad presentacionem domini Willelmi de Bodrugan militis veri patroni, et iuravit obedienciam.

DULO.

Venerabili [etc.] Edmundo [*sic*]¹ [etc.] vestri humiles et devoti in Christio filii Willelmus Carslake et Willelmus de Heghes [etc., *as in* Grandisson, *pp. 1464-1466, concluding with the* Obediencia Rectoris de Dulo.]

Que omnia et singula sic per nos scrutata et inventa magestati vestre regie per has litteras clausas nostro innotescimus sub sigillo. Datum in manerio nostro Criditon' secundo die mensis Octobris anno Domini M° CCCC^mo xxxiij° [etc.].

[*2 Oct. 1433. Receipt of the King's writ requiring a record of presentations, institutions and inductions to Georgeham since the year 39 Edward III.*]

BREVE DE SCRUTANDO REGISTRO QUE ET QUOT PERSONE FUERUNT INSTITUTE IN ECCLESIA PAROCHIALI DE HAMME SANCTI GEORGII.

Item eodem die dominus recepit breve regium infrascriptum sub eo qui sequitur tenore verborum. Henricus Dei gracia rex [etc.] venerabili [etc.] E. [etc.] salutem. Volentes certis ex causis cerciorari que et quot persone ad ecclesiam de Hamme sancti Georgii vestre diocesis ab anno domini E. regis tercii progenitoris nostri tricesimo nono presentate fuerunt ac institute et inducte in eadem et ad cuius vel quorum presentacionem, quibus temporibus, quo titulo, qualiter et quo modo, vobis mandamus quod scrutatis tam registro vestro quam registris predecessorum vestrorum de tempore predicto de eo quod inde inveneritis nobis in cancellaria nostra sub sigillo vestro distincte et aperte sine delacione reddatis cerciores hoc breve nobis remittentes. Teste meipso apud Westm' xxvj° die Julii anno regni nostri undecimo.

LICENCIA CELEBRANDI IN CAPELLA.

3 Oct. 1433, Crediton; for divine service celebrated by suitable priests in the chapel of St Nicholas at Porpyghen [*Porthbighan, Portlooe*], in the parish of Tallan [*Talland*].

CERTIFICATORIUM DE NOMINIBUS COLLECTORUM DUARUM MEDIETATUM MEDIETATIS UNIUS INTEGRE DECIME.

16 Oct. 1433, Chuddelegh; to the treasurer and barons of the exchequer,

¹Johanni *is intended.*

in compliance with the King's writ ut supra in tercio folio huius quaterni proxime precedente continetur, [fo. 98, p. 258 above], certifying the appointment of the abbot of Hertlond for Devon and the prior of Launceston for Cornwall as collectors of the moiety of the half a tenth due at Martinmas next; and of the abbot of Forde for Devon and the prior of St Germans for Cornwall as collectors of the moiety due at Martinmas 1434. The exceptions are given as follows:

bonis, beneficiis et possessionibus pauperum monialium de Canon-legh alias Monchenleya, Polslo et Corneworthy, ac pauperis hospitalis sancti Iohannis Baptiste iuxta portam orientalem nostre civitatis Exon', necnon infrascriptis beneficiis ecclesiasticis taxatis et ad decimam solvere consuetis nostre diocesis non appropriatis, videlicet ecclesiis parochialibus de Mewshawe, Bonlegh, Northlegh ac vicaria de Daulysh, quorum verus valor annuus modernis temporibus infra summam duodecim marcarum existit, seu ultra summam duodecim marcarum se non extendit, (*fo. 101*) in quibus ipsorum rectores et vicarii prout ad eos divisim attinet residenciam fecerunt et faciunt personalem dumtaxat exceptis; necnon de dignitatibus, personatibus, officiis perpetuis, bonis, beneficiis et possessionibus ecclesiasticis prefate nostre diocesis non taxatis nec ad decimam solvere consuetis secundum verum valorem eorumdem, videlicet de archidiaconatibus Exon' ad xxx, Totton' ad xxx, Cornub' ad xlv et Barn' ad xviij, vicaria de Fremyngton ad xiiij, vicaria de Barn' ad xx marcas atque vicaria de Braunton ad x libras secundum verum valorem eorumdem estimatis, omnibus aliis beneficiis curatis nostre diocesis non taxatis nec ad decimam solvere consuetis non appropriatis eo quod verus valor annuus eorumdem modernis temporibus infra summam duodecim marcarum existit seu saltem ultra summam duodecim marcarum se non extendit in quibus omnibus et singulis eorumdem rectores, vicarii et curati residenciam fecerunt et faciunt personalem exceptis.

LICENCIA CELEBRANDI IN CAPELLA.

27 Oct. 1433; for divine service celebrated by suitable priests in the chapel of blessed Mary at Southludbrok in the parish of Modbury, during pleasure. [*Ludbrook, in Ughborough.*]

LICENCIA CELEBRANDI.

31 Oct. 1433; to Ralph Reskemer esquire, Elizabeth his wife and their children and servants, for divine service in the presence of any of them in any suitable place in the diocese.

CERTIFICATORIUM DOMINO CANTUAR' ARCHIEPISCOPO SUPER CONVOC-ACIONE CLERI.

6 Nov. 1433, Chuddelegh; to the archbishop of Canterbury, in compliance with the bishop of London's rescript (dated at London, 15 Oct., and received on 5 Nov.) of a mandate for a Convocation at St Paul's on 7 Nov., 1433. The mandate, dated at Lambeth, 2 Oct. 1433, and reciting in full the royal writ, attested at Westminster 1 Oct. 12 Hen. VI, is as in *Chichele* iii. pp. 243 f.. The bishop's certificate (*fo. 102, quire xiij*), in form as on p. 115 above, names in a schedule those cited to appear:

Master John Cobethorn dean of Exeter. The archdeacons: master James Carslegh of Exeter, master Alan Kyrketon of Totnes, master John Waryn of Barnstaple, master William Fylham of Cornwall.

The abbots: brothers Thomas of Tavystok, Gencian of Hertylonde, William of Torre, Richard of Forde, Trystram of Newenham, John of Dunkiswill, John of Bokelond, Thomas of Bukfestr.

The priors: brothers Nicholas of Plympton, William of Launceston, John of St German's, Alan of Bodmin, Thomas of Frythelestok, Hugh of Barn', John of Totnes, John of St Nicholas, Exeter.

LICENCIA CELEBRANDI.

6 Nov. 1433; to Margaret Pedet, John Pedet [of] Predannek and Joan his wife, and to their children, for divine service in the presence of any of them in any suitable place in their houses at Predanek [*Predannack*, in *Mullion*], Ardeveros [*Ardevera*, in *Philleigh*], Melynsy [*Molingey*, in *St Austell*], and Rystek [*Rosteague*, in *Gerrans*] in Cornwall.

(*fo. 102v*) PROCURATORIUM DOMINI PRO CONVOCACIONE CLERI.

6 Nov. 1433, Chuddelegh; the bishop appoints master John Burdet canon of Exeter and master Henry Penwortham canon of Wells jointly and severally to be his proxies in the Convocation at St Paul's on 7 November next; as on p. 112.

[*6 Nov. 1433. Grant of an indulgence for the causeway by St. Mawes*[1] *chapel in St Just-in-Roseland.*]

INDULGENCIA PRO CALCETO IUXTA MAWDYT.

Item eisdem die et loco dominus concessit xl dies indulgencie omnibus bona contribuentibus calceto iuxta capellam de Maudit infra parochiam Sancti Justi in Cornubia situatam etc.; ad libitum duraturam.

LICENCIA CELEBRANDI IN CAPELLA.

23 Nov. 1433; for divine service by suitable priests in the chapel of St Matthew Apostle and Evangelist in the parish of Mewy [*Meavy*].

---

[1]*St Maudutus. See* The Cornish Church Guide (*1925*), *p. 115.*

LICENCIA CELEBRANDI IN CAPELLIS.

8 Dec. 1433, Chuddelegh; to sir William vicar of Byrypomery, for divine service celebrated by himself or others in the chapels of St James and St Margaret in his parish on those festivals; during pleasure.

COMMISSIO AD INQUIRENDUM SUPER VACACIONE [etc.] DE CHAGGEFORD.

9 Dec. 1433 [Chudleigh]; to the archdeacon of Exeter, to enquire in full chapter into the vacancy etc. of the parish church of Chaggeford, to which master Michael Lercedekne has been presented by John Gambon esquire by reason of an exchange with the parish church of Carru [*Carew, Pembs.*] in the diocese of St David's.

DIMISSORIE.

Same day and place; to John Hendy acolyte, for all holy orders; and to Hervey Baron tonsured, for all minor and holy orders.

[*11 Dec. 1433, at Chudleigh. Commission for an exchange of benefices between John Homme rector of South Molton and Richard Marton canon and prebendary of Nonnington in Hereford cathedral.*]

COMMISSIO AD EXPEDIENDUM PERMUTACIONEM.

Emanavit commissio sub sigillo domini reverendo [etc.] Thome Hereforden' episcopo ad expediendum permutacionem inter Johannem Homme rectorem ecclesie parochialis de Southmolton Exonien' diocesis et Ricardum Marton canonicum in ecclesia Hereforden' et prebendarium prebende de Nonnyngton in eadem et in Hereforden' diocesi etc., in forma communi etc..

LICENCIA CELEBRANDI.

20 Dec. 1433, [Chudleigh]; to Edmund Cheyny and Katherine his wife, for divine service in the presence of either in any suitable place in Devon.

DISPENSACIO SUPER DEFECTU NATALIUM.

22 Dec. 1433, Chuddelegh; (*fo. 103*) to Nicholas Byry, scholar, on the authority of a commission (not recited) of Jordan bishop of Sabina dated at St Peters, Rome, on 10 Kal. Jun. 3 Eugenius IV (*23 May 1433*), permitting him, after due enquiry, despite his defective birth of a single man and woman, to receive all orders and to hold a benefice even with cure of souls, subject to the conditions of ordination and residence as before; the letters of dispensation witnessed by sir John Papeiay vicar of Teyngton Episcopi, John Burford and others, *ac me* Richard Chichestr' notary public,

LICENCIA CELEBRANDI.

29 Dec. 1433, [Chudleigh]; to John Peynter, for divine service in the presence of himself, his mother, his brother and his wife and children in any suitable place in Cornwall.

[*5 Jan. 1433-4. Receipt of two further writs of* Cerciorari *for Georgeham, as above p. 261.*]

BREVE DE CERCIORANDO REGEM QUE ET QUOT PERSONE FUERUNT INSTITUTE IN ECCLESIA PAROCHIALI DE HAMME SANCTE GEORGII.

Item quinto die mensis Januarii anno Domini supradicto apud Chuddelegh dominus recepit brevia regia quarum tenores sequuntur in hec verba: Henricus [etc.] venerabili [etc.] E. [etc.] salutem. Volentes certis de causis cerciorari que et quot persone ad ecclesiam de Hamme Sancti Georgii vestre diocesis ab anno tricesimo tercio domini E. nuper regis Anglie tercii post conquestum progenitoris nostri hucusque admisse fuerunt ac institute et inducte in eadem, et ad quorum vel cuius presentacionem, ac quibus temporibus, quo titulo, qualiter et quo modo, vobis mandamus quod, scrutatis registris vestris et predecessorum vestrorum de tempore predicto, de eo quod inde inveneritis nos in cancellaria nostra sub sigillo vestro distincte et aperte sine delacione reddatis cerciores hoc breve nobis remittendo. Teste me ipso apud Westm' xxiiij° die Octobris anno regni nostri duodecimo.

ITEM ALIUD BREVE PRO EADEM.

[Another writ as before, attested at Westminster 4 Nov. 12 Hen. VI, adding *vel causam nobis significetis quare mandato nostro alias vobis inde directo minime paruistis.*]

[*A fourth writ of* cerciorari *for Georgeham, adding that should the bishop not reply this time he must himself appear before the court to say why.*]

ITEM ALIUD BREVE PRO EADEM.

Henricus [etc.] venerabili E. [etc.] salutem. Cum nuper volentes [etc. *as above*] vobis pluries mandaverimus quod scrutatis registris [etc. *as above*] nos in cancellaria nostra sub sigillo vestro distincte et aperte redderetis cerciores, vel causam nobis significaretis quare mandato nostro alias vobis inde directo minime paruistis, ac vos spretis mandatis nostris predictis up accepimus premissa facere vel saltem causam quare dictis mandatis nostris parere noluistis vel non debuistis nobis significare hactenus non curaveristis, in nostri ac mandatorum nostrorum preiudicium [et] contemptum manifestum de quo miramur quamplurimum et movemur, vobis adhuc mandamus firmiter iniungendo quod, scrutatis registris vestris et predecessorum vestrorum de tempore predicto, de eo quod inde inveneritis nos in cancellaria nostra sub sigillo vestro distincte et aperte sine delacione reddatis cerciores iuxta tenorem mandatorum nostrorum predictorum prius vobis inde directorum, vel vos ipse sitis coram nobis in octabis sancti Hillarii proxime nunc futuris ubicumque tunc fuerimus in Anglia ostensuri quare mandatis nostris predictis tociens vobis inde directis parere contempsistis, (*fo. 103v*) et habeatis ibi hoc breve. Teste meipso apud Westm' xxij° die mensis Novembris anno regni nostro xij°.

DIMISSORIE.

8 Jan. 1433-4, Chuddelegh; to William Lathum rector of Ken, tonsured, for all minor and holy orders.

[*8 Jan. 1433-4. Dispensation for William Lathum rector of Ken from the obligations of residence etc., (see p. 76n.), to study at Oxford for four years.*]

DISPENSACIO IUXTA CAPITULUM *Cum ex eo.*

Item eodem die dominus dispensavit cum prefato Willelmum Lathum rectorem de Ken predicto etc. de studendo in universitate Oxon' vel alibi ubi viget studium generale infra regnum Anglie per quadrennium a data presencium continue numerandum iuxta capitulum *Cum ex eo*, cum clausula quod, suscepto a prefato Willelmo infra annum a sibi commissi regiminis tempore subdiaconatus ordine, ad ulteriores ordines interim minime promoveri teneatur. Proviso quod medio tempore etc.

[*14 Jan. 1433-4. Return to the writ* Cerciorari *received on 5 January (no earlier one having been received) recording presentations and admissions to Georgeham, from the episcopal registers, in 1344, 1349, 1361, 1374, 1422 and 1433.*]

CERTIFICATORIUM LITTERARUM ANTEDICTARUM.

Nos Edmundus [etc.] auctoritate brevis regii nobis directi et quinto die instantis mensis Januarii per nos recepti et hiis consuti et sigillo nostro inclusi, et ante diem illum aliud breve non recepimus, super contentis in eodem registra predecessorum nostrorum et nostra scrutari fecimus diligenter, et inter cetera in eisdem invenimus contineri: In primis, videlicet in registro bone memorie domini Iohannis de Grandissono quondam Exon' episcopi predecessoris nostri, quod idem dominus quarto die Novembris anno Domini millesimo CCC^{mo}

xliiij° admisit magistrum Willelmum de Donne clericum ad ecclesiam parochialem de Hamme Sancti Georgii per mortem domini Edmundi de Knovyle vacantem, ad quam per dominum Robertum de Cruwes militem et Iohannem Vautard dominos de Overhamme, Nitherhamme et de Pydequille veros ipsius ecclesie patronos extitit presentatus. Item comperimus in eodem quod idem dominus Iohannes episcopus xxiij° die Novembris anno Domini M° CCCᵐᵒ xlix° admisit magistrum Iohannem de Dyrworth clericum ad ecclesiam parochialem de Hamme predicte, ad quam per dominum Robertum Crewis militem et Thomam de Merton veros ipsius ecclesie patronos extitit presentatus. Item in eodem registro comperimus quod vicesimo tercio die mensis Decembris anno Domini millesimo CCCᵐᵒ lxj° admissus fuit dominus Andreas de Tregoos ad ecclesiam de Hamme sancti Georgii predicte per magistros Ricardum Noreys et Johannem Holond canonicos ecclesie cathedralis Exon' ac dicti patris commissarios sufficienter et legittime deputatos ad presentacionem domini Iohannis Lercedekne militis et Cecilie uxoris sue ac Iohanne relicte Thome de Merton defuncti veros ipsius ecclesie patronos. Item comperimus in registro bone memorie Thome Brantyngham quondam Exonien' episcopi predecessoris nostri quod xiij° mensis Decembris anno Domini M° CCCᵐᵒ lxxiiij° admissus fuit dominus Iohannes Hope ad ecclesiam parochialem de Hamme predicte per mortem domini Andree Tregoos vacantem, ad quam per Iohannem Witterne verum ipsius ecclesie hac vice patronum extitit presentatus. Item in registro nostro comperimus quod xv° die mensis Iulii anno Domini millesimo CCCCᵐᵒ xxij° admissus fuit magister Martinus Lercedekne ad ecclesiam parochialem de Hamme predicte per mortem domini Iohannis Lynley vacantem per magistrum Iacobus Carslegh nostrum commissarium in hac parte sufficienter et legitime deputatum, ad quam per Henricum Talbot armigerum verum ipsius ecclesie hac vice patronum, racione cuiusdam feoffamenti diversorum messuagiorum, terrarum et tenementorum in Ilfrecomb et Hamme sancti Georgii per Willelmum Talbot seniorem et Margaretam uxorem eius prefato Henrico Talbot facti et liberati, eidem nostro commissario extitit presentatus. Item in eodem registro nostro invenimus contineri quod xxv° die mensis Aprilis anno Domini M° CCCCᵐᵒ xxxiij° apud Chuddelegh admissus fuit magister Edwardus Legh capellanus ad ecclesiam parochialem de Hamme predicte per mortem magistri Martini Lercedekne predicti vacantem ad presentacionem nobilis viri domini Nicholai Carrew militis veri ipsius ecclesie hac vice patroni. Que omnia et singula sic per nos scrutata et inventa magestati vestre regie per has litteras clausas nostro innotescimus sub sigillo. Datum [etc.] Chuddelegh xiiij° die mensis Januarii anno Domini millesimo quadringentesimo xxxiij° [etc.].

[*17 Jan. 1433-4. Request to the King for the arrest and punishment of Walter Hogg alias Taylor and Agnes widow of Roger Taylor, of Trevalga, who, faving failed to appear in the consistory court to answer a charge of infringing the Church's rights, brought by John Wylet rector of Trevalga, had been declared excommunicate and so had persisted for more than forty days.*]

SUPPLICATIO REGI FACTA PRO EXCOMMUNICATIS CAPIENDIS.

Excellentissimo [etc.] Henrico Dei gracia Regi Anglie [etc.] Edmundus eiusdem miseracione divina Exonien' episcopus salutem in Eo per quem [reges] regnant et principes dominantur. Vestre regie celsitudini tenore presencium intimamus quod Walterus Hogg alias Taylor et Agnes relicta Rogeri Taylor defuncti (*fo. 104*) de parochia de Trevalga in Cornubia nostre diocesis propter ipsorum multiplicatas contumacias pariter et offensas in non comparendo coram presidente consistorii nostri Exon' et ipsius commissariis certis die et loco, ad quos in quadam causa subtraccionis iurium ecclesiasticorum ad instanciam domini Iohannis Wylet rectoris ecclesie parochialis de Trevalga predicte licite extiterant evocati, contracti fuerunt et sunt maioris excommunicacionis sentencia auctoritate nostra ordinaria canonice innodati et pro sic excommunicatis publice denunciati, in qua quidem excommunicacionis sentencia per quadraginta dies et amplius perseverarunt et adhuc perseverant animo pertinaciter indurato claves ecclesie nequiter contempnando. Cum igitur sancta mater ecclesia ultra non habeat quid faciat in hac parte, celcitudini vestre regie tenore presencium supplicamus quatinus contra prefatos Walterum et Agnetem sic excommunicatos exercere dignemini quod secundum regni vestri consuetudinem regie convenit magestati ut quos timor Dei a malo non revocat saltem coherceat animadversio regie potestatis. Vestram conservet Dominus excellenciam ad populi sui regimen per tempora diuturna ! In cuius rei testimonium sigillum nostrum etc.. Datum [etc.] Chuddelegh xvij° die Ianuarii anno Domini millesimo CCCC^{mo} xxxiij° [etc.].

LICENCIA CELEBRANDI IN CAPELLA.

30 Jan. 1433-4, Chuddelegh; to Elizabeth Burleston *mulieri*, for divine service *in eorum presencia* (*sic*) in her chapel in her house at Yongeston in the parish of Hurberton [*Harberton*].

[*1 Feb. 1433-4 at Chudleigh. Grant of letters dimissory to Richard Banham deacon, for ordination to the priesthood on attaining his 24th year.*]

DIMISSORIE.

Dominus concessit litteras dimissorias Ricardo Banham diacono xxiiij annum etatis sue attingenti ut a quocumque episcopo catholico [etc.], cum ad plenam etatem de iure requisitam pervenerit, ad sacrum presbiteratus ordinem valeat promoveri, dumtamen litteratura et moribus inventus fuerit ydoneus et aliud canonicum impedimentum non obsistat.

LICENCIA CELEBRANDI.

15 Feb. 1433-4; to sir William Hamound chaplain, for divine service celebrated by himself or by others in his presence in any suitable place in Devon.

COMMISSIO AD INQUIRENDUM SUPER VACACIONE [etc.] de CLYST SANCTI LAURENCII.

18 March 1433-4; to the archdeacon of Exeter, to enquire in full chapter into the vacancy etc. of the parish church of Clyst St Laurence vacant by the free resignation of sir John Olyver, to which sir Roger Vautort has been presented by John Vautort; *et si huiusmodi inquisicio* [*fecerit*] *pro presentante et presentato memoratis, ad admittendum eundem ad eandem etc. cum suis iuribus et pertinenciis etc. et rectorem instituendum etc. ut in forma communi.*

MUTACIO ANNI DOMINI

DIMISSORIE.

31 Mar. 1434, Chuddelegh; to Richard Bykebyry tonsured, for all minor and holy orders.

COMMISSIO AD INQUIRENDUM SUPER VACACIONE [ETC.] de POUNDESTOKE.

Same day; to the archdeacon of Cornwall, to enquire in full chapter into the vacancy etc. of the parish church of Poundestok, to which master John Artur has been presented by sir William Bodrugan knight.

[*5 April 1434. Receipt of the King's writ prohibiting the admission of a vicar to Poundstock until the King's court has decided between the claims of Benedict Brent rector of the chantry college of St Mary at Slapton, and William Bodugan (sic) knight and John Arthour clerk, to the advowson.*]

BREVE DE NON ADMITTENDO PERSONAM AD VICARIAM DE POUNDESTOK.

Item quinto die mensis Aprilis anno Domini supradicto London' dominus recepit breve regium prout sequitur in hec verba: Henricus [etc.] venerabili [etc.] E. [etc.] episcopo Exon' vel eius vicario generali ipso episcopo in remotis agente salutem. Prohibemus vobis ne admittatis personam ad vicariam ecclesie de Poundestok que vacat ut dictitur et de cuius advocacione mota est in curia nostra inter Benedictum Brente, rectorem collegii cantarie nuncupate capelle beate Marie site infra locum de Slapton, et Willelmum Bodugan militem et Iohannem Arthour clericum, donec discussum fuerit in eadem curia utrum ad predictum rectorem an ad predictum Willelmum et Iohannem pertineat eiusdem vicarie advocacio. Teste me ipso apud Westm' quarto die Aprilis anno regni nostri duodecimo.

COMMISSIO AD INQUIRENDUM SUPER VACACIONE [ETC.] DE WARLEGAN.

23 June 1434; to the archdeacon of Cornwall, to enquire in full chapter into the vacancy etc. of the church (*sic*) of Warlegan, to which sir Thomas Shanke chaplain has been presented by William Graunt esquire, Joan formerly the wife of John Lucomb, William Denyok and Elizabeth his wife.

[*27 June 1434. Indulgence for the hospital for the poor at Teignmouth.* (*See* Knowles & Hadcock, *p. 312*).]

INDULGENCIA PRO PAUPERIS DE TEYNGMOUTH.

Dominus concessit quadraginta dies indulgencie omnibus contribuentibus bona aliqua ad sustentacionem domorum pauperum de Teyngmouth infra parochiam de Teyngton Episcopi situate.

[*29 June 1434. Licence to Walter Padern for the free exercise of a commission granted to him by the archbishop of Canterbury at the instance of the abbot and convent of St Dogmells (diocese of St David's) impropriators of the parish church of Rattery, to judge in a cause unspecified; although such a commission from an archbishop of Canterbury, even exercising legatine powers, was without precedent, the bishop yields this time to a special request, saving the rights, liberties and customs of his church in all things.*]

(*fo. 104v*) LICENCIA PRO COMMISSARIIS DOMINI CANTUARIEN' ARCHIEPISCOPI UT LIBERE POSSENT EXEQUI QUANDAM COMMISSIONEM EIS DIRECTAM INFRA DIOCESIM EXON'.

Edmundus [etc.] dilecto [etc.] magistro Waltero Padern utriusque iuris bacallario salutem [etc.]. Quanquam religiosi viri abbas et conventus monasterii sancti Dogmaelis ordinis sancti Benedicti Meneven' diocesis et Cantuarien' provincie proprietarii ecclesie parochialis de Rattre nostre Exonien' diocesis litteras a reverendissimo [etc.] Henrico Dei gracia Cantuarien' archiepiscopo [etc.], ut ad nostrum noviter pervenit auditum, obtinuerint et impetraverint sub modo et forma ac super materia infrascriptis vobis una cum aliis directas quarum tenor sequitur in hec verba: Henricus, etc.;[1] nos vero Edmundus episcopus supradictus, attendentes quod talis vel

---

[1] *There is no record of this commission in* Chichele.

consimilis commissio a tempore cuius contraria memoria hominum existit ad cognoscendum et iudicandum in nostra Exonien' diocesi nunquam fuerit impetrata seu aliquatenus executa de nostris seu predecessorum nostrorum sciencia et tollerancia, sed a talibus et consimilibus commissionibus et commissariis specialibus predecessores nostri omnes et singuli temporibus suis successivis nosque et subditi nostri fuimus et sumus in presenti salvo inopinabili gravamine suprascripto liberi et immunes; cum in rei veritate neque dictus reverendissimus [etc.] Henricus Cantuarien' archiepiscopus apostolice sedis legatus neque alius predecessorum suorum iure legacionis sue commissarium seu commissarios ad realiter, actualiter et iudicialiter in forma supradicta in diocesi nostra Exonien' sedendum et cognoscendum aut inter partes aliquas iudicandum unquam de nostra aut predecessorum nostrorum sciencia deputaverit aut prefecerit quoquomodo; aspicientes vero nos Edmundus episcopus antedictus et debite pensantes quod hoc cederet in magnum preiudicium ecclesie nostre Exonien' et tenderet manifeste cum hoc retroactis temporibus minime in diocesi nostra visum fuerit; volumus tamen hac vice ob contemplacionem dicti reverendissimi [etc.] Henrici [etc.], et ad vestrum predicti magistri Walteri ac predicti abbatis sancti Dogmaelis specialem rogatum, quod iuxta formam et effectum dicte commissionis domini Cantuarien' in dicta causa inter partes supradictas in nostra diocesi de nostra licencia speciali canonice procedere valeatis et procedatis, dumtamen alias non obviat, canonicis institutis ecclesie nostre Exonien', iuribus, libertatibus et consuetudinibus in omnibus semper salvis. Datum [etc.] Chuddelegh penultimo die mensis Junii anno Domini M° CCCC^mo xxxiiij° [etc.].

MUTACIO ANNI TRANSLACIONIS DOMINI

LICENCIA CELEBRANDI IN CAPELLA.

6 July 1434, Chuddelegh; for divine service celebrated by suitable priests in the chapel of St James the Apostle in the parish of Lappeford.

COMMISSIO AD INQUIRENDUM SUPER VACACIONE [ETC.] DE TEYNGTON DREW.

Same day and place; to the archdeacon of Exeter, to enquire in full chapter into the vacancy etc. of the parish church of Teyngton Drew [*Drewsteignton*], to which sir William Gyddelegh chaplain has been presented by sir John Herle knight, John Jaibien and Walter Burell.

COMMISSIO AD INQUIRENDUM SUPER VACACIONE [ETC.] DE MAMMEHEDE.

7 July 1434, [Chudleigh]; to the same, to enquire in full chapter into the vacancy etc. of the parish church of Mammehede, to which

R

sir John Koc chaplain has been presented by Elizabeth widow of Thomas Carru knight.

[*21 July 1434. Receipt of the King's writ relaxing the prohibition on an admission to Poundstock, there being now no plea before the judges.*]

REGIA CONSULTACIO PRO PRESENTATO AD ECCLESIAM DE POUNDESTOK.

Item xxj° die mensis Iulii dominus recepit breve regium prout sequitur in hec verba. Henricus [etc.] venerabili [etc.] E. [etc.] salutem. Licet nuper per breve nostrum vobis prohibuimus ne admitteretis personam ad ecclesiam de Poundestok que vacat et de cuius advocacione contencio mota fuit ut dicebatur in curia nostra, inter Benedictum Brente rectorem collegii cantarie nuncupate capelle beate Marie site infra locum de Slapton et Willelmum Bodrugan militem et Iohannem Arthour clericum, donec discussum foret in eadem curia utrum ad predictum Benedictum seu ad predictos Willelmum et Iohannem pertineret eiusdem ecclesie advocacio; quia tamen placitum de advocacione ecclesie predicte coram nobis in curia nostra seu coram iusticiariis nostris de banco non pendet, sicut dilectus et fidelis (*fo. 105*) noster Willelmus Cheyne capitalis iusticiarius noster et Willelmus Babyngton capitalis iusticiarius noster de communi banco sub sigillis suis nobis in cancellaria nostra ad mandatum nostrum separatim certificarunt: vobis significamus quod id quod ad officium vestrum in hac parte pertinet libere facere et exequi poteritis dicta prohibicione nostra non obstante. Teste me ipso apud Westm' viij° die Iulii anno regni nostri xij°.

COMMISSIO AD INQUIRENDUM SUPER VACACIONE [ETC.] DE DUNDERTON.

22 July 1434; to the archdeacon of Totnes, to enquire in full chapter into the vacancy etc. of the parish church of Dunterton, to which sir Thomas Colbron chaplain has been presented by sir John Dynham knight.

COMMISSIO AD INQUIRENDUM SUPER VACACIONE ET IURE PATRONATUS ECCLESIE PAROCHIALIS SIVE ARCHIPRESBITERATUS DE HACCOMB.

24 July 1434; to the archdeacon of Exeter, to enquire in full chapter into the vacancy etc. of the parish church or archpresbytery of Haccomb, to which master John Carnell LL.B. has been presented by sir Nicholas Carew knight.

COMMISSIO AD INQUIRENDUM SUPER VACACIONE [ETC.] DE GYDDELEGH.

Same day; to the archdeacon of Exeter [alone], to enquire in full chapter into the vacancy etc. of the parish church of Gyddelegh, to which sir Stephen Wydebroke has been presented by John Clerke.

LICENCIA CELEBRANDI.

25 July 1434; for divine service celebrated by suitable priests in any suitable place in Launceston castle.

COMMISSIO AD INQUIRENDUM SUPER VACACIONE [ETC.] SANCTE FELICITATIS IN CORNUBIA.

Same day; to the archdeacon of Cornwall, to enquire in full chapter into the vacancy etc. of the parish church of St Felicitas [*Phillack*] in Cornwall to which master Ralph Hykkys chaplain has been presented by Sir Thomas Arundell knight, Renfred Arundell esquire, John Copleston, Nicholas Aysshton and John Tresythny; *et si huiusmodi inquisicio pro presentante et presentato fecerit memoratis ad expediendum presentatum ad eandem, et ad certificandum negocio expedito etc..*

BREVE DE NON ADMITTENDO PERSONAM AD ECCLESIAM DE POUNDESTOK.

29 July 1434; the bishop received another writ of prohibition for the church of Poundestok, as on p. 269; attested at Westminster, 9 July 12 Hen. VI.

[*A space of 1 cm. follows, with the words* hic nichil deficit *on each side of the page.*]

COMMISSIO AD INQUIRENDUM SUPER VACACIONE [ETC.] DE TALCARN.

4 Aug. 1434; to the archdeacon of Cornwall, to enquire in full chapter into the vacancy etc. of the parish church of Talcarn [*Minster*] in Cornwall, to which sir Roger Beadeway has been presented by William lord Botreaux, by reason of an exchange with the parish church of Pateney, diocese of Salisbury.

COMMISSIO AD INQUIRENDUM SUPER VACACIONE [ETC.] DE SATERLEGH.

Same day; to the archdeacon of Barnstaple, to enquire in full chapter into the vacancy etc. of the parish church of Saterlegh, to which sir John Wylle chaplain has been presented by Thomas Saterlegh; *et si huiusmodi inquisicio* [etc. as above].

COMMISSIO AD INQUIRENDUM SUPER VACACIONE [ETC.] DE NYMET BOWE.

11 Aug. 1434; to the same, to enquire into the vacancy etc. of the parish church of Nymet Bowe [*Nymet Tracy, Bow*], to which sir William Forde chaplain has been presented by the king; *et ad expediendum ut supra etc..*

[*22 Aug. 1434. Receipt of the King's writ, addressed to the bishop, a second person not named, and Roger Champernoun and Philip Cary knights of the shire*

*for Devon in the last Parliament, appointing them as commissioners until Michael-
mas to summon, by proclamation through the sheriff, certain persons of quality
named, to appear before them, under penalty, on a stated day to swear to observe
certain articles as already sworn by the Lords of the Council, and the Lords
Spiritual and Temporal and the Commons present in the last Parliament. They
are to summon also the mayors and bailiffs, and to tender to them the same oath,
so that they in turn may swear their citizens and burgesses. The articles, in
English, are recited in the writ.*]

BREVE DE RECIPIENDO SACRAMENTUM CERTARUM PERSONARUM PROUT
INFRA PATET.

Item xxij° die eiusdem mensis dominus recepit breve regium prout
sequitur tenor verborum. Henricus [etc.] venerabili [etc.] E. [etc.]
ac dilecto et fideli suo [*space, 4 cms.*], necnon dilectis sibi Rogero
Champernoun et Philippo Cary militibus pro comitatu Devon' in
ultimo parliamento nostro existentibus salutem. Sciatis quod
cum ad requisicionem comitatus regni nostri Anglie in
parliamento nostro[1] predicto existentis inter cetera ordinatum sit
quod milites comitatus ad dictum parliamentum auctoritate
nostra regia venientes deliberari facerent per billas suas
indentatas cancellario nostro Anglie nomina talium personarum de
comitatu pro quibus ad parliamentum predictum venerunt(*fo. 105v*)
qualium sibi videbitur expedire ad iurandum observare quendam
articulum quem domini milites, cives, burgenses in eodem parliamento
observare iuraverunt, quodque nos super hoc in quemlibet comitatum
Anglie commissiones nostras dominis temporalibus et diocesano
dictorum comitatuum et militibus eorumdem comitatuum ad parliamentum predictum auctoritate nostra venientibus, cuilibet videlicet
militi pro comitatu pro quo sic venit directas mitteremus, ita quod
nomina cancellario sic deliberata una cum predicto articulo in commissionibus predictis specialiter nominentur et recitentur, et quod
prefati commissionarii plenam habeant potestatem auctoritate predicta
mittendi waranta sua vicecomitibus, eis iniungendo ex parte nostra,
sub certa pena per ipsos commissionarios in warentis predictis limitanda
nobis forisfacienda si contrarium fecerint, ad proclamandum in
proximo comitatu post deliberacionem warentorum predictorum quod
persone in eisdem warentis nominate compareant coram prefatis
commissionariis ad diem in warentis illis specificatum, qui ad minus
sit per tres septimanas post predictos comitatus, videlicet quilibet
miles sub pena quadraginta librarum, quilibet armiger sub pena
viginti librarum, quilibet valettus sub pena decem librarum, et super
alias personas per discrecionem suam; ac eciam quod iidem commissionarii habeant plenam potestatem ipsos evocandi ad comparendum

[1]*See* Rotuli Parliamentorum, *IV. p. 421; 3 & 13 Nov. 1433. cf.* C.P.R. 1429-1436,
pp. 370, 398.

coram eis ad diem predictum sub pena forisfacturi penarum predictarum si non compareant; et si comparuerint coram eis tunc ipsos
iurare faciendi super sancta Dei evangelia de observando articulum
supradictum, et quod ipsi qui iurare recusaverint, sint ipsi milites,
armigeri, valetti vel alie persone, perdant penas super ipsos ut
premittitur assessas. Habeant similiter prefati commissionarii potestatem faciendi iurare coram eis omnes personas coram eis ad dictum
diem existentes, licet warentis predictis contenti non fuerint, sub
certis penis per dictos commissionarios per eorum discrecionem
limitandis et nobis forisfaciendis si iurare recusaverint, quodque iidem
commissionarii post huiusmodi sacramenta iurata nomina eorum
qui sic iurati fuerint coram nobis in cancellaria nostra infra tres
menses post capcionem huiusmodi sacramentorum certificent, ad
finem quod nomina eorum in cancellaria predicta remaneant de
recordo, quodque ipsi eniterent de contraveniendo articulo supradicto;
et quod prefati commissionarii in quolibet comitatu Anglie extra
London' habeant potestatem venire faciendi coram eis, sub certa
pena per eos limitanda, maiores ubi sunt maiores et ballivos ubi
maiores non sunt, ad comparendum coram eis et ad sacramenta prout
superius declaratur prestandum, ac eorum nomina et sacramenta in
cancellaria predicta ut premittitur certificandum, post quas quidem
certificaciones commissiones separatim dirigantur prefatis maioribus
et ballivis (*per eorum discrecionem*)[1] ad capiendum huiusmodi sacramenta
de civibus et burgensibus civitatum et burgorum prout eisdem maioribus et ballivis per eorum discrecionem videbitur faciendum, et habeant
iidem maiores et ballivi potestatem venire faciendi coram eis predictos
cives et burgenses et in cancellariam predictam ut premittitur certi-
ficandi. Proviso quod nullus qui huiusmodi iuramentum in parliamento predicto prestitit ad novum iuramentum prestandum compellatur, quodque presens ordinacio quantum ad potestatem
commissionariorum usque ad festum sancti Michaelis quod erit anno
gracie millesimo CCCC^{mo} xxxiiij° et non ultra in suo robore perseveret
prout in ordinacione predicta plenius continetur. Cuius quidem
articuli tenor sequitur in hec verba.

IURAMENTUM.

Item in eschuyng of ryotes, excesses, misgovernances and diso-
besances ayent the kenges estate and ayne his lawes, and in example
yevyng of restfull rule and governayle her aftr to alle his subgettys,
hit is avysed, appoynted and agreed that no lord nor none other
persone of whate estate, degre or condicyon that he be shall wytyngly
receyve, cherisshe, holde in household ne maynteyne pellours, rob-
bours, oppressours of the people, mansleers, felonys, outlawes, ravysshers

---

[1]*Cancelled with dots.*

of weman ayenst the lawe, unlawefull hunters of forests, parkes or
waryns, or eny othyr open misdoers or eny openly named or famed
for suche tyl hys innocence be declared, that nayther be colour or
occasyon of ffeffement or of yeft of gode moeble, passed be dede
noon other wyse, eny of the said lordes ne non other shall take eny
other mennes cause or querell in favour, supportacyon or mayntenaunce
as be word, wrytyng nor be message to officer, juge, jurr or to partie
or by yfte of his clothyng or lyvery or takyng into his servyse the
partye, or conceyve ageyn any jugge or officer indyngnacion or
displesaunce for doyng of his offic in form of lawe, and that they
shall kepe this not only in hyr owen persones butte that thei see that
alle other in hyr countree doo the same, and yf thei doo the contrary
make hym withowte delay leve hit or elles put hym a way fro hym.

Nos volentes ordinacionem predictam affectui debito mancipari
ac de fidelitate et circumspeccione vestris plenius confidentes assignavimus vos tres et duos vestrum in hac parte commissionarios nostros, ac
vobis tribus et duobus vestrum auctoritate predicta plenam (*fo. 106*)
committimus potestatem ad warentum vestrum vicecomiti Devon'
mittendum eidem ex parte nostra sub certa pena sibi per vos tres
vel duos vestrum limitanda iniungendo ad proclamandum in proximo
comitatu post deliberacionem warenti predicti quod Philippus
Courtenay chivaler, Nicholaus Carru chivaler, Thomas Broke chivaler,
Iohannes Dynham chivaler, Robertus Chalouns chivaler, Iohannes
Herle chivaler, Thomas Carmynowe armiger, Robertus Hulle armiger,
Iohannes Chichestr armiger, Jacobus Chuddelegh armiger, Robertus
Cornu armiger, Baldewinus Foleford armiger, Iohannes Speke
armiger, Iohannes Wyse armiger, Iohannes Crokker armiger,
Ricardus Fortescu armiger, Andreas Hylle armiger, Walterus
Reynell armiger, Ricardus Holand armiger, Iohannes Bamfyld
armiger, Nicholaus Keynes armiger, Iohannes Prydeaux de Ocherton
armiger, Iohannes Prydeaux de Adeston armiger, Iohannes Gorges
armiger, Thomas Denys armiger, Philippus Lacy armiger, Ricardus
Yerd armiger, Walterus Polard armiger, Iohannes Holand armiger,
Iohannes Caylewey armiger, Thomas Wyrthe armiger, Willelmus
Malerbe armiger, Iohannes Malerbe armiger, Iohannes Yeo armiger,
Edwardus Seyntjon armiger, Thomas Bonevylle armiger, Willelmus
Wonard, Iohannes Copleston, Nicolaus Radeford, Iohannes Mulys,
Henricus Fortescu, Henricus Drewe, Iohannes Lauerence, Willelmus
Mey, Henricus Whityng, Ricardus Pyperell, Iohannes Marshall,
Rogerus Baron, Stephanus Gyffard, Willelmus Bysshopp, Nicholaus
Coterell, Willelmus Blynche, Iohannes Bolter, Nicholaus Trebarth
armiger, Petrus Frye, Ricardus Yeo, Nicholaus Tyrant, Iohannes
Gambon senior, Walterus Wytelegh armiger, Willelmus Holewey,
Thomas Kyngeslonnd, Thomas Perot, Petrus Eggecomb, Iohannes

Harry (*armiger*)[1] Thomas Prous, Thomas Lacom, Willelmus Colyn, Iohannes Cokeworthy, Henricus Merewode armiger, Walterus Elyot, Iohannes Shapwyk armiger, Henricus Bear, Edwardus Pomerey armiger et Robertus Kyrkeham, quorum nomina vos prefati Rogere et Philippe nobis in cancellariam nostram in forma predicta deliberastis, ac maiores ubi sunt maiores et ballivi ubi maiores non sunt compareant coram vobis tribus vel duobus vestrum ad certos diem et locum per vos tres vel duos vestrum in warento vestro predicto in forma predicta limitandos sub penis predictis, et ad easdem personas coram vobis ad diem predictum evocandas et tam ad ipsos quam ad alias personas quascumque coram vobis ad diem predictum existentes, licet in warentis vestris predictis contenti non fuerint, sub penis predictis iurare faciendis super sancta Dei evangelia de observando articulum supradictum, necnon ad nos in cancellaria nostra tam de nominibus omnium sic iurancium quam de nominibus omnium sic iurare renuencium et de penis super ipsos et super vicecomitem per vos limitatis, ac de die deliberacionis warenti vestri predicti prefato vicecomiti ut premittitur facte, necnon de toto facto vestro in hac parte sub sigillis vestris trium vel duorum vestrum distincte et aperte infra tres menses post capcionem sacramentorum predictorum certificandum. Et ideo vobis mandamus quod ad certos dies et loca quos vos tres vel duo vestrum ad hoc provideritis circa premissa diligenter intendatis et ea facitis et exequamini in forma supradicta. Damus autem tam vicecomiti nostro predicto quam omnibus aliis quorum interest tenore presencium firmiter in mandatis quod vobis tribus vel duobus vestrum in premissis faciendis et exequendis pareant, obediant et intendant prout decet. In cuius rei testimonium has litteras nostras fieri fecimus patentes. Teste me ipso apud Westm' primo die Maii anno regni nostri duodecimo.

[*8 Dec. 1434. Reply to the above. The letters patent were received too late for them to issue the warrant for the proclamation, because no sheriff's court was held before the commission expired at Michaelmas except that at Exeter on 28 September. There, however, they had sworn as many persons who were present, and whose names were given in a schedule.*]

Retornacio brevis predicti.

Responsio domini Edmundi episcopi Exon' ac Rogeri Champernon et Philippi Cary commissionariorum domini regis in litteris patentibus huic cedule consutis in hec verba. Littere patentes predicte huic cedule consute tam tarde nobis liberate fuere quod propter brevitatem temporis warentum vicecomiti Devon' dirigendum ad proclamacionem faciendam iuxta formam litterarum patencium predictarum facere

[1]*Cancelled with dots.*

non potuimus quovismodo, eo quod post recepcionem dictarum litterarum patencium nullus comitatus infra comitatum predictum tentus
fuit ante festum sancti Michaelis in dictis litteris patentibus specificatum
preter comitatum tentum ibidem die Martis in vigilia dicti festi sancti
Michaelis, et sic proclamacio iuxta vim, formam et effectum dictarum
litterarum patencium ex causa predicta nullatinus fieri potuit. Volentes
tamen ordinacionem in dictis litteris patentibus specificatam in
quantum potuimus facere observari, ad dictum comitatum tentum
apud Exon' predicto die Martis personaliter accedentes, omnes et
singulas personas tunc ibidem presentes quorum nomina inferius
subscribuntur iurare fecimus super sancta Dei evangelia de observando
articulum in litteris predictis contentum iuxta tenorem eiusdem,
videlicet Philippus Courtenay chivaler, Nicholaus Carru chivaler,
Robertus Hylle (*fo. 106v*) armiger, Iacobus Cuddelegh armiger,
Baldewinus Foleford armiger, Iohannes Speke armiger, Iohannes Wyse
armiger, Ricardus Fortescu armiger, Andreas Hylle armiger, Walterus
Reynell armiger, Ricardus Holand armiger, Nicholaus Keynes
armiger, Iohannes Prideaux de Adeston armiger, Iohannes Gorges
armiger, Thomas Denys armiger, Philippus Lacy armiger, Ricardus
Yerd armiger, Walterus Polard armiger, Iohannes Holand armiger,
Iohannes Malerbe armiger, Iohannes Yeo armiger, Edwardus Seyntjon
armiger, Thomas Bonevylle armiger, Willelmus Wonard, Iohannes
Copleston, Nicholaus Radeford, Iohannes Mulys, Henricus Fortescu,
Iohannes Laurence, Willelmus Mey, Henricus Whytyng, Ricardus
Pyperell, Iohannes Marshall, Rogerus Baron, Stephanus Gyffard,
Willelmus Bysshopp, Nicholaus Coterell, Willelmus Blynche, Iohannes
Bolter, Petrus Frye, Ricardus Yeo, Nicholaus Tyrant, Iohannes
Gambon senior, Walterus Whytelegh armiger, Walterus Elyot,
Thomas Kyngeslond, Thomas Perot, Petrus Eggecomb armiger,
Johannes Harry, Thomas Lacom, Iohannes Cockeworthy, Henricus
Merewode armiger, Iohannes Shapwyk armiger, Henricus Beare,
Edwardus Pomerey armiger et Robertus Kyrkeham. In cuius rei
testimonium sigillum nostrum una cum appensione sigilli Philippi
Cary predicti litteris presentibus clausis est appensum. Datum sub
sigillo nostro viij° die mensis Decembris anno Domini millesimo
CCCC^{mo} xxxiiij^{to} et nostre translacionis anno xv°. Retornacio
coram domino rege in cancellaria sua per E. episcopum Exon'.

DIMISSORIE.

22 Aug. 1434; to John Beawpell acolyte, for all holy orders.

LICENCIA CELEBRANDI.

24 Aug. 1434; for divine service celebrated by suitable priests in the
chapel at Northcote [*Northcott*][1] in the parish of Boyton, [Cornwall].

[1]*The Place-Names of Devon*, p. 154.

[*28 Aug. 1434. Licence and indulgence for St Thomas's chapel, Ludgvan.*]

LICENCIA CELEBRANDI IN CAPELLA CUM INDULGENCIA.

Dominus concessit licenciam ut in capella sancti Thome apostoli infra parochiam Sancti Luswini in Cornubia situata cum indulgencia quadraginta dierum omnibus Christifidelibus dictam capellam causa peregrinacionis visitantibus vel aliqua bona contribuentibus ad sustentacionem dicte capelle, divina valeant per quoscumque presbiteros ydoneos celebrari.

LICENCIA CELEBRANDI.

Same day; to Joan Gervys *mulieri*, for divine service in her presence in any suitable place in her house in the parish of St Constantine in Cornwall.

LICENCIA CELEBRANDI IN CAPELLA.

1 Sept. 1434; to Joan widow of Stephen Bodulget and to Walter Bodulget esquire, for divine service in the presence of both or either of them in the chapel of blessed Mary at Trecorme [*Trecorne*] in the parish of Quedek [*Quethiock*] in Cornwall.

MANDATUM PRO CONVOCACIONE CLERI.

14 Sept. 1434; the bishop received from Reginald Kentwode (as before) a rescript, dated at London, 26 Aug., of a mandate from the archbishop of Canterbury for a Convocation at St Paul's on 7 Oct. 1434. The mandate, dated at Lambeth, 8 Aug., 1434, is as in *Chichele* iii. pp. 254 f., but with these exceptions:

p. 254, line 9 of mandate: for *exnunc*, Lacy reads *eximie;*

line 15: after *apponant.* insert *Hanc enim sicut et ipsius matrem sanctissimam universalem scilicet ecclesiam et si multiplicium tempestatum turbinibus lascescitam fuisse legerimus nullius tamen talis qualis eidem inpresenciarum imminet nec legisse nec audivisse meminimus.*

line 16: for *eandem* read *eadem;* for *quandoque* read *quumque;*
line 17: for *concusserit* read *concesserat;* for *ante* read *autem;*
line 18: for *studens* read *studiis;*
line 21: after *quamcrebro* insert *genere;*
line 32: for *subicere* read *subiacere;*
line 35: for *prodicione* read *perdicione.*

[*16 Sept. 1434. Licence to the vicar of St Minver, to change the dedication festival of the dependent chapel of St Enodoc from 24 July to 13 July.*]

(*fo. 107v*) Mutacio diei dedicacionis ecclesie parochialis Sancte Menefride in Cornubia in alium diem.

Dominus concessit licenciam vicario Sancte Menefrede in Cornubia et parochialis capelle curate Sancti Guinedoci ab ecclesia parochiali Sancte Menefrede predicta dependentis pro mutacione diei dedicacionis eiusdem capelle, videlicet a die sancte Cristine virginis ad xiij^{mum} diem mensis Julii singulis anno futuris observandum. Et obtinuerunt litteram in forma etc..

Licencia celebrandi.

18 Sept. 1434, Dertemouth; to Thomas Asshendon and Katherine his wife and to their children, for divine service in the presence of all or any of them in any suitable place in their house at Dertemouth.

Dimissorie.

18 Sept. 1434, Peyngton; to Nicholas Evelegh acolyte, for all holy orders.

[*18 Sept. 1434. Grant of an indulgence for Totnes bridge.*]

Indulgencia pro ponte Totton'.

Item eisdem die et loco dominus concessit xl dies indulgencie sub litteris suis patentibus omnibus bona aliqua contribuentibus ponti Totton' Exon' diocesis ad libitum duraturis etc..

Commissio ad inquirendum super vacacione [etc.] de Rynmore.

30 Sept. 1434; to the archdeacon of Totnes, to enquire into the vacancy etc. of the parish church of Rynmor, to which master William Palmer M.A. has been presented by Robert Kyrkeham; *et si huiusmodi inquisicio* [etc. as on p. 269.].

Licencia absentandi ab ecclesia.

Same day; to sir Thomas Wyliam rector of Morlegh, for absence of one year.

[*1 Oct. 1434. Commission for an exchange of benefices between Michael Lercedekne rector of Carew, diocese of St David's, and Robert Chirbyry rector of Chagford.*]

Commissio ad expediendum permutacionem.

1 Oct. 1434; emanavit commissio sub sigillo domini reverendo patri domino Thome Meneven' episcopo ad expediendum permutacionem inter magistrum Michaelem Lercedekne rectorem ecclesie parochialis de Carru Meneven' diocesis et dominum Robertum Chirbyry rector ecclesie de Chaggeford (*fo. 108*) Exonien' diocesis ut in forma communi, induccione dicti magistri Michaelis Lercedekne et eius canonica obediencia domino specialiter reservatis.

COMMISSIO AD INQUIRENDUM SUPER VACACIONE [ETC.] DE LIMESTON.

3 Oct. 1434; to the archdeacon of Exeter, to enquire, without awaiting the full chapter, into the vacancy etc. of the parish church of Limeston [*Lympstone*], to which sir Richard Cranmor chaplain has been presented by Sir William Bonvyle knight.

COMMISSIO AD INQUIRENDUM SUPER VACACIONE [ETC.] DE PYEWORTHI.

11 Oct. 1434; to the archdeacon of Totnes, to enquire in full chapter into the patronge of the parish church of Pieworthy, vacant by the free resignation of sir John Thomas, to which John Renald clerk has been presented by Richard earl of Salisbury and lord of Monthermer; *et si huiusmodi inquisicio* [etc. as on p. 269].

[*11 Oct. 1434. Dispensation to John Renald, tonsured, rector of Pyworthy from the obligations of residence etc., (see p. 76n.), to study at Oxford or another university in England, for five years.*]

DISPENSATIO IUXTA CAPITULUM *Cum ex eo.*

Item eodem die dominus dispensavit cum eodem Johanne Renald rectori ecclesie parochialis de Pieworthy Exonien' diocesis, primam tonsuram clericalem habente, de studendo in universitate Oxon' vel alibi infra regnum Anglie ubi studium vigeat generale per quinquennium a data presencium continue numerandum, iuxta capitulum *Cum ex eo,* cum clausula quod suscepto [etc.]; proviso [etc.]; [*as on p. 215*].

COMMISSIO AD INQUIRENDUM SUPER VACACIONE [ETC.] DE GYDESHAM.

21 Oct. 1434; to the archdeacon of Exeter, to enquire in full chapter into the vacancy etc. of the parish church of Gydesham [*Gittisham*], to which sir John Style chaplain has been presented by Sir Thomas Beaumont knight.

COMMISSIO AD INQUIRENDUM SUPER VACACIONE [ETC.] DE HUNSHAUE.

25 Oct. 1434; to the archdeacon of Barnstaple, to enquire in full chapter into the vacancy etc. of the parish church of Hunshaue, to which sir Thomas Fox chaplain has been presented by Sir William Palton knight.

COMMISSIO AD INQUIRENDUM SUPER VACACIONE [etc.] DE MUSBURY.

28 Oct. 1434; to the archdeacon of Exeter, to enquire without

awaiting the full chapter into the vacancy etc. of the parish church of
Musbury, to which sir William Beare chaplain has been presented by
Sir Thomas Courtenay earl of Devon and lord of Okampton; *et si
inquisicio* [etc. as on p. 269].

[*20 Sept. 1434. Appointment of John Burdet canon of St Paul's and of
Exeter, Henry Penwortham canon of Wells and Thomas Levesham canon of
Exeter, as the bishop's proxies in Convocation on 5 Oct. next, to act on the
bishop's behalf and to excuse his absence*].

PROCURATORIUM PRO DOMINO PRO CONVOCACIONE CLERI.

Pateat universis per presentes quod nos Edmundus [etc.] dilectos
[etc.] magistr[os] Johannem Burdet ecclesiarum sancti Pauli London'
et Exon' canonicum, Henricum Penwortham ecclesie cathedralis
Wellen', et Thomam Levesham Exon' canonicum coniunctim et
divisim et quemlibet eorum in solidum ita quod non sit melior condicio
[etc. *as on p. 112*] nostros ordinamus, facimus et constituimus procuratores
ad comparendum et interessendum pro nobis et nomine nostro ac
ecclesie nostre Exon' coram reverendissimo [etc.] Henrico [etc.]
Cantuar' archiepiscopo eiusve locumtenentibus seu commissariis
quibuscumque in convocacione prelatorum et cleri Cantuar' provincie
in ecclesia sancti Pauli London' septimo die Octobris proxime futuro
Deo duce celebranda cum continuacione et prorogacione dierum tunc
sequencium et locorum, et ad tractandum et communicandum in ea
parte nomine nostro et pro nobis super omnibus et singulis causis et
negociis statum, comodum et honorem regni Anglie ac tuicionem,
proteccionem et conservacionem iurium, privilegiorum et libertatum
ecclesiasticorum aceciam clerum nostre diocesis contingentibus, et ad
consenciendum hiis que ibidem ex deliberacione communi ad honorem
Dei et ecclesie sue ac utilitatem regni tunc ibidem contigerit concorditer
ordinari; necnon ad excusandum nos certis et legittimis de causis
quominus in dicto consilio valeamus personaliter interesse et si necesse
fuerit probandis, provocandumque et appellandum provocaciones et
appellaciones, intimandum et notificandum ipsasque et earum causas
prosequendum cum effectu appellatosque petendum et recipiendum,
ceteraque omnia et singula faciendum, exercendum et expediendum
que in premissis et circa ea necessaria fuerint seu quomodolibet
oportuna et que facere licite possemus in premissis personaliter si
interessemus; promittentes nos ratum, gratum et firmum perpetuo
habituros quicquid dicti procuratores nostri seu eorum aliquis nomine
nostro fecerint aut fecerit in predictis seu aliquo premissorum. Datum
(*fo. 108v*) [etc.] Chuddelegh vicesimo die mensis Septembris anno
Domini millesimo quadringentesimo tricesimo quarto [etc.].

[*1 Oct. 1427. Purgation, on their own oath, by Thomas Beauchamp of White Lackington (Som.), John Kayle of Hockworthy, William Torr of Ashill (Som.), and John Baker of Lengeryslond¹ (Som.), concerning whom a royal writ had been directed to the sheriff of Devon, of a charge that they conspired at Honiton to forge and publish fictitious documents in order to deprive Richard Percevale, Walter Percevale and William Newton of their title to and possession of manors in Ninehead Flory and Withiel Flory, contrary to a statute of 1 Henry V.²*]

BREVE [REGIUM VICECOMITI] DEVON'.

Item primo die mensis Octobris anno Domini millesimo CCCC^{mo} xxvij° apud Chudelegh dominus recepit copiam cuiusdam brevis regii vicecomiti Devon' directi cuius tenor sequitur et est talis. S Ricardus Percevale, Walterus Percevale et Willelmus Newton ponent Thomam Beauchamp de Wightlakyngton in comitatu Somerset chivaler, Iohannem Kayle de Hokworthy in comitatu tuo gentilman, Willelmum Torre de Aysshehull in dicto comitatu Somerset yoman, et Thomam Baker de Lengeryslond in dicto comitatu Somerset yoman quod sint etc. crastino Martini tam nobis quam prefatis Ricardo, Waltero et Willelmo Neweton quare cum in statuto in parliamento domini H. nuper regis Anglie patris nostri anno regni sui primo tento edito inter cetera concordatum et stabilitum existat quod si alique persone ex eorum conspiracione et coniva aliqua falsa facta et munimenta ymaginate fuerint et fabricaverint et ea ad destruendum et perturbandum possessiones et titulum ligeorum nostrorum pronunciari, publicari et legi fecerint per quod ligei predicti de possessionibus suis turbari et vexari possint, pars in hac parte gravata habeat sectam suam in hoc casu ad recuperandum dampna sua, et pars convicta faciat finem et redempcionem ad voluntatem nostram; predicti Thomas, Iohannes, Willelmus Torr et Thomas ex eorum conspiracione et coniva diversa falsa facta et munimenta de maneriis ipsorum Ricardi, Walteri et Willelmi Neweton de Nyenhede-flory et Withele cum pertinenciis apud Honyton ymaginati fuerunt et fabricaverunt, et ea ad destruendum et perturbandum possessionem et titulum ipsorum Ricardi, Walteri et Willelmi Neweton in maneriis predictis ibidem pronunciari, publicari et legi fecerunt per quod iidem Ricardus, Walterus et Willelmus Neweton de possessione maneriorum suorum predictorum graviter turbati et vexati existunt in dicti patris nostri contemptum et ipsorum Ricardi, Walteri et Willelmi Neweton grave dampnum ac contra formam statuti predicti. Et habeas etc.. Teste primo die Octobris anno regni nostri quarto. Quo quidem primo die mensis Octobris prelibato prefati Thomas

---

¹*Or Kengerislond: I have not been able to identify this place.*
²*1 Hen. V cap. 8. Rotuli Parliamentorum, iv. p. 10.*

Beauchamp de Wightlakyngton in comitatu Somerset chivaler, Iohannes Kayle de Hokworthy de comitatu Devon' gentilman, Willelmus Torr de Aysshull in dicto comitatu Somerset yoman, Iohannes Baker de Kengerislond (*sic*) de dicto comitatu Somerset yoman, coram domino in capella manerii sui de Chuddelegh predicti personaliter comparentes ac copia brevis antedicti coram eo publice perlecta legittime ex eorum puris et propriis voluntatibus super Corpus Domini consecratum se purgarunt tunc ibidem prout in littera subscripta plenius continetur.

[*1 Oct. 1427. Letters testimonial to the above: the accused attributed the accusation to the malice of their enemies and swore their innocence on the Holy Sacrament which they then received, before witnesses.*]

LITTERA TESTIMONIALIS SUPER PRESTACIONE CUIUSDAM IURAMENTI ETC.

Universis [etc.] presentes litteras inspecturis Edmundus [etc.] salutem in omnium Salvatore. Ad universitatis vestre noticiam deducimus per presentes quod primo die mensis Octobris anno Domini millesimo CCCC^{mo} xxvij° in capella nostra infra manerium nostrum de Chuddelegh nostre diocesis, partes coram nobis sponte, voluntarie et absque nostra vocacione comparentes, Thomas Beauchamp de Wightlakyngton in comitatu Somerset chivaler, Iohannes Kaile de Hokworthy de comitatu Devon' gentilman, Willelmus Torr de Aysshehull yoman et Thomas Baker de Lengerislond de dicto comitatu Somerset yoman asserebant se falso, nequiter et maliciose per suos emulos super infrascriptis in comitatibus antedictis et locis aliis circumvicinis fuisse et esse diffamatos super eo videlicet quod predicti Thomas, Iohannes, Willelmus Torre et Thomas ex eorum conspiracione et coniva diversa falsa facta et munimenta de maneriis Ricardi Percevale, Walteri Percevale et Willelmi Neweton de Nyenhedeflory et Wythele cum pertinenciis apud Honyton in diocesi nostra ymaginati fuerunt et fabricaverunt ea ad destruendum et perturbandum possessionem et titulum ipsorum Ricardi, Walteri et Willelmi Neweton in maneriis predictis ibidem pronunciari, publicari et legi fecerunt, per quod iidem Ricardus, Walterus et Willelmus Neweton de possessione maneriorum suorum predictorum graviter turbati et vexati existunt, in dictorum Ricardi, Walteri et Willelmi Neweton preiudicium non modicum et grave dampnum. Unde supplicarunt nobis Thomas Beauchamp, Iohannes, Willelmus Torre et Thomas antedicti pro sue fame declaracione iuramentum super hostiam consecratam admittere dignaremur. Qui quidem Thomas Beauchamp (*fo. 109*) primo super sacrosanctum Corpus Domini cum eadem de causa consecratum cum percepcione eiusdem corporale tunc ibidem prestitit iuramentum quod premissa omnia et singula in vulgari sibi exposita sunt minus vera ymmo falsa et veritati contraria, nec unquam fuit sciens, consenciens auxiliaris seu aliquo modo auxilium vel consilium prebens apud Honyton nec aliquo alio loco quod talia falsa facta et munimenta deberent ut premittitur ymaginari falso et fabricari nec unquam talia pronunciari, publicari seu legi fecit; et incontinenti simili modo prefati Iohannes, Willelmus et Thomas iuramentum consimile tunc ibidem singillatim et successive cum percepcione sacramenti prestiterunt; presentibus domino Thoma Carrew milite, Nicholao Carrew, Johanne Copleston, Iohanne Botreaux, Iacobo Chuddelegh, Edmundo Pyne, Philippo Lacy armigeris, magistris Radupho Morewill, Iohanne Burneby capellanis, domino Iohanne Sneynton rectore ecclesie parochialis de Honyton et aliis. Protestamur tamen quod nos non intendimus de iure regio aliquo modo intermittere. In cuius rei testimonium sigillum nostrum presentibus apponi fecimus. Datum die, loco, mense et anno Domini supradictis et nostre translacionis anno viij°.

DIMISSORIE.

2 Nov. 1434; to John Wyllyam tonsured, for all holy orders.

3 Nov. 1434; to Thomas Treger tonsured, for all minor and holy orders.

[*14 Nov. 1434. Commission to the official of the archdeacon of Cornwall and three named rectors, on the complaint of John Compton vicar of Lanteglos [by-Fowey] that, in defiance of a provincial constitution of archbishop Winchelsey, reaffirmed by archbishop Courtenay, regulating the conduct of stipendiary and other priests towards the incumbents of churches in which they celebrated, three named townsmen of Polruan, parishioners of Lanteglos, had constrained one Edmund Pery, a chaplain celebrating in St Saviour's chapel in their town, though it was not dedicated and had no parochial rights, to bless, exorcize and sprinkle it with water as though it were and had; to bid prayers from the pulpit in the manner of a parish church; to distribute the holy bread on Sundays to all and sundry; and to extract wills from the sick—all without the vicar's leave but contrary to his will. Further, they had forbidden him to take the oath of good conduct prescribed in the constitution, asserting publicy that no priest hired to celebrate in their chapel was to subject himself to any rector or vicar in anything; and had similarly prevented another chaplain, John, from taking the oath, though he had been invited by the vicar to do so. The entry is unfinished.*]

LITTERA SUPER EXECUCIONE CUIUSDAM CONSTITUCIONIS DOMINI ROBERTI WYNCHELSEY DUDUM CANT' ARCHIEPISCOPI DE IURAMENTO CAPELLANORUM STIPENDIARIORUM.

Item xiiij° die mensis Novembris predicti emanavit littera prout sequitur tenore verborum. Edmundus [etc.] dilectis [etc.] magistris Willelmo Hendr' officiali archidiaconi nostri in Cornubia nostre

Exonien' diocesis, Augustino Strode sancti Ivonis, Iohanni Wymond sancte Mabene, ac domino Roberto [*sic*][1] de Lansalwes ecclesiarum parochialium rectoribus salutem [etc.]. Frondescit in vetitum humana natura et diabolo instigante tanto frequencius concupiscit illicita quanto sub preceptis penisque et censuris gravioribus fuerint interdicta. Ex parte siquidem dilecti [etc.] domini Iohannis Compton vicarii perpetui vicarie perpetue ecclesie parochialis de Lanteglos in Cornubia dicte Exonien' diocesis nuper graviter querelantis nobis extitit intimatum quod quamquam recolende memorie dominus Robertus Wynchelsey dudum Cant' archiepiscopus in consilio suo provinciali provida et matura deliberacione cum consensu suffraganeorum suorum et cleri Cant' provincie per quamdam suam constitucionem provincialem[2] rite, recte et licite statuerit, ordinaverit et sanxerit, illudque idem observandum postea bone memorie Willelmus Courtenay nuper Cant' archiepiscopus in consilio suo provinciali licite innovando precepit, ne presbiteri stipendiarii aut alii sacerdotes propriis sumptibus in provincia Cant' divina officia celebrantes oblaciones, porciones, obvenciones, denarios, perquisita, tricennalia seu aliquam certam quotam presertim oblacionum pro corporibus mortuorum presentibus a rectoribus vel vicariis ecclesiarum in quibus non obtenta licencia acciperent ullo modo, nec in preiudicium rectorum vel vicariorum predictorum aut eorum vicem gerencium quomodolibet asportarent, et quod presbiteri huiusmodi aliquo die dominico vel alio festivali post quam ad divinorum celebracionem per eos ad quos pertinet fuerint admissi coram rectoribus seu eorum vicem gerentibus si vicarii ibidem desint, alioquin coram ipsis vicariis et locorum parochianis, intra missarum solempnia sacrosanctis Dei evangeliis inspectis prestarent publice sub hac forma iuramentum, quod ecclesiis parochialibus in quibus divina celebrentur earumque rectoribus seu vicariis aut eorum loca tenentibus seu aliis quorum interest circa oblaciones, [etc.] vel alia iura quocumque nomine censeantur nullum inferrent preiudicium seu rapturam (*fo. 109v*) ymmo quatenus ad ipsos attinet ecclesias et personas prefatas in premissis singulis indempnes conservabunt, quodque odia, scandala, rixas ac contenciones inter rectores seu vicarios et parochianos nullatinus suscitabunt nec fovebunt aliqualiter suscitata sed concordiam et amorem nutrient quatinus attinet ad eosdem; adiciendo premissis prohibuit eciam predictus dominus Robertus dudum Cant' archiepiscopus antedictus et prohiberi voluit et eciam interdici ne presbiteri supradicti divina in ecclesiis et capellis huiusmodi celebrare presumerent priusquam prestiterint sub forma predicta iuramentum, si rectores seu vicarii aut ceteri supradicti

---

[1]*Thomas Robyn was instituted rector of Lansallos 24 April 1427, and was still rector on 22 Jan. 1446-7* [Lacy i., *pp. 92, 312*].
[2]*Const. 5, A.D. 1305,* in Lyndwood, *p. 237.*

voluerint et petierint sic iurari, sub pena irregularitatis preter alias penas quas canones inducunt contrarium facientibus. Item quod non audiant confessiones parochianorum ecclesiarum vel capellarum in quibus divina celebraverint nisi in casu licito et permisso.[1] In matutinis quoque, magnis missis, vesperis et aliis divinis officiis debitis horis induti suppelliciis de quibus expensis propriis sibi providebunt cum ceteris earumdem ecclesiarum clericis et ministris in divini cultus adiutorium et augmentum in ipsis debent ecclesiis interesse nec eis in navi ecclesie in qua admissi fuerint ut prefertur seu in cimiterio aut alias in campo liceat tunc vagari. Et si super hiis per eos quos ecclesiis tunc preesse contigerit commoniti fuerint et correpti cervices suas contra ipsos non propterea erigant nec tumidos se esse ostendant, quodque correpcionis huiusmodi occasione contra rectores et vicarios seu eorum vices gerentes huiusmodi alios qui insolenciis suis eis existant ipsosque foveant nullatinus commovebunt, sed hiis omnibus supradictis se exhibebunt humiles reverenciamque debitam impendant. Dicti vero presbiteri dictis diebus dominicis et festivis, vel si corpus alicuius defuncti affuerit presens, demum post lectum maioris misse evangelium et non prius incipere debeant nisi de licencia rectoris vel vicarii aut alterius vices suas gerentis specialiter preoptenta. Presbiteri quoque rectoribus vel vicariis ecclesiarum non detrahant sed discant cum psalmista ponere custodiam ori suo, tabernas, spectacula vel loca alia inhonesta seu ludos noxios vel prohibitos seu illicitos non frequentant sed more sacerdotali in habitu se habeant et in gestu ne eorum ministerium quod absit vituperio, scandalo seu defectu habeatur prout hec premissa et alia in constitucione pretacta plenius contineantur.

Quidam tamen Walterus Bogyn, Iohannes Perkyn et Iohannes Waterman villani de Polruan ac predicte ecclesie parochialis de Lanteglos parochiani atque Cant' provincie et nostri notorie subditi, premissorum scioli premissa penitus spernentes et nequiter contempnentes, nuper per quendam dominum Edmundum Pery capellanum in quadam capella sancti Salvatoris divina iam tarde celebrantem infra parochiam de Lanteglos predictam situata minime dedicata, non curata neque parochiali nec parochianos aliqualiter habente, more ecclesie parochialis aquam publice et solempniter exorzizari et benedici ac solempniter aspergi absque dicti vicarii [licencia], preces in pulpito more ecclesie parochialis dici et orari, ac panem benedictum publice in capella predicta diebusque dominicis indistincte quibuscumque personis non petita licencia a vicario predicto distribui et ministrari fecerunt, testamenta languencium ville predicte spreto et irrequisito vicario predicto per eundem dominum Edmundum injuste subtrahi fecerunt, eidem insuper domino Edmundo expresse prohibuerunt ne

[1] *MS*—promisso.

iuramentum iuxta modum et formam constitucionis antedicte prestare deberet, sicque premissa se continuare publice asserentes cuidam domino Iohanni capellano divina in predicta capella iam celebranti inhibuerunt ne predictum iuramentum aliqualiter prestaret, affirmantes palam, publice et expresse ut asseritur nullum capellanum in dicta capella ad divina celebranda conductum alicui rectori vel vicario in aliquo subesse nec eidem aliqualiter obedire debere; ipseque dominus Iohannes capellanus predictus voluntatibus ipsorum Walteri, Iohannis et Iohannis applaudens quin verius ut dicitur contravenire in hac parte non audens, iuramentum predictum iuxta et secundum vim, formam et effectum prefate constitucionis prestare, licet congruis loco et tempore per vicarium predictum sepius et licite fuerit ad hoc requisitus et petitus, palam, publice et expresse recusavit et recusat in presenti in dicti domini (*fo. 110. quire xiiij*). [*The letter is unfinished, and two thirds of fo. 110 are blank.*]

LICENCIA CELEBRANDI.

28 Nov. 1434; to William Coke and Joan his wife, for divine service in the presence of either in any suitable place in Devon.

DIMISSORIE.

28 Nov. 1434, Chuddelegh; to William Southcote acolyte, for all holy orders.

Also to John William tonsured, for all minor and holy orders.

LICENCI[E] CELEBRANDI.

4 Dec. 1434; to sir Richard Leche chaplain, for divine service celebrated by himself or by others in his presence in any suitable place in Devon.

4 Dec. 1434; to Thomas Spenser, Agnes his wife, and their children and servants, for divine service in the presence of all or any of them in any suitable place in Devon.

(*fo. 110v*) LICENCIA CELEBRANDI IN CAPELLA.

4 Dec. 1434; for divine service celebrated by suitable priests in the chapel of Holy Trinity in the parish of Lytelham, during pleasure.

COMMISSIO AD INQUIRENDUM SUPER VACACIONE [ETC.] DE HONYCHURCHE.

11 Dec. 1434; to the archdeacon of Totnes, to enquire into the vacancy etc. of the parish church of Honychurche, to which sir Richard Trewynon chaplain has been presented by John Boson and Joan his wife; to expedite if the enquiry so warrant, and to certify.

DIMISSORIE.

18 Dec. 1434; to John Pembyrthi acolyte, for all holy orders.

COMMISSIO AD INQUIRENDUM SUPER VACACIONE ETC. PAROCHIE SANCTI DOMINICI.

21 Dec. 1434; to the archdeacon of Cornwall, to enquire in full chapter into the vacancy etc. of the church of St Dominic, to which Henry Faukes has been presented by the King; and to expedite if the enquiry so warrant.

LICENCIA CELEBRANDI IN CAPELLA.

8 Jan. 1434-5, Chuddelegh; for divine service celebrated by suitable priests in the chapel of St Faith the virgin within the boundaries (*limites*) of Saltaysshe.

DIMISSORIE.

Same day and place; to John Yawecomb, for all holy orders.

COMMISSIO AD INQUIRENDUM SUPER VACACIONE [ETC.] DE BRODEWODE-KELLY.

9 Jan. 1434-5; to the archdeacon of Totnes, to enquire in full chapter into the vacancy etc. of the parish church of Brodewodekelly, to which Ralph More clerk has been presented by Robert Burton and Elizabeth his wife; and to expedite if the enquiry so warrant.

LICENCIA ABSENTANDI AB ECCLESIA.

11 Jan. 1434-5; to sir Richard Carpynter rector of Blakeburgh, to be absent from his church for three years.

[*12 Jan. 1434-5. Grant of an indulgence for Teign Bridge.*]

INDULGENCIA PRO PONTE DE TEYNGBRYGGE.

Dominus concessit quadraginta dies indulgencie sub litteris suis patentibus omnibus bona aliqua contribuentibus ad reparacionem, emendacionem et sustentacionem pontis de Teyngbrygg'.

DIMISSORIE.

29 Jan. 1434-5, Chuddelegh; to Nicholas Brode deacon, for the priesthood.

COMMISSIO AD INQUIRENDUM SUPER VACACIONE [ETC.] DE WYKE SANCTE MARIE.

29 Jan. 1434-5; to the archdeacon of Cornwall, to enquire into the vacancy etc. of the church of Wyke St Mary, to which sir John Hauke chaplain has been presented by John Jayben and John Corke, by reason of an exchange with the vicarage of Morwynstow.

DIMISSORIE.

22 Jan. 1434-5, Chuddelegh; to John Payn tonsured, for all minor and holy orders.

COMMISSIO AD INQUIRENDUM SUPER VACACIONE [ETC]. DE CHEDELTON.

27 Jan. 1434-5; to the archdeacon of Barnstaple, to enquire in full chapter into the vacancy etc. of the parish church of Chedelton [*Cheldon*], to which sir Roger Juyll chaplain has been presented by Joan widow of John Caylleway esquire.

COMMISSIO AD INQUIRENDUM SUPER VACACIONE [ETC.] DE JACOBYSTOW.

27 Jan. 1434-5, Chuddelegh; to the archdeacon of Cornwall, to enquire in full chapter into the vacancy etc. of the parish church of Jacobystow, to which sir Thomas Hoper chaplain has been presented by Sir John Herle knight; to expedite if the enquiry so warrant; and to certify.

[*27 Jan. 1434-5. Licence to William Berwyke O.P., of Truro, to preach and hear confessions in the diocese, for one year.*]

LICENCIA CONCESSA IUXTA FORMAM CONSTITUCIONIS *Super Cathedram.*

Item eisdem die et loco dominus concessit licenciam fratri Willelmo Berwyke ordinis fratrum predicatorum conventus de Truru Exonien' diocesis, ut in ecclesiis parochialibus et aliis locis honestis infra diocesim Exonien' predicare valeat, et confessiones quorumcumque subditorum suorum sibi in foro anime peccata sua confiteri volencium audire, eosque absolvere et eis pro peccatis commissis penitencias salutares iniungere iuxta formam constitucionis *Super Cathedram,*[1] per annum tantummodo duraturam etc..

(*fo. 111*) LICENCIA CELEBRANDI.

4 Feb. 1434-5; to Joan widow of John Avenell, for divine service in her presence in any suitable place in her house in the parish of Southmolton.

COMMISSIO AD INQUIRENDUM SUPER VACACIONE [ETC.] DE BRODOK.

9 Feb. 1434-5, Chuddelegh; to the archdeacon of Cornwall, to enquire in full chapter into the vacancy etc. of the parish church of Brodok

---

[1]*Extravag. Commun.* III vi. c.2.   A constitution of Boniface VIII, regulating grounds of contention between the parochial clergy and the mendicant orders.   Ed. Friedburg, p. 1274.

[*Broadoak*], to which sir Thomas Tarte chaplain has been presented by Thomas Carmynow esquire; and to expedite if the enquiry so warrant.

COMMISSIO AD INQUIRENDUM SUPER VACACIONE [ETC.] DE LOKYSBEARE.

10 Feb. 1434-5; to the archdeacon of Totnes, to enquire in full chapter into the vacancy etc. of the parish church of Lokysbear', to which sir William Play chaplain has been presented by John Avenell.

DIMISSORIE.

13 Feb. 1434-5, Chuddelegh; to John Penburthi acolyte, and to Thomas Matheros tonsured, for all holy orders.

[*14 Feb. 1434-5. Commission to the archdeacon of Cornwall's official, to prove and enter the will of the late Sir John Arundell knight, and to grant the administration to the executors named in it, if they will undertake it; otherwise to proceed as in intestacy and commit administration to Sir Thomas Arundell knight and Ramfrid Arundell.*]

COMMISSIO AD PROBANDUM ET INSINUANDUM TESTAMENTUM DOMINI JOHANNIS ARUNDELL MILITEM.

Edmundus [etc.] dilecto [etc.] magistro Willelmo Hendre officiali archidiaconi nostri Cornubie salutem [etc.]. Ad probandum et insinuandum testamentum domini Iohannis Arundell militis nostre diocesis defuncti ac ad administracionem omnium bonorum ipsum testamentum concernencium executoribus in eodem testamento nominatis si eam admittere voluerint, alioquin tanquam ab intestato decedentis, dilectis filiis domino Thome Arundell militi et Ramfrido Arundell administracionem bonorum dicti defuncti auctoritate nostra committendum, vobis de cuius fidelitate plene confidimus tenore presencium committimus vices nostras. In cuius rei testimonium sigillum nostrum presentibus est appensum. Datum [etc.] Chuddelegh xiiij° die mensis Februarii anno Domini millesimo CCCC^{mo} xxxiiij° [etc.].

DIMISSORIE.

1 March 1434-5, Chuddelegh; to Thomas Bynham acolyte, for all holy orders.

[*4 March 1434-5, at Chudleigh. Receipt of the King's mandate to admit a suitable clerk to the rectory of Duloe on the presentation of John Yerde and Ann his wife, who have recovered the advowson in the King's court from William Bodrygan knight and Henry Wynnegode chaplain.*]

BREVE AD ADMITTENDUM YDONEAM PERSONAM AD ECCLESIAM DE DULO
U T PATET.

Dominus recepit breve regium prout sequitur. Henricus [etc.]
venerabili [etc.] E. [etc.] salutem. Sciatis quod Iohannes Yerde et
Anna uxor eius in curia nostra coram iusticiariis nostris apud Westm.
per consilium eiusdem curie recuperaverunt presentacionem suam
versus Willelmum Bodrygan militem et Henricum Wynnegode capellanum ad ecclesiam de Dulo vestre diocesis vacantem et ad donacionem
eorum spectantem. Et ideo vobis mandamus quod non obstante
reclamacione predictorum Willelmi et Henrici ad presentacionem
predictorum Iohannis et Anne ad ecclesiam predictam ydoneam
personam admittatis. Teste W. Babyngton apud Westm' xxiiij° die
Ianuarii anno regni nostri tercio decimo. Broun.

COMMISSIO AD INQUIRENDUM SUPER IURE PATRONATUS ECCLESIE
PAROCHIALIS DE DOUELTON.

4 March 1434-5, [Chudleigh]; to the archdeacon of Barnstaple, to
enquire into the right of patronage of the parish church of Douelton,
to which sir Baldwin Haukyn chaplain has been presented by Sir
Thomas Courtenay, earl of Devon, by reason of an exchange with the
parish church of Erdynglegh [*Ardingly*] in the diocese of Chichester.

LICENCIE CELEBRANDI.

7 March 1434-5, [Chudleigh]; for divine service celebrated by suitable
priests in the chapel of St Constantine in the parish of Dunderton.

8 March 1434-5, [Chudleigh]; to Richard Hall, for divine service in
his presence in any suitable place in Devon.

(*fo. 111v*) BREVE PRO QUARTA PARTE ET MEDIETATE DECIME LEVANDE.

8 March 1434-5, [Chudleigh]; the bishop received the King's writ for
the collection of a quarter and a half a tenth granted in the Convocation
which sat at St Paul's from 7 Nov. to 21 Dec. 1433, the quarter to be
paid by the feast of St John Baptist 1435, the first moiety of the half a
tenth by Martinmas (11 Nov.) next following, and the second moiety
of the half a tenth by Martinmas 1436. The writ was attested at
Westminster 12 Jan. 13 Hen. VI. The terms of the grant are as in
Chichele iii. p. 252. cf. *Cal. Fine Rolls 1430-1437*, pp. 227 f.

[*11 March 1434-5. Commission for an exchange of benefices between John
Smith rector of Dolton and Baldwin Haukyn rector of Ardingly, diocese of
Chichester.*]

(*fo. 112v*) COMMISSIO AD EXPEDIENDUM PERMUTACIONEM ECCLESIE
PAROCHIALIS DE DOUELTON.

Item undecimo die mensis Marcii predicti emanavit commissio

domino Simoni Cicestren' episcopo ad expediendum permutacionem inter dominum Johannem Smyth rectorem ecclesie parochialis de Douelton Exon' diocesis et Baldewinum Haukyn rectorem ecclesie parochialis de Erdynglegh Cicestren' diocesis.

DIMISSORIE.

12 March 1434-5; to John Culmelond acolyte, for all holy orders.

LICENCIA CELEBRANDI.

16 March 1434-5; to John Crokker esquire and Margaret his wife, for divine service in the presence of either, and of their children and servants, in any suitable place in the diocese.

COMMISSIO AD INQUIRENDUM SUPER VACACIONE [ETC.] DE CHEDILDON.

17 March 1434-5; to the archdeacon of Barnstaple, to enquire in full chapter into the vacancy etc. of the parish church of Chedelton, to which sir Roger Juyll chaplain has been presented by Joan widow of Edmund Caylleway.

[*24 March 1434-5. Licence to the wife of John Herle knight, to choose her own confessors.*]

LICENCIA ELIGENDI CONFESSORES YDONEOS.

Dominus concessit licenciam uxori domini Johannis Herle militis ad eligendum ydoneum confessorem seu confessores ad audiendum confessiones suas.

[*Same day. Licence to John Braas vicar of Coldridge, to hear the confessions of his parishioners in reserved cases, with the customary exceptions. (See p. 152.).*]

LICENCIA AUDIENDI CONFESSIONES IN CASIBUS RESERVATIS.

Item eodem die dominus concessit licenciam domino Johanni Braas vicario perpetuo ecclesie parochialis de Colrygg Exonien' diocesis, ad audiendum confessiones parochianorum suorum in casibus sibi reservatis, illis exceptis qui de consuetudine sunt excipiendi; cum clausula Post annum minime valuturam [*sic*] etc.

[*24 March 1434-5. The bishop appoints Henry Webber, bachelor in decrees, canon of Ottery St Mary and rector of St Mary Major, Exeter, to be his proxy in the Council of Basel, to deliberate etc. on the uprooting of heresy and error, the reform of morals in head and members, and the peace and concord of the Kingdom, and of other kingdoms, and of all Christian people; to excuse the bishop's absence; and to defend, in any cause or negotiation, and before any*] *tribunal, the bishop's status, dignity and jurisdiction and those of his cathedral church.*]

PROCURATORIUM DOMINI PRO CONSILIO GENERALI IN CIVITATE BASILIEN'.

Pateat universis per presentes quod nos Edmundus miseracione divina Exonien' episcopus discretum virum magistrum Henricum Webber in decretis bacallarium in ecclesia collegiata de Otery sancte Marie nostre Exonien' diocesis canonicum et prebendarium necnon ecclesie parochialis beate Marie maioris civitatis nostre Exon' rectorem nostrum verum et legittimum procuratorem, negociorum gestorem, actorum factorem et nuncium specialem citra tamen revocacionem aliorum quorumcumque procuratorum nostrorum ante datam presencium qualitercumque constitutorum ordinamus, facimus et constituimus per presentes; dantes et concedentes eidem procuratori nostro potestatem generalem et mandatum speciale pro nobis et nomine nostro ac ecclesie nostre Exonien' una cum aliis prelatis ecclesie Anglicane ac regni Anglie in sacrosancto Basilien' consilio sive sinodo auctoritate apostolica in Spiritu Sancto congregato comparendi et interessendi, ac de et super heresis atque errorum extirpacione, morum in capite et in membris reformacione, ac regni et regnorum ceterorumque Christicolarum adinvicem auctore discordiarum procurante certancium pacificacione tractandi, communicandi; necnon consilium et auxilium ad fidei catholice defensionem et exaltacionem, pacemque et concordiam in populo Christiano componendam et nutriendam, atque vite et morum cuiuslibet status reformacionem ac divinorum preceptorum observanciam pro nobis et nomine nostro prebendi; necnon hiis que in eadem sacrosancta synodo ex deliberacione communi ad honorem Dei ac universalis ecclesie et presertim ecclesie Anglicane ac presbiterorum et cleri (*fo. 113*) eiusdem utilitatem, morum ac vite reformacionem et populi Christiani concordiam et animarum unitatem[1] contigerit concorditer ordinari consenciendi ac consensum et assensum in hac parte pro nobis et nostro nomine impendendi, ac in eventu prout iustum, equum et racioni consonum fuerit dissenciendi et contradicendi; nosque a personali comparicione in dicta sacrosancta sinodo et alibi quociens opus fuerit excusandi, causam seu causas absencie nostre proponendi, allegandi et si necesse fuerit probandi, et super hiis fidem debitam faciendi; et insuper si opus fuerit in omnibus et singulis causis et negociis nos, statum aut dignitatem nostram et iurisdiccionem nostram episcopalem seu ecclesiam nostram Exonien' qualitercumque tangentibus motis seu movendis coram quibuscumque iudicibus, ordinariis, delegatis, subdelegatis eorumve commissariis quibuscumque agendi, defendendi, ponendi et articulandi, posicionibus et articulis respondendi, crimina et defectus obiciendi et obiectis respondendi,

[1] *MS*—umitalem.

litem contestandi, iuramenta de calumpnia et de veritate dicenda ac quodlibet aliud genus liciti sacramenti in animam nostram prestandi, statusque nostri reformacionem in integrum restitucionem dampnorum estimacionem expensas et interesse ac absolucionem a quibuscumque suspensionis, excommunicacionis et interdicti sentenciis a iure vel ab homine latis vel ferendis petendi, recipiendi et obtinendi, provocandi et appellandi, provocaciones et appellaciones intimandi et notificandi, appellatosque petendi et recipiendi (*et obtinendi provocandi et appelandi*)[1] earumque causas cum effectu prosequendi, alium vel alios procuratorem seu procuratores loco sui substituendi, substitutum seu substitutos huiusmodi revocandi procuratorisque officium in se reassumendi quociens et quando sibi videbitur expedire; omniaque alia et singula faciendi, exercendi et expediendi que in premissis et circa ea necessaria fuerint seu quomodolibet oportuna et que per nos fieri possent si personaliter interessemus eciam si mandatum in se maius exigant speciale pro eodem vero procuratore nostro substituto seu substituendo ab eodem, promittentes nos ratum et gratum ac firmum perpetuo habituri quicquid per dictum procuratorem nostrum seu substituendum ab eodem actum, factum, procuratum seu gestum fuerit in premissis. In quorum omnium et singulorum testimonium has litteras nostras seu presens publicum instrumentum per magistrum Ricardum Chichestr' clericum Exonien' diocesis auctoritate apostolica notarium publicum nostrorum actorum scribam et registrarium subscribi et publicari mandavimus ac sigilli nostri appensione fecimus communiri. Data et acta sunt hec prout suprascribuntur et recitantur in manerio nostro de Chuddelegh nostre Exonien' diocesis antedicte sub anno Domini secundum computacionem ecclesie Anglicane millesimo CCCC^mo xxxiiij°, indiccione quartadecima, pontificatus sanctissimi in Christo patris et domini nostri domini Eugenii pape quarti anno quinto incipiente, et nostre translacionis anno xv°, mensis Marcii die xxiiij°. Presentibus tunc ibidem magistro Willelmo Brounyng decretorum doctore et Johanne Burneby utriusque iuris bacallario testibus Exon' diocesis ad premissa specialiter rogatis.

Et ego Ricardus Chichestr' [etc., *as on p. 15*].

MUTACIO ANNI DOMINI

Commissio ad levandum quartam partem decime in comitatu Devon'.

31 March 1435, Chuddelegh; to the abbot of the Premonstratensian abbey of Torr (*fo. 113v*), appointing him collector of the quarter of a tenth in Devon payable at the king's exchequer on St John Baptist's day next; substantially as on p. 129, with the additional exemption of the parish churches of Mewshaue, Bonelegh and Northlegh and the

[1] *Cancelled by dots.*

vicarage of the parish church of Dawlish as at B on p. 222 above.
[Bickleigh and Southleigh are not mentioned.]

COMMISSIO CONSIMILIS PRO COMITATU CORNUBIE.

Same day and place; to the prior of the Augustinian priory of Bodmin,
appointing him collector for Cornwall.

[*31 March 1435. Receipt of a writ of* Venire facias, *requiring the bishop
to cause John Morton clerk to appear before the King's judges at Westminster
to answer a plea of Walter Marker chaplain for a debt of forty marks.*]

BREVE DE VENIRE FACIAS IOHANNEM MORTON CLERICUM.

Item eodem die ibidem dominus recepit breve infrascriptum.
Henricus [etc.] venerabili [etc.] E. [etc.] salutem. Mandamus vobis
quod venire faciatis coram iusticiariis nostris apud Westm' a die
Pasche in quindecim dies Iohannem Morton de Exon' in comitatu
Devon' clericum, clericum vestrum, ad respondendum Waltero Marker
capellano de placito quod reddat ei quadraginta marcas quas ei
debet et iniuste detinet ut dicit et unde vicecomes noster Devon'
mandavit iusticiariis nostris apud Westm' a die sancti Hillarii in xv
dies quod predictus Iohannes vester clericus est et beneficiatus in
episcopatu vestro, nullum habens laicum feodum in balliva sua per
quod potest summoniri. Et habeatis ibi hoc breve. Teste Willelmo
Babyngton apud Westm' xxxj° die Ianuarii anno regni nostri tercio
decimo.

[*Return to the above: the bishop has warned him to appear, and names his
sureties.*]

RETORNACIO BREVIS PREDICTI.

Nos Edmundus Exonien' episcopus infrascriptum Iohannem
premuniri fecimus et citari quod sit coram iusticiariis domini nostri
regis ad diem et locum infrascriptos facturum quod breve supra-
scriptum exigit et requirit. Plegiis Iohannes Morton, Thomas Robyn,
Iohannes Pynnecote clericis infrascriptis. Per E. episcopum Exon'.

LICENCIA ABSENTANDI.

1 April 1435, Chuddelegh; to master William Duffeld rector of Ewe
[*St Ewe*] in Cornwall, to be absent for five years.

COMMISSIO AD INQUIRENDUM SUPER VACACIONE [ETC.] DE NORTHHEWISSH.

4 April 1435; to the archdeacon of Totnes, to enquire into the vacancy
etc. of the parish church of Northhewyssh, to which sir Roger Bonde
has been presented by Nicholas Tremayn.

DIMISSORIE.

4 Apr. 1435; to Hugh Blake acolyte, for all holy orders.

(*fo. 114*) CERTIFICATORIUM DE NOMINIBUS COLLECTORUM QUARTE PARTIS ET MEDIETATIS DECIME INTEGRE.

9 Apr. 1435, Chuddelegh; to the treasurer and barons of the exchequer, in compliance with the king's writ *prout continetur in quarto folio precedente etc.* [fo. 111v], certifying the names of collectors as follows: of the quarter of one tenth, payable on the feast of St John Baptist next, for Devon the abbot of Torre and for Cornwall the prior of Bodmin; of the first moiety of the half a tenth payable at Martinmas next, for Devon the prior of Montacute in the diocese of Bath and Wells, impropriator of the parish church of Holcomb Roges, and for Cornwall the abbot of Neweham impropriator of the parish church of Plenynt in Cornwall; of the second moiety of the half a tenth payable at Martinmas 1436, for Devon the abbot of Dunkyswyll and for Cornwall the prior of Launceston. The form is as on p. 229, except that the parish churches of Bickleigh and Southlegh are not named amongst the exemptions.

DIMISSORIE.

15 Apr. 1435; to John Furlard tonsured, for all minor and holy orders.

17 Apr. 1435; to John Jowy tonsured, for the same.

6 May 1435; to John Broke tonsured, for the same.

LICENCIA CELEBRANDI.

14 May 1435, Chuddelegh; to sir Richard Stevyn vicar of Buddelegh [*East Budleigh*], for divine service celebrated by himself or others in the chapels of St Michael at Wydecomb [*Withycombe Raleigh*], St Margaret, St Leonard and St James, in his parish.

DIMISSORIE.

16 May 1435; to John Rondell tonsured, for all minor and holy orders.

(*fo. 114v*) COMMISSIO AD INQUIRENDUM SUPER VACACIONE [ETC.] DE HEAUNTON.

16 May 1435, Chuddelegh; to the archdeacon of Barnstaple, to enquire in full chapter into the vacancy etc. of the parish church of Heaunton Poncherdon, to which sir John Holman chaplain has been presented by Sir Thomas Beaumont knight.

DIMISSORIE.

17 May 1435; to Thomas Chapyn acolyte, for all holy orders.

[*21 May 1435, at Chudleigh. Commissions for the collection of the half a tenth, as specified on p. 297.*]

COMMISSIONES PRO PRIMA MEDIETATE MEDIETATIS DECIME INTEGRE IN COMITATIBUS DEVON' ET CORNUBIE LEVANDA.[1]

Emanarunt commissiones pro prima medietate medietatis decime integre levanda, una videlicet priori prioratus Montis Acuti Bathon' et Wellen' diocesis proprietarii ecclesie parochialis de Holecomb Roges Exon' diocesis pro comitatu Devon', et alia abbati monasterii de Neweham proprietarii ecclesie parochialis de Plenynt in Cornub' pro comitatu Cornub', ut supra in folio proxime precedente etc. exceptis ut in breve etc. excipiendis.

COMMISSIO AD INQUIRENDUM SUPER VACACIONE [ETC.] DE HEAUNTON PONCHERDON.

22 May 1435; to the archdeacon of Barnstaple, to enquire into the vacancy etc. of the parish church of Heaunton Poncherdon, to which sir John Holman chaplain has been presented by sir Thomas Beaumont knight, Thomas Beaumont of Santon, John Chichester, John Mulys and William Whitfeld.

COMMISSIO AD INQUIRENDUM SUPER VACACIONE [ETC.] DE CHEDELTON.

23 May 1435; to the same, to enquire into the vacancy etc. of the parish church of Chedelton, to which sir Roger Juyll has been presented by John Cayleway esquire.

DIMISSORIE.

30 May 1435; to Robert Penyngton acolyte, for all holy orders.

DISPENSACIO SUPER DEFECTU NATALIUM.

11 June 1435, Chuddelegh; the bishop, by virtue of a commission (not recited) from Jordan bishop of Sabina dated at St Peter's, Rome, 5 Id. Jun. 3 Eugenius IV [*9 June 1433*], granted a dispensation, after due enquiry, to John Lac scholar, permitting him, despite his defective birth of parents both unmarried, to receive all orders and to hold a benefice even with cure of souls, subject to the conditions of ordination and residence as before. Present as witnesses: master William Brownyng Doctor of Decrees, John Burneby LL.B., *ac me* Richard Chichestr' notary public, and others.

---

[1] *Added in the top margin for insertion here.*

Dimissorie.

Same day and place; to Stephen Wade acolyte, for all holy orders.

Commissio ad inquirendum super vacacione [etc.] ecclesie sancti Pancracii.

14 June 1435; to the archdeacon of Exeter, to enquire into the vacancy etc. of the parish church of St Pancras [Exeter], to which William Dygon clerk has been presented by the King; *et si huiusmodi inquisicio [fecerit] pro presentante et presentato memoratis ad admittendem eundern seu eius procuratorem suo nomine ad eandem necnon in corporalem possessionem dicte ecclesie instituendum et inducendum etc.*

Commissio ad inquirendum super vacacione [etc.] de Calwodelegh.

Same day and place; to the same, to enquire in full chapter into the vacancy etc. of the parish church of Calwodelegh [*Calverleigh*], to which sir John Webber chaplain has been presented by master Roger Bolter precentor of Exeter cathedral, Thomas Carmynow esquire, John Mulys, John Wolston, John Weye and John Wode; *si huiusmodi inquisicio* [etc.] *ut supra.*

Commissio ad inquirendum super vacacione [etc.] cantarie de Waysshborne.

20 June 1435, [Chudleigh]; to the archdeacon of Totnes, to enquire in full chapter into the vacancy etc. of the chantry or chapel of St Mary at Waysshbourne [parish of Halwell],[1] to which sir Thomas Bonde has been presented by John Hawley.

(fo. 115) Commissio ad inquirendum super vacacione [etc.] de Plymptr'.

22 June 1435; to the archdeacon of Exeter, to enquire into the vacancy etc. of the parish church of Plymptr', to which Richard Smerte chaplain has been presented by Sir Walter Hungerforde knight, lord of Haytesbyry and of Hommet; to admit, institute and induct him if the enquiry so warrant, and to certify.

Licencia celebrandi.

25 June 1435; to sir Robert Pruste rector of Estancy [*East Anstey*], for divine service celebrated by himself or by others in his presence in any suitable place in the archdeaconry of Barnstaple.

---

[1]*Place-Names of Devon*, p. 324; but, according to O. J. Reichel, a fee of the manor of Harberton: *Transactions of the Devonshire Association*, xxxiii (1901), p. 620; xxxvi 1904), p. 370; and xliii (1911), p. 206.

DIMISSORIE.

26 June 1435; to John Lawrence acolyte, for all holy orders.

[*4 July 1435. Grant of an indulgence for St Mary Magdalen's chapel near Helston.*]

INDULGENCIA PRO CAPELLA.

Dominus concessit quadraginta dies indulgencie sub litteris suis patentibus omnibus bona aliqua contribuentibus capelle beate Marie Magdalene iuxta Helston.

[*Same day. The same for pilgrims to St Michael's chapel in Braunton.*]

INDULGENCIA PRO CAPELLA.

Item eodem die dominus concessit quadraginta dies indulgencie sub litteris suis patentibus omnibus devote visitantibus causa peregrinacionis capellam sancti Michaelis infra parochiam de Braunton situatam ad libitum etc..

LICENCIA ABSENTANDI AB ECCLESIA.

Same day; to sir Thomas Cowronde rector of Dunderton, to be absent from his church for one year.

[*4 July 1435. Licence for Johy Ysaak rector of Bradstone to celebrate twice in one day, viz. once in his own church and once in Dunterton church.*]

LICENCIA BIS IN DIE CELEBRANDI.

Item eodem die dominus concessit licenciam domino Johanni Ysaak capellano rectori ecclesie parochialis de Bradeston Exonien' diocesis ad celebrandum bis in die, una vice in ecclesia sua propria, alia in ecclesia parochiali de Dunderton etc..

MUTACIO ANNI TRANSLACIONIS DOMINI

LICENCIA CELEBRANDI.

10 July 1435, Chuddelegh; to sir Thomas Juner rector of Bewford [*Beaford*], for divine service celebrated by himself or by others in his presence in any suitable place in the diocese, during pleasure.

[*11 July 1435. Commission of inquiry into the vacancy of the vicarage of Loddiswell, and into the extent of the vicar's liabilities in Buckland [-Tout-Saints] chapel.*]

COMMISSIO AD INQUIRENDUM SUPER VACACIONE ET IURE PATRONATUS VICARIE DE LODYSWYLL.

Emanavit commissio archidiacono Totton' seu eius officiali ad inquirendum in pleno loci capitulo super vacacione et iure patronatus vicarie perpetue ecclesie parochialis de Lodeswyll Exon' diocesis ad quam dominus Willelmus Bowryng capellanus per magistrum Benedictum Brente rectorem capelle collegiate beate Marie de Slapton et eiusdem loci socios presbyteros et clericos domino extitit presentatus, aceciam que onera vicarius loci in capella de Bokelond infra parochiam predictam situata subire teneatur etc..

LICENCIA CELEBRANDI.

Same day; to John Wydeslade and Elizabeth his wife, for divine service in the presence of both or either of them in any suitable place in the diocese; *et quilibet capellanus honestus in eorum presencia bis in die celebrare valeat.*

[*15 July 1435. Receipt of the certificate of the inquiry into the vacancy etc. of the vicarage of Loddiswell, held on 13 July in full chapter in St Edmund's chapel, Kingsbridge. The vicarage is vacant by the death of Peter Holdyche on 26 June. The rector and college of St Mary, Slapton, are the patrons by right of the appropriation of the church to them, the course of which, with the recent history of the advowson, is traced. On the vicar's liabilities in Buckland-Tout-Saints the evidence of further named witnesses is that the vicar is responsible for mass there ten times a year, on stated festivals; that he baptizes there the children born in Buckland and Wodemeston (Bearscombe), and churches their mothers. Two witnesses deposed that they had seen marriages solemnized there by the rector of Loddiswell, and that one rector celebrated there on Thursdays one summer; one said he had seen the rector and other priests ride to the chapel before dinner, but whether they celebrated he did not know.*]

CERTIFICATORIUM SUPER INQUISICONE PRENOTATA PRO VICARIA DE LODYSWYLL PREDICTA.

Item quintodecimo die mensis eiusdem dominus recepit certificatorium cuiusdam commissionis sue archidiacono Totton' directe de vacacione et iure patronatus vicarie de Lodyswyll et de oneribus que vicarius loci predicti subire et supportare teneatur in capella de Bokelond [*Buckland-Tout-Saints*] infra eandem parochiam situata prout sequitur in hec verba. Reverendo [etc.] Edmundo [etc.] suus humilis et devotus in Christo filius Iohannes Knyght officialis archidiaconi Totton' obedienciam et reverenciam tanto patri debitas cum omni humilitatis honore. Scire dignetur vestra paternitas prelibata me commissionis vestre reverende litteras duodecimo die mensis Iulii anno Domini infrascripto cum ea que decet reverencia humiliter recepisse seriem continentes infrascriptam. Edmundus [etc.] dilecto [etc.] archidiacono nostro Totton' seu eius officiali salutem [etc.]. Presentarunt nobis dilecti in Christo filii Benedictus Brente rector [capelle] collegiate beate Marie de Slapton et eiusdem loci socii presbiteri et clerici dominum Willelmum Bowryng nostre diocesis capellanum ad vicariam perpetuam ecclesie parochialis de Lodeswyll predicte nostre diocesis vacantem et ad suam ut dicunt presentacionem spectantem. Vobis igitur committimus et mandamus [etc. *as on p. 113*] (*fo. 115v*) per rectores et vicarios decanatus illius in quo dicta vicaria consistit in pleno loci capitulo in numero sufficienti coram vobis presentes et iuratos, necnon que onera in capella de Bokelond infra parochiam de Lodeswyll predictam situata vicarius in predicta vicaria subire et supportare teneatur, per viros fidedignos pleniorem noticiam habentes diligenter et fideliter inquiratis. Et quid reppereritis [etc. *as on p. 114*]. Datum sub sigillo nostro apud Toryton Magnam decimo die mensis Iulii anno Domini M° CCCC^mo xxxv° et nostre translacionis anno xvj°.

Post quarum quidem litterarum vestrarum reverendarum recepcionem tercio decimo die mensis Iulii anno Domini supradicto per discretos viros magistros Ricardum Olyver de Alyngton [*East Allington*], Thomam Gambon de Aveton Gyffard, Iohannem Wynterbourne de Charleton, dominos Iohannem Scoche de Cherystow [*Churchstow*], Thomam Carpynter de Thurleston, Iohannem Pecok de Pole [*South Pool*], Iohannem Drake de Wodelegh, Iohannem Offorde de Dodebrok ecclesiarum parochialium rectores, et dominos Willelmum Yngram de Alvyngton [*West Alvington*], Willelmum Come de Stokenham ecclesiarum vicarios, ac dominos Thomam Ledyston in ecclesia parochiali de Aveton Gyffard et Robertum Stone in ecclesia parochiali de Morlegh perpetuas cantarias obtinentes, coram me officiali antedicto in capella sancti Edmundi regis de Kyngesbrygge in pleno loci capitulo personaliter comparentes et in forma iuris debita super premissis omnibus et singulis specialiter iuratos, vocatis prius in hac parte de iure vocandis, inquisicionem feci diligentem et fidelem. Qui iurati in vim eorum iuramentorum dicunt quod dicta vicaria vacat et incepit vacare vicesimo sexto die mensis Iunii anno Domini supradicto per mortem domini Petri Holdyche ultimi et inmediati vicarii eiusdem. Rector, socii, presbiteri et clerici capelle collegiate beate Marie de Slapton sunt hac vice veri patroni vicarie ecclesie parochialis de Lodyswyll iure appropriacionis eiusdem ecclesie eis et eorum collegio ut infra dicetur facte, et eodem iure ultimo presentarunt ad vicariam antedictam, et eisdem rectori, sociis, presbiteris et clericis ius patronatus in dicta ecclesia taliter est adquisitum videlicet quod quidam dominus Willelmus la Zouche iure hereditario verus patronus ecclesie parochialis de Lodyswyll antedicte totum ius quod habuit in eodem iure patronatus per finem coram iusticiariis domini regis Anglie factum dedit et reddidit domino Gwidoni Bryene militi seniori et eius heredibus imperpetuum, qui quidem finis realiter coram dictis iuratis erat ostensus, et deinde quidam Robertus Lovell et Elizabeth uxor eiusdem filia domini Gwidonis Bryene militis iunioris et heres prenominati domini Gwidonis Bryene senioris per finem coram iusticiariis domini regis eciam coram dictis iuratis exhibitum omne ius quod habuerunt in advocacione ecclesie parochialis de Lodyswyll antedicte sive iure patronatus eiusdem dederunt et rediderunt rectori, sociis, presbiteris et clericis capelle collegiate, post quorum dacionem et reddicionem ecclesie parochialis de Lodyswyll antedicte cum omnibus suis iuribus et pertinenciis universis, salva congrua porcione vicarii Deo famulantis in eadem, accedente et precedente consensu metuendissimi in Christo principis regis Anglie, per auctoritatem Romani pontificis rectori, sociis, presbiteris et clericis capelle collegiate antedicte eorum collegio, concurrentibus singulis in hac parte de iure requisitis, extitit unita, appropriata et annexa ac in eorum usus una cum advocacione et iure patronatus eiusdem in eorum proprios usus perpetuo possidenda canonice et licite donata; et sic predicti rector, socii, presbiteri et clerici capelle collegiate memorate prenominate vicarie de Lodyswyll sunt veri patroni eiusdem vicarie de Lodiswill (*fo. 116*) iure unionis, annexionis, appropriacionis et donacionis antedictarum, et eodem iure presentant hac vice et ultimo tanquam veri patroni eiusdem vicarie de Lodeswyll presentarunt ad eandem. Super premissis videlicet oneribus que vicarius de Lodeswyll in capella de Bokelond subire et supportare teneatur, per viros ecclesiasticos antedictos ac per Henricum Kyng, Walterum Legh, Thomam Drake, Michaelem Cornyssh, Iohannem Veyse, Willelmum Dyer, Willelmum Scoos, Iohannem Perys, de parochia de Lodyswyll, Iohannem Symon de parochia de Dodbroke, Laurencium Wynter de parochia de Alvyngton, Thomam Crympe seniorem de parochia de Kyngesbrygge et Iohannem Weryng de parochia de Charleton, laicos noticiam premissorum verisimiliter obtinen[te]s, predictis die et loco in forma iuris iuratos inquisicionem eciam feci diligentem. Qui sic iurati dicunt quod vicarius ecclesie parochialis de Lodyswyll decies singulis annis in capella de Bokelond predicta missam per se vel per capellanum idoneum in festis subscriptis celebrabit vel faciet celebrari, in festis seu solempnitatibus Epiphanie Domini, Purificacionis Virginis gloriose, Pasche, Ascensionis Domini, Pentecostes, Trinitatis, Apostolorum Petri et Pauli, Assumpcionis beate Marie, Omnium Sanctorum et Natalis Domini. Dicunt eciam [quod] pueri infra villas sive hamelectas de Bokelond et Wodemeston [*Bearscombe*] nati in eadem capella per vicarium antedictum baptizabuntur, a eorum matres post partum in eadem capella purificabuntur per eundem vicarium. Iohannes Simon et Laurencius Wynter antedicti addendo ad premissa dicunt quod sepius viderunt matrimonii solempnizaciones fieri in capella predicta per rectorem ecclesie parochialis de Lodyswyll quando

T

erat in eadem ecclesia rector institutus, et per vicarium eiusdem ecclesie ultimum iam premortuum. Ulterius dicunt iidem Iohannes et Laurencius quod viderunt Iohannem Hornecastell quondam rectorem ecclesie parochialis antedicte aliquo tempore estatis diebus Iovis celebrare in capella antedicta. Iohannes Weryng antedictus dicit quod vidit rectores dicte ecclesie et alios presbiteros ante prandium ad dictam capellam sepius equitare, utrum tamen in dicta capella celebrarunt nescit deponere. Quam quidem inquisicionem per premissos iuratos factam vestre paternitati transmitto clausam. In quorum omnium et singulorum testimonium prenominati viri ecclesiastici presenti inquisicioni sigilla sua alternatim et singulariter apposuerunt prenominati vero laici redditis eorum dictis illicenciati recesserunt. Datum sub sigillo officii mei presentibus pendente et exterius consignato predicto tercio decimo die mensis Iulii anno Domini supradicto.

[*17 July 1435. Grant of an indulgence for Tawstock bridge.*]

INDULGENCIA PRO PONTE DE TAWSTOK.

Dominus concessit quadraginta dies indulgencie omnibus de peccatis suis vere penitentibus, confessis et contritis bona aliqua contribuentibus ad sustentacionem, reparacionem sive construccionem pontis de Tawstok¹ ultra Taw iacentis Exonien' diocesis, ad libitum domini durature.

INDULGENCIA PRO CAMPANILE DE MOLTON.

Same day; the same, in the same terms, for the belfry at Molton.

LICENCIA CELEBRANDI.

21 July 1435, Baunton; to sir Thomas rector of Okeford, for divine service celebrated in his presence in any suitable place in his house.

DIMISSORIE.

29 July 1435; to William Murcomb and John Pounde acolytes, for all holy orders.

COMMISSIO AD INQUIRENDUM SUPER VACACIONE [ETC.] DE TOWSTOK.

1 Aug. 1435, [Exeter]; to the archdeacon of Barnstaple, to enquire into the vacancy etc. of the parish church of Towstok [*Tawstok*], to which John Pulchipatris S.T.P. has been presented by the King, by reason of the minority of Thomasia daughter and heir of Richard

¹*Corrected from* Tavystok.

Hankeforde knight, deceased; and to admit and expedite him to the benefice if the enquiry so warrant.

COMMISSIO AD INQUIRENDUM SUPER POLLUCIONE ECCLESIE PAROCHIALIS DE FREMYNGTON.

2 Aug. 1435; to the prior of Pylton, to enquire whether the parish church of Fremyngton has been polluted by bloodshed or in any other way, and to certify.

[*3 Aug. 1435. Grant of an indulgence for Satterleigh parish church.*]

(*fo. 116v*) INDULGENCIA PRO ECCLESIA PAROCHIALI DE SATERLEGH.

Dominus concessit quadraginta dies indulgencie omnibus de peccatis suis vere penitentibus, confessis et contritis bona aliqua contribuentibus ad sustentacionem, construccionem (*sic*) ecclesie parochialis de Saterleigh Exon' diocese, ad libitum domini tantummodo durature.

[*3 Aug. 1435. Commission to the dean and chapter of Exeter, on the petition of Walter Ollerton vicar for William Lynnewood, canon, in the cathedral choir, to transfer the said Walter to the stall of Roger Bolter, precentor, provision to which has lapsed to the bishop.*]

COMMISSIO AD TRANSFERENDUM VICARIUM IN ECCLESIA CATHEDRALI EXON' DE UNO STALLO AD ALIUM.

Edmundus [etc.] dilectis [etc.] decano et capitulo ecclesie nostre cathedralis Exon' salutem [etc.]. Supplicavit nobis dilectus [etc.] dominus Walterus Ollerton magistri Willelmi Lynnewode canonici ecclesie nostre Exonien' in choro eiusdem ecclesie vicarius quod cum secundum dicte ecclesie nostre Exonien' statuta quilibet canonicus eiusdem ecclesie cuius vicariam vacare contigerit in regno degens infra mensem a vacacione vicarie sue huiusmodi de ydoneo vicario effectualiter providere teneatur, alioquin decanus eiusdem ecclesie infra octo dies continuos sequentes ex officio suo de huiusmodi vicario debeat providere, et in eorum defectu ad nos huiusmodi provisio devolvatur; ac vicaria magistri Rogeri Bolter eiusdem ecclesie nostre precentoris et canonici in regno degentis et ad presens inibi residentis tanto tempore vacaverit quod ad nos provisio eiusdem sit notorie devoluta; quatinus eidem domino Waltero Ollerton de vicaria magistri Rogeri Bolter antedicti providere, ac ipsum de stallo dicti magistri Willelmi Lynnewode ad stallum eiusdem magistri Rogeri Bolter transferre dignaremur. Nos itaque dicti domini Walteri in hac parte supplicacionibus inclinati vobis committimus et mandamus quatinus vicarie prefati magistri Rogeri de prefato domino Waltero Ollerton iure nobis devoluto provideatur, ipsumque dominum Walterum ad eandem vicariam et ad officiandum in eadem nostra ecclesia vice et nomine eiusdem magistri Rogeri Bolter et pro stallo suo ut moris est auctoritate nostra admittatis et transferatis realiter cum effectu, certificantes nos negocio expedito quid feceritis in premissis. Datum [etc.] Chuddelegh iij° die mensis Augusti anno Domini M° CCCC^mo xxxv° [etc.].

[*12 Aug. 1435, at Chudleigh. Grant of an indulgence to pilgrims to, and benefactors of, St George's chapel, Kenwyn.*]

INDULGENCIA PRO CAPELLA.

Dominus concessit quadraginta dies indulgencie sub litteris suis patentibus omnibus devote causa peregrinacionis capellam sancti Georgii infra parochiam Sancti Kenewini in Cornubia situatam visitantibus aut bona contribuentibus ad sustentacionem, construccionem et reparacionem eiusdem, ad libitum durature.

[*Same day. The same for contributors to the causeway at Mousehole.*]

INDULGENCIA PRO CALCETO DE MOISHOLE.

Item eodem die dominus concessit [*as above*] omnibus bona contribuentibus vel manus adiutrices porrigentibus[1] ad sustentacionem et reparacionem calceti de Moushole ob defensionem navium et batellarum ac navigiorum in partibus illis laborancium suffragiis Christifidelium quondam edificati, ad libitum durature.

BREVE DE VENIENDO AD PARLIAMENTUM.

1 Sept. 1435, Chuddelegh; the bishop received a writ of summons, attested at Westminster, 5 July 13 Hen. VI, to a Parliament to be held at Westminster on 10 October next; with the clause *Premunientes;* as on p. 64, with the addition of *et assensu* after *de avisamento* in the opening clause. cf. *C.C.R. 1429-1435,* p. 366.

[*10 Sept. 1435. Licence to Alan Hawys prior of Frithelstock, for absence for two years for study at a University, with conditions.*]

[1]*For the significance of this phrase see Matthew Paris,* Chronica Majora, *(Rolls Ser.) iii. 391, on the building of Salisbury cathedral, A.D. 1237:* Ad quod opus providendum, non tantum episcopus, immo rex, et cum eo multi magnates, manum porrexerunt adiutricem. Unde quidam ait,
    Rex largitur opes, fert praesul opem, lapicidae
    Dant operam; tribus his est opus ut stet opus.
cf. p. 189: fabricam novae ecclesiae ... viriliter est prosecutus, juvante Deo, rege, et populo; *followed by the couplet from Henry of Avranches quoted above. And see below, p. 332.*

Licencia absentandi pro priore de Frythelestock.

Edmundus [etc.] dilecto [etc.] fratri Alano Hawys priori prioratus de Frythelestok nostre diocesis salutem [etc.]. Ut a prioratu vestro predicto absentare et in loco ubi studium infra regnum Anglie viget generale residere [valeatis] ex certis multiphariis causis per vos nobis expressis quas legittimis [*sic*] reputamus tenore presencium licenciam concedimus specialem; (*fo. 117*) proviso enim [*sic*] ante omnia quod eidem prioratui in divinis interim deserviatur laudabiliter in divinis [*sic*] quodque procuratorem sive gubernatorem ibidem constituatis et dimittatis qui nobis et ministris nostris respondeat in omnibus vice vestra; presentibus per biennium duraturis. Datum [etc.] Chuddelegh decimo die mensis Septembris anno Domini M° CCCC^mo xxxv° [etc.].

[*24 Sept. 1435. Licence to the vicar and parishioners of Cullompton, to change their dedication festival from the vigil of St Andrew to the Monday after Michalemas, with the grant of an indulgence.*]

Mutacio diei dedicacionis ecclesie parochialis de Columpton.

Edmundus [etc.] dilectis [etc.] domino Thome Dalyngton vicario perpetuo ecclesie parochialis de Columpton nostre diocesis et parochianis eiusdem salutem [etc.]. Ex parte vestra nobis fuit humiliter supplicatum ut cum ecclesia prefata extiterat in vigilia sancti Andree dedicata et festum dedicacionis huiusmodi per varia impedimenta dicto tempore eveniencia suum non poterit habere servicium ut deceret, quatinus diem dedicacionis ecclesie predicte in alium diem videlicet diem lune proximum post festum sancti Michaelis mutare graciose et favorabiliter dignaremur. Nos igitur vestris iustis peticionibus annuentes, ut dies dedicacionis eiusdem ecclesie cum suis octabis liberius observetur et in eisdem Deo laudabilius serviatur, prefatum diem dedicacionis in diem lune proximum post festum sancti Michaelis predicti in augmentum cultus divini duximus perpetuo commutandum, vobisque vicario et parochianis ut diem dedicacionis ecclesie predicte prefato die lune possitis celebrare, solempnizare et observare licenciam tenore presencium concedimus specialem. Et ut ad premissa facienda mentes fidelium propencius excitemus, de Dei omnipotentis immensa misericordia [etc. *as on p. 107*] omnibus [etc.] de peccatis suis vere penitentibus, confessis et contritis prefato die lune in dicta ecclesia divinis officiis interessentibus quadraginta dies indulgencie misericorditer in Domino concedimus per presentes. In cuius rei [etc.]. Datum apud Chuddelegh xxiiij° die mensis Septembris anno Domini M° CCCC^mo xxxvj° [*sic*] et nostre translacionis anno xvj° [*i.e. A.D. 1435*].

Mandatum domini Cantuar' archiepiscopi ad declarandum et exponendum clero et populo casus et articulos in quibus ipso facto incurritur sentencia excommunicacionis iuxta constituciones provinciales Cant' provincie.

24 Sept. 1435; to the archbishop of Canterbury, acknowledging receipt from master Reginald Kentwode [as before] of a rescript, dated at London, 25 Feb. 1434-5, of the archbishop's mandate for the publishing in English of the sentences of excommunication provided by the provincial constitutions against violators of ecclesiastical liberty. The mandate, dated at Maydesstone 23 Feb. 1434-5, is substantially as in *The Register of Thomas Spofford, Bishop of Hereford,* p. 199.

(fo. 117v) Casus et articuli de quibus supra fit mencio.

Fyrst alle they ar acursed [etc., substantially as in *Chichele* iii. pp. 257 f., the main exception being: p. 258, para. 3, line 3: after *userers, Lacy (fo. 118)* inserts *alle thei that do symony or sacrilege, heretikes, lollardes, and fautors of hem, famoses theves*].

(fo. 118) Licencia absentandi ab ecclesia.

24 Sept. 1435; to sir John Holman rector of Heaunton Pouncherdon, to be absent for one year.

Licencia celebrandi.

20 Sept. 1435, Chuddelegh; to Robert Kyrkeham esquire and Elizabeth his wife, for divine service in the presence of both or either of them in any suitable place in Devon, during pleasure.

Also to Nicholas Colbroke and Dionisia his wife, in the same terms.

Commissio ad inquirendum super vacacione [etc.] de Uffecolme.

30 Sept. 1435; to the archdeacon of Exeter, to enquire into the vacancy etc. of the parish church of Uffecolme, said to be vacant, to which sir John Carter chaplain has been presented by William prior and the convent of the cathedral church of Bath; to admit, institute and induct him if the enquiry so warrant, and to certify.

Dimissorie.

30 Sept. 1435, Chuddelegh; to Robert Dokyngham acolyte, for all holy orders.

Dispensacio super defectu natalium.

1 Oct. 1435, [Chudleigh]; by virtue of a commission, not recited, of Jordan bishop of Sabina dated at Rome at the Holy Apostles 15 Kal.

Feb. 13 Martin V [*18 Jan. 1430*], the bishop after due enquiry granted a dispensation to Robert Froden clerk permitting him, despite his defective birth of a single man and woman, to receive all orders and to hold a benefice even with cure of souls, subject to the conditions of ordination and residence as before. Witnesses: brother John Courteys S.T.P., master John Burnebyry U.I.B., and others.

DIMISSORIE.

Same day; to Robert Froden acolyte, for all holy orders.

[*2 Oct. 1435. Appointment of the bishop of Ely and Peter Stukelegh canon of Exeter as the bishop's proxies in Parliament.*]

PROCURATORIUM AD COMPARENDUM PRO DOMINO IN PARLIAMENTO.

Emanavit procuratorium ad dominum Philipum Elien' episcopum et Petrum Stukelegh ecclesie cathedralis Exon' canonicum ad comparendum in parliamento domini nostri regis pro domino et ad consenciendum statutis et aliis etc. ut in forma.

DIMISSORIE.

3 Oct. 1435; to John Mychell acolyte, for all orders.

(*fo. 118v*) LICENCIA CELEBRANDI.

4 Oct. 1435; to sir Richard Tomma vicar of St Menefrede [*St Minver*] in Cornwall, for divine service celebrated by himself or by others in his presence in certain chapels (*in quibusdam capellis*) in his parish.

LICENCIA CELEBRANDI.

6 Oct. 1435; to Richard Raw and Joan his wife, for divine service in their presence in any suitable place in the archdeaconry of Barnstaple.

COMMISSIO AD INQUIRENDUM SUPER VACACIONE ET IURE PATRONATUS MEDIETATIS DE ERMYNGTON.

7 Oct. 1435; to the archdeacon of Totnes, to enquire in full chapter into the vacancy etc. of a moiety in the parish church of Ermyngton, to which sir John Eggecomb chaplain has been presented by John Hampdene, Thomas Ramsey and Peter Fetiplace.

[*11 Oct. 1435. Ratification of a composition made on 15 July at Pilton when the bishop, while on progress, found active strife between the prior and monks of Pilton, impropriators of Pilton parish church, and the prior and convent of Barnstaple, impropriators of St Peter's, Barnstaple, about the boundary between the two parishes, and in particular about the taking of tithes from Pottington and from John Chichester's meadow on the east side of Pilton Fosse, called Hollyforde. After examining witnesses on oath, the bishop confirmed their delineation of the boundary as the authoritative one, and their allocation of the tithes as they had been taken from time immemorial: namely, that John Chichester's meadow lay wholly in Pilton parish, and that all tithes from it were the property of the prior and monks of Pilton; and that Pottington lay also in Pilton, and that the prior and monks of Pilton had the right to all tithes on all produce there, from whomsoever and whatsoever arising, except on the young of the prior and convent of Barnstaple's animals reared on the farm at Pottington. (The witnesses had alleged the prior of Pilton's right to greater tithes even on crops grown on this land by the prior and convent of Barnstaple, and to the lesser tithes on the produce of all strangers there, and recalled an earlier dispute about this, settled in Pilton's favour.) In conclusion the bishop gave personally ten marks to each prior and convent ex gratia, for the sake of peace.*]

COMPOSICIO DE LIMITIBUS ECCLESIARUM PAROCHIALIUM DE PYLTON ET BARN'.

Universis [etc.] ad quos presentes littere pervenerint Edmundus [etc.] salutem in amplexibus Salvatoris. Subditorum animos eo maius confovere dinoscimur in quiete que altercaciones et iurgia que inter eos sepius oriuntur iuxta vires radicitus evellamus et certitudinis beneficium in quantum possumus apponamus. Sane nuper exorte dissencionis materia inter religiosos viros fratrem Willelmum Worcestr' priorem prioratus sive monasterii de Pylton et eiusdem loci commonachos ordinis sancti Benedicti nostre Exon' diocesis, propriatores ecclesie parochialis de Pylton predicta ex parte una, ac fratrem Hugonem Lyton priorem prioratus sancte Marie Magdalene de Barn' et eiusdem loci conventum ordinis sancti Benedicti [sic][1] eiusdem nostre diocesis, ecclesiam parochialem sancti Petri de Barn' eiusdem nostre diocesis salva porcione congrua vicarii perpetui in eadem cum suis iuribus et pertinenciis universis et eorum prioratui unitam, appropriatam et annexam in proprios [usus] perpetuo possidendam obtinentes ex altera, de et super finibus, metis, limitibus, terminis et bundis inter predictas parochias de Barn' et Pylton, et in speciali super iure percipiendi decimas provenientes in, de et ex quodam loco sive solo de Potyngdon vulgariter nuncupato, necnon super iure percipiendi decimas cuiusdam prati honerabilis [sic] viri Iohannis Chichester armigeri ex parte orientali fossi alias fosseti de Pylton iacentis Hollyforde vulgariter nuncupati. Nos vero ob crismacionem puerorum et alia humeris nostris onera incumbencia per nostram diocesim transitum facientes et ad predictum prioratum de Pylton personaliter

[1]*Barnstaple was a Cluniac house.*

declinantes, veridica relacione comperimus et invenimus predictam discordie et altercacionis materiam, rancoris et inimicicie et quod deterius est armorum commocionis verisimilis fomitem inter partes predictas diucius administrasse. Quare vocatis partibus predictis et coram nobis quinto decimo die mensis Iulii anno Domini millesimo CCCC^{mo} xxxv° in prioratu sive monasterio de Pylton antedicto sufficienter et licite comparentibus, et expositis ac declaratis eisdem per nos premissis ac periculis ex utraque parte propter premissa de verisimili subsecuturis, tandem dicte partes, videlicet prefatus prior prioratus de Pylton pro se et nomine suo et commonachorum eiusdem prioratus, atque predictus prior prioratus sive monasterii de Barn' eciam pro se et nomine suo et conventus eiusdem loci, in premissis omnibus et singulis et ea contingentibus et concernentibus ex eorum priorum conventus et monachorum predictorum consensu speciali ad standum in alto et basso et obediendum nostris laudo, arbitrio, ordinacioni et diffinicioni per nos tanquam per arbitrum, arbitratorem sive amicabilem compositorem seu auctoritate nostra ordinaria et diocesana in hac parte ferendis expresse se submiserunt, ac se sic submittendo voluntarie consenserunt nomine quo supra quod laudo, arbitrio, ordinacioni, iudicio et diffinicioni si quod vel que fieri seu ferri contingat vel contingant in toto vel in parte nostram auctoritatem ordinariam interponeremus, et eadem seu illud idem auctorizaremus in perpetuam rei geste firmitatem. Unde nos dictam submissionem ut premittitur pro bono pacis parcium antedictarum acceptantes, licium amfractus et incomoda detestantes, quia ut firmiter credebamus nos non potuisse neque posse meliori modo de et super premissis quam per testium recepcionem ac eorum examinacionem debitam informari, idcirco quosdam testes fidedignos in matura et senili etate constitutos, videlicet Thomam Pyllond armigerum etatis septuaginta quatuor, Walterum Worthi sexaginta, Iohannem Cole xlviij, Walterum Hayne triginta, Iohannem Patryk xlvj, Iohannem Hoo lx, Iohannem Perkat sexaginta, Iohannem Ionys quadraginta, Iohannem Wheton lvj, Laurencium Smyth xl, Thomam Drew xl, Iohannem Pycard xlvj, Stephanum Cole liij, Iohannem Juner septuaginta sex, Baldewinum Andrew xl et Iohannem Vaylok xl annorum (*fo. 119*), in forma iurandorum testium coram nobis in presencia parcium antedictarum super premissis omnibus et singulis predictam materiam discordie ut premittitur exortam tangentibus specialiter et personaliter iuratos, pro nostra informacione circa premissa debite admisimus ac eosdem testes omnes et singulos in premissis eandem materiam concernentibus secrete et singillatim debite examinavimus.

Qui iurati et per nos ut premittitur examinati dixerunt et deposuerunt et eorum quilibet dixit et deposuit quod fines, mete, limites, bunde et termini inter parochias de Barn' et Pylton easdem parochias dividentes, distinguentes et limitantes incipiunt apud crucem ligneam situatam sive stantem in parte australi fosseti qui ducit a Barn' ad Pylton vulgariter nuncupati Pylton fosse, et sic ab illa cruce ascendendo in australi parte bedi molendinorum prioris de Barn' usque ad angulum gardini eiusdem prioris, et sic per sepem eiusdem gardini ascendendo in parte australi eiusdem bedi ad quendam parcum sive clausum vocatum Stanburgh iacentem ex parte australi eiusdem bedi, et ab hinc ascendendo per duas clausuras quas quidam Thomas Pasware de Barn' modo tenet in parte australi eiusdem bedi iacentes, et sic de clausuris illis ascendendo per terram predicti prioris de Barum ex parte australi usque ad locum vocatum Pyggeslake, prout semita inter boscum de Ralegh ex parte boriali et boscum dicti prioris de Barn' vocatum Holewode ex parte australi ducit et ostendit, et sic fuit tentum, habitum et reputatum per tempus et tempora de quo vel quibus testes predicti singulariter recolere potuerunt, ac dicti fines, termini, limites et bundi sic teneri, haberi et reputari consueverunt a tempore cuius contrarii memoria hominum non existit prout audierunt ab eorum maioribus et senioribus suis quos crediderunt verum dixisse testes omnes et singuli prenotati; et sic pratum dicti venerabilis viri Iohannis Chichester armigeri antedicti est totaliter situm infra limites ecclesie parochialis de Pylton antedicta, et in quo prato prior et monachi de Pylton antedicti omnes et singulas decimas de eodem provenientes habuerunt et reciperunt [*sic*] per omnia et singula tempora memorata pacifice et quiete.   Ulterius dixerunt testes ut supra iurati quod locus sive solum de Potyngdon est infra fines et limites ac loca decimabilia ecclesie parochialis de Pylton, et prior et conventus de Pylton antedicti fuerunt in pacifica possessione percipiendi decimas maiores quarum-cumque garbarum et fructuum eciam si sumptibus dictorum prioris et conventus de Barn' exculte fuerint, et minores quascumque a quibuscumque extraneis infra predictum solum sive locum de Potyngdon quomodolibet debitos et provenientes per omnia et singula tempora memorata.   Erat tamen aliquando lis sive discordia mota inter religi-osos viros fratrem Simonem Cole quondam priorem monasterii beate Marie Magdalene de Barn' et fratrem Willelmum Charleton dudum priorem monasterii beate Marie de Pylton super iure percipiendi, possidendi et habendi decimas maiores in loco sive solo de Potyngdon per ipsos priorem et conventum de Barn' exculto, que quidem lis sive discordia venerabilium virorum utriusque partis amicorum interventu totaliter erat sopita et sedata, quod prenominatus Willelmus Charleton prior de Pylton antedictus decimas garbarum de loco sive solo de Potyngdon qualitercumque et per quoscumque exculto sicut antea percepit ita in futurum realiter perciperet et esset in possessione earumdem, prout hec omnia et singula in vim suorum iuramentorum dixerunt, deposuerunt et testificarunt omnes et singuli testes memorati ut predicitur examinati quorum dicta et attestaciones debite fecimus publicari.

Nos igitur Edmundus miseracione divina Exonien' episcopus antedictus onus huiusmodi arbitrii ut parcium predictarum laboribus parcamus et expensis que ex litibus sepius oriuntur in nos asumentes [*sic*], consideratis premissorum testium dictis et deposicionibus ac inspectis et diligenter masticatis munimentis et documentis evidenciis parcium predictarum coram nobis exhibitis, habita prius communicacione matura cum iurisperitis, auditis eciam et intellectis atque plenarie per nos discussis allegacionibus, querelis et accionibus super materia discordie antedicte per partes antedictas coram nobis propositis atque factis, arbitramur, laudamus, ordinamus et nostra auctoritate et de consensu parcium predictarum potestate nostra ordinaria diffinimus atque iudicamus, quod fines, limites, bunde et termini parochias de Pylton et Barn' dividentes et limitantes easdem incipiunt apud crucem ligneam situatam sive stantem in parte australi fosseti qui ducit ad Barn' de Pylton vulgariter nuncupati Pylton Fosse, et sic ab illa cruce ascendendo in australi parte bedi molendinorum prioris (*fo. 119v*) de Barn' usque ad angulum gardini eiusdem prioris, et sic per sepem eiusdem gardini ascendendo in parte australi eiusdem bedi ad quendam parcum sive clausum vocatum Stanburgh iacentis ex parte australi eiusdem bedi, et ab hinc ascendendo per duas clausuras quas quidam Thomas Paswar de Barn' modo tenet in parte australi eiusdem bedi iacentes, et sic de clausuris illis ascendendo per terram predicti prioris de Barn' ex parte australi usque ad locum vocatum Pyggeslake, prout semita inter boscum de Ralegh ex parte boreali et boscum dicti prioris de Barn' vocatum Holewode ex parte australi ducit et ostendit prout testes antedicti dixerunt et deposuerunt. Et ex consequente decime provenientes de prato eiusdem Iohannis Chichester armigeri Hollyforde nominato situato infra fines et limites ecclesie parochialis de Pylton pertinuerunt, pertinent et pertinere debebunt singulis annorum curriculis in futurum ad priorem et monachos monasterii sive prioratus de Pylton antedicti et eorum successoribus imperpetuum, prout decimas provenientes de dicto prato prefati Iohannis Chichester ad dictos priorem et monachos de Pylton sic pertinere et pertinere debere singulis perpetuis futuris temporibus iudicamus, pronunciamus et declaramus. Arbitramur insuper, laudamus, nostra eciam auctoritate ordinaria ordinamus, diffinimus et iudicamus quod locus, solum sive fundus de Potyngdon antedictus fuit et adhuc est infra fines et limites ac loca decimabilia ecclesie parochialis de Pylton, a quo loco, solo sive fundo de Potyngdon decimas quascumque in et de quibuscumque terris sive locis infra dictum locum, solum sive fundum de Potyngdon existentibus a quibuscumque et per quoscumque et qualitercumque provenientes et, debitis decimis nutrimentorum animalium propriorum prioris et conventus prioratus de Barn' in loco, solo sive fundo antedicto nutritorum dumtaxat exceptis, prior et monachi monasterii sive prioratus de Pylton qui pro tempore fuerint cunctis perpetuis temporibus percipient in futurum, prout eos predictas decimas sic percipere et habere ordinamus, diffinimus et iudicamus. Que omnia et singula, et singula premissa nostra arbitrium, laudum, ordinacionem, diffinicionem et iudicium concernencia et per partes predictas emologata, nostra pontificali et ordinaria auctoritate in perpetuam rei firmitatem vallamus et approbamus, et accedente consensu parcium antedictarum ratificamus et auctorizamus et ea perpetua et realia fore pronunciamus et declaramus per presentes. Et nos Edmundus antedictus pro notabiliori et meliori reformacione pacis inter partes predictas ut premittitur imperpetuum firmate de gracia nostra speciali decem marcas priori et conventui de Barn' ac eciam decem marcas priori et conventui de Pylton realiter donavimus et eisdem manualiter persolvimus. In quorum omnium et singulorum testimonium atque fidem ex parte priorum, conventus et monachorum antedictorum humiliter requisiti et de eorum expresso consensu sigillum nostrum presentibus apposuimus. Datum [etc.] Chuddelegh quo ad consignacionem presencium undecimo die mensis Octobris anno Domini millesimo CCCC^{mo} xxxv° [etc.].

[*15 May 1435. Ratification of the above by the abbot and convent of Malmesbury, mother house of Pilton.*]

Et nos abbas et conventus monasterii de Malmesbury ordinis sancti Benedicti Salisburien' diocesis premissa omnia et singula per dictum reverendum in Christo patrem et dominum dominum Edmundum Dei gracia Exon' episcopum ut predicitur facta, gesta, ordinata, iudicata et diffinita quatenus ad nos attinet rata, grata et perpetuis futuris temporibus firma habemus eisdemque omnibus et singulis nostrum in hac parte consensum prebemus pariter et assensum. In quorum omnium testimonium sigillum nostrum commune presentibus apposuimus. Datum quo ad apposicionem sigilli nostri communis apud Malmesbury in domo nostro capitulari xv° die mensis Maii anno Domini millesimo CCCC^{mo} xxxvj^{to}.

Licencia celebrandi in capella.

19 Oct. 1435; for divine service by suitable priests in the chapel of Holy Trinity in the parish of Bere Ferrers.

Licencia celebrandi.

Same day; to Roger Champernon esquire and Blanche his wife, for divine service in the presence of both or either of them anywhere in the diocese.

CERTIFICATORIUM DOMINO CANTUAR' SUPER CONVOCACIONE CLERI.

[*29*] *Oct. 1435*,[1] *Chuddelegh;* to the archbishop of Canterbury acknowledging receipt on 21 [October][1] of a rescript from the bishop of London [*fo. 120*), dated at Hadham, 6 Oct., 1435, of the arch-bishop's mandate for a Convocation to meet at St Paul's on the morrow of St Martin, 12 Nov. 1435. The mandate, dated at Lambeth, 3 Oct. 1435, recites the King's writ, attested at Westminster, 28 Sept. 14 Hen. VI [as in *Chichele* iii. pp. 218 f.] The bishop certifies the archbishop that he has complied with the mandate [as on p. 115; but the schedule of names is not copied into the register.].

(*fo. 120v*) PROCURATORIUM PRO DOMINO PRO CONVOCACIONE CLERI.

31 Oct. 1435, Chuddelegh; the bishop appoints master John Burdet canon of Exeter and master Henry Penwortham canon of Wells jointly and severally to be his proxies in the Convocation to be held at St Paul's on the morrow of Martinmas next, [as on p. 112], with the addition of *eo quod tantis infirmitate et debilitate detenti sumus in presenti quod ad huiusmodi convocacionem personaliter accedere nequeamus* between *causasque absencie nostre* and *allegandi.*

[*31 Oct. 1435. Grants of indulgence to benefactors of Landcross parish church, and to pilgrims to and benefactors of St Antony's chapel in the parish of St Anthony.*[2]]

INDULGENCIE.

Dominus concessit quadraginta dies indulgencie omnibus bona aliqua caritative contribuentibus ad conservacionem, sustentacionem, refeccionem, reparacionem et emendacionem ecclesie parochialis de Lancars Exon' diocesis; ad beneplacitum domini durature.

Item eodem die dominus concessit quadraginta dies indulgencie sub litteris suis patentibus omnibus vere de peccatis suis penitentibus, confessis et contritis devote causa peregrinacionis capellam sancti Antonii infra parochiam sancti Antonii in Cornubia Exon' diocesis visitantibus, aut bona contribuentibus ad sustentacionem, construc-cionem et reparacionem eiusdem; ad libitum domini duraturis.

---

[1]*The dates are confused; the entry begins* Item, eodem die; *i.e., 19 Oct.; at the end it is dated* xxix° die mensis Octobris; *and the date when the archbishop's mandate was received is given as* xxj° die instantis mensis Novembris, *probably the month in which the quire was written up.*

[2]*-in-Meneage or -in-Roseland?*

(*fo. 121*) Commissio ad inquirendum super vacacione [etc.] Sancti Illogani in Cornubia.

6 Nov. 1435, Chuddelegh; to the archdeacon of Cornwall, to enquire into the vacancy etc. of the church of St Illogan in Cornwall, to which sir Alexander Trembras chaplain has been presented by John Basset esquire; to admit, institute and induct him if the enquiry so warrant, and to certify.

[*7 Nov. 1435. Grant of an indulgence to visitors to and benefactors of the chapel of St Mary and St Ann, Camborne.*]

Indulgencia pro capella.

Dominus concessit omnibus devote visitantibus capellam beate Marie virginis et sancte Anne infra parochiam de Cambron situatam causa devocionis, vel ad sustentacionem eiusdem bona aliqua caritative contribuentibus, quadraginta dies indulgencie sub litteris suis.

Licencia celebrandi in capella.

10 Nov. 1435 [*Chudleigh*]*;* for divine service celebrated by suitable priests in the chapel of St Michael in the parish of St Brueredus [*St Breward*].

Commissio ad expediendum permutacionem inter rectores ecclesiarum de Taustok Exon' diocesis et Baggesore Hereforden' diocesis.

11 Nov. 1435 [*Chudleigh*]*;* a commission was issued under the bishop's seal to Thomas bishop of Hereford, to expedite an exchange between master John Pulcripatris rector of Taustok and Thomas Ludlowe rector of the church or chapel of Baggesore [*Badger*] in the diocese of Hereford; the said Thomas's induction and oath of canonical obedience being specially reserved to the bishop.

Breve ad recipiendum sacramentum vicecomitis Devon'.

18 Nov. 1435; the bishop received the king's writ, attested at Westminster 9 Nov. 14 Hen. VI, (Wymbysh) empowering him to tender the oath to Roger Chambernon, to deliver to him the letters patent of his appointment as sheriff of Devon, and to certify the king in Chancery of his having done so; [as on p. 252].

Forma sacramenti vicecomitis Devon' predicti.

Substantially as on p. 253, with an addition before the final sentence *Thies thynges all . . .* , viz. (*fo. 121v*) *And also ye shall treuly sette and retourne resonable and dewe issues of them that ben with ynne your bayllye after their astate and their hanour and make your panellis your sylf.* This oath the bishop tendered to Roger Chambernon sheriff of Devon on the following day, 19 November, in his manor at Chuddelegh, on which day also he made his return to the king.

COMMISSIO AD INQUIRENDUM SUPER VACACIONE [ETC.] DE HOREWODE.

29 Nov. 1435, Chuddelegh; to the archdeacon of Barnstaple, to enquire in full chapter into the vacancy etc. of the parish church of Horwode, to which sir Richard Chyryton chaplain has been presented by Simon Paslewe; to admit, institute and induct him if the enquiry so warrant, and to certify.

DIMISSORIE.

1 Dec. 1435, Chuddelegh; to Henry Ley tonsured, for all holy orders.

COMMISSIO AD INQUIRENDUM SUPER VACACIONE [ETC.] DE CLYSTHYDON.

7 Dec. 1435; to the archdeacon of Exeter, to enquire in full chapter into the vacancy etc. of the parish church of Clyst Hydon, to which sir Robert Traunter chaplain has been presented by Richard Seyntcler esquire.

LICENCIA CELEBRANDI.

7 Dec. 1435, Chuddelegh; to Baldewine Folaford and Elizabeth his wife, fordivine service in the presence of both or either of them in any suitable place in Devon.

COMMISSIO AD INQUIRENDUM SUPER VACACIONE [ETC.] DE KENTISBYRY.

7 Dec. 1435; to the archdeacon of Barnstaple, to enquire in full chapter into the vacancy etc. of the parish church of Kentysbyry, to which sir Thomas Mareys chaplain has been presented by John Wolf esquire; to expedite him into the benefice if the enquiry so warrant, and to certify.

DIMISSORIE.

7 Dec. 1435; to John Ryke clerk tonsured, for all minor and holy orders.

LICENCIA CELEBRANDI.

21 Dec. 1435, Chuddelegh; to Nicholas Ayssheton, Margarit his wife, their children and household, for divine service celebrated in the presence of any of them in any suitable place in the diocese.

DEPUTACIO PENITENCIARIORUM.

8 February 1435-6; the bishop appointed penitencers in the four archdeaconries, [as on p. 225].

IN ARCHIDIACONATU EXON'.

Deanery of Ken: master John Carnell rector of Haccomb, sir Thomas Frome vicar of Kenton. Deanery of Dunsford: sir Richard rector of Brideford, sir John vicar of Southtauton. Deanery of Cadbyry: master John Saunder dean of the collegiate church of Holy Cross, Criditon, sir John Deyman rector of Cadelegh. Deanery of Tuverton: master William rector of Sampford Peverell, sir Thomas rector of Cleyhanger. Deanery of Plymptre: master John Bodman rector of Bradenynche, sir John Bone rector of Fynaton. Deanery of Dunkeswyll: sir John Wynfford rector of Hemyok, sir John Glatton vicar of Yartecombe. Deanery of Honyton: sir John Mathew vicar of Axmystr', sir John rector of Combpyne, sir John (*fo. 122*) rector of Wydeworthi. Deanery of Ayll': master John Baucomb minister of the collegiate church of Otery St Mary, sir William Broune vicar of Sydbyry, sir Thomas rector of Clystffomson [*Sowton*].

IN ARCHIDIACONATU TOTTON'.

Deanery of Morton: master John vicar of Wydecomb, sir John rector of Northbovy, sir William vicar of Ilstyngton. Deanery of Ipplepen: sir William vicar of Peyngton, master John vicar of Seyntmarichurche, sir William vicar of Hempston Magna, sir John vicar of Staverton. Deanery of Totnes: brother John Lacy vicar of Tounstall, the rector of Stokeflemyng, sir John rector of Dertyngton. Deanery of Wodelegh: master Benedict rector of the college of Slapton, master John Knyght rector of Portelemouth, sir John rector of Wodelegh, the vicar of Alvyngton. Deanery of Plympton: master Ralph vicar of Plymmouth, brother John subprior of Plympton priory, sir Thomas vicar of Modbyry. Deanery of Tamerton: sir John Cole rector of Mewy, sir Robert rector of Stoke Damerell. Deanery of Tavystok: sir John rector of Bridestowe, sir Roger vicar of Mylton Abbas, sir John vicar of Tavistok. Deanery of Holdysworthy: sir Stephen rector of Putteford, sir John rector of Bradeford, sir Nicholas vicar of Bradeworthi. Deanery of Okampton: master John Newcomb vicar of Okampton, master Henry rector of Sampford Courtenay, sir Ralph rector of Brodewodekelly.

IN ARCHIDIACONATU CORNUB'.

Deanery of Est: master Augustine Strode rector of St Ivo, sir William rector of Rame. Deanery of West: sir John Butteburgh vicar of

Lyskyret, sir John vicar of Tallan. Deanery of Powdr': sir Nicholas rector of Truru, sir Vivian vicar of St Austol, the vicar of Fowy. Deanery of Keryer: master Thomas vicar of St Gluviac, master William vicar of St Breaca. Deanery of Penwith; sir Otho rector of St Illogan, sir James vicar of St Hillary, sir John vicar of St Paul. Deanery of Pydre: master William Hendr' rector of St Maugan, sir John vicar of St Pieran [*Perran-zabulo*]. Deanery of Trygge Minor: master William rector of Lanteglos [*by-Camelford*], master Henry vicar of Bodmyn, master John vicar of St Tethe. Deanery of Trygge Major: sir James rector of Merwynchurche, sir John vicar of Stratton, sir John vicar of Alternon.

IN ARCHIDIACONATU BARN'.

Deanery of Barnstaple: [*space of 10 cms.*]. Deanery of Hertylond: the rector of Bydeford, master Edmund Kene rector of Clovely. Deanery of Toryton: master William rector of Toryton, master John Herward rector of Petrokystowe. Deanery of Shyrewyll: the rector of Stoke Ryvers, the vicar of Braunton. Deanery of Chulmelegh: the rector of Chulmelegh, the rector of Wemmeworthi. Deanery of Molton: sir Robert rector of Estansty, the vicar of Northmolton.

BREVE PRO DECIMA INTEGRA ET MEDIETATE ALTERIUS INTEGRE DECIME NECNON QUODAM SUBSIDIO LEVANDIS.

16 Feb. 1435-6; the bishop received the king's writ, attested at Westminster 31 Jan. 14 Hen. VI, for the collection of a whole tenth and half a tenth levied upon benefices, chantries and (*fo. 122v*) certain dignities, and of a graduated subsidy levied upon the unbeneficed clergy, as granted in the Convocation which sat at St Paul's from 12 November to 23 December last, over and above the quarter of a tenth still payable at Martinmas 1436; the tenth and the subsidy to be paid by Lady Day next, and the half a tenth by [the Nativity of] St John the Baptist, 1437; names of collectors to be returned to the Exchequer by St Mathew's Day next. cf. *Cal. Fine Rolls*, xvi. pp. 269 f..

[*22 Feb. 1435-6, [Chudleigh]. Commission to the abbot of Buckland, appointing him collector in Devon of the whole tenth payable by the vigil of Lady Day next; in form as on p. 129, but with variations, as follows.*]

(*fo. 123*) COMMISSIO AD LEVANDUM UNAM INTEGRAM DECIMAM IN COMITATU DEVON'.

Ad exigendum igitur, levandum et colligendum unam integram decimam in comitatu Devon' de bonis, beneficiis, cantariis et possessionibus ecclesiasticis taxatis et ad decimam solvere consuetis,

U

infrascriptis beneficiis ecclesiasticis taxatis et ad decimam solvere consuetis nostre diocesis non appropriatis videlicet ecclesiis de Mewshawe, Bonlegh, Northlegh ac vicaria de Dawlyssh alias Bowlyssh, quorum verus valor annuus modernis temporibus infra summam duodecim marcarum existit seu ultra summam duodecim marcarum se non extendit, in quibus ipsorum rectores et vicarii prout ad eos divisim attinet residenciam fecerunt et faciunt personalem dumtaxat exceptis; necnon de quibuscumque dignitatibus, personatibus, officiis perpetuis et aliis bonis, beneficiis que non sunt cantarie et possessionibus ecclesiasticis prelibate nostre diocesis non taxatis nec ad decimam solvere consuetis valoris annui duodecim marcarum, videlicet de archidiaconatibus Exon' ad xxx, Totton' ad xxx, Cornub' ad xlv, et Barn' ad xviij, vicaria de Fremyngton ad xiiij, vicaria de Barn' ad xx marcas, et ecclesia parochialis de Wodebury appropriata vicariis de choro ecclesie nostre cathredalis Exon' ad decem, atque vicaria de Braunton ad decem libras, secundum verum valorem estimatis, omnibus aliis beneficiis ecclesiasticis curatis et non taxatis nec ad decimam solvere consuetis, non appropriatis, eo quod verus valor annuus eorumdem modernis temporibus infra summam duodecim marcarum existit seu ad summam duodecim marcarum et non ultra se annuatim extendit in quibus omnibus et singulis ipsorum rectores, vicarii et curati prout eos divisim concernit residenciam fecerunt et faciunt personalem exceptis; necnon singulis solventibus acquietanciam faciendum de soluto, vobis de cuius fidelitate [etc.].

COMMISSIO CONSIMILIS PRO COMITATU CORNUB'.

Same day and place; a similar commission to the prior of the Augustinian priory of St German's.

[*17 Feb. 1435-6. Commission to the archdeacon of Exeter, reciting the grant in the last Convocation (p. 319 above) of a graduated subsidy, viz. from chaplains serving unassessed chantries not chargeable for the tenth and fifteenth, at a rate of one mark in ten for stipends of ten marks and over, and of 6/8 for stipends of hundred shillings and over but less than ten marks; and from stipendiary chaplains, parochial, collegiate and other, at 6/8 for stipends of one hundred shillings or more but less than ten marks, and of 13/4 for stipends of ten marks. The archdeacon is commanded (1) to certify the names and location of all chaplains thus liable within his archdeaconry and the peculiar jurisdiction therein by 7 March; and (2) to levy the subsidy and pay it in to the Exchequer by 24 March..*

COMMISSIO AD INQUIRENDUM DE VERIS VALORIBUS CANTARIARUM NON TAXATARUM ET SALARIORUM CAPELLANORUM STIPENDIARIORUM NECNON

AD LEVANDUM QUODDAM SUBSIDIUM REGI DE EISDEM CONCESSUM UT
PATET IN EADEM.

Edmundus [etc.] dilecto [etc.] magistro Iacobo Carslegh archidiacono
nostro Exon' salutem [etc.]. Breve regium nobis nuperrime directum
noveritis nos (*fo. 123v*) xvj° die instantis mensis Februarii recepisse
omni celeritate exequendum, in quo quidem brevi inter cetera
repperimus luculenter contineri quod prelati et cleri [*sic*] Cantuar'
provincie in convocacione prelatorum et cleri huiusmodi duodecimo
die mensis Novembris ultimo preterito in ecclesia sancti Pauli London'
inchoata et usque ad vicesimum tercium diem mensis Decembris
ultimo preteriti de diebus in dies prorogata et continuata concessserunt
illustrissimo in Christo principi domino nostro domino Henrico Dei
gracia regi Anglie [etc.] ad defensionem ecclesie et regni Anglie de
quibuscumque capellanis dicte provincie cantarias non taxatas in
eadem habentibus, quarum cantariarum non taxatarum nec ad
decimam cum viris spiritualibus vel quintamdecimam cum viris
temporalibus solvere consuetarum proventus annui communibus
annis ad decem marcas se extendunt tresdecim solidos et quatuor
denarios, et si proventus annui cantariarum huiusmodi ultra decem
marcas se extendant concesserunt iidem prelati et clerus in convocacione
predicta quod solvatur iuxta ratam decima integra de singulis
earundem; quod si valor annuus cantariarum huiusmodi ad centum
solidos vel ultra minus tamen quam ad decem marcas se extendat
concesserunt ut supra de singulis cantariis huiusmodi sex solidos et
octo denarios; ac de quibuscumque capellanis parochialibus stipendiariis aceciam collegiatis et aliis quibuscumque capellanis infra dictam
provinciam ubilibet existentibus per viam stipendii, salarii, pensionis
aut porcionis centum solidos sive in pecunia sive alias quomodolibet
equivalenter seu ultra minus tamen quam decem marcas pro suis
stipendiis sive salariis porcionibus aut pensionibus huiusmodi annuatim
percipientibus sex solidos et octo denarios, necnon de quibuscumque
capellanis infra dictam provinciam recipientibus per annum per viam
stipendii, salarii, pensionis aut porcionis decem marcas in pecunia vel
equivalenter ut prefertur a singulis eorum tresdecim solidos et quatuor
denarios levandos et solvendos in scaccario predicti domini regis in
vigilia Annunciacionis beate Marie proxime futura.

Nos igitur volentes in quantum possumus pro defensione ecclesie
et regni Anglie predictum breve regium in omnibus fideliter exeqiu
ut tenemur, vobis committimus et mandamus quatinus de nominibus
et cognominibus omnium et singulorum capellanorum in archidiaconatu predicto et infra eundem eciam cuiuscumque peculiaris
iurisdiccionis sint infra dictum archidiaconatum situate cantarias non
taxatas habencium, quarum cantariarum nec ad decimam cum viris
spiritualibus vel quintamdecimam cum viris temporalibus solvere

consuetarum proventus annui communibus annis ad decem marcas se extendunt, ac quorumcumque capellanorum predictorum archidiaconatus et peculiaris iurisdiccionis habencium cantarias quarum proventus annui ultra decem marcas se extendunt, atque de nominibus et cognominibus quorumcumque capellanorum cantariarum huiusmodi quarum verus valor annuus ad centum solidos vel ultra minus tamen quam ad decem marcas se extendit, necnon quorumcumque capellanorum ac eciam collegiatorum infra predictos archidiaconatum et iurisdiccionem peculiarem ubilibet existencium per viam salarii, stipendii, pensionis aut porcionis centum solidos sive in peccunia sive quomodolibet equivalenter seu ultra minus tamen quam decem marcas pro suis stipendiis sive salariis, porcionibus aut pensionibus huiusmodi annuatim percipiencium, aceciam quorumcumque capellanorum infra prelibatum archidiaconatum et iurisdiccionem peculiarem recipiencium per annum per viam salarii, stipendii, pensionis aut porcionis decem marcas in pecunia vel equivalenter iuxta omnem vim, formam et effectum concessionis et brevis regii antedicti in forma iuris debita diligenter et fideliter inquiratis. Et quid per inquisicionem huismodi feceritis aut reppereritis nos citra festum sanctarum Perpetue et Felicitatis [7 *March*] proxime nunc futurum una cum nominibus et cognominibus huiusmodi capellanorum omnium et singulorum dictorum archidiaconatus et iurisdiccionis peculiaris infra eundem archidiaconatum cantarias sub modo et forma concessionis huiusmodi habencium, atque capellanorum parochialium, stipendiariorum, collegiatorum et aliorum quorumcumque stipendia, salaria, pensiones aut porciones sub modo et forma concessionis predicte percipiencium; et si verus valor annuus aliquarum cantariarum huiusmodi ultra decem marcas se extendat et in quantum, necnon in quibus locis predicti capellani degunt et moram trahunt, atque in quibus locis dicte cantarie consistunt, ac de eorum salariis, stipendiis, pensionibus sive porcionibus et numero eorumdem de quibus subsidium predictum levari debeat vel non debeat, poterit vel non poterit, iuxta omnem vim, formam et effectum predicte concessionis et brevis regii antedicti per litteras vestras clausas harum seriem continentes distincte et aperte certificetis autentico sub sigillo.

Ad hec insuper, captaque, facta atque expedita fideliter per vos demum huiusmodi inquisicione de et super nominibus et cognominibus capellanorum huiusmodi, pro celeriori expedicione levacionis et colleccionis subsidii predicti, ad levandum deinde, exigendum, colligendum et recipiendum in supradictis archidiaconatu Exon, et peculiari iurisdiccione quacumque infra eundem archidiaconatum existente, sub modo et forma concessionis et brevis regii superius expressatis, (*fo. 124*) subsidium capellanorum predictorum quorumcumque ut prefertur prefato domino nostro regi concessum, in scaccario domini nostri regis prelibati in vigilia Annunciacionis beate Marie proxime futura cum omnimoda celeritate solvendum, necnon singulis solventibus acquietanciam faciendum si necesse fuerit de soluto, vobis de cuius fidelitate et industria ad plenum confidimus committimus vices nostras cum cuiuslibet cohercionis canonice potestate; vosque collectorem et receptorem subsidii predicti in archidiaconatu et iurisdiccione peculiari infra eundem existente auctoritate brevis regii memorati deputamus et ordinamus per presentes. Mandantes quatinus dictum subsidium capellanorum omnium et singulorum de quibus per inquisicionem vestram primitus in hac parte fideliter factam reperietis et invenietis, predictum subsidium sub modo et forma concessionis predicte racione et pretextu cantariarum, salariorum, stipendiorum, pensionum sive porcionum huiusmodi fore levandum cum omni celeritate levetis seu levari fideliter faciatis, ita quod in dicta vigilia Annunciacionis beate Marie proxime futura prefato domino nostro regi in scaccario suo integre satisfiat de eadem, taliter vos habentes in premissis ut ex vestra ipsa diligencia a dicto domino nostro rege valeatis merito commendari, et in omnem eventum vestro volueritis periculo respondere. Vobis insuper tenore presencium intimamus quod si predictum subsidium vel aliquam partem eiusdem ab aliquibus aliis capellanis quam de hiis de quorum nominibus et cognominibus iuxta inquisicionem vestram per litteras vestras certificatorias nos certificabitis, vos cum nobis de hoc in eventu liquere et constare poterit in scaccario domino nostri regis de predictis nominibus et recepcione subsidii eorumdem per litteras nostras certificatorias onerare intendimus. Datum [etc.] Chuddelegh xvij° die mensis Februarii anno Domino M° CCCC^mo xxxv° [etc.].

[*Same day. Similar commissions to the archdeacons of Totnes, Cornwall and Barnstaple.*]

COMMISSIONES CONSIMILES ARCHIADIACONIS TOTTON', CORNUB' ET BARN' DIRECTE.

Item eisdem die et loco emanarunt commissiones consimiles magistris Alano Kyrketon Totton', Willelmo Fylham Cornub' et Johanni Waryn Barn' archidiaconis pro singulis eorum archidiaconatubus et iurisdiccionibus peculiaribus quibuscumque infra eosdem existentibus.

CERTIFICATORIUM DE NOMINIBUS COLLECTORUM DECIME INTEGRE ET MEDIETATIS UNIUS ALTERIUS INTEGRE DECIME AC SUBSIDII.

17 Feb. 1435-6, Chuddelegh; to the treasurer and barons of the Exchequer, acknowledging receipt on 16 February of the king's writ as above, and certifying the appointment of collectors as follows, the exceptions being as recited in the mandate to the abbot of Buckland as on p. 319; of the tenth payable on the vigil of Lady Day next, in Devon the abbot of Bokeland and in Cornwall the prior of St German's; of the subsidy payable on the vigil of Lady Day, the four archdeacons in their several archdeaconries; (*fo. 124v*) of the half a tenth payable by the Nativity of St John Baptist 1437, in Devon the prior of Plympton and in Cornwall the prior of Bodmyn. Concerning the subsidy the bishop explained that the necessary inquiry was being made, thus:

De quibus quidem capellanis et eorum salariis, stipendiis, pensionibus sive porcionibus ac numero eorumdem de quibus subsidium predictum levari debeat vel non debeat, poterit vel non poterit, eo quod ad presens propter tardam recepcionem prefati brevis regii et brevitatem temporis nobis in hac parte ad certificandum de predictis collectoribus indulti ad plenum per inquisicionem diligentem nec alio modo in hac parte congrue informari nequivimus, cum omni festinacione et celeritate possibili quam cicius poterimus citra predictam vigiliam Annunciacionis beate Marie proxime futuram plenarie et fideliter litteris nostris certificatoriis Deo Auctore in scaccario predicti domini regis vos certificare curabimus.

DIMISSORIE.

17 Feb. 1435-6, [Chudleigh]; to Nicholas Gosse tonsured, for all minor and holy orders.

[24 Feb. 1435-6. Grant on papal authority of a dispensation to Richard Mounfort and Joan widow of John Schether from the impediment of spiritual affinity contracted when Richard's former wife stood godmother to a son of Joan's, in ignorance of which Richard and Joan had already married; they are permitted to remain joined in wedlock, and their children to be reckoned legitimate.]

DISPENSACIO SUPER COGNACIONE SPIRITUALI.

Universis [etc.] Edmundus miseracione divina Exonien' episcopus ac executor ad infrascripta specialiter deputatus salutem in Auctore salutis. Litteras sanctissimi [etc.] Eugenii divina providencia pape quarti eius vera bulla plumbea cum cordula canapis [etc. *as on p. 139, without* sanas et integras] nobis pro parte dilectorum filiorum Ricardi Mounfort laici et Iohanne Schether relicte quondam Iohannis Schether mulieris nostre diocesis porrectas cum ea que decet reverencia noveritis nos recepisse tenorem qui sequitur continentes: Eugenius episcopus servus servorum Dei venerabili fratri episcopo Exon' salutem et apostolicam benediccionem. Oblate nobis pro parte dilecti filii Ricardi Mounfort laici et dilecte in Christo filie Iohanne Schether relicte quondam Iohannis Schether vidue tue diocesis peticiones series continebat quod olim ipsi, ignorantes aliquod impedimentum inter eos existere quominus invicem matrimonialiter copulari possent inter se, per verba legittime de presenti contraxerunt illudque clandestine solempnizantes carnali copula consummarunt inde prole suscepta. Post modum vero ad eorum pervenit noticiam quod quondam Ebota tunc uxor ipsius Ricardi quendam prefate Iohanne puerum de sacro fonte levaverat; et cum propterea Ricardus et Iohanna predicti, obsistente quod ex huiusmodi levacione provenit cognacionis spiritualis impedimento, in eodem matrimonio remanere nequeant apostolica super hoc dispensacione non obtenta; et sicut eadem peticio subiungebat si inde divorcium inter eos fieret, gravida exinde possent scandala inter ipsorum consanguineos et amicos verisimiliter exoriri, dictaque Iohanna perpetue propterea diffamacionis opprobrio subiaceret; pro parte ipsorum Ricardi et Iohanne nobis fuerit humiliter supplicatum ut eis de dispensacionis oportune gracia desuper providere de benignitate apostolica dignaremur. Nos igitur qui inter fideles quoslibet scandalorum tollere precipicia desiderantes exquirimus huiusmodi supplicacionibus inclinati, fraternitati tue, de qua in hiis et aliis specialem in Domino fiduciam obtinemus, per apostolica scripta mandamus quatinus si est ita, ipsaque Iohanna propter hoc rapta non fuerit, cum eisdem Ricardo et Iohanna ut impedimento huiusmodi non obstante in dicto matrimonio remanere libere et licite valeant auctoritate apostolica dispenses, prolem susceptam huiusmodi et ex ipso matrimonio suscipiendam legittimam decernendo. Datum Rome apud sanctum Petrum anno incarnacionis dominice millesimo CCCC^{mo} xxxj° (*fo. 125*) pridie nonas Iunii pontificatus nostri anno primo.

Post quarum quidem litterarum recepcionem quia debita cause cognicione previa invenimus omnia et singula in huiusmodi litteris apostolicis pro parte dictorum Ricardi et Iohanne mulieris predicte suggesta veritatem continerere [*sic*], dictamque Iohannam propter hoc raptam non fuisse, ut ipsi Ricardus et Iohanna possint in sic contracto inter eos matrimonio libere et licite remanere, huiusmodi impedimento quod ex premissis in dictis litteris apostolicis suggestis et narratis provenit non obstante, auctoritate huiusmodi litterarum apostolicarum misericorditer dispensavimus prout tenore presencium dispensamus, prolem ex eodem matrimonio susceptam et suscipiendam legittimam decernentes. In quorum omnium et singulorum testimonium atque fidem presentes litteras nostras sive hoc publicum instrumentum sigilli nostri appensione ac signo et subscripcione Willelmi Carswyll clerici auctoritate apostolica notarii publici actorum nostrorum in hac parte scribe subscripti fecimus et mandavimus communiri. Data et acta sunt hec in manerio nostro de Chuddelegh xxiiij° die mensis Februarii anno ab incarnacione Domini secundum cursum et computacionem ecclesie Anglicane millesimo quadringentesimo tricesimo quinto, indiccione xv^a, ponti-

ficatus supradicti domini nostri domini Eugenii divina providencia
pape quarti anno quinto. Presentibus tunc ibidem discretis viris
Philippo Lacy armigero et Iohanne Burford testibus Herforden' et
et Wigornien' diocesium ad premissa vocatis specialiter et rogatis.
Et ego Willelmus Carswyll clericus antedictus publicus auctoritate
apostolica notarius [etc. *as on p. 15*].

DIMISSORIE.

3 March 1435-6; to Philip Hervy acolyte, for all holy orders.

[*3 March 1435-6.   Grant of an indulgence to benefactors of Tregony parish
church.*]

INDULGENCIE.

Item eodem die dominus concessit quadraginta dies indulgencie
sub litteris patentibus omnibus bona contribuentibus vel manus
adiutrices porrigentibus ad reparacionem, sustentacionem et construccionem ecclesie parochialis de Tregonye in Cornubia, ad libitum
suum tantummodo duraturis.

[*5 March 1435-6.   The same for St Laurence's hospital, [Pontaboye,
near] Bodmin.*]

Item quinto die eiusdem mensis dominus concessit quadraginta
dies indulgencie simili modo ut predicitur pro sustentacione fratrum
et egenorum domus sive hospitalis sancti Laurencii iuxta Bodminiam.

[*8 March 1435-6, Chudleigh.   Receipt of the returns from the four archdeacons to the commissions issued under seal on 17 February to enquire into the
true value of the chantries, etc. for the more expeditious levying of subsidy.*]

CERTIFICATORIA SUPER INQUISICIONIBUS CAPTIS DE VERIS VALORIBUS
CANTARIARUM NON TAXATARUM ET SALARIORUM CAPELLANORUM
STIPENDIARIORUM ETC. UT SUPRA IN COMMISSIONIBUS.
CERTIFICATORIUM ARCHIDIACONI EXON'.

Reverendo [etc.] Edmundo [etc.] Jacobus Carslegh archidiaconus
vester Exon' obedienciam et reverenciam tanto patri debitas cum
honore.   Litteras vestras reverendas sub eo qui sequitur tenore
verborum recepi: Edmundus etc. ut supra.   Quarum quidem litterarum vestrarum reverendarum per me reverenter receptarum
auctoritate, de nominibus et cognominibus capellanorum cantarias
non taxatas nec ad decimam cum viris spiritualibus vel ad quintamdecimam cum viris temporalibus solvere consuetas tam in iurisdiccione

archidiaconali quam peculiari quacumque habencium quarum cantariarum verus valor annuus [etc. *as on p. 319*] ac de nominibus et cognominibus capellanorum [etc. *as before*] quorum nomina et cognomina inferius describuntur et in quibus locis moram faciunt diligenter et fideliter inquisivi.

Vicarii de choro ecclesie cathedralis Exon' non percipiunt et quilibet eorum non percipit nisi sex marcas annuatim, deductis et exceptis ecclesia parochiali eis appropriata videlicet Wodebury et proventubus eis debitis racione appropriacionis ecclesie parochialis de Cornewode pro quibus ipsi solvunt decimam. Annuellarii in ecclesia cathedrali Exon' non recipiunt annuatim nisi septem marcas et quidam ipsorum nisi sex marcas per annum, quatuor exceptis quorum nomina inferius patent. Vicarii de collegio sancte Crucis Criditon' non percipiunt et quilibet ipsorum non percipit per annum nisi (*fo. 125v*) septem marcas facta fide per eosdem in hac parte requisita super eisdem. Vicarii de collegio beate Marie de Otery non percipiunt et quilibet eorum non percipit nisi sex marcas annuatim facta fide per eosdem ut supra. Quam quidem inquisicionem per me diligenter et fideliter captam una cum nominibus et cognominibus capellanorum omnium et singulorum in hac parte subsidium domini nostri regis solvencium clausam et sigillo officialis nostri consignatam paternitati vestre reverende cum originalibus litteris michi directis transmitto per presentes. Datum Exon' vij° die mensis Marcii anno Domini M° CCCC^mo xxxv°.

CERTIFICATORIUM ARCHIDIACONI TOTTON'.

Reverendo [etc.] Edmundo [etc.] suus humilis et devotus in Christo filius Alanus Kyrketon archidiaconus Totton' obedienciam et reverenciam tanto patri debitas cum omni humilitatis honore. Scire dignetur vestra paternitas prelibata me vestre commissionis litteras cum ea que decuit reverencia vicesimo die mensis Februarii anno Domini infrascripto ex subieccionis honore recepisse, cuius vestre commissionis reverende series in hac parte discribitur forma verborum. Edmundus etc.. Post quarum quidem litterarum vestrarum reverendarum recepcionem, de nominibus et cognominibus omnium et singulorum capellanorum et annui proventus cantariarum in archidiaconatu meo antedicto et infra eundem eciam in peculiari jurisdiccione existencium secundum vim, formam, effectum et tenorem earumdem litterarum reverendarum inquisicionem diligentem feci et fidelem, ac de salariis, stipendiis, porcionibus sive pencionibus in pecunia vel equivalenter dictorum capellanorum ac vero annuo valore cantariarum infra archidiaconatum antedictum existencium vestram paternitatem certifico prout in cedula presentibus annexa clarens liquere poterit meis litteris patentibus sigillo officialitatis iurisdiccionis mee Totton' sigillatis.   Datum Exon' quo ad consignacionem presentis certificatorii quinto die mensis Marcii anno Domini supradicto.

CERTIFICATORIUM ARCHIDIACONI BARN'.

Reverendo [etc.] Edmundo [etc.] Johannes Waryn archidiaconus vester Barn' in ecclesia cathedrali Exon' obedienciam et reverenciam tanto patri debitas cum honore.   Vestrum mandatum reverendum recepi sub eo qui sequitur tenore verborum.   Edmundus etc..   Cuius auctoritate mandati vestri per me reverenter recepti, de nominibus et cognominibus capellanorum infra ambitum dicti archidiaconatus ubilibet existencium centum solidos vel equivalenter, decem marcas vel equivalenter et infra per viam stipendii, salarii, pensionis aut porcionis recipiencium, quorum nomina in cedula presentibus annexa plenius continentur, per eorum iuramenta diligenter et fideliter inquesivi [*sic*], capellanos vero cantariarum infra dictum archidiaconatum quarum verus valor annuus ad decem marcas vel ad centum solidos se extendit minime inveni.   Datum vj° die mensis Marcii sub sigillo officialis archidiaconi vestri Barn' memorati quod habetur ad manus anno Domini supradicto.

CERTIFICATORIUM ARCHIDIACONI CORNUB'.

Reverendo [etc.] Edmundo [etc.] vester humilis et devotus in Christo filius Willelmus Tyllham archidiaconus vester Cornub' obedienciam et reverenciam tanto patri debitas cum omni humilitatis honore.   Noverit paternitas vestra prenominata me mandatum vestrum cum ea que decet reverencia humiliter nuperrime recepisse sub eo qui sequitur tenore verborum. Edmundus [etc.].   Cuius quidem auctoritate mandati [etc., *substantially as next above*] diligenter et fideliter inquisivi. Per quam quidem inquisicionem meam inveni quod capellani omnes et singuli quorum nomina in cedula presentibus annexa contine[n]tur et nulli alii Cs. vel equivalenter, x marcas vel equivalenter iuxta omnem vim [etc.] percipiunt.   Cantariorum vero capellanos in archidiaconatu meo seu peculiari jurisdiccione infra eundem minime inveni quia cantarie huiusmodi ibidem non existunt; et sic mandatum vestrum diligenter sum executus.   Quam quidem inquisicionem meam mandati vestri seriem continentem una cum cedula nomina et cognomina ipsorum capellanorum comprehendente vestre paternitati reverende clausam transmitto per presentes.   Datum quo ad consignacionem presencium sub sigillo meo vij° die mensis Marcii anno Domini supradicto.

[*9 March 1435-6.   Renewed commissions to the four archdeacons, to levy the graduated subsidy (p. 320 above) upon the chaplains named in their certificates.*]

COMMISSIO AD LEVANDUM QUODDAM SUBSIDIUM CAPELLANORUM STIPENDIARIORUM ET ALIORUM REGI CONCESSUM.

Item nono die mensis Marcii supradicti emanarunt ex causis infrascriptis commissiones secunde magistris Iacobo Carslegh Exon', Alano Kyrketon Totton', Iohannem Waryn Barn', et Willelmo Filham Cornub' archidiaconis post sua certificatoria predicta una cum nominibus capellanorum per eos certificatorum ad levandum et exigendum de capellanis huiusmodi certificatis subsidium huiusmodi, et ad satisfaciendum thesaurario et baronibus scaccarii domini nostri regis iuxta numerum capellanorum per eos certificatorum. Et licet emanaverint alie commissiones prius ut supra patet pro celeriori expedicione levacionis et colleccionis subsidii predicti propter brevitatem temporis ad satisfaciendum et solvendum subsidium predictum indultum, quia tamen non potuit per primam commissionem congrue satisfieri et responderi de subsidio (*fo. 126, quire xvj*) predicto thesaurario et baronibus predictis antequam fuerat inquisitum de nominibus capellanorum et certificatum de eisdem, tum propter nomina predicta certificanda per dominum thesaurario et baronibus predictis, tum propter discrepanciam et discordiam litterarum certificatoriarum dominis thesaurario et baronibus predictis super nominibus capellanorum predictis et super solucione subsidii predicti in scaccario regis per archidiaconos predictos faciendarum vitandum, hinc est quod emanarunt commissiones iste secunde ad cautelam cum nominibus ut supradicitur sub data qua prime commissiones emanarunt, ut concors fieret huicinde tam ex parte domini quo ad certificatoria sua quam ex parte archidiaconorum predictorum quo ad levacionem et solucionem subsidii predicti thesaurario et baronibus predictis responsio. Tenor commissionis secunde archidiacono Exon' directe sequitur et est talis:

[*There follows a commission to the archdeacon of Exeter,* ad exigendum, levandum, colligendum et recipiendum etc., *substantially as in the second part of the former one, p. 322. Of the schedule of names of chaplains all that was registered is:* Dominus J. C., dominus W. B. etc. ut patet inter exhibita. *The date is 17 Feb. 1435-6 as before.*]

COMMISSIONES CONSIMILES ARCHIDIACONIS TOTTON' CORNUB' ET BARN' DIRECTE PRO EODEM.

[*These were sent on the same day.*]

[*8 March 1435-6. Certificate to the Exchequer of the names of chaplains etc. liable to pay the subsidy.*]

CERTIFICATORIUM DE NOMINIBUS CAPELLANORUM DE QUIBUS SUBSIDIUM

PREDICTUM LEVARI DEBEAT VEL POTERIT FACTUM THESAURARIO ET
BARONIBUS DE SCACCARIO DOMINI NOSTRI REGIS PROUT PATET.

Venerabilibus et discretis viris thesaurario et baronibus de scaccario
domini nostri regis Edmundus [etc.] salutem in Domino sempiternam.
Breve regium nobis nuperrime directum noveritis nos recepisse xvj°
die mensis Februarii anno Domini infrascripto sub eo qui sequitur
tenore verborum: Henricus etc. ut supra. Cuius quidem brevis regii
auctoritate alias vobis significavimus et vos certificavimus de nominibus
collectorum ad levandum, exigendum, colligendum et recipiendum in
prefata nostra diocesi Exonien' et infra eandem tam subsidium
capellanorum huiusmodi quam predictam unam integram decimam
sub forma concessionis superius expressata prefato domino nostro regi
in vigilia Annunciacionis beate Marie proxime futura in scaccario
eiusdem domini nostri regis solvenda. Vero quia infra tempus ad
certificandum de nominibus collectorum huiusmodi in eodem brevi
nobis datum, indultum et assignatum, propter eiusdem brevis tardam
recepcionem et brevitatem temporis huiusmodi, de capellanis cantarias
non taxatas infra predictam diocesim nostram habentibus et eorum
cantariis, ac earumdem cantariarum valoribus, necnon de presbiteris
parochialibus stipendiariis ac eciam collegiatis et aliis quibuscumque
infra predictam nostram diocesim salaria, stipendia, pensiones aut
porciones (*fo. 126v*) percipientibus et eorum salariis, stipendiis,
pensionibus aut porcionibus ac numero eorumdem de quibus predictum
subsidium levari debeat vel non debeat, poterit vel non poterit, per
inquisicionem seu alio modo ad fideliter vos in hac parte certificandum
prout alias vobis significavimus informari nequivimus. Postea igitur
cum omni celeritate de capellanis omnibus et singulis [etc. *as before,
as far as*] de quibus predictum subsidium iuxta modum et formam
predicte concessionis levari debeat vel poterit inquisicionem fecimus
diligentem. De quibus quidem capellanis et presbiteris atque
huiusmodi cantariarum non taxatarum valoribus, necnon presbiterorum quorumcumque salariis [etc.] ac numero eorumdem de
quibus predictum subsidium levari debeat vel poterit una cum
nominibus et cognominibus eorumdem capellanorum et presbiterorum
prout inferius plenius continetur vos presentibus litteris nostris certificamus. Omnibus aliis tam capellanis cantarias non taxatas habentibus
quam presbiteris parochialibus stipendiariis ac eciam collegiatis
et aliis quibuscumque infra predictam nostram diocesim salaria [etc.]
percipientibus inferius non expressatis a solucione dicti subsidii
exceptis, eo quod tam huiusmodi cantariarum veri valores quam
huiusmodi presbiterorum stipendia [etc.] infra summam centum
solidorum existunt et ad summam centum solidorum in pecunia vel
equivalenter se non extendunt. Nomina vero et cognomina tam
capellanorum cantarias non taxatas infra diocesim nostram sepedictam

habencium quam presbiterorum omnium et singulorum nostre diocesis antedicte de quibus predictum subsidium levari debeat vel poterit prout collectores eiusdem subsidii divisim concernit sequitur sub hac verborum serie et sunt ista. In archidiaconatu Exon' dominus J.C.W.T., etc.. In archidiaconatu Totton' R.D. et F.G. In archidiaconatu Cornub' dominus M.H. etc.. In archidiaconatu Barn' etc.. Nomina huiusmodi capellanorum patent inter exhibita. Datum viij° die mensis Marcii anno Domini supradicto.

COMMISSIO AD INQUIRENDUM SUPER VACACIONE [ETC.] SANCTI JOHANNIS DE ANTON'.

14 March 1435-6; to the archdeacon of Cornwall, to enquire in full chapter into the vacancy etc. of the parish church of St John de Anton' in Cornwall, to which sir Roger Rychard chaplain has been presented by John Botriaux esquire.

COMMISSIO AD INQUIRENDUM SUPER VACACIONE [ETC.] DE BUKETON.

16 March 1435-6; a commission (the commissary not named) to enquire into the vacancy etc. of the parish church of Buketon [*Bicton*], to which sir William Gamelyn chaplain has been presented by Roger Baron and Juliana his wife.

COMMISSIO AD INQUIRENDUM SUPER VACACIONE [ETC.] DE DODISCUMB LEGH ALIAS LEGH PYVERELL.

22 March 1435-6; to the archdeacon of Exeter to enquire into the vacancy etc. of the parish church of Dodyscumb Legh alias Legh Pyverell [*Doddiscombsleigh*], to which sir Nicholas Serle chaplain has been presented by Thomas Wyse esquire.

DIMISSORIE.

23 March 1435-6, Clyst; to John Loyte acolyte, for all holy orders.

MUTACIO ANNI DOMINI

[*26 March 1436. Grant of an indulgence to visitors to Exbourne parish church at Easter, Whitsun and the feasts of the Assumption and of the dedication, and throughout their octaves, who say the Lord's Prayer and Hail Mary in honour of the relics there and for the souls of departed benefactors; the indulgence to be obtained thus even without any monetary gift—unless they wish to give out of devotion and of their own free will.*]

INDULGENCIA PRO ECCLESIA PAROCHIALI DE EKYSBORN.

Universis Christifidelibus presentes litteras inspecturis Edmundus [etc.] salutem in Eo per quem fit remissio peccatorum. Pia mater

ecclesia animarum salutem optans devocionem fidelium per quedam
munera spiritualia, remissiones videlicet et indulgencias, invitare
consuevit, ad debitum famulatus honorem Deo et sacris edibus
impendendum, ut quanto crebrius et devocius illuc confluit populus
Christianus assiduis Salvatoris graciam precibus implorando, tanto
cicius delictorum suorum veniam et gloriam regni celestis consequi
mereatur eternam.   Cupientes itaque ut ecclesia parochialis beate
Marie de Ekysborn nostre diocesis congruis honoribus frequentetur
et a Christifidelibus iugiter veneretur, de Dei igitur omnipotentis
immensa misericordia [etc.] omnibus parochianis nostris et aliis [etc.,
as on p. 107] de peccatis suis vere penitentibus, confessis (*fo. 127*) et
contritis qui ecclesiam predictam in festis Pasche, Pentecoste, Assumpcionis beate Marie virginis ac dedicacionis eiusdem ecclesie vel per
octabas dictorum festorum visitaverint et tociens quociens oracionem
dominicam cum salutacione angelica ob reverenciam sanctarum
reliquiarum inibi contentarum, ac pro animabus omnium benefactorum
dicte ecclesie ac inibi et in cimiterio eiusdem quiescencium devote
dixerint tunc ibidem, quadraginta dies indulgencie misericorditer in
Domino concedimus per presentes, sic tamen quod visitantes dictam
ecclesiam sub forma que premittitur indulgenciam huiusmodi absque
aliqua porreccione manuum adiutricum[1] ad ipsam ecclesiam nisi de
pura devocione et mera ac libera voluntate gratis dare voluerint
consequantur.   In cuius rei testimonium sigillum nostrum una cum
impressione signeti nostri in dorso presentibus apponi fecimus.   Datum
[etc.] Clyst xxvj° die mensis Marcii anno Domini M° CCCC^mo xxxvj°
[etc.].

Commissio ad inquirendum super vacacione [etc.] de Landulp.

26 March 1436, Clyst; to the archdeacon of Cornwall, to enquire
in full chapter into the vacancy etc. of the parish church of Landulp
in Cornwall, to which sir John Stappe deacon has been presented by
the Lady Ann, widow of Hugh Courtenay earl of Devon, and John
Botriaux esquire her husband.

---

[1]*That the " helping hand " referred to gifts and not to labour is evident from Matthew Paris,*
Chronica Majora, *iii. 189, 391, quoted above p. 306n.*